"十四五"国家重点出版物出版规划项目

"中国当代哲学史(1949—2009)"丛书

陈卫平 主编

文献选编 下①

中国当代哲学史史料

第四卷 —— 陈卫平 主编

广西师范大学出版社
·桂林·

本册目录

伦理学

科技哲学

宗教学

伦理学

有关伦理学研究的文献分为以下 3 辑：第 1 辑，对了中华人民共和国成立以来伦理学研究历史进程的评述，由于在相当长时期，伦理学作为学科被取消了，因而这些评述主要是关于改革开放以来的；第 2 辑，伦理学是实践哲学，与人们精神生活和社会发展息息相关。这辑文献反映从 1978 年到 20 世纪 90 年代末的改革开放兴起所提出的伦理道德问题，主要有三个方面的内容：一是以"潘晓来信"引发的青年群体对人生意义的讨论，二是现代西方伦理思潮对青年道德观念的影响，三是改革开放的市场经济走向与道德建设的一些问题；第 3 辑，进入 21 世纪，随着改革开放的深入，经济、政治、科技等领域产生了诸多伦理道德问题，这辑文献反映了伦理学界对这些问题的思考。

建设中国特色的新伦理学

——访周辅成教授 *

《哲学动态》记者

　　记者：您近年来特别关注伦理学的发展，提出要建设中国特色的新伦理学，首先请您谈谈"中国特色"的意义，好吗？

　　答：好的。我以为邓小平同志提出的"中国特色"原则，是向前看，而不是向后看，也不是左顾右盼的意思。他是想现代中国，应该自己走出一条适合自己条件的大道，并不是想找一个已存的模式来学习。正如他在讲教育时说的：教育要面向现代化、面向世界、面向未来。中国近百年来，为了振兴中华，抵抗帝国主义，虽提出或指出种种模式，要中国人民学习，但百多年过去了，并未取得很大成绩。例如，最早的洋务派冯桂芬（1809—1874）就提出"今必胜古"，因而要"鉴诸国""以中国伦常名教为原本"，直至张之洞（1837—1909）总结为"中学为体，西学为用"。他们虽比国内一些极端顽固派略懂一点西方技术，实际是以"发扬中国传统道德、文化"为名的保守派，与清朝宫廷内的顽固派互相呼应。这可算是当时朝野为国家与人民建立的一种模式。可惜这个模式被辛亥革命和五四运动彻底推翻了。继承的第二个模式是向西方学习。在有些人看来，似乎西方什么都优胜，我们只要能学到十分之一，就不错了。他们中有的人还骂中国传统道德与文化，不仅是"满口仁义道德，一肚子男盗女娼"，而且还骂中国人民是"愚、穷、贫、弱、私"。然而

---

* 　周辅成，1911—2009，男，北京大学哲学系教授。

不到 30 年，这个从西方模式铸造出来的制度和文化，便在蒋家王朝的手中落幕了。

记者：那么，您是否认为西方模式全无是处呢？

答：平心而论，西方模式，并非全无是处，但是我们做了它的奴隶，便大成问题了。1949 年全国解放，这是政治上的大解放，也是过去奴役状态的大解放。迎来的苏联模式，学习它应该说是必要的，但是，他们这个模式，有它的特殊的历史和现实的背景，我们决不能完全照搬。然而，有的懒人，却一丝不苟地搬来了，例如，教育制度。

我们今天所谓"中国特色"，就是要自己创新：不是资本主义的创新，更不是封建主义的"中学为体，西学为用"的创新，以及乡愿式的，或各方讨好的综合创新，而是真真实实的独立自主的社会主义创新。在这里，我们并不是要故意标新立异，而是现实的社会，迫使我们不能不"标新立异"。只要是在向往社会主义社会的前提下，一切初步想法与做法，都是允许的，也是正常的。

记者：听了您对"中国特色"的理解，很受启发。是否请您再具体谈谈中国特色的伦理学应有哪些特点。

答：我认为，要研究哲学或伦理学，（一）决不可将中国特色的哲学、伦理学与社会主义分开。离开社会主义来讲哲学或伦理学，就等于离开当前社会的实际来作空谈，我们不愿遵循过去与现在的其他模式，但需紧密地和时代主流保持密切关系，以真正的社会主流为师。（二）决不可只讲爱祖国（或祖国传统），而不讲爱人民、不讲爱国际主义。爱国主义，不可不讲；有时确实必须大张旗鼓地讲，但是，根据近两百年社会主义的实践经验，还必须补上国际主义，才是全面，否则我们很容易流入狭隘的民族主义或集权主义。政治上如此，学术上、哲学上也应如此。（三）凡够得上称"特色"，总必有自己的创造在内；一切被称为某模式的产品，不论古代的或现在的，都只能算是仿制品，而不可称为特产。

记者：您提出"特色"必有自己的创新，这一点非常重要。但是对创新有各种理解，您能具体谈谈自己对创新的看法吗？

答：20 世纪就要过去了，到了 21 世纪，我们却不能不振作起来，我们既然有挤入强林的能力，也应该有独立自造适合现代社会的"模式"的本事。在物质上能做到，在精神上一定也能做到。但这不能不要求，要有敢于独立创新的气魄。有人提出"返本创新"，接着又有人提出"综合创新"，用意是好的，但还不能说是适合当今现代化的要求。社会主义的创新，依然是有革命的意义。我想，我们要把"中国特色的社会主义"的意义说清楚，就是要把这一点讲清楚，否则，就会成为"复古"或"追逐西风"。

记者：周老，还想请您谈谈如何建设中国特色的新伦理学，可以吗？

答：我认为，新伦理学的大方向要有健全的哲学基础。伦理学，作为 21 世纪哲学的一部分，应该有所创新，才不愧对祖国的现代化主潮。这里，有一个偏向，应该纠正。现在，有一些人有意想争取伦理学和哲学脱离关系或闹独立。这对二者都有害。西方有人曾比喻古代哲学是一个大家庭，包括多种学科，譬如一群子女，后来都一一长大了，都出嫁了或长大独立成家了（即各专科独立了），只剩老两口，一是宇宙论，一是人生论（包括道德论）。但不能再分，再分，便不能成家，也不能独立生存。这说明哲学就是以自然哲学与人生哲学为根本。最后这两部分，一点也不能分离。"离婚"就是死路一条。这并不是说反对将哲学内容分为本体论、宇宙论、认识论、美学、伦理学来研究。但必须注意它们相互间的关系，只有相对的独立性。相互依存，还是重要的一面。

我想，我们今后讲哲学或伦理学，决不能忘记这点。如果我们的哲学没有讲好，伦理学也不会讲好。反之，伦理学没有讲好，哲学也不能讲好。因为哲学，终必归结到人生哲学（主要是伦理学与社会哲学）。人生哲学，也应有健全的宇宙哲学（或狭义世界观）做基础。

记者：您对建设我国 21 世纪新伦理学的指导思想讲得比较明确了。但是究竟如何具体建立呢？

答：至于如何建立新的道德论或伦理学？我还是几句老话：21 世纪新伦理学，不管是以中国伦理传统名词为准，还是以西方伦理学名词为准，凡建立体系，都将要以义（The Right, Righteousness, Justice）与仁（Charity, Benevolence, Love）为中心。但这两个基本概念或范畴，在各时各地，意义都有变化，这点不能不注意。《国语·晋语》记载，在孔子之前一百多年，时人就区分了"爱亲之谓仁"和"利国之谓仁"（《国语·晋语》献公九年），以后统治者想把它统一于"孝悌也者，其为仁之本欤"，但"孝悌"观念，也随时代变化而有变化。大氏族变为小氏族，小氏族变为大家庭，大家庭又变为小家庭，都影响仁的观念的变化，再加以经济中心从游牧变为农业，由农业变为工业，这更使伦理观念复杂化。尽管我们可以举很多理由或事实来说明变中有不变，相对中有绝对，多中有一。但这种不变、绝对、一，仍必须联系到变与多，才有意义，否则只是一堆抽象概念而已。伦理学，决不能只在抽象概念上兜圈子，它要改变时代、环境、生活，但也要受时代、环境、生活的约束。我也不反对用某一民族的道德传统上的名词来讲普遍的伦理学，只要能讲出其共通意义就可以了。最怕的是，自夸自己的伦理学理论及其概念，认为其他民族道德传统，都不如我丰富而又深刻。例如说，我重仁义，别人都重利害；我重公义，别人重私利。这等于"王婆卖瓜、自卖自夸"。这不是老老实实、诚诚恳恳求真理的学者所采取的态度。

记者：您提出建立新伦理学要以义与仁为中心，那它们孰重孰轻呢？

答：我认为，21 世纪的新伦理学，特别是中国的新伦理学，虽然义与仁都要讲，但是，首先，不是把仁或爱（或利他、情爱、自我牺牲等）讲清楚，而是要先把公正或义（或正义、公道）讲清楚。在此，我们的中国青年学者，已做出巨大的贡献，到 21 世纪必将继续下去，放出更大的光彩。西方人五体投地崇拜耶稣基督，因为他注重爱（Charity），但西方人讲伦理道德，从《圣经·旧约》、柏拉图，直到今日美国的罗尔斯（Rawls），多半是以讲义或公正开始。或者以义为中心，辅之以仁。这不是偶然相同，而是伦理学如要成为一门独立学科，就应该遵循这种秩序或架构。爱而不公正，比没有爱更为可怕、可恨！

记者：您所讲的"义"或"公正"，具体包括哪些内容呢？

答：重义或重公正，就不能不尊重每个人的自由和意志，即人的主体或人格的价值。不是因为我们有爱别人的感情，便成为德行，而是因为我们善于待人、善于尊重人的人格（自己的人格与他人的人格）。道德或德行，也许是一个奇异的东西，你会尊重别人的人格及其价值，也会尊重自己的人格及其价值。换一个说法：你如能真正尊重自己的人格，你就会尊重别人的人格及其价值，这就是正义感的来源，也是道德的来源。讲伦理学就应该从这里开始，然后可从个人道德开展社会道德、社会公正。另一方面，人也会从被动变为主动，从客观的东西变为主观的东西，从实际的存在，变为理想的存在、合理的存在。实然与应然一致。

记者：由此看来，您更看重义在新伦理学中的地位，那么，以"义"为中心，这条路该如何走呢？

答：至于说，以"义"或"公正"为中心，这条路该如何走？我以为义与仁，从几千年的中外道德经验看，都是密切不可分的。可以分在前与在后，但不可分裂为对立或对抗。一个人能有正义感或公道观，他就必定同时有仁爱之心、休戚相关之心，否则他在人与人交往之间，不会有公德的念头。这在个人，就是爱人之心；在社会，就是互助互爱。换言之，个人道德与社会道德，本来一致。可是常常有人把道德看成就是个人修养，道德即修身，乃是不充分的，也许是错误的。个人修养，离开社会道德，决不能成为道德，至多是宗教上所谓"坐禅"之类，也许不会做坏事，但决不会做好事、做公正事、做真正的道德行为。我这样说，不是说个人不需要修养，而是说个人修身，只能在社会道德中去锻炼。个人的正义感、道德感，不会从天而降；你必须真正地先爱人，真正地先爱人民，别人或人民才会爱你。你有正义感，人家见你受不平等待遇，才能为你抱不平。古人说：爱人者，人恒爱之；敬人者，人恒敬之。实际上，古往今来，那些品德高尚的人，以及为正义牺牲自己的人，无一不是从社会中锻炼出来的。我希望中国特色的未来伦理学，一定要从这类事实中去寻找道德规范和道德原理，不要只从书本或死教条中去找道德的原理和规范。应该记住：仁义是合一的，个人与社会是合一的，内心与外界也是合一的。道德、社会公正，是活的，不是一堆死概念，更不是一堆"定义"或"主义"之类，就可概括尽的。

所以，中国特色的新世纪伦理学，不能只讲爱人之学、利他之学，这样讲，很容易把伦理道德变为一番空谈、套话。它还应当成为社会公正之学，重正义感、培养正义感，发展人类互相间的休戚相关，任何人都是道德的实践者，也是道德规范的立法者。社会主义的新道德，如果不包括这种意义，那就不能说是道德行为；只能称为风俗习惯，至多只能说是消极的道德。

记者：您能否再谈谈如何结合当前的社会实际建立新伦理学？

答：伦理学是一门注重实践的学问，主要还需理论联系实际。中国特色的伦理学，一定要以改革开放、面向世界与未来的现实为基础。早已见成效的现代化开放社会，自有其道德原理与规范，决不能再从封建社会去推演当时的仁义礼智作为今日的道德原理，更不能推演当时的忠孝节义等规范作为今日的道德规范。我们必须从今日的社会主义工业化的社会中去找今日的道德原理与规范。社会主义市场经济必须以自由、平等、民主、公正作为行为的准则，这些准则本身就有其道德根据或原理。这些准则，曾推翻了封建等级制下的道德原则，也推翻资本主义社会以贫富为等级的道德基础。现在有的伦理学学者，好似除了为苏联赫鲁晓夫的道德法典或中国的封建传统道德做宣传外，没有其他可行的道德，这完全是脱离实际、丧失进取心的表现。有的人，存心反对改革开放，把近年社会道德腐败，如拜金、享乐，几乎全归之于开放，看不出社会风尚的转好方面。或者至多承认物质文明有进步，但精神文明却反不如前。这种向后看的态度，决不是社会主义态度。近代西方工业社会（或开放的社会）的先进分子早已把封建社会、奴隶社会的道德传统，抛之九霄云外。我们却回头去在被抛弃的东西中寻找补药治虚弱身体，这是不健康的心理。我们要建立中国特色的新伦理学，首先要承认新社会，自有新伦理学的精神与内容。

记者：对于建立新伦理学，您还想说点什么吗？

答：一门学科，如果要有新的发展，必须经过各方面人士的平等的、谦逊的讨论。21世纪的新伦理学，更应该有这种讨论风气。学术上的讨论，最怕的是：（一）动辄无限上纲、倚势凌人；（二）自己总觉自己是掌握了真理，自己是革命的，凡不同意自己意见的人，都是"狗口中找不出象牙"，甚至是反革命或反动。这种不可一世的态度，是不能使理论有新发展的。现在，是我们应该自觉地抛弃这种不谦逊态度的时候了。

原载《哲学动态》1997年第9期

中国伦理学研究二十年

温克勤 *

1978 年 12 月召开的党的十一届三中全会，实现了伟大的历史性转折，开创了我国社会主义事业发展的新时期。全党的工作中心转移到经济建设上来，并实行了改革开放。二十年来，在党的十一届三中全会所重新确立的"解放思想，实事求是"思想路线指引下，我国的社会主义经济、政治、文化建设取得了举世瞩目的巨大成就，我们国家发生了翻天覆地的变化。在这二十年中，我国的马克思主义伦理学研究也得到了空前的发展。纪念党的十一届三中全会召开二十周年，回顾一下二十年来伦理学研究走过的历程，取得的成绩和经验，是很有意义的。

一、二十年来伦理学研究取得了可喜的成绩

进入新时期以来，伦理学界和全国各界一样，解放思想，冲破"左"的思想束缚，密切结合改革开放和社会主义现代化建设实际，研究道德生活领域的新情况、新问题，总结新经验，取得了可喜的成绩。

（一）拨乱反正、正本清源，恢复了马克思主义伦理学研究和共产主义道德的本来面貌。

二十年前，我国道德生活领域中"左"的思想影响严重存在。比如：只讲道德的先进性，不讲道德的广泛性，不分对象、不分场合、千篇一律地高标准要求；将个人利益同社会集体利益对立起来，片面强调集体

---

* 温克勤，1936—　，男，天津社会科学院伦理学研究所研究员。

利益，忽视个人利益，甚至将个人利益当作个人主义来批判；视平均主义、"大锅饭"为社会主义道德、共产主义风格，个人劳动致富是搞资本主义；脱离生产力发展谈伦理道德，搞所谓"穷光荣""越穷越革命""宁要社会主义的草，不要资本主义的苗"；以阶级斗争为纲，政治取代一切，在思想道德领域动辄搞所谓"大批判开路""狠斗私字一闪念""灵魂深处爆发革命"；过分地批判甚至否定民族传统道德，在阶级性与继承性之间划下不可逾越的界线；过分地批判外来的伦理道德思想，只讲批判，不讲借鉴。这些观点的存在，是同林彪、"四人帮"的破坏干扰分不开的，在一个时期里所产生的恶劣影响是严重且普遍的。这些观点不考虑人们实际的道德觉悟水准和两个文明发展的程度，要求人们的所思所想、一言一行都要以"左"的词句或口号作为判断是非、荣辱的标准，而根本不考虑其对经济和社会发展是否有利，是否为广大群众所认可。实践证明，这种脱离实际的道德论严重损害了广大群众的积极性和创造性，阻碍了经济与社会的发展进步。粉碎"四人帮"后，伦理学界和全国各界一起清算林彪、"四人帮"篡改马克思主义道德观和共产主义道德的罪恶行径，同时纠正"左"的思想影响，拨乱反正、正本清源，从而恢复了马克思主义道德观和共产主义道德的本来面貌，恢复了马克思主义伦理学研究。特别是党的十一届三中全会确立以经济建设为中心，并实行改革开放，不仅提供了一个宽松的社会政治环境，而且提供了一个大有作为的社会实践舞台，这就为伦理学研究的发展创造了极为有利的基础条件。

（二）在马克思主义伦理观指导下，伦理学研究不断向新的深度和广度进展。

无论拨乱反正、纠正"左"的思想影响，还是为改革开放、社会主义现代化建设提供精神动力和思想保证，都需要伦理学研究向纵深发展，不断拓展研究领域。适应这一需要，伦理学界从建设有中国特色社会主义实践出发，广泛而深入地开展了伦理学基本理论、伦理思想史、应用伦理学和现实道德问题的研究。如对马克思主义伦理思想、毛泽东伦理思想、邓小平伦理思想的研究，对道德的本质、特征、结构、基本问题、基本范畴、原则规范体系、评价标准、理想性和现实性、层次性和导向性、社会主义道德与共产主义道德的关系、道德与法律的关系等的研究；对中外伦理思想史、现代国外伦理学及现代新儒家伦理思想等的研究；对公共生活伦理、职业伦理、婚姻家庭伦理以及管理伦理、经济伦理、企业伦理、科技伦理、医学伦理、生态伦理、军事伦理、制度伦理等的研究；对道德在精神文明建设中的地位和作用、社会主义初级阶段的道德建设、社会主义市场经济条件下的道德建设，以及伦理学研究如何面向现代化、面向世界、面向未来的研究，等等。这种全方位、多维度、多层面的研究和探讨，对于推动马克思主义伦理学学科建设、社会主义精神文明建设和道德建设，具有不可忽视的积极作用。

（三）伦理学研究队伍不断壮大提高，研究成果丰硕可喜。

在新时期，我国伦理学研究迅速恢复和发展。1980 年 6 月，在江苏无锡市召开了第一次全国伦理学研讨会暨全国伦理学学会成立大会。以后各地区纷纷成立省、市级或地市级伦理学学会以及各种职业专业伦理学研究会，并广泛开展了伦理学学术研讨活动。伦理学学术团体的建立与学术活动的广泛开展，促进了伦理学队伍的不断壮大和提高。自 80 年代初中国人民大学、华东师范大学等院校即举办全国性的伦理学进修班、硕士生班，培养了一批又一批伦理学教学和研究骨干。80 年代以来一些综合性大学和社会科学研究机构先后建立伦理学专业硕士点或承担硕士生培养任务，80 年代中期和 90 年代初中国人民大学和湖南师范大学还先后建立了伦理学专业博士点，后来北京大学、中国社会科学院也承担了培养伦理学专业博士生的任务。一定数量的博士和一大批硕士加入伦理学教学和研究队伍，为伦理学研究增添了新生力量，使伦理学研究队伍充满了生机和活力。90 年代以来，一些地区的高校和社会科学研究机构还建立了伦理学专业、伦理学研究所、应用伦理学研究中心、道德科学研究院以及东方道德研究所（中心）、儒家道德研究所等研究机构。此外，与伦理道德有关的一些学科如心理学、教育学、社会学、经济学、政治学以及科学技术、医学等也结合自己的专业研究伦理道德问题，形成了多种交叉边缘学科，同时，一些思想政治工作者也结合自己的工作需要研究伦理道德问题，从而形成了一个开放式的更为庞大的伦理道德研究队伍。他们活跃在学术、思想、政府界，在研究和实践中不断提高自己的总体素质。

二十年来，伦理学研究取得了丰硕可喜的成果，大批有相当学术水平的著述陆续发表。如研究马克思主义伦理学原理的著作由原无一本到出书达四五十本之多，以及关于毛泽东伦理思想研究、邓小平伦理思想研究，关于伦理学基本理论研究众多成果的发表，标志着伦理学基本理论研究的不断深入和学科体系的日臻完善；中外伦理思想史研究及其断代史和专题研究、现代国外伦理学和现代新儒家伦理思想研究，以及各个领域、各个方面的应用伦理学研究、现实道德问题研究也都成果迭出；此外还出版了许多有分量的译著和辞书，极大地拓展和丰富了伦理学的学科体系。在伦理学这块学术园地上，可谓人才辈出，成果累累。不仅老一代著名伦理学家张岱年、周辅成、李奇、周原冰、罗国杰等发表了许多有重要学术价值的力作，而且一批年轻的学者也著述颇丰，尤其是一大批青年学者脱颖而出，令人注目。

（四）创办了伦理学专业刊物，开展了对外、对港台的伦理学术交流活动。

中国伦理学会成立不久，即于1982年与天津社会科学院合作创办了《道德与文明》杂志（原名《伦理学与精神文明》，1985年改为今名）。该杂志为双月刊，现已出版近百期，在宣传普及伦理学专业理论知识，推动伦理学研究和社会主义精神文明建设、道德建设方面起到了积极作用，受到广大读者好评，并被评定为哲学类核心期刊。

在对外、对台学术交流方面，伦理学界与日本、韩国、英国等联合举办"实践伦理学""传统伦理与现代化""传统伦理与青少年道德教育"等学术研讨活动，以及组团赴台北参加第一届海峡两岸伦理学术研讨会，在珠海举办第二届海峡两岸伦理学术研讨会，等等。此外，一些地区的高校和伦理学研究机构也广泛开展了对外对港台的伦理学术交流活动。这些活动均收到了很好的效果。

总之，二十年来，我国伦理学研究取得了可喜的成绩。广大伦理学工作者，认真学习马克思主义理论和专业知识，坚持党的四项基本原则，坚守马克思主义阵地，解放思想，积极探讨伦理道德领域的新情况、新问题，深入研究民族的和国外的优秀伦理道德遗产，广泛开展对外对港台伦理学术交流活动，在推动马克思主义伦理学学科建设和为改革开放、社会主义现代化建设提供精神动力与思想保证方面，做出了自己的贡献。

二、二十年来伦理道德领域的理论论争

在伦理学研究、探讨中，人们对一些问题曾有不尽相同或完全不同的认识，各种不同观点展开了认真的讨论以至争论。

（一）"主观为自己，客观为别人"的讨论。1980 年 5 月号《中国青年》杂志发表了一篇谈人生观问题的文章，文中提出"任何人，不管是生存还是创造，都是主观为自我客观为别人"。"只要每一个人都尽量去提高自我存在的价值，那么整个人类社会的向前发展也就成为必然的了。这大概是人的规律，也是生物进化的某种规律——是任何专横的说教都不能淹没、不能哄骗的规律！"① 文章发表后引起热烈讨论。一种意见是赞成这种看法，有的还补充说"自私是人的本质"，"个人乃是世界的中心和基础"，"自我就是一座宏大精深的宇宙"。一种意见认为，"人活着是为了使别人更美好"，因此，"主观为自我，客观为别人"是错误的人生观。一种意见认为，它不是先进的人生态度，可以允许，但不宜提倡。这一讨论，为在新时期怎样正确看待革命道德传统和怎样进行人生观、道德观教育提供了现实、生动的丰富材料。

（二）关于人道主义的讨论。20 世纪 80 年代初，有人提出应该提倡人道主义。人们在反思林彪、"四人帮"种种反人道主义的罪恶行径给社会生活所带来的灾祸时，提出人道主义问题是很自然的。问题是人道主义是不是最高的道德价值原则和价值目标，能不能作为共产主义、社会主义道德的基本原则，能不能用人道主义取代集体主义，人道主义是伦理原则还是历史观？在这些问题上产生了不同的看法。这一讨论和争论冲破了"人道主义"的禁区，明确了一些有关的基本理论原则，但也还有一些问题没有达成一致的认识。

（三）关于道德主体性的讨论。所谓道德主体性，是指人在道德生活

---

① 潘晓：《人生的路呵，怎么越走越窄……》，《中国青年》1980 年第 5 期。

中所具有的主观能动作用。提出人在道德生活中的主体性地位，研究主体的不同情况是有积极意义的。但对于主体性怎样发挥，主体自由要不要受客观必然性制约，可不可以只讲个体主体地位不讲社会集体主体地位，则产生了不尽相同的看法。这次讨论和争论有助于弄清道德主体性和道德约束性以及个人与社会、主观与客观、自由与必然的辩证统一关系，在道德生活中既要发挥人的主体性，也不能片面地唯心主义地张扬主体性。

（四）关于功利主义的讨论。功利主义是一种以实际功利或利益作为道德标准的伦理学说。功利主义认为个人的功利乃是伦理学的基础。改革开放后，重视讲实际效益、重视个人利益，因此功利主义问题的讨论成为热点。有的认为功利主义可视为社会主义初级阶段道德的低层次要求；有的认为功利主义原则可作为道德价值的操作标准，用以解决生产和分配中的主要利益关系；有的认为功利主义应成为社会主义初级阶段道德伦理建设的基础，多元道德意识的主干。但也有人提出，功利主义在历史上虽曾起过进步作用，但是它在理论上有着致命的漏洞，在现实生活中已陷入困境，功利主义思潮应当降温。有人还提出应将功利伦理与奉献伦理结合起来。这一讨论和争论深化了对功利主义的认识。

（五）关于义利关系的讨论。这一讨论争论的焦点是如何评价"重义轻利"。一种意见认为"重义轻利"的传统观念把"利"视为万恶之源，摧残人性，阻碍了生产力的发展，导致贫穷和愚昧；一种意见认为，笼统地批判、否定"重义轻利"是不妥当的，"重义轻利"作为道德观念，它要求人们重视道义原则、重视精神生活，不要过分看重个人的物质利益，更不要自私自利、见利忘义。"轻利"不是不要利益，而是要求摆正个人利益和国家集体利益的关系。也就是说，重义轻利所涉及的理论问题是关于道德价值标准和理想人格的问题，超出这个范围，它是肯定物质利益和人们的获利行为的。还有一种意见是主张"义利统一"的，既不讲"重利"，也不讲"重义"。但也有人认为它解释不了现实生活中的复杂的利益矛盾关系。实践层面的"义利统一"不可能是简单的、无差别的、无轻重的统一。

（六）关于集体主义道德原则的讨论。这一讨论，意见分歧较大。一种意见认为，集体主义原则本身有问题：1. 从集体主义引申不出对个人利益的关心和重视；2. 讲个人利益服从集体利益，个人是被动的而不是主动的，实践中会导致否认个人利益、压抑个性；3. 个人利益与集体利益的矛盾是特殊情况，不是普遍现象，因此，提出个人利益服从集体利益这一普遍性命题，在逻辑上是不妥当的；4. 在个人与社会、集体的关系上，个人较之社会、集体更根本。一种意见认为集体主义原则是好的，但人们对它的理解和说明有问题，即注意了它与个人主义的本质区别，却忽视了它与传统的整体主义的区别；把集体主义人生价值的内容只限定在肯定"个人为社会作贡献"方面，而不包括对人的生命价值、社会人道价值以及个人人生价值追求的肯定。一种意见认为，集体主义是计划经济体制下的产物，不适用于市场经济体制，需要建设"崭新的与以往不同的道德"来取代它，或提升公平交易、公平竞争、诚实服务、平等、自由等"新道德"，并使它们成为核心道德。一种意见认为，为社会主义的经济、政治和文化建设所决定，在新时期仍然要坚持集体主义原则，同时对集体主义原则要加以丰富和发展。提出不仅要评价和约束每个成员的个人行为，而且要评价和约束集体行为；集体主义也可分层次，并可容纳功利、公正、平等、自由等道德观念中的积极因素；过去在贯彻集体主义原则时所出现的偏差，不是集体主义原则本身有问题，等等。

（七）关于道德滑坡、爬坡问题的讨论。这个问题涉及对道德建设形势的看法问题，也涉及对市场经济正负面道德影响的估计问题。由于在社会转型期，一些人的道德滑坡现象和社会道德精神生活领域出现的许多可喜的变化同时存在，都是客观事实，因此，所谓"道德滑坡论""道德爬坡论"显然都失之片面，所以这个问题没有什么好争论。只是在讨论中有人认为我们从来就没在"坡"上，现在才刚刚开始上"坡"；现在只有"道德转型""道德重建"，不存在"滑坡"问题。于是在怎样估价新中国成立后一段时期的道德教育和社会道德风尚问题上产生了不同观点的争论。

（八）关于继承民族优秀道德遗产问题的讨论。粉碎"四人帮"后，"悬而未决"的道德继承问题又重新提了出来。人们从传统道德中所包含的民主性、民族性、科学性、合理性因素方面，从道德的社会性、社会认同、社会性外观方面，从道德的全人类因素方面，从新旧社会的某些共同历史条件和共同背景方面，肯定了道德历史遗产是可以批判继承的，提出阶级性不是继承性的不可逾越的鸿沟。但在 20 世纪 80 年代文化热中，又出现了否定民族传统文化和传统道德的思潮，认为传统道德是农业文明的产物，在工业文明时代已失去价值，成为现代化的包袱、阻力，等等。但更多的人肯定民族传统道德在现代社会生活中仍有价值，它是我们现代化进程中不可或缺的思想资源和精神动力，在对治现代社会生活中重物质轻精神、重工具理性轻价值理性以及社会失序、道德失范和心理失衡等问题上将发挥积极作用。并且这种认识越来越成为人们的共识。

关于伦理道德领域的理论论争，还有诸如"伦理学的基本问题"（或言"利益和道德的关系问题"，或言"道德和社会历史条件的关系问题"，或言"善恶关系问题"，或言"应有与实有的关系问题"）、"道德评价尺度"（或言生产力标准，或言社会和谐标准，或言人的自由和全面发展标准）等的讨论和争论。所有这些讨论和争论，有利于人们交流观点，打开思路，深化认识、明辨是非，无论对伦理学学科建设还是对社会主义道德建设，都起到了积极的推动作用。

三、几点认识

以上我们对二十年来伦理学的研究状况做了简要的回顾，我们从中可以得到哪些认识呢？

（一）坚持"解放思想，实事求是"的思想路线。二十年来伦理学研究所取得的成绩，无论是拨乱反正、正本清源，还是澄清新的思想混乱、明确道德价值观导向以及密切联系改革开放、社会主义现代化建设实际研究道德精神生活领域的新情况、新问题、新经验，都是在"解放思想、实事求是"思想路线指引下取得的。今后我们要对错综复杂的社会道德现象做出实事求是的科学分析，要深入探索社会主义道德建设的客观发展规律，在急剧变化的社会生活实践中坚持和发展马克思主义伦理学，推动社会主义道德建设，仍然必须在"解放思想、实事求是"思想路线指引下，立足于建设有中国特色社会主义实践，理论联系实际，大力发扬积极探索和理论创新精神。

（二）坚持和发展集体主义原则。对在思想道德领域要不要坚持集体主义原则一直存在着不同认识，改革开放以来，关于这个问题的论争更呈现出日趋活跃和激烈的态势。在一个时期，批评集体主义成为时髦，倡言道德改革或重建的呼声四起。二十年来，伦理学最根本的争论是围绕集体主义原则展开的，最重要的认识成果也体现在对集体主义原则认识的深化。邓小平同志对于集体主义原则和在新时期必须坚持集体主义原则有许多精辟论述。党的十四届六中全会决议明确提出社会主义道德建设以为人民服务为核心、以集体主义为原则。这为我们的伦理学研究指明了方向。因此，我们在任何情况下都要坚持集体主义原则不动摇。同时要注意研究在新时期贯彻集体主义原则的特点和形式，特别是要善于结合市场经济的特点来阐释并大力弘扬集体主义精神，又通过集体主义精神的渗透而赋予市场经济行为以社会主义伦理意义，使集体主义融入时代的特征，从而丰富和发展集体主义。

（三）深入研究民族传统伦理资源。博大精深的民族传统伦理文化，在历史上对于中华民族的凝聚，对于中华"礼仪之邦"的塑造，曾发挥了极其重要的作用。在今天仍然具有不可低估的价值。它是我们建设社会主义道德文明的源头活水，是推进马克思主义伦理学科发展的重要思想资源。江泽民同志和其他中央领导同志一再倡导弘扬中国古代优良道德传统。党的十五大报告中明确指出，有中国特色的社会主义文化，是渊源于中华民族五千年的文明史。1997年11月1日，江泽民同志在美国哈佛大学的讲坛上，面向世界讲中国文化及其对人类文明史的巨大贡献，激起了国人对自己民族文化前所未有的自信与兴奋。可以预想，我们将进入一个研究、继承和弘扬中华民族优秀文化传统的新时代。毫无疑问，我们伦理学工作者，应该在研究、继承和弘扬中华民族优秀道德传统方面做出自己的贡献。这是时代发展的需要，是社会主义精神文明建设和人类文明发展的需要。

（四）加强国外伦理文化的研究。国外进步的、有价值的伦理文化是人类共同的文明成果。我们应该将其视为推进马克思主义伦理学科发展的重要思想资源，社会主义道德建设的有益借鉴。这也是我们的伦理学研究面向现代化、面向世界、面向未来的需要。二十年来，在邓小平理论的指引下，研究国外伦理文化，翻译国外伦理学名著，对外开展伦理学术交流，借鉴国外伦理文化的积极成果，取得了不少成绩。但这一工作还需要进一步加强，特别是要注意研究发达国家的道德文明成果以及道德精神生活中出现的新情况、新问题。同时，对于一些人盲目推崇西方伦理文化的思潮，也需要注意克服和纠正。党的十五大报告中指出："我国文化的发展，不能离开人类文明的共同成果。要坚持以我为主、为我所用的原则，开展多种形式的对外文化交流，博采各国文化之长，向世界展示中国文化建设的成就。坚决抵制各种腐朽思想文化的侵蚀。"① 这对于我们深入研究西方伦理文化，正确对待西方伦理文化，具有根本的指导意义。

（五）坚持唯物辩证法的方法论原则。改革开放二十年，是中国社会发生急剧变革的时期，社会道德现象的错综复杂性表现得特别突出。如果不掌握唯物辩证法，在认识上势必会产生形而上学片面性。改革开放以来，一些人在道德理论和道德实践的许多问题上，如道德的理想性和现实性、道德的先进性和广泛性、道德的功利性和超功利性、道德的变动性和稳定性、道德的主体性和约束性、国家集体利益和个人利益、价值观多元和价值观一元导向、利益驱动和精神驱动、竞争和协作、效率和公平、先富和共富、经济效益和社会效益以及自律和他律、道德和法律等关系问题上，出现这样那样的片面性，"扶得东来西又倒"，就是因为没有坚持唯物辩证法的全面的、辩证的、发展的观点。可见，伦理学工作者自觉地学习和掌握唯物辩证法有多么重要。党的十四届六中全会《决议》在阐明道德建设问题时，对一系列道德理论和实践问题做出的唯物辩证法的科学论断，为我们树立了光辉的典范。对之我们应该反复认真学习领会。

（六）坚持以邓小平理论为指导。邓小平理论是当代的马克思主义。邓小平理论体系中有丰富的道德理论思想。邓小平道德理论和在邓小平

---

① 《中国共产党第十五次全国代表大会文件汇编》，人民出版社，1997年，第38—39页。

理论指引下产生的十二届六中全会《决议》(1986 年)、十四届六中全会《决议》(1996 年)，从什么是社会主义道德和怎样建设社会主义道德的高度，密切结合思想道德领域的斗争实际，在总结历史经验和国际经验的基础上深刻论述了社会主义道德建设的一系列重大理论和实践问题，极大地丰富了马克思主义的理论宝库。在当今国际风云变幻，世界范围内思想文化相互激荡和国内建立市场经济体制的环境背景下，我们的伦理学研究，之所以能够经受住严峻的考验，而没有迷失方向，就因为有邓小平理论的指导。今后，我们要推进伦理学研究，必须更加自觉地学习和掌握马克思主义、毛泽东思想，特别是邓小平理论。

二十年，在历史发展长河中不过弹指一挥间。但 20 世纪末中国的二十年，是百废俱兴、百事待举、蓬勃发展、创造辉煌的二十年。对伦理学来说是空前大发展的二十年。我们要认真总结这二十年，永远记住这二十年。党的十四届六中全会《决议》指出："如何在深化改革、建立社会主义市场经济体制的条件下，形成有利于社会主义现代化建设的共同理想、价值观念和道德规范，防止和遏制腐朽思想和丑恶现象的滋长蔓延"①，是社会主义现代化进程中必须认真解决的历史性课题之一。党的十五大报告也指出："在全社会形成共同理想和精神支柱，是有中国特色社会主义文化建设的根本。"② 我们要站在历史的高度，从建设有中国特色社会主义整个事业的大局和整个世界的大局出发来看待本世纪末这二十年我国人民精神生活所发生的深刻变化，来认识加强马克思主义伦理学研究的重要意义。让我们在党的十五大精神的指引下，高举邓小平理论的伟大旗帜，以探索求实的精神，以奋勉进取的姿态，把我们的研究工作推向 21 世纪。

原载《天津社会科学》1999 年第 2 期

---

① 《中共中央关于加强社会主义精神文明建设若干重要问题的决议》，《人民日报》1996 年 10 月 14 日。

② 《中国共产党第十五次全国代表大会文件汇编》，第 37 页。

伦理精神的追寻

——中国伦理学理论 30 年

高兆明 *

中国伦理学理论发展近 30 年来，风云迭起，波澜壮阔，在思想解放中前行。它既构成了改革开放伟大实践的理论表达，又通过一系列理论探索为改革开放提供了积极的思想支持；既是中国伦理学复兴的中继环节，又是新中国伦理学理论走向繁荣发展的开端。这个离我们并不太久的年代，值得我们认真总结，以便更好地认识现在，把握将来。

一、理论演进的阶段与范式

中国伦理学理论的 30 年，是在面向生活、反映现实、服务社会、思想解放中逐步确立起现代性伦理价值精神的 30 年。在这 30 年中，它大致经历了反思性启蒙、世俗化、社会化三个发展阶段。

1978 年到 1990 年前后，是以反思"文革"为内容的伦理学理论反思性启蒙阶段。"文革"结束以后，"文革"中无视人的生命尊严、肆意践踏善良与正直、一切伦常在革命的口号下荡然无存的生活经历，使人们首先从反思的立场上发现了人的权利和价值。从 20 世纪 80 年代初开始的"社会主义人道主义"理论讨论，提出了人的生命尊严、人道、人性、人权等一系列伦理学理论问题后，使社会主义道德文化开始了新的发展历程。遗憾的是，这种以反思"文革"为内容、以人道主义为主题

---

* 高兆明，1954—2020，男，南京师范大学哲学系教授。

的思想启蒙运动，还没有来得及充分深入展开，理论的争论就紧跟着实践又匆匆向前迈进了。

20世纪90年代，随着社会主义市场经济建设的展开与深入，伦理学理论视野被从飘浮的政治口号拉回到日常生活，并聚焦于以市场经济为核心的世俗生活。对伦理学理论的思考开始不再固执地从既有的本本、理论教条、政治原则出发，而是从现实生活、人民的福利出发。道德与经济、义与利关系的大讨论，为市场经济正名，为正当权益正名，为道德革新正名，构成了那一时期伦理学理论的空前生机与繁荣景象。伦理学理论的这种世俗化转向，既是日常世俗生活在伦理学理论层面的反映，亦是日常道德生活世俗化寻求理论辩护的要求；既是改革开放过程中市场经济建设实践推动伦理学理论前行的标志，又是伦理学理论突破教条主义、面向社会日常生活、建立与市场经济和现代化建设相适应的理论体系的标志。

20世纪末以来，中国伦理学理论的发展进入了社会化的阶段。改革开放对既有社会结构的根本性冲击，市场经济建设过程中出现的道德失范和社会失序现象，现代科学技术发展与应用给人类带来的空前挑战，科学发展与和谐社会建设中所提出的一系列复杂社会问题，使一切有责任感的伦理学理论工作者不得不进一步直面现实，研究具体问题。这就促成了应用伦理学的蓬勃兴起。应用伦理学的勃兴，不仅是学者们以务实态度自觉回避意识形态的原则争论和转向具体问题研究的结果，更是改革开放、社会生活发生巨大变迁在伦理学理论中的反映。它表明中国伦理学理论在世俗化转向的基础之上，进一步面向社会生活，深入各个领域的特殊伦理关系，思考与回答各种具体问题，力图发挥伦理学理论指导与引领日常生活的功用。在这个过程中，社会公平正义的道德要求历史而又必然地逐渐占据了中国伦理学理论的显著位置。

与上述发展的三个阶段相应，中国伦理学自身的理论范式亦经历了如下的转变：从最初的政治化的革命伦理学理论范式，到为市场经济建设服务的世俗伦理学理论范式，再到探寻和谐社会建设的社会伦理学理论范式。

政治化的革命伦理学理论范式以政治化的革命理论作为伦理学理论

根据，以政治意识形态直接作为伦理学的知识体系和道德要求。伦理学理论界一度关于集体主义的思想争鸣，其实质正是对这种政治化的革命伦理学理论范式的反思。这种理论范式是高度集权和计划经济状态下的理论产物。当高度集权和计划经济的社会结构模式转变为市场经济模式，社会呈现出多元化形态时，这种理论范式就日益暴露出它的弊端。

历史给伦理学理论的发展提供了契机。为市场经济建设服务的世俗伦理学理论范式，将伦理学的理论视野从天上拉回到地上。这种回归日常生活的伦理学理论范式，不再拒斥人们日常生活中的权利与利益问题，不再将道德与利益置于互不相容的两极，不再将培养不食人间烟火的"圣人"视为道德的目的。它倾向于消解道德崇高。它在为社会带来精神解放与空前生机的同时，可能隐藏着某种对公民人格塑造与美德精神培育的淡漠。

探寻和谐社会建设的社会伦理学理论范式，亦即从生活世界的角度理解人的行为和道德的基础。它在人的关系、生活秩序等人的现实生活世界中理解人自身，并将人道、自由、平等、民主、法治、公平、正义等作为基本价值追求。这种社会伦理学理论范式，直面社会伦理关系变迁及其所产生的各种具体社会问题，以社会良序循环及其长治久安为指向，在一种更为深刻的生活世界背景中理解公民美德的形成与作用，寻求克服世俗伦理学理论范式消解美德这一内在缺陷的现实道路。

30 年来，中国伦理学理论的发展虽步履沉重，但不失方向。这就是在反思性启蒙的基础之上，坚定地转向现代性价值立场。尽管由于种种特殊原因，中国伦理学理论的反思性启蒙并没有真正完成，在为改革开放、社会主义现代化建设提供充分的思想理论支持方面也有遗憾，但是，它毕竟在当今中国这块极富生机的土地上，以自己的方式反映与把握了时代，并积极追求人道、自由、平等、民主、法治、公平、正义等这样一些具有普遍意义的基本价值精神。而以人为本、科学发展、和谐社会建设等国家层面的意志行动，则为这些具有共同意义的价值确立，提供了社会与政治合法性的现实根基。

中国伦理学 30 年来的理论发展，是在改革开放的推动下前进的。改革开放使原初基本陷于主义之争、对现实做简单政治论证、以政治要求代替学说思想的伦理学理论，逐步摆脱教条主义、转向适应现实的伦理道德问题研究，并在这种面向现实的具体研究中逐渐深入基础理论研究。中国伦理学理论的这种发展历程表明：理论是灰色的，生活之树常青；中国伦理学理论只有植根于生活、解放思想、求实创新，才能成为时代精神的中国式表达，才会有持久的生命力。

二、主题与争鸣

30年来，尽管中国伦理学理论纷呈、气象万千，但是，现代化进程中的现代性道德观念与伦理秩序，是贯穿始终的主题。这个主题有两个方面：当代中国应当确立起何种道德观念与伦理秩序？这种观念和伦理秩序又何以可能？前者是关于现代性道德价值内容的问题，后者则是关于道德建设实践路径与方法的问题。

1. 当代中国应当确立起何种道德观念与伦理秩序？

社会主义现代化建设进程中的当代中国应当确立起何种道德观念与伦理秩序？这是中国伦理学理论30年论争的基本主题。而隐藏在这个主题背后的则是"现代性道德的基础究竟是什么"这一更为深刻的问题：与社会主义现代化建设相适应的新的道德观念与伦理秩序应以什么为基础？公民权利是否能够成为这种新道德观念与伦理秩序的基础？30年来，伦理学理论的一切重要论争，无不是对此问题的探索。

近30年来，伦理学理论在不同的发展阶段曾就集体主义、义利关系、公平正义等一系列问题有过激烈的思想论争，也曾就道德"滑坡"或"爬坡"、"潘晓事件"、"张华事件"等诸多社会现象有过热烈的理论讨论。这些内容丰富、看似繁杂的思想论争，实际上一直围绕着一个焦点，这就是个人的权利义务关系问题：如何看待个人权利的价值？如何认识道德义务的合理性根据？与社会主义现代化建设相适应的新道德与旧道德的根本区别究竟何在？

（1）关于集体主义。

集体主义与个人主义问题，是中国近30年来最为重要、持续时间最长的伦理学理论争论。这一理论争论固然有其深刻的政治背景，但在伦理学理论范围内，主要围绕着集体与个人的关系展开，其核心是是否承认个人及其权利。纵观近 30 年来的相关理论之争可以发现，在总体上，无论是坚持集体主义还是主张个人主义价值观者，均不否定民族、国家、社会利益的重要性，均承认个人有义务在必要时为民族、国家、社会利益做出牺牲。两者争论的关键在于：是否承认个人权利与利益？在现代性社会中，个人价值、个性独立、个体权益是否具有基础性意义？道德义务的合理性根据何在？

一度时期，我们曾过多地强调个人利益应当服从集体利益的方面，过多地强调个人义务，而忽视了个人价值、个人权利，甚至片面地强调个人权利只能处于从属地位。造成这种状况的主要原因，一方面是过去那种高度集权的时代特点，另一方面是极左思潮遗风的影响。经过反思，伦理学界已逐渐形成共识：个人权利、个体价值对于中国社会主义现代化具有基础性意义；道德当然总是要讲义务的，但是，只要不陷入抽象的义务论，不回避现代性社会和中国社会现阶段的特点，就不能离开权利讲义务，或者只把义务当作前提。

个人主义是西方民族思想启蒙的产物，其核心是个人权利、个体价值，它曾被新兴资产阶级用来作为反对封建宗法等级制度，建设现代化社会的重要思想武器。它之所以在过去 30 年中对中国发生了重大影响，就在于它以一种鲜明的方式肯定了个人权利、个体价值，并为社会道德的反思性启蒙提供了一种可资利用的思想资源。尽管个人主义不同于利己主义，但是，个人主义作为一种价值观念所固有的内在局限性，决定了它的历史命运。对此，我们应当持有清醒的认识。

（2）关于义利关系。

义利关系问题一直是伦理学理论的重要论题之一。在当代，义利关系问题的核心，首先是社会成员追求个人利益的正当性、合理性问题，其次才是手段的正当性、合理性问题。在很长的一段时间内，伦理学理论在大公无私这样的理想主义道德话语之下，实际上是在鼓吹重义轻利的价值观，秉持道德与利益、义与利二分对立的立场，并对个人权益采取消极态度。只是随着社会主义市场经济建设的日益明晰与不可逆转，随着思想解放和民主对话的逐渐展开，随着社会主义市场经济建设所带来的人民群众日常生活条件的空前改善，我们的道德理论才逐渐在总体上认肯了个人权益的正当性与合理性，并明确提出了反对极端个人主义，才逐渐确立起了与社会主义市场经济建设相适应的义利统一观，认为人民幸福、国家富强之大利即是大义，应当以义取利。

与此同时，针对社会上出现的一切向钱看、唯利是图、坑蒙诈骗等社会现象，伦理学理论界也做出了积极回应，并一度形成了三种有影响的理论倾向：其一，认为社会道德败坏状况的根源在于市场经济本身的消极作用，是市场经济使人心不古、道德败坏；其二，将道德视为发展经济的手段，主张通过道德的方式追求利益的最大化；其三，呼吁主体的道德自觉，以抵制各种见利忘义、唯利是图的思想行为。这些理论倾向秉持伦理学理论的道德操守，以其特殊方式强烈批判社会道德堕落现象，在一定程度上突破了长期形成的义利对立不相容的思想方法，强调了社会主义市场经济条件下的义利统一观。这些都是值得充分肯定的。然而，在上述思想理论的发展过程中也存在着令人担忧之处：不把经济关系视为道德生活的基础，以为人的尊严、人的自由全面发展和道德品质可以脱离经济生活方式而存在，以为对道德可以做纯粹工具性的理解，以为个体善无须以社会善为条件。对于这些思想倾向在实践与理论上可能引起的某种混乱，我们的道德学说似乎还缺少足够的理论警惕。

我们的道德理论在对人民群众物质生活幸福作合理性证明、为市场经济建设作道义辩护时，基本论证理据有两个：马克思主义哲学唯物史观和政治现实主义（如市场经济建设的必要性、贫穷不是社会主义等）。尽管这种论证理据对于澄清义利关系、推进改革开放有积极的作用，但就这种理论思维与论证理据来说，并不是严格伦理学理论自身的。来自人的权利与尊严、人道、公平正义等伦理学理论自身的论证理据与方式，相对薄弱和欠缺。这既减弱了这种论证所应有的深刻的思想启蒙力量，也制约了伦理学理论自身对于一系列基础性学理问题的深入思考。

在对改革开放、市场经济建设所进行的道义辩护中，我们对西方功利主义思想的态度，也从原初的偏见转向合理吸收、积极利用。理性与功利曾是欧洲新兴资产阶级战胜封建专制的两大思想武器。20世纪80年代末以后，功利主义思想在中国这块土地上产生了重要影响，这不是一种偶然。它在当时的中国，对于人们进一步解放思想、打破极左思想影响、冲破"姓社姓资"的意识形态争论，对于否定禁欲主义、张扬人本精神、主张个人幸福生活权利，对于发展生产、促进市场经济建设、深化改革开放，具有不可忽视的作用。然而，功利主义思想又有其明显的局限性。如果将功利本身作为一切活动的终极价值目标，将商品交换原则渗透到社会生活的一切领域，那就会不可避免地滋生拜金主义，乃至构成权钱交易的温床。这对一个理性精神与民主精神相对缺乏、传统伦理文化被破坏而又缺乏宗教传统资源的民族来说，是尤其值得警惕的。

（3）关于公平正义。

直到 20 世纪 90 年代初，我们的伦理学理论对于公平正义问题还持冷漠或片面的态度，以至于在教学理论体系中缺失公平正义这样基本的伦理原则和道德规范。改革开放使社会生活的主题发生了由革命到建设、由阶级对立到和谐发展的转变，进而使得人们对公平正义有了新的觉醒与较为全面的理解；社会财富分配的问题又以一种特殊的方式进一步唤醒了人们的公平正义意识；生态、环境、资源、经济等方面的一系列社会问题，在更深的层次上提高了人们对社会权利义务分配及其正义性的自觉；加强道德建设、提高公民道德素质的一系列努力又表明，道德建设不是一个简单的知识灌输问题，改变人的关键是改变人的现实生活世界。这样，伦理学理论视野就在实践层面上被逐渐引向了公平正义问题，"集中于只用一个办法即通过实践才能解决的那些课题上去"。① 而 20 世纪 80 年代末罗尔斯的正义论思想被介绍到中国，既为当时沉闷的中国思想界吹来了一阵清风，又使公平正义问题作为一种理论时尚再度凸显。

中国伦理学理论在关于公平正义问题的讨论中，曾一度主要立足于证成与说明"效率优先、兼顾公平"的社会实践原则，并以效率来作为公平的价值合理性根据。尽管这种认识在力图为改革开放作道义辩护的同时，也在以一种特殊的方式否定着平均主义的正义观，但是，它并没有深入权利义务关系，没有在原本应有的价值高度与理论深度上把握公平正义。相对而言，另一种观点的思考较为深刻。这种观点认为：当代中国社会生活实践提出"效率与公平"关系问题，只是以一种特殊方式

---

① 《马克思恩格斯选集》第 1 卷，人民出版社，1972 年，第 8—9 页。

提出了社会发展的价值目标与途径选择这一关键问题；公平正义问题的核心是权利义务关系，效率不能规定公平；经济发展不能以牺牲公平为代价；应当深入社会权利义务关系、深入社会物质财富生产与分配关系，探讨不同社会利益集团利益共享、责任共担的公平正义问题。

中国伦理学近年来关于公平正义问题的理论成就，与其说是回答了问题，毋宁说是提出了问题。在当代中国语境下，社会公平正义问题的现实内容究竟是什么？如何实现社会的公平正义？改革开放向何处去？改革开放的动力何在？我们所要建立的长治久安的社会主义社会的利益结构关系应是什么？科学发展、和谐社会的伦理意蕴，是否首先意味着社会各阶层都能公平地从改革开放中获得应有利益？等等。这样一系列问题与追问，事实上就将公平正义这一世界前沿性的一般政治哲学论题，转化成具有强烈中国特色的理论问题。改革开放中的社会权利义务关系问题，是当代中国语境下社会公平正义问题的现实内容。尽管我们的理论对"谁之正义？何种公平？"以及何以实现公平正义、何以构建起长治久安的现代化和谐社会等问题的探讨，还只是初始的，还有待于进一步深入不同群体的权利义务关系，深入社会生活各领域的具体过程，深入诸如公共理性、政党伦理、制度伦理等问题予以深刻分析，但是理论思维毕竟已经迈出了关键性的第一步。

2. 如何确立现代性道德观念和伦理秩序？

如何加强道德建设，确立起现代性道德观念与伦理秩序，使中华民族的道德文化以崭新的面貌挺立于世？这是中国伦理学理论的焦点之一。30 年来，中国伦理学在社会主义精神文明建设、以德治国、公民道德建设、树立社会主义荣辱观、确立社会主义核心价值体系和社会主义和谐社会建设等社会实践活动中发挥了重要作用。就理论层面而言，中国伦理学在相关方面所做的工作主要集中于三个方面：道德现状的基本判断、道德建设的基本内容和基本方法与路径。

（1）道德现状的基本判断。

一直到 20 世纪 90 年代后期，伦理学理论界仍然在争论道德"爬坡"还是"滑坡"的问题。这种理论争论的焦点，不在于是否承认普遍道德失范的事实，而在于对这种事实的原因所进行的分析和判断。尽管这种争论曾经涉及广泛而复杂的问题，但总体上聚焦于两点：其一，如何看待改革开放前30年的社会道德状况？其二，我们现在所面临的社会道德失范是什么性质的？以何种道德价值标准、在何种历史范围内判断？

在改革开放的进程中，经过长期痛苦的理论思考，伦理学理论界已逐渐趋于共识：如果我们能够正确认同"恶是历史发展的动力借以表现出来的形式"这一思想，那么，对道德现状的判断可能就不会是简单的道德"滑坡"结论。《汉书·董仲舒传》说："继治世者其道同，继乱世者其道变。"如果我们正视在极左思潮统治下普遍存在着的扭曲人性、践踏人权、嘲弄人道的现象，那么，至少就不会无视改革开放后社会道德和伦理关系的进步，就会遵循历史辩证法合理地看待市场经济发展过程中的道德变化。那些即使是在新道德看来也是"恶"的社会道德失范现象，有些是道德发展过程中的伴生现象，有些甚至是由于我们的认识片面、工作失误、制度安排缺陷所致。善恶总是相伴相克而存在和发展的。改革开放既为当代中国的道德观念、伦理秩序带来了新生，又是克服既有诸多道德失范现象的现实途径。

（2）道德建设的基本内容。

我们的理论曾一度以共产主义道德、集体主义原则要求每一个公民，并以此作为道德建设的现实内容。但是我们却必须正视这样一种事实：尽管我们的主流理论一直在倡导高尚理想的道德，尽管我们也曾通过各种近乎运动的方式力图使这些道德要求深入人心，然而收效却不尽如人意，甚至大面积地出现了令人担忧的道德虚伪、人格分裂等现象。这就不能不使伦理学理论必须进行必要的自我反思，以进一步提出道德的层次性以及先进性与大众性相结合的思想，并在此基础之上进一步提出底线伦理、世俗道德范式等概念及其相应的行为规范。道德建设是塑造公民基本道德素质的工作，道德之根只有深入社会现实生活，才会具有真实而持久的生命力。拔苗助长的理想主义道德要求，未必能培养出高尚的道德人格。

道德建设中现代性价值精神与传统道德文化资源的双重维度，使中国伦理学理论必然地要再次正视中西古今问题。尽管中西古今之争在中国已有近百年的历史，但是，改革开放使得这种理论争论不仅有了更加明晰的历史背景，而且使得老问题有了新意境。如果我们不是在一般政治意识形态的意义上，而是在道德文化的意义上认识伦理学理论中的古今中西之辩，那么隐含于其中的中华民族在社会主义现代化进程中，应当确立起何种道德价值精神、应当具有何种道德文化的问题，就十分清晰了，就不难达至对道德文化发展基本路径的共识。

尽管我们过去在一般意义上确立起了"古为今用，洋为中用"的古今结合、中西结合的方向，但是这种理解主要还是立足于价值载体这一外在维度，而不是人类文明演进中不同价值体系的内在关系维度，因而并没有真正解决问题。生活世界的变革，迫使中国伦理学理论在当代中国道德文化的现实内容及其现代性转化的高度上，重新认识问题。无论是中西还是古今的道德文化价值要求，都必须在时代精神中获得其存在的理由，不能简单地以外在的地域和时间为道德价值的合理性依据。时代精神有一个被表达的问题，它总是以特殊的文化样式存在和发展着。但是，特殊文化样式中的时代精神却是全人类的。尽管人道、自由、民主、公平、正义等这样一些现代性道德价值内容，首先由西方民族在现代化进程中提出，但这些道德价值具有普遍性，是当今人类的时代精神。我们在现代化进程中所应当确立起的道德文化及其价值精神，应当是现代性的，应当既是民族的又是世界的。

普遍性价值问题是中西古今论争中的核心内容。它有两个基本方面：如何对待普遍性价值？如何对待民族道德文化资源？自 20 世纪 90 年代以来，中国伦理学界对普遍价值的关注尽管内容极为丰富，但其核心指向却是明确的：当代中国是否应当确立起普遍性的道德价值？在相当长的一段时间内，我们的伦理学理论曾片面强调道德的具体性、阶级性，否定道德的普遍性、全人类性一面。这种理论的片面性，对于整个民族道德文化的破坏作用是不可低估的。理性反思使人们逐渐普遍认识到：日常生活中之所以存在着令人担忧的社会道德失范现象，在很大程度上就是因为缺失这种具有普遍性的道德价值精神。如果我们要建立一个和谐有序的而不是普遍对立与混乱的社会，如果我们要从根本上提高全民族的道德水准，那么，我们的社会就不能缺少普遍性的道德价值精神。真、善、美，自由平等、民主法治、公平正义、博爱人道等，是人类自身在文明演进过程中确立起的共同性道德价值。包括整个西方在内的现代性社会已暴露出令人心悸的道德危机，大量社会、经济、科技、文化等问题以不同方式纠缠着我们的道德价值判断。所以，我们需要具有普遍性的道德价值作为思考、对话的前提和基础，并用来构建社会主义和谐社会的基本伦理秩序。

道德建设中如何对待民族道德文化资源？这始终是中国伦理学理论的焦点之一。30年来的理论和实践历程告诉我们：我们确实应当学习人类的一切先进文化，但是我们又不能割断自己的历史与文化。既不能夜郎自大，又不能妄自菲薄。不能从一个极端跳到另一个极端。中华民族有着丰富的道德文化资源，不失普遍性的道德价值内容，它们应当在现代化进程中获得新生。中国传统道德文化中的瑰宝，只有打破其传统价值体系的坚硬外壳后，才能在新的现代性的道德文化价值体系中大放光彩。

确立普遍性的道德价值，是要具有那样一种道德价值精神，秉持那样一类道德义务，但是，这种道德价值、道德义务在具体时空场景中的具体理解与实践，却是丰富多样和有所变化的。如何避免将普遍性的道德价值沦落为抽象空洞的教条，如何在现实生活世界中恰当、准确地理解与实践普遍性的道德价值，尤其是如何在风云变幻的国际政治生活中清醒地秉持普遍性的道德价值的中国语境，这些问题应当引起中国伦理学理论界的足够重视。

（3）道德建设的基本方法与路径。

30年来，中国伦理学一直在努力寻找提高公民道德水准、改变社会道德风尚的有效途径。我们的理论一直在强调要进行道德建设，一直在强调道德教育的有效性，但是，由于在总体上是以灌输说教式理念为主导，因而使得理论说教显得苍白无力。尽管我们的理论一直试图通过各种方式培养道德楷模示范群体，并在引导民众、改善道德风尚方面起到了一定的积极作用，但对示范群体的理解既缺乏社会结构性的认识，又缺少道德现实性和持久性的把握。

令人欣喜的是，这些理论状况近年来有所改善。越来越多的人认识到：知识不等于美德，道德教育不是知识灌输，而是生活养成；舆论的价值引导须与实际生活中的利益诱导相一致；制度不仅有行为规范的功能，更有道德价值引导的作用；德行不仅是美好的，也应是有用的；道德建设不能靠运动喊口号，而要靠日常生活中持之以恒的陶冶，要在日常生活中深入发掘和大力弘扬优秀道德传统；道德建设也应讲科学，应尊重风尚演变的客观规律，"谨乎其外，以致养乎其内；循乎其末，以渐及其本"①，且道简方可易行。

三、使命与展望

伟大的时代、丰富的生活、深刻的变革，应当有充满活力的伦理学理论。伦理学理论不应满足于做密纳发的猫头鹰，还应做高卢雄鸡。中国伦理学应当为中华民族的现代化建设做出应有的贡献。

自20世纪末以来，伦理学在中国已日益成为一门显学。哲学人文社会科学其他各门学科均以各自的方式提出与讨论相关的伦理道德问题，参与到伦理学理论发展中来。时代要求伦理学理论能够为社会实践，为其他各门人文社会科学学科，提供更多的思想理论支持。遗憾的是，改革开放以来中国伦理学理论尽管有了相当大的发展，但所取得的成就并没有如同经济学、法学、社会学等学科那样令人瞩目，甚至与这些学科所期待的来自伦理学的理论支持亦有距离。值得欣慰的是，中共十七大提出的"继续解放思想、坚持改革开放、推动科学发展、促进社会和谐"②的任务要求，为中国伦理学理论的发展提供了难得的新机遇。

中华民族的伟大复兴事业正处于关键时期。改革开放向何处去？如何建设起和谐有序、长治久安的社会主义现代化国家？中华民族悠久的道德文化何以复兴？中华民族如何以崭新的道德风貌挺立于世界先进民族之林？中国伦理学理论有责任、有义务进一步解放思想，对此类重大问题作出具有中国特质的回答。

1. 伦理学理论工作者的职责使命。

进一步在解放思想中追求真理。中国伦理学理论近30年所走过的历程表明，解放思想、学术争鸣，是中国伦理学理论发展的内在动力。没有思想解放和学术理论争鸣，就没有中国近30年来的伦理学理论发展。

---

① 孙希旦：《礼记集解》，中华书局，1989年，第1页。
② 《中国共产党第十七次全国代表大会文件汇编》，人民出版社，2007年，第1页。

过去如此，将来亦如此。伦理学理论进一步解放思想，就是要进一步打破教条主义与经验主义，一切从生活现实出发，而不是从本本出发，在面向生活、面向实践的同时，加强理论思维；就是要进一步坚持百家争鸣、百花齐放的学术方针，倡导学术个性，鼓励在理论争鸣中独立思考和批判反省，形成不同的学派，使伦理学理论在进一步打破沉闷中获得新的生机与活力。

将道德与政治合理划界。这是伦理学理论进一步解放思想的必然要求。不能将道德简单化为政治，亦不能简单地以政治分析代替伦理学的学术分析。这应当是过去半个多世纪中国伦理学理论发展最为深刻的经验教训之一。尽管伦理学理论的规范性特质使其与政治意识形态具有更多、更为深刻的联系，但是伦理学作为一门理论学科，应有其自身相对独立的学术概念、理论逻辑与分析方法。尽管道德及其理论具有鲜明的政治功能，但是不能政治化。伦理学理论应当且必须为现实的政治生活服务，然而这种服务不能以政治话语概念、具体政策规定、政治意识形态替代伦理学自身的概念思维与理论论证。伦理学理论要通过科学的概念思维、逻辑推理、价值分析，服务于时代、服务于实践。否则，伦理学学科就会由于失却理性思考、学术对话、批评质疑，而失却其存在的理由与价值，就会逐渐被社会边缘化。

秉持良知操守，做时代精神的表达者。伦理学学科不仅仅是知识体系，更是实践理性精神的自觉表达。伦理学理论工作者真正要有所成就，没有社会良知与道义精神，几乎是不可想象的。在当代中国，如果没有对人民和民族的深深眷念与热爱，没有对中华民族社会主义现代化建设的真炽情感，没有对民族、国家未来的关切与忧虑，没有起码的社会责任感、使命感、是非感和正义感，就不会有富有个性的有生命力的理论。我们应当以对民族、历史、学术负责的精神从事伦理学理论研究，应当努力成为时代精神的表达者。伦理学理论工作者的社会良知与道义担当，要通过严肃的理论思维方式来呈现。伦理学理论的价值分析、道义批判，不是断言的，而是说理的。这种说理必须建立在自我反思、自我批判的基础之上。

直面生活，服务时代，自由思想，兼容并蓄，严谨治学，这是伦理学理论工作者社会良知与道义担当的内在要求。学风浮躁与功利心态下的投机取巧与急功近利，不可能使学术本身有所发展。我们需要大量引进与借鉴国外最新的优秀研究成果，需要充分挖掘与借鉴传统的优秀思想资源，但是必须警惕文化虚无主义和文化复古主义，必须坚持文化的主体性，必须警惕生搬硬套，必须注意不同语境下的问题差别及理论解释的有效性。我们需要理论创新，但是，这种理论创新必须是扎根生活、言之有物、言之有理的，而不是闭门造车、玩弄概念、哗众取宠的。我们需要有更多伦理学理论的应用研究，但是，这种研究应当是勇于探索与回答现实生活中重大紧迫的实践和理论问题，而不应当成为回避艰苦的基础理论研究、急功近利的托辞。我们需要有马克思主义基本理论观点和思想方法的指导，但是，这应当建立在对马克思主义经典著作的认真研读、深刻领会、融会贯通的基础上，而不能不求甚解、断章取义，将马克思主义作为一种公式、标签。

2. 伦理学理论之展望。

中国伦理学理论的未来与中华民族的前途命运息息相关。在总结、分析的基础之上汲取古今中外各种道德文化精华，创造出适合新时代的新道德文化及其思想理论体系，这是处于社会转型期的中国伦理学理论的基本任务。为此，下列伦理学理论研究工作的重要性、紧迫性会进一步凸显：

第一，伦理学基础理论研究。中国伦理学基础理论在总体上仍然较为薄弱，基本理论框架体系具有明显的历史局限性。既有伦理学理论对现实缺乏足够的解释力与指导性，应用伦理学尽管繁荣却难以深入，这种尴尬状况表明伦理学理论发展正处于一个瓶颈时期。社会需要与学科发展已经历史性地提出了伦理学基础理论方面应有较大突破的任务。我们应当重视和加强基础理论方面的研究，努力形成当代中国人自己的伦理学理论体系，使之成为一门道德科学。

当代中国人自己的伦理学理论体系，应当在百花齐放、百家争鸣的基础之上具有多样性。这个多样性的伦理学理论，具有家族的类似性。它们是自由意志、实践理性的理论表达，并以作为时代精神自觉表达的正义、仁爱为核心，以幸福、自由为终极价值。这个多元、多样的伦理学理论应是正义之学、仁爱之学，是幸福之学、自由之学。

基础理论的发展在很大程度上取决于元伦理学的研究状况。相对而言，我们对元伦理学还缺少应有的重视。这种状况直接制约了整个中国伦理学理论的发展。我们应当注重伦理学基本概念范畴的研究，注意从对规范伦理学、美德伦理学以及应用伦理学的研究中发现与提出元伦理学的问题，并以元伦理学研究推进这些具体方面研究的深入。伦理学基础理论研究既需要哲学的思辨分析，亦需要来自道德心理学、道德行为学和道德社会学等方面的实证支持。

我们在大量介绍国外最新研究成果的同时，要注意仔细鉴别取舍、消化吸收。我们要深入思想史与日常道德生活两个层面，仔细梳理、传承中华道德文明。尤其是要注意对丰富传统道德的现代性诠释，寻求中华民族传统道德文化现代性转化的有效途径。

第二，社会伦理研究。在当代伦理学理论发展中，社会伦理关系及其秩序问题越来越占据核心地位，以权利义务关系为内容的社会正义问题处于显赫位置。现代高技术的广泛应用、全球化、市场经济、多元化以及社会转型，使得我们的日常生活方式发生了根本的变化。这就要求我们以科学的态度，仔细研究既有伦理关系及其秩序发生了哪些重大变化，这些变化对权利义务关系、对道德价值观念会引起哪些重大影响，从而重新审视我们所曾熟悉的是非善恶的客观规定性。

社会正义问题将会在很长一段时间内成为我们的理论主题之一。社会正义问题的核心是权利义务关系。我们要在现代化这一历史规定性中揭示当代社会正义的客观内容，并在此基础上深入具体的伦理关系及其秩序，为当代中国合理协调社会利益关系、构建和谐社会提供积极的思想理论支持。制度、政党等政治伦理问题亦会在对社会正义的理论思考中凸显。

第三，道德建设研究。法治社会的道德建设问题将始终是伦理学理论研究的中心之一。其中，以下两个问题会越来越突出。

其一，个体道德与社会风尚及其关系研究。道德建设要落到实处，就不能不重视个体道德与社会风尚问题。道德建设只有遵循规律才能行之有效。道德建设不是简单地制定原则、规范、价值体系，也不是简单地搞一些宣传说教活动，而是要抓住知荣知耻之"治教大端"，健全心性，移风易俗。道德建设是要努力创造出一种社会氛围，使个人养成良好的道德品性和行为习惯，使社会形成良好的文明风尚。有教养的个人行为习惯和文明的社会风尚，是我们的道德建设的落脚点。我们要重视人的"第二天性"形成和道德行为习惯养成的机制问题，要重视道德建设中的制度性安排和活动的有效性问题，重视坚持不懈、持之以恒，把适时、适当组织的活动和长期、坚毅的锻炼结合起来的问题。

其二，终极性关怀、精神家园建设研究。一方面，当代中华民族的道德文化必须建立在市场经济基础之上，然而，如何在道德生活世俗化过程中，避免实用主义文化泛滥，避免终极性价值关怀和精神家园的失落？如何使缺乏深厚宗教传统的中华民族道德文化既反映以市场经济建设为标志的世俗化历史进程，又在世俗化过程中拥有理想与终极性价值关怀，并使之成为中华民族共同精神家园的价值支撑？这是中国伦理学理论在一个相当长时间内无法回避的问题。另一方面，现代性社会，尤其是处于转型期的社会，是一个充满不确定性与风险性的社会。我们要重视理想、使命和志气的研究，同时也要关注人们因焦虑与孤独而寻求精神家园的现象，重视对道德信仰、宗教精神等现象的研究。

第四，应用伦理学研究的"顶天立地"。应用伦理学依然会是伦理学理论中极具活力、极富前途的方面。现代高科技及其应用、全球化交往、生态环境资源问题等，都会为中国伦理学理论的发展带来新的内容。应用伦理学的进一步发展有赖于其进一步"顶天立地"：一方面，通过日常生活发现与提出重大伦理道德问题，上升到伦理学基础理论层面的深入思考，并借以促进伦理学基础理论的进步；另一方面，深入具体实践领域的具体实践过程及其机制，在具体语境下找到对具体问题的有针对性的有效回答。我们的理论应为社会提供简明生动的思想观念，使伦理学不仅是一种知识体系，更是一种守护人道、实践正义的实践智慧。

我们相信，伴随着社会主义现代化建设的进一步深入发展，伴随着进一步解放思想，在良知、道义与严谨的学术态度之下，中国伦理学理论一定会迎来一个更加繁荣的时期，一定会无愧于我们伟大的民族和时代。

原载《云南大学学报》2009 年第 3 期

新中国伦理学 70 年：历史、继承与发展

陈 瑛 王幸华 *

一、关于新中国伦理学学科的建设和发展

王幸华：陈老师好！您是中国社会科学院哲学研究所伦理学研究室和新中国伦理学发展历史的见证人，今天非常有幸，请您来谈谈从新中国成立到目前伦理学学科的建设和发展历程、新中国伦理学研究的历史经验以及中国伦理思想史研究等问题。首先，请您对新中国成立以来伦理学学科的建设和发展做一个全景式的概要回顾。

陈 瑛：好的。新中国成立初期伦理学学科的萌生和发展阶段，其间充满坎坷和挫折。受当时苏联的影响，没人提伦理学，1950 年代初，伦理学甚至被认为与社会学一样，是"资产阶级的伪科学"。但国家实际上很重视人们的思想道德教育，这是我们党的一个重要传统，思想道德教育中很多内容涉及伦理学。当时主要是学习刘少奇的《论共产党员的修养》等著作，一些学者撰写伦理道德方面的文章，主要讨论道德教育以及道德原则和道德规范等问题。新中国成立伊始，《中国人民政治协商会议共同纲领》制定了"五爱"原则，即"爱祖国、爱人民、爱劳动、爱科学、爱护公共财物"，《中华人民共和国宪法》（1982 年）改成"爱祖国、爱人民、爱劳动、爱科学、爱社会主义"。当时社会上上下下都很重视思想道德教育，但还没有上升到伦理学的高度。

1958 年以后，人们开始注意伦理学，伦理学也被正式列入科学研究

---

* 陈瑛，1939— ，男，中国社会科学院哲学研究所研究员；王幸华，1987— ，女，中国社会科学院哲学研究所助理研究员。

的范围。在最早提倡学习和研究伦理学的学者中，就有中国科学院哲学社会科学学部（1977 年在中国科学院哲学社会科学学部基础上正式组建"中国社会科学院"）哲学所的李奇老师，她一直关注思想道德教育，当时她领导的伦理学研究小组属于哲学所历史唯物主义研究室。1958 年和 1959 年，李老师写了一系列关于伦理学的文章，她在改革开放初期出版的《道德科学初学集》的大部分内容，就是在这个时期发表的，开始还不叫伦理学，李老师称之为"道德学"。到 1960 年代初，受当时的《人民日报》主编邓拓之托，李老师发表了《建议开展伦理学的研究工作》一文，伦理学的研究工作被正式提出来，引起了人们的关注。不久，中国人民大学哲学系成立了以罗国杰为中心的伦理学研究室，开设伦理学课程，编写伦理学教材，伦理学研究出现了一个小的高峰。我是 1962 年中国人民大学哲学系毕业的，李老师还去中国人民大学讲过课。中宣部当时还在北海公园开了个关于伦理学的讨论会。

当时为什么这么重视伦理学？我觉得关键是毛泽东主席发表了意见。1962 年 9 月 15 日，他对周辅成写的《希腊伦理思想的来源与发展线索》一文写了个批语："所谓伦理学，或道德学，是社会科学的一个部门，是讨论社会各阶级各不相同的道德标准的，是阶级斗争的一种工具。其基本对象是善恶（忠奸、好坏）。统治阶级以为善者，被统治阶级必以为恶，反之亦然。就在我们的社会也是如此。"[1] 这个批语肯定了对道德和伦理学的研究，引起中宣部和社会各方面以及广大群众的重视。当时报刊上接连发表了多篇关于伦理学的文章。老一辈伦理学者以马克思主义特别是唯物史观作指导，综合利用中外伦理学研究的有关资料，研究了伦理学的基本理论和主要范畴，初步构建了一套具有中国特色的马克思主义伦理学体系。但是，到了 1963 年，极左的阴风开始袭来，从批判吴晗起，一直到"文化大革命"结束，伦理学的地位又一下子被打翻在地。总之，整个伦理学的命运，是跟国家的命运和社会主义文化的命运一致的。从开始到繁荣，逐步发展，然后一下子跌入了深谷。伦理学学

---

[1] 中共中央文献研究室编：《建国以来毛泽东文稿》第 10 册，中央文献出版社，1996 年，第 186 页。

科发展的根本改变，是在改革开放以后。大家在反思我们国家文化发展的历程当中，又感觉到伦理学的重要性。重视伦理道德是中华民族的传统，甚至中华传统文化的核心就是伦理道德。五四运动之时，首先也是围绕道德问题的斗争，提出的口号是"反对旧道德、提倡新道德"。为什么首先针对道德问题呢？因为道德对于社会的发展进步，对于人民群众的生活命运，具有非常重要的意义。我们立党建军、治国理政，都离不开伦理道德。我们党在革命和建设时期，之所以节节胜利，当然首先是政治路线正确，还有一个很重要的因素，就是重视全党全军的思想道德教育，这也是我们取胜的一个关键。我们的党团结一致，克服了党内的种种矛盾；我们的部队纪律严明，是保卫人民群众的"王者之师"。"文化大革命"的一个很大教训是道德方面出现了问题，不但善恶不分，而且扬恶抑善。总结经验，吸取教训，在这之后伦理学也就很快地发展起来了。在 1978 年中国社会科学院研究生院建院招生之时，伦理学就成为一个重要的学科，李奇老师招收了 5 名硕士研究生。

王幸华：在李老师招收的 5 名硕士研究生中包括刘启林老师吗？

陈　瑛：不包括，刘启林是李老师 1964 年招进来的。改革开放后，刘启林成为中国伦理学学科建设和学术研究最积极的推动者之一。我们这批研究生从 1978 年入学到 1981 年毕业，遇上了伦理学重新繁荣的开端。那时，哲学所成立了伦理学研究室，一些伦理学教科书也开始重新编辑出版。1980 年，中国伦理学会成立，选举李奇老师为首任会长，罗国杰等人为副会长，刘启林为秘书长。从中宣部到各级地方部门，都很重视伦理学。胡乔木同志大力支持中国伦理学会的工作，指导学会创办刊物《伦理学与精神文明》（《道德与文明》的原刊名），全国的伦理学研究积极地开展了起来，形成了北京、上海、天津、湖南等几个重要的研究基地。中国人民大学办了几次学习班，培训伦理学研究骨干，我还去那里讲过中国伦理学史课程。研究伦理学的积极性在全国范围内被调动起来，所以说，改革开放是我国伦理学事业发展的一个大转折。

改革开放以后的伦理学，其发展大体经历了三个阶段。第一个阶段，围绕着要不要共产主义道德，指导原则是个人主义还是集体主义展开了争论。改革开放后，特别是随着市场经济的建立，有一些人完全否定过去，认为马克思主义不对，人性就是自私的，应该宣传自私，只有自私才能推动社会发展；有人说，自私不是坏东西，它是推动人类前进和社会发展的动力；也有人说，自私是人的本性，应当以自我是核心，这是自然规律；还有人认为，人是马克思主义的出发点，应该宣传合理利己主义，为个人主义正名。中国伦理学会第一次学术会议上就有人提出这些观点。但是，中国伦理学会的领导对这个问题的反应是很冷静的，许多老同志对这些观点进行了反驳。当然，这些宣扬个人主义、人性自私的观点始终不是中国伦理学界的主流。坚持守正创新立场，一开始就已经体现出来。个别人试图要"反正"，反马克思主义，反唯物史观，广大伦理学工作者不答应。当时我们都写过文章批判这种倾向，我也写过几篇文章在《光明日报》等报刊上发表，驳斥这种观点。例如，针对当时的一些所谓"新伦理学"，我当时就写了《新伦理学并不新》一文，指出一些人主张的"新伦理学"，实际上是过去几百年来资本主义谬论的翻版，一点都不新。这股宣扬个人主义、人性自私的思潮很快就被扭转过来。

后来又出现了新的争论，即市场经济能不能推动社会的发展，它跟社会主义伦理道德是不是相容，能不能协调？当时多数伦理学者都肯定，市场经济有社会主义市场经济和资本主义市场经济之分，资本主义市场经济是滋生个人主义的温床，而社会主义市场经济跟社会主义道德、共产主义道德并不违背。社会主义市场经济与发展社会主义伦理学可以相互促进。经过一段时间的学习和讨论，大家在这个方面思想也统一了。这就是改革开放后伦理学争论的第二波。当时，党中央大力提倡社会主义精神文明建设，全国出现了研究伦理学的一个高潮。

第三波就是在社会主义市场经济的体制下，新的伦理学、马克思主义伦理学应该怎么研究、怎么发展的问题。在这方面，大家从理论上和实践上出了很多主意，出版了很多伦理学著作，非常繁荣，比现在还繁荣，这几年我倒觉得伦理学讨论有点沉寂。那些年大家都很兴奋，探讨怎么在市场经济条件下发展伦理学，发展什么样的伦理学，怎么建设具有中国特色的马克思主义伦理学。再以后伦理学的发展就从理论迈向实践，与实践有了更深的结合，尤其是关注应用伦理学研究。这个方面我们也受到日本的影响，哲学研究所与日本伦理研究所合作召开的 10 次中日实践伦理学讨论会，推动了我国应用伦理学的研究，在不长的时间内，经济伦理、政治伦理、科技伦理等研究发展迅速，伦理学跟社会生活迅速地结合起来。

总之，改革开放以来，我国的伦理学研究大致经历过三个阶段：第一个阶段就是坚持共产主义道德和马克思主义伦理学的研究方向；第二个阶段就是与社会主义市场经济相结合；第三个阶段主要是如何把马克思主义伦理学付诸实践，特别是发展应用伦理学。在这个时期，我们哲学所伦理学研究室也适应形势，建立了全国第一个应用伦理研究中心。尔后，全国的伦理学研究越来越繁荣，开始渗透到社会生活的各个领域，研究伦理学的学者越来越多。改革开放以前全国专门研究伦理学的，也就那么十来个人。当时研究逻辑学的诸葛殷同先生曾说全中国搞形式逻辑的学者他都认识，所有关于形式逻辑的文章他都看。当时我回答他，"照你这么说，全国搞伦理学的我也都认识，所有的伦理学文章我也都看过"。在一个时期内确实是这样。可现在形势大变，我们国家的伦理学事业浩浩荡荡，研究队伍越来越大，成果越来越多。从这里就可以看到改革开放后国家文化事业的发展和繁荣。当然，我们今后的任务还是很艰巨的，无论是以德治国，还是以德育人，都需要伦理学发挥作用。现在我们的思想界还是有不少混乱，很多违法乱纪现象背后都有道德问题，甚至可以说根儿上就是道德问题。比如前些天媒体上的报道，有个学生动手打他以前的老师，原因是该老师十几年前曾经惩罚过他。道德沦丧到这个地步，实在令人气愤。

王幸华：陈老师您所举的这个例子，进一步说明了在现阶段道德教育的重要性。

陈　瑛：一般地说，老师惩罚学生，都是为了学生好。包括在家庭里，家长惩罚子女。虽然说方法未必合理和有效，但无论如何，学生和子女不能就此记恨十多年，还采取同样的手段回击。由此可见，道德方面存在的问题太多了，讲道德还远没有普遍深入到每一个人的心头。最近我遇到日本伦理研究所理事长丸山敏秋先生。他一直在我国内蒙古的沙漠帮助种树，他提出"一方面要铲除自然界的沙漠，另一方面要铲除人们内心的沙漠"。他说得很好，人内心的沙漠，主要就是只顾自己，金钱至上，罔顾道德。我觉得，伦理学还应该大大发展，道德教育还应当大大加强。现在这方面的缺憾还很多，尤其是网络上的道德问题很多，比如网络赌博、网络贩毒、网络攻击、造谣生事、挑拨离间等，为了吸引眼球，一些人什么缺德事都干。这样下去可不行！从某种程度上来说，我们在道德建设上还得下大力气，伦理学还应该有更好的发展。

王幸华： 道德和法律都是约束个体行为的规范，在日益走向法治化的现代社会，您如何看待道德的功能呢？

陈　瑛： 道德和法律都是调节和维护人与人、人与社会以及人与自然关系的，方向目标相同，只是所采取的方法和手段不同，二者必须分工协作、相辅相成。我国刚提出"以德治国"的时候，个别人就不赞成，他们觉得只能提依法治国。我们当时就不赞成他们的这种看法。为什么不能提"以德治国"？道德从某种程度上来说甚至比法律更重要，它不但会牵涉所有的人，而且是通过人的内心起作用，属于更根本、更高层次的活动。例如，正常处理个人与集体的关系的时候，我们既可以全心全意为人民服务，也可以"一般地"甚至勉强地为人民服务，法律在这里不起作用，道德却可以不断提升人们的思想道德境界，使人更自觉地为人民服务。

王幸华： 您觉得道德跟法律的关系是什么？在改变人的行为方式上有什么不一样的地方？

陈　瑛： 道德是通过人的自觉自愿，通过个人内在的良心，通过理想信念、价值观念，通过社会上的风俗习惯起作用。道德行为的主体包括所有的人，从有意识的小孩到老年人，所有阶层和职业的人，所有人类社会的人。法律则是运用外在的力量，用强制的手段，通过机构和条例来执行，它作用和管辖的面相对窄多了。但是，二者的目标应当是一致的，相互补充，应该把它们协调起来。

二、关于新中国伦理学研究的历史经验

王幸华： 老一辈学者对新中国伦理学学科的建设和发展做出了巨大的贡献。陈老师与伦理学界的老前辈多有交往，在与他们的交往中，您

最深的感受是什么？

陈　瑛：我很有幸接触到老一代的伦理学者，包括李奇老师、张岱年先生、周原冰先生、周辅成先生等，从他们身上学习了很多东西，尤其是李老师和张先生，我跟他们二人接触得更多。首先，老一代伦理学者都是真真正正拥护马克思主义、赞成唯物史观的，非常自觉和坚定不移地学习运用。李奇老师是 1937 年从北京到延安的，在解放区从事宣传和教育工作，新中国成立后先在吉林工作，后来调到哲学所工作了几十年。她对马克思主义是真学、真信；马克思主义已经融入她的血液中，成为她自己的灵魂；她为我们树立了一个很好的榜样。李奇老师从来没有动摇过她的信仰，一直自觉地运用唯物史观进行伦理学研究。张岱年先生也是这样。张先生从 20 世纪 30 年代开始，在他哥哥（张申府）的影响之下，开始信仰并学习马克思主义，用唯物史观指导自己的研究。他的一些著作，包括新中国成立前的著作，虽然没有公开亮出马克思主义的旗帜，但他的指导思想、观点和方法，所得出的结论，实际上都是符合马克思主义的。这是值得我们敬仰和学习的。

再有就是他们在理论上披荆斩棘、不畏艰苦的精神，值得我们学习。他们在开始学习和研究的时候，没有我们现在的条件，资料稀缺，可以说是两眼一抹黑，完全是通过艰苦探索，几十年如一日。他们是在实践当中感受到了伦理道德的重要，感受到了社会主义道德、共产主义道德对我们国家的重要，能够影响到国家的前途和命运。他们不畏艰苦，辛勤耕耘，这是一种崇高的责任心。李奇老师所著的《道德科学初学集》主要讲道德的基本理论，后来的《道德与社会生活》系统地讨论道德和政治、法律、文化的关系，再到她主编的《道德学说》，构建了一个史论相结合的道德科学系统，为我们研究伦理学或道德科学提供了重要参考，指明了前行的方向。

他们的好作风也特别值得我们学习。他们的思想作风非常纯洁，待人真诚厚道，特别是对待我们这些学生。过去跟李奇老师一起出差，在我们想"解馋"的时候就去找李老师"请客"。读研究生的时候，我有个师弟叫郑祖泉，当时他要到北京参加复试，但没有路费，我找到李奇老师，她当时就给我 100 多元，让我转交给郑祖泉。这在当时可是个大数目，但她一点犹豫都没有。我到过张岱年先生家里多次，每次张先生都热情接待，遇上饭点时还要请吃饭。我们编写《中国伦理思想史》，张先生审阅了全书，几十万字，看完后还写了篇两三千字的序言，最后一分钱的酬劳都没要。要是没有全心全意为人民服务的精神，为学术服务的精神，为学生负责的精神，这些事哪做得了？李老师去世以后，我发现她的大量遗稿，每篇都那么工整严密。这种认真的精神，对学术负责的精神，永远值得我们学习。我们今天之所以能够做一些工作或者取得一些成绩，完全是老前辈们手把着手教的。

王幸华：老一辈学者坚定的政治素质、高尚的人格品性和敬业的科研精神值得我们这些伦理学后辈认真学习。新中国伦理学走过了70年的历程，您认为，我们从中可以学到什么历史经验？

陈　瑛：我觉得最重要的是守正创新。所谓守正，第一点就是要坚持马克思主义的指导；第二点就是要坚持为人民服务的方向，以科研去为人民服务。过去我写文章，说这叫"顶天立地"。"顶天"就是顶着马克思主义，"立地"就是站在为人民服务的大地上。比方说坚持马克思主义，因为伦理学与哲学问题密切联系在一起，所以跟唯物史观关系特别密切，包括中国古代文化也是这样。中国古代讲伦理，讲天道，讲人性，这些都是与古代哲学紧密联系在一起的，是中国哲学的核心问题。什么是人？人的本质是什么？这既是哲学的根本问题，也是伦理学的根本问题。马克思主义伦理学研究，就得从这里出发，人的本质"在其现实性上是社会关系的总和"，这是我们理论上的立足点。

最近我看了一些关于冯友兰先生的书，也对他的研究工作产生了一点看法。新中国成立前，在他眼里的哲学基本问题，似乎是"理"和"事"，是共相和殊相，实际上没有抓住哲学问题的根本。共相和殊相固然是哲学基本范畴之一，但是，它不是最根本的。离开了思维和存在这个根本问题，离开人的社会性，只抓共相和殊相，哪里能把哲学研究抓起来？研究伦理学，如果抓不住经济利益与道义的关系，抓不住个人和社会、个人和集体的关系，伦理学怎么能研究下去？因此，这才是哲学和伦理学的根本问题。中国古代伦理学关注"义"和"利"、"公"和"私"等问题，实际上都是从人的社会性上引申出来的。如果没有社会，有什么"公私"？有什么"义"和"利"？中国传统伦理思想中的这些观念和问题，看起来似乎很特殊，但它也体现了马克思主义的原则精神和思想精髓。研究中国的伦理学理论，不能离开马克思主义的指导。

　　研究伦理学还要从实践出发。我们研究伦理学是为了什么？绝不是为了自娱自乐、自我陶醉，更不是为了个人混饭吃，或者争名夺利。研究伦理学的目的还是为人民服务。意识到这一点后，就要自觉地考虑怎么为人民服务。首先要了解人民群众需要什么，我们现在应该怎么去做工作才能满足人民群众的要求。研究工作一定要根据时代的特点，时代的需要和人民的需要是一致的，时代的需要体现在人民的需要之中，人民的需要也是时代的需要。

　　王幸华：应用伦理学中有科技伦理、生命伦理、经济伦理和网络伦理等紧跟时代发展步伐的研究领域，对这些现实问题的研究可能更需要创新。

　　陈　瑛：是的，应用伦理学现在承担着越来越重的社会责任。每个时代都有它的特点和要求，比如说，我们现在进入建设中国特色社会主义的新时代，这个时代就跟新中国成立初期的情况不一样。现在人民群众有了新的美好生活需要，满足人民群众对美好生活和幸福生活的需要，就必须在社会主义建设当中，特别是在经济建设当中，发挥创新和创造精神。再如，面对网络社会，需要加强网络道德建设等。伦理学者要紧跟时代，创造出更多新的、积极健康的精神产品，以满足社会发展和人民群众的需要。由此我想到，我们搞理论工作的人，要经常看报纸，天天看；要多读书，天天读，尤其是马克思主义的经典著作。主流报刊能够及时传达党的方针政策，反映社会发展的状况和人民群众的需要，不论我们搞什么专题研究，一定要坚持读报。

三、关于中国伦理思想史研究

　　王幸华：陈老师，您的研究专长是中国伦理思想史，您与他人合著的《中国伦理思想史》是新中国第一部研究中国伦理思想的通史类专著，直到今天，这部著作对中国伦理思想史的研究仍然有着重要的参考价值。

请您谈谈研究中国伦理思想史的体会。

陈　瑛：我们研究中国伦理学史，应该说是受益于先辈前人。首先是受益于一些用马克思主义观点指导中国历史研究的专家学者，如郭沫若、侯外庐、范文澜、吕振羽、张岱年等人，我们是读着他们的著作成长起来的。我上小学的时候，喜欢看范文澜的《中国通史》，虽然那时懵懵懂懂，还觉得挺有意思。大学阶段听过侯外庐等先生讲中国哲学史，那时候中国人民大学哲学系"开门办学"，邀请有关学科最优秀的学者名家给我们讲课。从他们那里，学到许多马克思主义理论和有关学科的知识，我从那时开始对中国哲学史和伦理学史感兴趣。在写《中国伦理思想史》的过程中，侯先生的《中国思想通史》对我们的影响非常大。我们觉得中国古代的伦理道德跟中国的社会发展一样，经历了几个阶段。首先是先秦时期百家争鸣的时代，从周公到孔子，那时中国社会是从奴隶社会过渡到封建社会，也是封建地主阶级的思想意识开始酝酿的时期，开启了对人的本性、本质的讨论，从一定程度上开始有了"平等""仁爱"的观念。孔子讲"仁者人也"，包括后来的孟子、荀子的一些思想理论，闪耀出封建社会上升时期伦理思想的精华，反映了当时社会发展和人民的要求。

王幸华：您讲"仁者人也"反映了那个时代对待人的"平等"观念，我个人觉得这是一个挺新的观点。现在儒学运动强调回到西周的"礼"，这个"礼"在我看来还是一种等级的概念，强调下对上的尊重，而不是上对下的尊重。

陈　瑛："平等"从来不是绝对的，而是相对的，它是与秩序、规矩相联系的。比如，家庭中子女得听父母的话，学校中学生也得听老师的话。我觉得当时的"平等"主要是从废除奴隶制的意义上而言的。在封建社会，尽管"君为臣纲，父为子纲"，但是"君"和"父"也得把"臣"和"子"当成人，而不是猪狗奴仆。虽然"君"有生杀予夺之权，但在常理上，也必须有理有据，不能随意污辱屠戮。

王幸华：200年前美国还有奴隶的时候，黑人投票被算作3/5的人，所以他们不是整个的人。那么，在中国古代君臣之间，在政治决策上有没有这种相互关系？会让我们觉得臣子在政治上的发言权足以影响君主，让我们认为君其实是把臣当成人的，百姓也有相当的权利？

　　陈　瑛：按正常的封建社会规定来说，"臣""子"应该是有权利的。这个"君为臣纲"并不是说"君"怎么做都行，君也必须在一定范围内行使权力，暴君就会受到道德谴责。君不拿人民群众当人，人民群众就有理由反对君。孟子大讲仁爱，主张类推，其实就是把不同阶级的人当作同类。这与殷周之前不把奴隶当人、奴隶没有人的资格是完全不一样的。我认为，周孔以后，社会发生了变化，人的伦理观念也相应发生了改变。中国封建社会有它自己的特点，属于亚细亚生产方式，重视血缘关系和家族制度，以家为本，封建社会发展缓慢，经历了一个逐步发展的过程。封建专制也有一个过程，一开始它不是那么专制，后来才越来越专制。到朱明王朝之后，封建专制日益横行，社会开始走下坡路，于是明末清初出现了资本主义萌芽，一批启蒙思想家，像王夫之、黄宗羲等对封建专制进行了批评，开始呼唤人的解放。中国封建社会在漫长的两千多年中经过了几个阶段：春秋战国之交到秦汉是开始阶段，隋唐到宋明又是一个阶段，明清之际出现了资本主义萌芽，伦理道德上开始早期启蒙，批判封建主义。1840 年以后中国就开始沦为半殖民地半封建社会，伦理道德也随之进入一个新阶段。老一辈马克思主义哲学家和历史学家，曾经详细研究和描述过这个发展过程，我们基本上还是沿着他们的路子走。

　　王幸华：先秦时已经提到"平等"的观念，那么"自由"这个观念，是不是资本主义萌芽时期才开始从西方引进的，还是说中国古代思想中就有"自由"的观念？

　　陈　瑛：追求自由是人类自古就有的愿望，孔子说要"从心所欲不逾矩"，庄子更是幻想"逍遥游"。从一定角度上讲，这些朴素的思想观念中都含有"自由"的因素。但是，在封建社会里，人们首先考虑的是活命，是求富，最重视的是社会秩序和公正，希望皇帝犯法"与庶民同罪"，也就是社会公正的概念。相对来说，"自由"就不如以上各种价值观念重要。自觉而系统科学的"自由"观念，确实是后来从西方传到中国的。

　　王幸华：您觉得中国传统伦理思想中，哪些观念或理论至今仍然具有非常重要的学术价值和现实意义？

陈　瑛：那是太多太多了。例如，现在提倡的社会主义核心价值观，许多都与中国古代的伦理道德观念相联系、有衔接，只是在新的时代、新的社会环境里具有了新的内容、新的要求，更具体深入和科学合理。富强，哪个时代、哪个国家不求富强？我们现在追求的是具有中国特色社会主义的国家富强。自由，就像刚才所说，孔子已经提出"从心所欲不逾矩"，其中的"从心所欲"就是自由，但他又指出，自由是有条件的，你不能超过规矩。这句话现在来看也不错。

王幸华：孔子所说的有条件的自由，与康德的说法有一点相似，康德讲在道德法则的范围之内和要求之下的自由才是自由。

陈　瑛：至于法治，特别是从法家开始，一直到秦统一六国，走的就是法治的道路。当然，在古代，这些核心价值观都比较含混和抽象，或者说只是一些萌芽，远不如现在讲得科学和系统，带有不少旧时代的烙印和阶级社会的痕迹。弘扬社会主义核心价值观，进行社会主义道德建设，首先应该把古代那些宝贵的思想挖掘出来，用马克思主义作指导，根据当前的社会状况及需要，参考其他人类文明成果，进行科学整理，仔细鉴别，综合创新，使之成为社会主义先进文化，成为建设中国特色社会主义的精神文化力量。我们的文化建设，包括中国伦理史研究，应该在这个方面多下功夫。不能说什么"自由""平等""法治"等观念完全都是从西方传来的，更不能把西方的理解绝对化、神圣化，拜倒在西方脚下。科学的世界观、价值观和人生观，都有一个发展的历程，应当珍惜中国传统文化的优秀遗产，根据时代和人民群众的要求，进行发展创新。

王幸华：当下一些对中西伦理思想进行比较的学者，或者从中国伦理思想的角度批评西方伦理思想，或者从西方伦理思想的角度批评中国伦理思想。在您看来，这种相互批评是进行中西伦理思想比较研究的正确方向吗？

陈　瑛：中国和西方伦理文化对比，应该在发扬自己优长和相互尊重的基础上，加强相互学习。从鸦片战争以来，东西文化的冲突就很尖锐，有两种偏向：一是绝对崇外，"外国的月亮比中国圆"；一是认为我们是天朝大国，西方的东西都不好。我们看每种文化，一定得把它放在其产生发展的那个社会、那个时代当中，社会和时代造成它的优点和辉煌，也造成它的缺点和弊病。另外，就是要注意共性当中有个性，个性当中有共性。要寻找和发现事物中普遍和规律性的东西，再用这种普遍和规律性的东西去发现和品评那些个别的事物。用西方的观点批评中国，认为中国什么都不好，伦理学中的好东西完全是西方发现的，这个观点不对。中华传统伦理文化中有许多非常优秀的东西，要用历史唯物主义的观点来指导，进行深入挖掘，实事求是。西方文化，特别是在伦理学上，从希腊罗马一直到启蒙时期和近现代，取得了很多成绩，有它的优势，当然也有它的不足，它们的内部分歧和矛盾挺多。西方的好东西，我们也要学习吸取。我赞成张岱年和方克立先生的观点，必须处理好中西马三者的关系，在马克思主义指导下，综合创新，创造出符合我们时代特点的社会主义伦理文化。

王幸华： 有些人认为个人主义思潮是改革开放后中国引进了西方伦理思想才产生的，您认为是这样吗？还是说，在中国古代已经有了个人主义的思想？中国古代哪个哲学家有个人主义思想？

陈　瑛： 个人主义是私有制度的产物，它总是把个人利益放在第一位，把个人看得高于一切。我觉得，中国古代从进入私有制时代就有个人主义思想。那些专制帝王、贪官污吏，那些目中无人、自命不凡的文人，都是个人主义者。当然，那时它还没有形成一种系统的理论，但这种思想实际上是存在的。

王幸华： 荀子的性恶论，是不是个人主义思想？

陈　瑛： 我认为不是。荀子的人性论是主张人性自然，主张通过道德修养，抑恶扬善。个人主义不是从西方来的，它是私有制的产物，中国古代有私有制，肯定就有自私，甚至有"人不为己天诛地灭"的说法，但它没有形成理论，而近代西方把它发展为一种系统理论，论证其合理性。应当承认，个人主义的思想，在一定的范围内对于反对封建专制、反对旧的制度产生过积极作用。但是，在社会主义社会里，再讲个人主义怎么好，那就不对了。

王幸华： 用康德的理论看，每个人都只为自己的利益考虑的观点，作为一种原则是自相矛盾的，所以它是不理性的。

陈　瑛：对，个人主义从根本上是不科学的，对社会发展和人民群众有害。

王幸华：陈老师，您出生于 1939 年，今年您 80 岁，祝您 80 岁生日快乐！孔子说："吾十有五而志于学，三十而立，四十而不惑，五十而知天命，六十而耳顺，七十而从心所欲不逾矩。"（《论语·为政》）您之前也用"从心所欲不逾矩"来解释"自由"，您现在已经达到了这种"自由"的境界，对于我们从事伦理学研究的后辈，有什么寄语吗？

陈　瑛：希望大家要认真学习，除了学习，还是要学习，千万不要认为自己已经有知识了。我到现在都觉得自己的知识很不够，太粗浅。

王幸华：苏格拉底说"自知其无知"，您这是哲人精神。

陈　瑛：我自己知道自己无知。要学什么呢？学党的方针政策，学习马克思主义的基本理论，学习习近平新时代中国特色社会主义思想。要永远学习，要学一辈子，要结合现实问题来学习，不断进步，不断自我革命。

还有一条就是要认真读书。读书太重要了。我这多半辈子，既不抽烟，也不喝酒，更不打牌，就是离不开书。但是，我自己总感觉到，在读书上我还差得很远很远。对中国的经典著作，例如《易经》，我就读得很少，包括两汉魏晋以及明清的经典，也读得比较少。中国的书是太多了，里头精彩的东西非常多。我每每看到好书，总是很高兴。古人说，"书中自有黄金屋，书中自有颜如玉，书中自有千钟粟"。书中有万般的幸福和快乐，快乐不是在悠闲中，而是在读书中。我不但中国经典著作读得不多，马克思主义经典读得也不多。我们求学时期还认真地读了一些书，像恩格斯的《反杜林论》，列宁的《唯物主义和经验批判主义》《哲学笔记》等，有些章节几乎是一个字一个字地抠，但现在想起来还是不够，还有许多经典没读完，甚至没有读过。我如今感到很惭愧，无论如何要抓紧时间，能多读一点就多读一点。

王幸华：对，亚里士多德说所有人都渴望知道。谢谢陈老师接受访谈，祝您健康快乐！

原载《道德与文明》2019 年第 6 期

第 2 辑

献给人生意义的思考者

《中国青年》编辑部

应该怎样认识人生？

怎样才能使青春放出光彩？

在建设祖国的伟大征程中，在振兴民族的历史转折关头，当代中国青年在倍加认真地思考着这一重大课题。

八十年代第一个春天，由"潘晓的信"所引起的"人生的意义究竟是什么？"的讨论，牵动了千千万万青年的心。他们"抑制不住揭笔而起的满腔激情，投身到这场充满青春活力以及人生哲理的讨论的行列里来"。在短短几个月里，编辑部收到参加讨论的信稿达六万件。投来稿件的，有全国各地工、农、商、学、兵和党、政、工、青、妇等各条战线各个部门的青年、团员和青年工作者以及成年老同志，还有港澳同胞和大洋彼岸的青年朋友。不少的信稿是几十、上百青年联名写来的。一封青年来信竟会引起如此广泛、强烈的回响，这生动地表明，它反映了人们的心声。

参加讨论的青年们，用切身的经历和马克思主义的观点回答了潘晓提出的问题，向寻求中的青年朋友热情呼唤；他们在真诚坦率的思想交流中，初步领悟了人生的真谛；他们在广泛、平等的讨论中，体察到了党的实事求是作风的恢复和发扬，感受到了党的亲切和温暖。

六万件信稿里，跳动着青年们渴望为祖国"四化"大业贡献才智的赤子之心，洋溢着青年们探索真理、追求理想的激情。我们高兴地看到，风华正茂的一代新青年，已经从"文化大革命"的创痛中坚强地站立起来，正在新时代的曙光中奋然前行。

本刊的讨论暂告结束了，生活中的寻求却没有结束，也永远不会结束。对人生意义的探索，将伴随着我们全部人生之路。

我们作为参加讨论的一个探求者，在这里谈谈对于几个问题的粗浅看法，以求教于同志们。

重新探索人生意义是历史的需要

潘晓的信，真实地反映了当前许多青年对人生意义的思考。早在本刊开展讨论之前，粉碎"四人帮"之后不久，在青年中就已经开始了对这个问题的重新思索和认真讨论。我们曾经陆续收到全国各地不少青年来信，反映他们对人生意义的种种看法，以及他们在人生道路上的彷徨和疑问。本刊的讨论正是在这个基础上开展起来的。

为什么广大青年会如此热切地要求重新探索人生意义呢？

要回答这个问题，就有必要回顾刚刚过去的那段历史，了解这代青年成长的特殊条件，也有必要正视今天的现实，弄清新的时期在这方面向人们提出了什么新的课题。

我们的社会曾经把崇高的革命信念，注入青年们一泓清水般的心田。"在'史无前例'的时期来临以前，在我们面前仿佛都平铺着一条通往理想境界的道路。"然而，"'文化大革命'像一个霹雳在我们头上炸开"。在"革命""造反"这一类华丽辞藻掩盖下，中华大地，到处上演着人间惨剧。许多青年上当受骗，而且比成年人老年人更深些，更重些；许多青年惨遭迫害；还有许多青年则兼有二者。"难道这就是革命？"不少青年产生了幻灭感，他们说："没有任何一代人遭受过我们这一代所经历过的精神崩溃和精神折磨。"

青年们和整个民族一样，在经过痛苦的时代反省之后，终于唾弃了现代迷信和它衍生的"最大的'公'就是'忠'"一类的人生教义。但是，为了使我们的民族不再重陷深渊，自己不再被人愚弄，青年们深入思考的，就不只是"文革"中的哪些东西应该唾弃，而且渴望着弄清楚：它们究竟是怎样发展来的？

历史，有自己的延续性。正如在政治领域和经济领域我们党总结历史教训时，由"十年"追溯到"十七年"一样，青年们对人生意义的探求，也要求有一个同样的历史的追溯和清理。

噩梦初醒的思考，要求在实践检验的基础上重建人生信念，这是促使青年重新探索人生意义的第一个原因。

1976年10月，是我们民族命运的伟大转折。青年们从十月的胜利中，看到了新时代的曙光。历史翻开了崭新的一页。但是，"文革"的后遗症并没有消除，"左"倾思潮也没有在庆祝胜利的鞭炮声中，就此隐退。困难、麻烦、问题，仍然像大山一样挡在我们前进的路上。由于青年在社会中所处的地位，当代社会的种种矛盾，比较突出地、集中地反映在青年身上。这些矛盾不容易解决。而青年囿于自身的弱点，又往往不善于全面地、辩证地认识这些矛盾。除了少数已经立足在科学人生观的坚实基础上的青年之外，在生活的教训面前，许多青年痛苦地发现：无论是"从书本里树立起来的生活信念"，还是从别人那里"领来的水晶球般的人生观"，都还不足以解答生活中提出来的复杂问题。相反，不正之风，阿谀奉承、损人利己、损公肥私等，本来应该遭到唾弃的、丑恶的东西，却常常得以顺利通行。

面对现实，不少青年心中充满了光明与黑暗、苦闷与追求、彷徨与抉择的斗争。他们不愿意随波逐流，不甘心就此沉沦，他们渴望在人生的探索中找到实实在在的精神支柱，找到可供遵循的正确的行为准则。

现实社会的客观矛盾，实际生活中的种种难题，这是促使青年重新探索人生意义的第二个原因。

当前深刻的社会经济变革，要求社会道德观念也相应地在科学的基础上重新得到审视和向前发展。

十一届三中全会以来，我们党遵循实事求是的原则，在国家政治、经济生活的很多方面排除了"左"的思想的羁绊，着眼于调动社会各方面的积极性：开始纠正忽视个人利益的做法，注意贯彻按劳分配的原则，对做出较多贡献的集体和个人给以相应的物质报酬和精神荣誉；鼓励国家计划指导下的竞争；实行技术业务职称、学位制度；等等。这些政策的核心，就是要正确调整国家、集体和个人的关系，也即公私关系，把国家、集体和个人三者的利益更好地结合起来，从而广泛地鼓励人们积极劳动，努力向上，增长才干，为社会主义多做贡献。这些做法，同多年来流行的把正当的个人利益混同于"个人主义"，把积极的个人进取精神批作"资产阶级思想"的"左"的思想，发生了尖锐的矛盾。

这种矛盾冲突，同样向青年提出了一个必须解答的人生课题：是用那种"左"的思想情绪去否定新政策和在新政策下激励起来的人们的进取心？或者是用唯利是图、损人利己、损公肥私的错误思想来对待新政策？还是面对新政策、新实践，重新审视现存的种种观念，在科学的基础上对它们采取或者肯定，或者否定，或者修改，或者作新的理解的不同态度？

面对变革，怎样选择正确的人生道路？这是促使青年重新探索人生意义的第三个原因。

人生意义的讨论是思想解放运动激起的浪花。以真理标准的讨论为起点的思想解放运动，对青年一代是重要的马克思主义哲学理论的启蒙。它推动着青年一代去寻求人生意义的科学答案。这种探索，虽然是以回顾的形式出现，却是向前的寻求；回顾，虽然包含着创伤与痛苦，却是痛苦中求奋起的呐喊。

青年们热切探求的是"从实际中来的、科学的、制胜的人生观"。他们说："人生观，作为生活实践在意识上的反映，从来就不应该是干瘪瘪的几句言辞，而应该是深刻的、丰富的生活理论。青年不仅要知道为什么生活，还要知道怎样生活。他们要求在人生的道路上学会怎样涉水，怎样穿越荆棘，怎样攀登，学会驾驭生活的一套本领。只有能在实践中指导我们不畏艰险去掌握这些本领的人，才真正是青年的朋友和导师。"

满足青年们的这种渴望，是一代新人成长的要求，是"四化"建设的客观需要。而满足的办法，只能是通过疏导，通过平等的、充分的讨论，让青年们从生活中提出的疑问，在马克思主义指导下的认真思考和相互切磋中，得到科学的解答，从而使青年找到怎样在实践中树立革命人生观的正确方向。

这些，就是八十年代初发生这场人生意义大讨论的背景和由来。

正确认识"人的价值"

在这次讨论中，许多青年不约而同地对"人的价值"问题进行了探索。

"社会应重视'人的价值'，集体应重视'个人价值'，个人应自觉地按照社会需要提高'自我价值'。"

这种认识，来自对于现实社会的痛切感受和深刻思考。

新中国的建立和随后进行的土改、民主改革、社会主义改造等，使中国人民从阶级剥削和压迫下解放出来，历史上第一次从"非人"变成了"人"。我们党的宗旨，当时党的一系列方针、政策，出发点十分明确，是不断地提高人民的政治地位和在发展生产的基础上逐步改善人民的物质文化生活。可是，1957年以后，由于"左"的思想作祟，对许多事情的出发点、目的性的认识模糊起来了。

发展生产的目的是什么？——是提高人民的生活水平，还是为生产而生产？

巩固无产阶级专政即人民民主专政的目的是什么？——是更好地保护人民的权益，保卫人民的安全和胜利成果，还是巩固专政本身就是目的？

怎样对待正当的个人利益？——是给以承认和尊重，还是对之冷漠，甚至加以抹杀？

怎样对待青年健康的爱好、志趣和发展自己才能的愿望？——是珍惜、爱护，努力创造条件促其开花结果，还是横加干涉，甚至无情扼杀？

由于"阶级斗争为纲"逐渐取代了"人民的需求高于一切"，人民的权利和利益越来越遭到忽视。特别是到了"文化大革命"时期，在现代迷信的笼罩下，领袖被从人抬高为"神"，而与此相对的是，亿万人却被从人降低为"工具"，丧失了自己的尊严和意志，在"神"的面前自轻自贱，而且互轻互贱。

林彪、"四人帮"利用"文化大革命"实行残酷的封建法西斯专政，肆意践踏人民的权利，使人不成其为人。用青年们自己的话来说："我们目睹了人的基本权利丧失殆尽，人的尊严受到粗暴的践踏；目睹了在疯狂煽动下的自相残杀；目睹了人与人之间的关系因告密、提防和自保而极度恶化，在竭力繁殖自卑感和赎罪感……"

青年一代和父辈一起经受了历史的灾难，又面对现实的矛盾，所以，毫不奇怪，"人的价值"问题，成了震撼他们的心灵的问题。

"人的价值"问题的提出，也是对马克思主义重新认识的结果。

长期以来，我们许多人习惯于把"人道主义"、"人性"和"人的价值"等与"人"沾边的词，当作资产阶级的或者修正主义的。其实，这是一种误解。马克思主义从来是重视"人"和"人的价值"的。马克思在痛斥普鲁士专制制度时曾指出：这种制度的原则"总的说来就是轻视人，蔑视人，**使人不成其为人**"①。马克思和恩格斯还提出，无产阶级必须消灭"集中表现在它本身处境中的现代社会的一切违反人性的生活条件"②。

在马克思主义看来，人是目的，而不是手段。共产主义运动的最高目标，就是要解放全人类，实现人类从必然王国进入自由王国的飞跃，使每个人都得到全面的、自由的、和谐的发展。马克思和恩格斯在《共产党宣言》中说："代替那存在着阶级和阶级对立的资产阶级旧社会的，将是这样一个联合体，在那里，每个人的自由发展是一切人的自由发展的条件。"

社会主义社会应当在客观条件许可的范围内，努力满足每个人正当的物质和精神生活需要，逐步创造使每个人全面发展其品格、才能、体力和多样化的个性，成为社会真正主人的客观条件。

社会主义社会也有了创造出这些条件的前提，因为社会主义已经消灭了人奴役人的根源——剥削制度。正确的路线、政策，就在于努力把这种可能性逐步变成美好的现实。

粉碎"四人帮"之后，特别是党的十一届三中全会以来，党所采取

---

① 《马克思恩格斯全集》第 1 卷，人民出版社，1956 年，第 411 页。
② 《马克思恩格斯全集》第 2 卷，人民出版社，1957 年，第 45 页。

的一系列的调整、改革的措施，都是朝着这个方向迈进的。

"人的价值"的实现和提高，归根到底，取决于社会经济发展水平和社会精神发展水平。到了物质文明和精神文明都极为发达的共产主义高级阶段，人就将成为社会和自然界"自觉的和真正的主人"。（恩格斯语）只有共产主义社会，才能为全体社会成员的全面发展提供充分的条件。

有的青年提出：**"怎样才能实现和提高'自我价值'？"我们认为，关键是要正确地认识和处理"自我"与社会的关系，努力使"自我"与社会达到和谐统一。**

要求社会承认"自我"，要求发展"自我"，这是合理的，积极的。但是，如果认为"只有自我才是绝对的"，甚至认为"整个社会在觉悟的个人面前显得多么渺小、可怜"，那就走向了另一极端，歪曲了个人同社会的关系。

马克思主义告诉我们："人是最名副其实的社会动物，不仅是一种合群的动物，而且是只有在社会中才能独立的动物。"[①]"只有在集体中，个人才能获得全面发展其才能的手段，也就是说，只有在集体中才可能有个人自由。"[②]

伟大的科学家爱因斯坦讲过自己深刻的体会："我每天上百次地提醒自己，我的精神生活和物质生活都依靠着别人（包括活着的人和死去的人）的劳动。我必须尽力以同样的分量来报偿我所领受了的和至今还在领受着的东西……"

正因为人只有在社会中才能生存、独立、自由和发展，所以"自我"离不开社会。"自我"就是在社会中形成和发展的。"自我价值"的实现和提高，必须从社会获得客观条件，而又以为社会的需要服务为途径。把"自我"绝对化、藐视社会的观点，就是把个人与社会割裂开来、对立起来，以致把个人凌驾于社会之上。这也就是把一己的"自我"凌驾于亿万个其他人的"自我"之上。这种观点可能导致极端个人主义、无政府主义。历史上的野心家和独裁者，就是在极端个人主义的世界观的

---

① 《马克思恩格斯全集》第12卷，人民出版社，1962年，第734页。
② 《马克思恩格斯全集》第3卷，人民出版社，1960年，第84页。

基础上发展起来的。

青年们说得好：我们无疑都是不同的个体，但我们绝不是荒岛上的个体，而是民族中的个体，国家中的个体，人类中的个体。个体只有在为整体的奋斗中，才能得到彻底的解放。"我"的"价值"，是由"我"对他人和社会的意义而定的。演员的"价值"，往往在观众兴奋的掌声中反映出来；服务员的"价值"，往往在服务对象的由衷感谢中反映出来。那些为人民做出各种贡献，推动社会加速前进的人，他们的"价值"将会永远铭记在老百姓的心头或载入史册。

青年马克思说过："我们应该遵循的主要指针是人类的幸福和我们自身的完美。不应认为，这两种利益是敌对的，互相冲突的，一种利益必须消灭另一种的；人类的天性本来就是这样的：人们只有为同时代人的完美、为他们的幸福而工作，才能使自己也达到完美。"① 马克思伟大的一生证明，他青年时代确定的人生目的是科学的、崇高的。

在为社会进步和人类解放事业的奋斗中，实现和提高"人的价值"——这应该成为科学人生观的出发点。

科学地看待"公"与"私"

青年们在讨论中也探索了"为公"与"为私"的关系问题。这确是人生观的一个中心问题。

讨论中出现了两种有代表性的不同观点：一种是"主观为自我，客观为别人（社会）"；另一种是"'为自我'又岂能'为他人'"，完全否定"为自我"。怎样看待这两种观点呢？这就有必要先分析一下"公"与"私"的基本关系。（请注意：本文使用"私"这个词时，是指它的本来含义——"个人的"，而不是它的引申含义——"个人主义观念"。）

"公"与"私"的关系，在不同的社会中，在不同的条件下，呈现出错综复杂的不同状况。我们这里所讨论的"公"与"私"的关系，是指社会主义社会中公共利益与个人利益的关系。

---

① 《马克思恩格斯全集》第40卷，人民出版社，1982年，第7页。

　　"公"与"私"的关系，首先是统一的，它们相互依存，相互转化。
马克思和恩格斯说："'共同利益'在历史上任何时候都是由作为'私人'
的个人造成的……这种对立只是表面的，因为这种对立的一面即所谓
'普遍的'一面总是不断地由另一面即私人利益的一面产生的，它决不是
作为一种具有独立历史的独立力量而与私人利益相对抗，所以这种对立
在实践中总是产生了消灭，消灭了又产生。"①

　　这就是说，不应把"公"看成可以脱离"私"而独立存在和发展的
东西，"公"和"私"的对立是相对的而不是绝对的。"公"与"私"不
断地相互转化，"大河有水小河满""小河无水大河干"。"公"与"私"
就是这样密切地联系在一起的。毛泽东同志也说过，公是对私来说的，
私是对公来说的。公和私是对立的统一，不能有公无私，也不能有私
无公。

　　在基本上实行了生产资料公有制和按劳分配的社会主义社会，"公"
与"私"的统一不再局限于主要是同一个阶级的范围内，而是扩大到全
社会（除少数敌对分子外）。比如：人们需要改善自己的生活，千百万
"个人"的这种"私人利益"，产生出了"国家需要富强"这种"共同利
益"。个人为了改善生活而积极劳动，为社会创造了又多又好的产品，也
就增进了共同利益。社会财富多了，反过来用以改善社会各个成员的生
活，谁劳动得好还可以多得到改善，共同利益就又转化成了个人利益。
**正由于"公"与"私"在基本方面的统一性，因此，"为私"与"为公"
在一定条件下是统一的。**

　　其次，**"公"与"私"又存在着矛盾，在一定条件下又是分裂的甚至
对立的。** "公"与"私"的统一性只是在于"公"从根本上和全体上代表
了"私"，而不是在一切情况下都代表着每一个个别的"私"，不能把二
者等同起来。比如：某位青年希望解决住房问题，这是合理的"私"。但
是，虽然党和政府这几年加快建造住房，由于我国过去在这方面"欠账"
较多，而目前财力物力又有限，为了全体人民长远的根本的利益，须要
拿出相当的力量用来发展生产、发展文教卫生事业和加强国防等等，因

---

① 《马克思恩格斯全集》第3卷，第275—276页。

此短期内不可能解决所有人的住房困难，这位青年的需要也就不一定能得到满足。这是"公"与"私"矛盾的一种表现。这种矛盾即使在社会主义社会中，也是避免不了的。而路线、政策上可能出现的缺点、错误，制度上某些不合理、不完善之处，领导者的官僚主义、不正之风，以及某些个人错误理解公私关系、要求实现不合理的"私"，等等，都会人为地扩大、加剧"公"与"私"的分裂和对立。**正由于"公"与"私"存在着矛盾，因此，"为私"与"为公"在一定条件下是矛盾的。**

如果我们承认"为公"与"为私"既有统一的一面又有矛盾的一面，那么，"主观为自我，客观为别人（社会）"和"'为自我'又岂能'为他人'"这两种观点，就都只分别反映了一个方面，而与另一个方面发生抵触，所以，它们虽然各有一定的道理，但总起来说，都是不全面的，不科学的，不应作为我们遵循的原则。

有的青年说：我承认"主观为自我"有时候不能够"客观为别人"，可是我把主观"为自我"的行动，限制在客观能"为别人"的范围内，而不做二者不统一的事情，这样，"主观为自我，客观为别人"这种人生态度是不是就合乎科学了？我们说，它既然作为一种"定律"来说，只反映出"公"与"私"统一的一面，而并没有反映出矛盾的一面，那么，如果把它作为一种人生态度，在实践中就必然会碰到很多行不通的困境：当"公"与"私"发生对立，"主观为自我"不可能"客观为别人"的时候，如果选择把"客观为别人"放在首位，就得放弃"主观为自我"，这实际上已变成了"主观为别人"；如果坚持只顾"主观为自我"，势必放弃"客观为别人"，变成"客观为自己"，这就可能滑向损公肥私、损人利己。

社会主义社会的原则，就是把"公"和"私"合理地结合起来，正确处理国家利益、集体利益和个人利益三者之间的关系。既不应该以"公"抹杀"私"，也不允许以"私"损害"公"。但是，"私"应当服从"公"，"小公"应当服从"大公"。从长远看，这样做也有利于"私"和"小公"。

根据现实社会中对待"公"与"私"的态度，大致可以把人生观区分为三种层次。

第一种，**高层次的**。明确地把"公"放在首位，把共产主义事业看成最大的"公"。在处理"公"与"私"的关系时，自觉做到先公后私，先人后己，公而忘私，必要时不惜为"公"牺牲一切，直到牺牲自己宝贵的生命。它以保尔的那段名言作为人生信念，以雷锋的"把有限的生命，投入到无限的'为人民服务'之中去"作为人生态度。这是革命人生观。

第二种，**中层次的**。基本上也能把"公"放在首位，但有时对"私"考虑较多。当"公"与"私"发生对立时，可以按照法律、政策或者社会公德的要求牺牲一定的"私"，但有时容易在先公后私和先私后公之间摇摆。它的基本守则是："奉公守法，勤恳劳动，养家活口。"具有这种人生观的人较多。

第三种，**低层次的**。目中无"公"，唯"私"是图。把"私"理解成自己任性的欲望，不管要求是否合理，手段是否正当，后果是否有害。自私自利，损公肥私，损人利己。它的信条是："对我有利的就是好的""不捞白不捞""不占便宜等于吃亏"。这是极端利己的人生观。

这三种人生观，只是基本上的划分。在它们之间，还有各种过渡层次。

我们青年应该对上述三种人生观采取不同的态度。

对于极端利己的人生观——唾弃和斗争。它同社会需要和完善"自我"都背道而驰，只会贬低和败坏"人的价值"。它是剥削阶级的思想意识，是腐朽、没落的东西，同社会主义精神文明和一切人类的美德相对立，是败坏社会风气和诱使青年堕落的腐蚀剂，是产生破坏分子、违法乱纪分子和野心家的温床。所有青年都应该同它划清界限，向它进行斗争。对于受它影响的个别青年，则要耐心教育，把他们拉上正道。

对于中层次的人生观——承认和超越。我们承认它在现阶段社会条件下有存在的合理性，不要完全否定它。否则，就可能挫伤相当数量青年的正当的个人进取心。简单化地对待它，只能产生有害的效果。但是，又要看到它的局限性，看到它在一定条件下可能同"公"发生冲突，它不能更好地满足社会的需要，也不能更好地实现和提高"人的价值"。目前有一部分青年对"公"不够热心，对"私"比较感兴趣，这跟"文革"

中假"公"害人有很大关系。林彪、江青之流，把他们的一己私利冒充为"公"，假公济私，坑害青年，败坏了真"公"的声誉，致使有些青年唾弃假"公"，就连真"公"也怀疑起来了。我们可以理解这些青年的心情，但不能同意他们的看法。"不能由于上过江湖骗子的当，就不相信世上有真正的医生。"我们唾弃假"公"，是为了维护真"公"，发展真"公"。只有维护、发展真"公"，才能保证合理的"私"的发展。只有维护、发展科学社会主义，才能保证每个青年的切身利益。关键的问题是，应该认真识别真假。共青团员和一切有上进心的青年，应该超越这种人生观，并且带动别的青年超越它。怎样恰当地对待这种人生观，是思想政治工作和政策的一个复杂而重要的问题。

对于革命人生观——信奉和推广。它最符合社会的需要，也最能实现和提高"人的价值"。因此，它最高尚，也最能使人感到充实和幸福。革命导师马克思在青年时代就确立了这样的信念："历史承认那些为共同目标劳动因而自己变得高尚的人是伟大人物；经验赞美那些为大多数人带来幸福的人是最幸福的人。"①革命人生观永远是牵引社会前进的精神动力，是建设高度物质文明和精神文明的美好社会必不可少的条件。青年一代肩负着改造现实、创造未来的革命责任。从某种意义上说，当代青年的精神面貌，决定着四化的成败，也决定着未来社会的道德风尚。我们青年应该在科学认识和积极实践的基础上，逐步确立革命人生观。并且热情地宣传、推广它，促使更多的青年自觉自愿地选择它，实践它。

在振兴祖国的奋斗中开拓人生之路

革命人生观必须建立在科学地认识社会和能动地改造社会的基础上。

有的青年说："由于过去的'全红'教育和'报喜不报忧'的宣传，使我们习惯于'一片光明'的'幻想'。但现实的'鞭子'把我们从幻想中抽醒了，我们面对真实的社会，跌落到了'一片黑暗'。"他们相信自己看到了"真实"。

———————
① 《马克思恩格斯全集》第40卷，第7页。

但真实的社会，却远不是"一片光明"或"一片黑暗"这样两个概念就能概括的。它远比这样的逻辑复杂得多，丰富得多。有的青年说得好："要是现实就像一个穿衣柜，朝门的一面亮，背门的一面暗，黑白分明，又何须我们那样痛苦地探索。"事实如此。完全光明与完全黑暗的社会是没有的，有的只是光明占主流或者黑暗占主流的社会；只讲有鲜花固然是片面，只看到有垃圾也同样并非真实。由于多年来形而上学的灌输，束缚了某些青年的正确思维。从一定意义上讲，今天某些青年的这种"一片黑暗说"，正是昨天的"一片光明论"的"反馈"。科学地认识社会，应该越过这种形而上学的直线式的看问题方法，前进到历史地、唯物地、辩证地思维。这就要求认真地学习马克思主义，自觉地用马克思主义的科学的世界观和方法论来观察社会。

当前的中国社会，正处在新旧交替的大变革时期。一方面，科学的、民主的、进步的新事物每日每时都在萌芽、生长；另一方面，愚昧的、专制的、倒退的旧事物又在顽固地企图阻挡历史的步伐。一方面，充满了生机与希望；另一方面，又面临着矛盾与困难。我们既要看到前进道路上有困难、有风险，须要付出代价；但又必须看到，党的十一届三中全会提出的正确的路线、方针为我们指明了胜利的方向，时代的主流不可逆转。

中国要富强，民族要兴盛，这是民心所向、党心所向的第一条。清算了十年的混乱和愚昧，总结了三十年的经验和教训，中国人民终于在对"左"的思想的清理中，确定了举国一致的奋斗目标：团结起来干"四化"，走向祖国的繁荣富强。这个意志，是任何个人、任何势力也阻挡不了的。

实行改革，健全社会主义民主和法制，这是民心所向、党心所向的第二条。党的十一届三中全会以来，党中央领导全党和全国人民，坚定不移地沿着这个方向前进，采取了很多重大措施，政治局面有了显著的改观。当前，为了使国民经济摆脱潜在的危险，党中央强调要在安定团结的基础上实现经济调整的巨大任务。这是牵动全局的大事。经济调整好了，才能长期稳步发展。改革的步骤须要适应调整的要求。但这决不是改变了实行改革、健全社会主义民主和法制的基本方针。改革，是客观矛盾提出来的时代需要，只有改革，国家才有出路。这个方针，也是任何个人、任何势力扭转不了的。

坚持和改善党的领导，搞好党风，这是民心所向、党心所向的第三条。中国人民从长期的革命实践中认识到，中国共产党是一个久经考验的马克思主义政党。必须有中国共产党作为中国人民的领导核心。在中国这样一个十亿人口的大国，没有共产党的领导，必然四分五裂，一事无成。其他任何政党、任何政治力量，都不可能团结全体人民，领导中国走向繁荣富强。我们党过去犯过错误，今天也还会有缺点、犯错误，也还存在党风不正的问题。但是，党的体质中蕴含着清除污垢、纠正错误的强大力量。我们党在历史上犯过的错误都是由党自己纠正过来的。没有其他任何政党有这样强大的再生能力。人民寄希望于我们的党，相信党能够改善领导，搞好党风，这是完全正确的。任何削弱和摆脱党的领导的倾向，都不符合人民的意愿。那种取消和反对党的领导的企图，是逆历史潮流而动，是注定要失败的。

这三股潮流，正在汇合成为汹涌澎湃的历史潮流：要建设一个高度物质文明和高度精神文明的社会主义新中华。这就是我们民族的希望所在。

经历过祖国沧桑的人，会公正地看到：我们的时代毕竟发生了巨大的变化；我们的祖国，已经从"文革"的巨大创伤中站起来了。我们确信，历史的灾难，必将以历史的进步来补偿。

怎样认识今天的社会现实？正确的回答应该是：我们的社会还有弊病，但同时存在着同弊病作斗争的力量，这种力量已经占了上风；我们的社会还有黑暗，但光明毕竟占主导地位，光明面正在扩大。

科学地认识社会，是为了找到前进的路标。对人生意义的真切理解，还须要投身于创造和改革的社会实践。

马克思这样讲过："人们自己创造自己的历史，但是他们并不是随心所欲地创造，并不是在他们自己选定的条件下创造，而是在直接碰到的、既定的、从过去承继下来的条件下创造。"[①] 任何人都无法选择自己面前的

---

① 《马克思恩格斯全集》第 8 卷，人民出版社，1961 年，第 121 页。

社会现实，都无法拔着自己的头发离开它。他可能有什么样的人生理想，什么样的个人抱负，以及怎样得以实现等，都要受到社会条件的制约。只有正视现实，立足现实，才能找到正确的生活目标和实现这一目标的正确途径。生活的辩证法，不是社会应该如何来适应我们，而是我们自己应该如何去适应社会并改造社会。彷徨、苦闷对于麻木僵化是一个进步，但还不是真正的觉醒；真正的觉醒，还须要从彷徨和苦闷中走出来，奋起投身到千百万创造者与革新者的行列之中。

对于社会弊病和贫穷落后，我们不应该只是叹息、不满，还要去消除它们。我们要在党的指引下，同人民群众站在一起，以主人翁的责任感，卷起袖子实干。正如共青团十届二中全会提出的，搞"四化""需要的不是坐而论道的政治空谈，而是脚踏实地的创业精神；需要的不是评头品足、袖手旁观的'观察员'，而是身体力行、兢兢业业的'实干家'；需要的不是怨天尤人的情绪，而是勇于献身的气概"。青年们说得好："我们从各方面都来为发展经济和改革社会尽自己的一份力量，那么，不仅有助于社会问题的解决，还可以加深我们对人生意义的理解。""一个人是一盏灯，每盏灯都放出自己的亮光，整个社会就会更加光明。"

人生的价值是锤炼出来的。在人生的道路上必须有韧性战斗的精神。很多青年都谈到：生活中的不可避免的挫折并不只有坏的一面。严酷的生活可以使人消极、颓唐，可以使人绝望、毁灭，但也可以把人锤炼得更成熟、坚强。重要的是，在任何环境中都要自强不息。"文革"曾经把一代青年推到十分痛苦和艰难的境地。但正是在这种不幸和艰难中的追索，使许多青年完成了成长过程中的"否定之否定"。

青年一代朝气蓬勃，富于探索和革新的精神。但是，一般说来，由于生活阅历和知识修养不够丰富，因而不那么成熟，还处在成长时期。为了认清历史前进的方向，保持奋发进击的豪气，为了我们青年的健康成长，我们在发扬优点的同时，也要自觉地克服自身的弱点。美好的社会要靠美好的人来创造，也是由美好的人组成的。

知识就是力量。建设和改革的事业，需要无数各行各业的行家里手。我们青年的基本任务是学习、学习、再学习。我们要刻苦学习知识和本领，使自己一天比一天更充实，更聪明能干。

新中国的未来，取决于我们这一代青年的素质和面貌。我们要努力把自己锻炼成为有理想、有道德、有知识、有体力的新一代。我们也热切地期望和呼吁，整个社会能为青年的成才提供更加有利的条件。

八十年代的中国，已经拉开了新时期的帷幕。在这场除旧布新的伟大斗争中，年轻的朋友，急流勇进吧！投身到历史前进的潮流中去，做新时期建设的生力军，改革的促进派，安定团结的模范，振兴民族的中坚。**人生的真谛，不在"自我归宿"中；"自我"的实现，应该在振兴祖国的神圣事业里！**

"人最宝贵的东西是生命。生命属于人只有一次。一个人的生命是应当这样度过的：当他回首往事的时候，他不会因为虚度年华而悔恨，也不会因为碌碌无为而羞耻；这样，在临死的时候，他就能够说：'我整个的生命和全部的精力，都已献给世界上最壮丽的事业——为人类的解放而斗争！'"这是保尔的一段名言，它曾经激励了千千万万人。今天，我们重新把它抄录在这里，赠献给八十年代探求人生意义的青年朋友们。

原载《中国青年》1981 年第 6 期

生活方式讨论述评

王伟光*

近两年来，我国广泛开展了有关生活方式问题的讨论，讨论中提出了一些亟待深入探讨的理论问题。本文就其中的几个理论问题作一粗浅述评，以期引起进一步的研究和讨论。

一、生活方式的科学归属问题

生活方式究竟是哪一门社会科学的对象和范围，这是讨论中首先涉及的一个基本问题。意见有三：（1）是社会学的对象；（2）是横挂哲学、社会学、经济学和心理学等之边缘的新的一门边缘科学的对象；（3）是哲学历史唯物主义的一个基本范畴。

事实上，社会生活方式是一个广泛复杂的社会现象，可以从本学科的视角出发展开研究。经济学可以着重研究人类的经济生活，政治学可以研究人类的政治生活，社会心理学或伦理学可以研究人类的精神生活，等等。但是，这些学科的研究都不能代替社会学和哲学的研究。社会学可以从家庭生活、婚姻生活、消费生活、闲暇生活、城市生活、乡村生活等社会生活的各个侧面、各个层次、各个领域来研究，从而对人类社会生活方式提供一个尽可能全面的纵横交错的主体透视图。哲学是在最高层次上、从总体上来研究生活方式的，它着眼于把握生活方式的一般本质和规律、一般结构以及制约生活方式的一般因素，旨在为具体科学

---

* 王伟光，1950—　，男，中共中央党校哲学教研部讲师，中国社会科学院大学教授。

研究生活方式提供认识论和方法论。因此，其他科学的研究要受哲学研究的指导，并为哲学研究提供素材。这样必然要对生活方式问题进行哲学——社会学——其他具体科学的综合研究，但认为现在已经形成了研究生活方式的新兴科学未免为时过早。

二、生活方式与历史唯物主义

生活方式是历史唯物主义的重要范畴，对此似乎争论不大。但是生活方式究竟在历史唯物主义中占有何种地位，则至今尚未得出较为一致的看法。钟国兴认为，社会存在是生产方式和生活方式的总和，所以生活方式属于社会存在范畴。黄绍辉则反驳说，生活方式是社会存在与社会意识的结合体，是标示社会存在与社会意识矛盾运动的综合范畴，把它等同于社会存在是不妥的。王锐生认为，社会存在、社会生产方式等历史唯物主义的基本范畴，揭示历史发展的"骨骼"，生活方式则是一个概括社会现象十分广泛的范畴，反映社会生活现象复杂具体的特点，使历史的"骨骼"有血有肉。马克思没有把生活方式列入生产力、生产关系和生产方式的同一系列，而是把生活方式放在受一般"社会关系"制约的地位，这就大体上规定了生活方式在历史唯物主义体系中的基本地位。

上述争论涉及这样几个问题：（1）马克思是如何使用生活方式范畴的；（2）广义生活方式和狭义生活方式有何联系和区分；（3）生产方式和生活方式的关系是什么；（4）生活方式是否属于社会存在范畴。我就这些问题谈谈自己的意见。

在我看来，马克思和恩格斯虽然没有专门研究过生活方式问题，但他们在自己的论著中曾多次论及它。《德意志意识形态》指出，"人们用以生产自己必需的生活资料的方式，首先取决于他们得到的现成的和需要再生产的生活资料本身的特性。这种生产方式不仅应当从它是个人肉体存在的再生产这方面来加以考察。它在更大程度上是这些个人的一定的活动方式，表现他们生活的一定形式，他们的一定的生活方式。个人怎样表现自己的生活，他们自己也就怎样"①。在这里，他们明确地提出了

---

① 《马克思恩格斯选集》第1卷，人民出版社，1972年，第25页。

生活方式范畴，并且是联系生产方式来分析生活方式的，把生产方式包括在生活方式之内，所以他们是在广义上使用生活方式范畴的。

此后，他们继续对人类社会生活的方式、内容和特点等进行了研究，并作了一些实地的考察。他们的重点还是从生产方式及其变化出发，来研究生活方式的，所涉及的这种生活方式，还是从广义上理解为人类社会生活及其活动形式。当然，有时他们也从狭义上来使用生活方式范畴。马克思在《1861—1863年经济学手稿》中指出，"机械发明""引起'生产方式上的改变'，并且由此引起生产关系上的改变，因而引起社会关系上的改变，'并且归根到底'引起'工人的生活方式上'的改变"[①]。在这里，马克思把生活方式看作受生产力从而受生产方式制约的社会现象。由此看来，笼统地讲马克思是从广义上或是从狭义上使用生活方式范畴，都是不准确的。总之，马克思在历史唯物主义体系中，提出了"生产"和"生活"两个概念，"生产方式"和"生活方式"两个范畴，广义生活方式和狭义生活方式两种含义，把生活方式问题放到了历史唯物主义研究的应有地位。

然而，今天的现实生活把狭义生活方式研究提到了重要地位，哲学、未来学、社会学、心理学和经济学等，都开始重视生活方式研究，其研究除去劳动社会学领域之外，还开拓了"空闲时间"、"日常生活"和"家庭生活"这些领域。美国的"空闲时间"研究，主要是分析人们业余活动的方式、方法以及对业余生活的安排、调节、管理等问题。法国的"空闲时间"研究，比较了国际工人业余生活活动的各种形式，对未来文明社会业余生活的前景及其发展趋势进行了研究。在匈牙利，"空闲时间"研究颇具规模，它主要研究现代化进程和经济增长给人们带来的影响，分析各种不同的户外娱乐活动，研究这些活动对旅游业和国民经济发展的影响。

从社会发展的历史进程来看，从生活和生产的关系来看，从人类社会生活的宏观角度来看，对社会生活方式是应当有广义上的理解的。然而为了具体地研究社会生活的各个方面，也可以对生活方式有狭义的解释。历史唯物主义的现实任务，就是要对狭义生活方式的一般条件、一般特点和一般规律作出哲学的概括。

---

① 《马克思恩格斯全集》第47卷，人民出版社，1979年，第501页。

从狭义上来理解生活方式，必然要把生产和生活、生产方式和生活方式区别开来。在我看来，狭义的生活是指人类自身的活动，而狭义的生产则是指人类创造社会财富的生产过程；狭义的生活方式是指人们如何利用生活资料，通过怎样的社会生活交往关系来利用生活资料，而狭义的生产方式则是指一定的生产资料、一定的劳动者、一定的生产关系所构成的。那么生产方式和生活方式哪个范畴更重要呢？这就涉及生活方式的制约因素问题。多数人认为，生产方式是决定生活方式的重要因素，此外，生活方式还受社会意识、伦理道德、上层建筑、人口、民族、科学文化、历史传统、地理环境等诸因素的影响。同时，生活方式又具有一定的相对独立性，反作用于生产方式及其他诸因素。有人不同意这一论点，主张最终决定生活方式的是生产力。在我看来，这两种意见并不矛盾。生产方式决定社会的历史发展，而生产力又是生产方式中最活跃的，最有决定意义的力量，所以，生产力，从而生产方式决定生活方式。既然生产方式是生活方式的决定性条件，那么生产方式应当是比生活方式更基本、更原始的历史唯物主义范畴。虽然生产决定生活，但又是生活引起生产，生活是生产的目的和动因，因此，生活方式也应当是历史唯物主义范畴体系的重要组成部分，这一范畴的确立，必将充实、丰富和发展历史唯物主义的理论体系。

可否把生活方式归入社会存在？我认为，生活方式既包括人类的物质生活内容及其形式，又包括人类精神生活内容及其形式，这怎样能完全归到社会存在呢。不错，生活方式必然以一定的物质生活资料为基础，以一定的人际交往关系为条件，但这不等于说生活方式就等于社会存在。生活方式和社会存在范畴是从不同的视角来概括社会现象的，在历史唯物论体系中，尽管二者有主次之分，但它们的范围和内容存在着交叉和包容。因此，生活方式既不能归于社会存在，也不能归于社会意识，当然更不能简单地归于其他社会领域。

三、生活方式范畴的哲学含义及其定义

作为哲学范畴的生活方式，归纳起来有两种意见。第一种意见是从

广义上来理解生活方式，即生活方式包括生产方式在内。第二种意见是从狭义上来理解生活方式，即生活方式是指生产以外的人们其他生活活动的总和。有一种更狭义的理解，认为生活方式仅仅指人们的物质消费活动和由他个人支配的闲暇时间的方式。

从国内外资料来看，生活方式的定义很多，但概括起来，有代表性者则包括四个方面的内容：（1）生活方式的性质；（2）生活方式的主体；（3）生活方式形成的客观条件；（4）生活方式的内在结构和组成因素。

关于生活方式的性质，许多人把马克思在《1861—1863年经济学手稿》和《德意志意识形态》中所使用过的"生活活动"用语当作认识生活方式性质的基础，认为生活方式是生活活动的典型的（或本质的，或一般的）形式（或特征）的总和（或系统）。

关于生活方式的主体，一般认为包括三个层次，即人（个人）、社会集团（阶级或阶层）和整个社会。许多学者在给生活方式下定义时，都把生活主体的三个层次作为生活方式的重要内容放在定义里。有人则使用"人们"这一词，概括生活方式主体的各个层次。

关于生活方式的条件，认为就是指人们生活活动的客观条件，大致包括三个方面：

（1）一定的物质生产条件；（2）一定的社会政治、文化思想条件；（3）自然地理、气候环境条件。许多人认为，在研究社会生活方式问题时，把生活方式与它的实现条件割裂开来，或把生活方式的条件仅仅归结为社会经济条件，都是片面的。因此，他们都把生活条件作为给生活方式下定义的一个内容。

关于生活方式的内在结构和组成因素，有些定义表示，生活方式是一个有机的社会系统，其本身应当内在的包括一定的有机因素。首先它包括一定的物质生活资料的内容及人们对它的利用形式，这是生活方式的基础；物质生活资料作为客体必然要为一定的主体所利用，生活主体是生活方式的能动的因素；生活主体为了利用生活资料就必须结成一定的生活交往关系，生活交往关系是人们从事生活活动的必要条件；人的生活活动必须凭借一定的空间和时间，生活空间和生活时间同样是生活方式的重要因素。所以，生活方式就是一定的社会主体，结成一定的生活交往关系，在一定的生活环境中对生活资料的利用形式。

四、生活方式的阶级性、共同性和历史继承性

有人认为在阶级社会里，生活方式是有阶级性的。不同的阶级有不同的生活方式。共同的生活方式只有到了阶级消灭之后才能出现。有人则不同意这种笼统的说法，认为在阶级社会中生活方式一部分有阶级性，一部分则是各个阶级都可以接受的。还有人认为，在今天的历史条件下，用资产阶级生活方式或无产阶级生活方式来概括当今世界的生活方式就不科学了，应当有新的生活方式的评价标准。依不同标准，可分现代化的生活方式和小生产的生活方式，文明、科学、先进的生活方式和落后、愚昧、腐朽的生活方式。这个争论，除了涉及生活方式的阶级性和共同性外，还涉及它的历史继承性问题。

我看，事情是这样，一定社会的占统治地位的生产方式决定该社会占统治地位的生活方式。在阶级社会中，不同的阶级、阶层处于不同的经济地位，他们所享有的生活资料以及利用形式是不同的，同时不同的经济地位又决定了他们具有不同的政治思想、道德伦理和生活价值观念，因此，他们的生活方式带有极大的阶级差别性，一般说来，在阶级社会中人们的生活方式在很大程度上带有阶级性。

然而，社会生活是一个复杂的社会现象，社会生活方式作为人类社会生活的重要领域，有自己的相对独立性，受到社会各种复杂因素的影响，这就决定了生活在阶级社会的人们其生活方式也有共同性，比如一个民族就有该民族共同的生活习俗。

承认生活方式的相对独立性，承认生活方式的共同性，必然承认生活方式的历史继承性。人们生活方式中的共同的东西往往可以代代相传很长时间。当然，阶级消灭以后，生活方式的阶级性自然就不存在了。但是，这不等于说生活方式就没有特殊性，只剩下共同性了。无论什么历史时代，生活方式都是既有差别性，又有共同性的。

在社会主义社会，剥削阶级作为整个阶级已经被消灭了，一般来说，社会主义生活方式同阶级社会中带有明显的阶级性的生活方式不同，它

应该是新型的、文明的、科学的、健康的生活方式。但社会主义社会还存在着落后、愚昧、腐朽的生活方式的残余，笼统地提"现代化"生活方式是不明确的。不过，这不是说一切历史上的生活方式都不能继承了，其中也有健康、文明的部分，我们就要继承下来，这当然也包括资本主义社会中文明、健康、科学的生活方式部分。然而，我们切忌把资本主义社会中腐朽的资产阶级生活方式部分继承过来。

原载《哲学动态》1986 年第 5 期

功利主义与中国当代道德建设

汪海萍 *

1988 年 11 月 15 日至 17 日，华东师范大学哲学系和哲学所以及上海中西哲学与文化比较研究中心联合举办了"功利主义反思"学术讨论会，现取其要者述于后。

一、对西方传统功利主义的理解和评价问题

西方功利主义经历了一个由极端利己主义向利己与利他结合的过程，而当代中国人却把功利主义看作自私自利的代名词，斥之为利己主义，而否定它对社会发展的作用，这很不公允。会议认为，应对一些问题重行探索和评价。

（1）"功利"的含义。有人把功利等同于利益；有人把功利界定为名、权、利的总和；有人则认为功利是包括精神价值在内的一切为人所需要的、使人得到满足的东西。

（2）功利主义原则的基本精神。看法有三：a. 功利主义不能归结为利己主义但包含了利己主义；b. 功利主义强调个人利益与公共利益的协调统一；c. 功利主义就其产生背景看，主要是否定利己主义的。从逻辑上说，功利主义与利己主义并没有必然的联系，而从思想上看，就行为的客观功效而非主观动机而言，很难找到一个"损人利己"的功利主义者。

---

* 汪海萍，1962— ，女，华东师范大学哲学系讲师。

（3）功利原则与公正原则的关系。有人持穆勒《功用主义》一书中的观点，认为功利原则包含了公正原则而且必然要有公正原则，因而凡符合功利原则的也符合公正的要求。有人则认为功利主义不包含公正原则。

（4）古典功利主义的社会功效问题。很多与会者一致认为：古典功利主义不仅是一个伦理原则，而是一个非常广泛的原则，它直接涉及政治、经济、法律和舆论等领域。其中，政治法律思想上的功利主义同西方法制观念的形成有密切的联系，它在调节资本主义商品经济下的社会生活、维护社会的稳定和秩序上起过重要作用。但道德上的功利主义其功效如何，与会者则作出两种截然相反的评价。

二、中国传统文化中的功利主义思想

（1）中国传统文化有无功利主义传统。肯定者认为，墨子→李觏→王安石→陈亮→叶适→颜元→戴震代表了中国传统功利主义的主线。并认为中国古代功利主义作为一种价值观思潮的兴起及其道义论的剧烈冲突，往往发生在社会变革时期，这是一种带有规律性的普遍现象。还有人认为，中国古代功利主义思想是缘"义利之辨"这条理论线生长、延续、扩展的，因此，不仅墨、法两家和李觏、陈亮、叶适、颜元等人有功利主义思想倾向，而且在道义论倾向很浓的儒家思想体系中，由于他们奉经世致用为圭臬，也依然有某些与功利主义暗合的理论表述。

否定者则认为，中国古代功利主义在传统文化核心的"义利之辨"中虽处于同道义论相互依存的地位，却未能平分历史的秋色。尽管东西方功利主义几乎一样源远流长，但当走出中世纪之时，西方功利主义在历史转换时期获得了完善，而东方的功利主义却消失在历史的记忆之中。

（2）中西方功利主义传统的区别。有人认为，中国古代功利主义和西方功利主义的区别在于：①前者是以家族为本位的家族功利主义，其逻辑起点是家族，后者是以个人为本位的普遍功利主义，其逻辑起点是个人；②前者的论证方式囿于经验论的范畴，以治乱兴替言功利，结果失于历史的捉弄，后者的论证方式则是思辨式的，是从普遍人性中引申出来的，这就避免了事实对理论的纠缠，扩展了理论的视野；③前者是一种过早成熟的功利主义，它是个人利益没有凸显的历史条件下过早产生的，后者则是在近代资产阶级革命以后的产物，那时个人利益已成为全社会普遍关注的问题，并且已有较长时间的理论探讨，功利主义产生已有实践和理论的源泉。有人则认为，中国传统功利主义的主流就其理论形式而言是规则功利主义而非行为功利主义，它以利人、利天下、利天下人为价值取向和评价善恶的价值尺度，它肯定人有私利的欲求，也肯定这种欲求的合理性，但都没有引向利己主义。这种形式在处理个人利益与整体利益以及义与利的关系上较之西方传统功利主义毫不逊色，以致可以说更加合理。西方传统功利主义在理论上发展比较充分，但许多都以个人主义和利己主义为核心，在"义"与"利"的关系上，也更强调"利"而忽视"义"，甚至走向了极端的效果论。

三、反思功利主义在理论上提出的一些问题

（1）功利和价值的关系。有人认为，精神价值（人的理性的创造）为两重性，一方面是为了增进人类利益而具有功利效果，另一方面它又是人的本质力量的显现，人在其中能获得精神的满足。这就要求我们在价值观上将功利与精神价值统一起来，而不要偏执一端。有人认为，有必要把人的功利要求看作是与伦理价值、审美价值一样的相对独立的价值形态。与此相关的两个问题是：a. 如果功利是一种价值，那么它同真、善、美等价值之间的关系如何？b. 如果功利是价值的一种，那么有无必要建立一门功利学作为价值的分支？

（2）功利与道德的关系。有人认为功利就是善，善以功利为目的，无功利则无美德可言。有人认为功利是不完满的善。有人认为功利非善非恶，它本身是一种合理的追求。还有人主张个人功利不是善、公共的功利才是善。有人则认为，把功利主义与道德相对立不妥当。事实上讲道义的人不可能不讲功利，反之亦然。若把功利主义看成是反道德的，就会带来一个问题，即社会主义功利主义与社会主义道德的关系怎样处理。

会上提出了一个问题，就是功利主义在道德良心形成方面提出的操作性研究可否作为我们的借鉴，以便我们加强可操作性的实践性的道德科学的研究。

（3）有无必要提出社会主义功利主义有4种不同的看法。①功利原则是一个普遍适用的原则，在商品经济的社会里更是如此，现实生活中应该吸收功利原则，但不必区分社会主义的功利主义和资本主义的功利主义。②应以规则功利主义和社会公平原则作为当代中国道德体系中的操作标准，作为社会主义道德的基本公理。所以也不赞成社会主义功利主义的提法。③功利原则可在一定范围内加以运用，但不宜引入功利主义概念，因为作为一种主义就是一个普遍的原则，鉴于功利论本身有许多弱点，引入整个体系是不恰当的，需要把功利论与道义论结合起来。④现在该是提出社会主义功利主义的时候了，所以这样提是为了区别于资产阶级的古典功利主义，区别于革命战争年代的革命功利主义，区别于我们通常讲的集体主义。

四、当今中国道德困境的原因何在

一种意见认为，前几年为了反对禁欲主义，解放思想，多讲功利是必要的，现在功利讲过头了，以致失去了平衡，出现了道德困境，当前要多讲一些道义论。

另一种意见认为，对功利的向往存在于任何时代、任何国家人们的心灵之中，功利主义作为一种文化思潮的出现，是一个社会走向近代化过程的重要步骤。现在的中国人开始追求功利，这是大好事，我们对功利主义不是讲得太多，而是讲得不够。当前的问题显然不是在功利论与道义论之间进行选择的问题，而是应选择什么样的功利主义以及怎样正确理解和宣传功利主义的问题。过去一讲功利主义就是讲利益不讲道德，这是一种误解。急功近利的全国性短期行为是其典型的表现。现在需要超出道德本身的范围，应用各种手段诸如经济的、政治的、法律的手段去激发人们合理的功利要求，抑制不合理的功利要求。

第三种意见认为，道德困境不是道德本身的问题，而是商品经济发展过程中必然要产生的。为了走向新生，必须让污血流出来，我们不要过分夸大意识形态的作用，不要把过去的贫困归结为讲义太多，也不要以为只要今天强调了利，我们的消费生活就会得到改善。有人不同意这种意见，认为固然不应夸大意识形态的作用，但过分夸大历史决定论也是不妥当的，历史前进需要付出代价，但付出代价换取什么却不能不加以考虑。

第四种意见认为，当今道德格局的紊乱是由中国传统文化机制造成的。中国传统文化是一种低张力的道德价值，所以当社会发生剧烈变化时就不可避免地陷入了道德焦虑，任何社会都有道德困境和焦虑，衡量一个社会进步的标准不在于一种道德困境的解脱，而应是一种道德及其困境的转换和提升。

原载《哲学动态》1989 年第 2 期

试析现代西方伦理思潮对我国青年道德观念的冲击

万俊人 *

对于每一个中国人来说，20 世纪 80 年代都具有着特殊的境遇意义。经济、政治领域的改革开放，已经呈现出一派前所未有的复杂局面，基于社会政治、经济结构之上的社会意识形态和各种文化现象也发生着急剧的变化，其中，道德观念的变化尤为引人注目。现时代的中国人已经置身于经济、政治和文化急剧变化的历史潮流之中。

无疑，道德文化观念的变化，是当代中国人最感困惑而又不能不郑重思考的重大问题之一。现时代的中国青年则处于这一变化的旋涡中心，因之，本文愿将思考的焦点汇集于这一独特的社会群体。当然，任何社会的道德观念变化都可以最终归结为特定的社会经济、政治的变革。但同样确实无疑的是，现实生活与传统文化的冲突、摩擦，特别是外来道德文化观念的冲击，已经使我国现时代人们的道德观念处于多重因素的复合影响之中。单单是对这一方面的研究，已足以牵动包括哲学家、政治学家、文学家、社会心理学家在内的几乎所有人文科学工作者们的思绪。事实上，也只有在这些学科的综合研究的基础上，才能完成这一精神文化现象研究的巨大系统工程。为此，笔者断然不敢侈望在本文中冒昧地承诺这一艰巨的理论任务。本文的宗旨仅在于：以集中代表现时代道德文化观念变化的中国青年这一社会群体为对象，以我国社会历史发展与当代经济、政治改革开放的交替嬗变和我国传统道德文化与现时代道德实际的尖锐矛盾为

---

* 万俊人，1958—　，男，北京大学哲学系讲师。

视角点，去摄取、透视、解析现代西方伦理思潮对现时代中国青年的冲击和影响，以求得对这一独特社会群体之道德观念现象的必要解释。

一、现象种种

从我们确立的视角点出发，我们摄取了突现在 80 年代历史流程中的这样几组典型镜头——

1. "潘晓现象"

这是 80 年代伊始中国青年人生价值观念层面的第一次大曝光：1980 年 5 月号的《中国青年》杂志，以显著的位置并附加"编者的话"发表了 23 岁的青年潘晓的一封信，题为《人生的路呵，怎么越走越窄……》。在追思自己 23 年来的人生历程后，作者这样写道："我体会到这样一个道理：任何人，不管是生存还是创造，都是主观为自我，客观为别人。就像太阳发光，首先是自己生存运动的必然现象，照耀万物，不过是它派生的一种客观意义而已。所以我想，只要每一个人都尽量去提高自我存在的价值，那么整个人类社会的向前发展也就成为必然的了。这大概是人的规律，也是生物进化的某种规律——是任何专横的说教都不能淹没、不能哄骗的规律！"[1]潘晓这封信的发表，立刻在广大青年中引起了一场人生价值观大辩论。据《中国青年》"本刊编辑部"评论披露，仅在潘晓来信发表后的短短几个月里，该杂志就收到"全国各地工、农、商、学、兵和党、政、工、青、妇等各条战线各个部门的青年、团员和青年工作者以及成年老同志，还有港澳同胞和大洋彼岸的青年朋友"寄来的六万余封信件，其中还有不少是"几十、上百青年联名写来的"[2]。可见，其影响之广非同寻常。除了青年人以外，许多学者、作家也先后介入了这场辩论。辩论的中心是人生价值问题，焦点是"主观为自己，客观为别人"这一命题所蕴含的对于"自我与他人（社会）"价值关系的理解。

---

① 潘晓：《人生的路呵，怎么越走越窄……》，《中国青年》1980 年第 5 期。
② 《中国青年》编辑部：《献给人生意义的思考者》，《中国青年》1981 年第 6 期。

2. "萨特现象"

这是现时代中国青年，尤其是青年知识分子关注和反思人生价值问题的又一次重大反响。数以千计的学术论文、相当部分的文学作品（小说、诗歌）、歌曲（以通俗流行歌曲为主）以及杂志上讨论的主题，都显示出对萨特存在主义哲学和文学的高度热情；有关萨特的著作（含其原著）也以空前的节律争先恐后地问世。在学术论坛上，在各种形式的"理论沙龙""研究会"，以至在大学生宿舍里，萨特存在主义一时成为青年们热烈讨论的话题。"自我设计""自我奋斗""自我实现"是讨论中出现频率最高的新命题。尽管从目前的状况来看，"萨特热"在很大程度上已被"尼采热""弗洛伊德热"所冲淡而"冷却"下来，但萨特存在主义思想，特别是以自由选择、自我谋划、自由行动创造为中心的价值伦理理论，给现时代中国青年所造成的影响之深远，依旧是难以估价的。

3. "尼采现象"

"尼采现象"可视为"萨特现象"的延伸，它在更高层次上反映了现时代中国青年精神深处的一种文化心态，即"一些在人生意义探求中感到迷惘痛苦的青年学者和青年艺术家"在某种"精神危机"的感悟及由此引起的焦虑中产生的心理共鸣。[①] 应该说，当代中国青年对尼采的反应，尚不及"潘晓现象""萨特现象"所显示的那么广泛、热烈，而且中国知识分子对尼采的认识也并非始于 20 世纪 80 年代。早在本世纪前叶的"新文化运动"中，鲁迅等人就已经结识并着力传播过这位西方哲人的思想。但是，今天中国青年对尼采的重新反应，远不是一种哲学和文化现象的简单重复。这种反应一方面已经摈弃了对尼采已有的认识评价系统，它是在一种没有既定参照系的情形下的重新认识，它使处于精神动荡和焦虑之中的青年知识分子与之发生了直接的心灵感应，因之使尼采对现时代中国青年的影响比其他西方哲学伦理学思潮来得更为深刻、更为激越；另一方面，由于能够与尼采思想形成对向反应的大多限于青年知识分子，特别是青年学生、青年哲士、青年美学家和艺术家，因此这种反应具有特别耐人寻味的历史意义和文化内涵。

---

① 参见周国平《尼采与现代人的精神危机》，《中国青年报》1988 年 7 月 22 日。

4．"弗洛伊德现象"

这是 80 年代在中国最具冲击性的一次道德心理、道德情感、道德观念的骚动，它对于现时代中国青年的影响程度和范围，远甚于历史上任何一次外来伦理文化的传入。作为以"精神分析"为标志的弗洛伊德理论，是至今仍风行全球，甚至已形成一种宗教式神秘化的理论思潮。它对于人的性本能、原欲的揭示以及由此产生的对个体心理的病理学、心理学、生理学、神经学分析，已经影响到西方的文学艺术、社会学、哲学和伦理学等诸多领域。这一思潮的涌入，在中国掀起了强烈的冲击波，其锋口直接撞击着中华民族用过于保守甚至近乎非人性、禁欲主义的传统性道德、家庭伦理、社会规范构筑起来的并且保存了几千年的道德文化栅栏。一时间，"性文学"蜂拥而起；一些文学艺术杂志、出版机构也仓促呼应；一些青年面对色彩纷呈的"性文学"作品趋之若鹜，唯恐不及。有关弗洛伊德精神分析理论的著作成了最为畅销的书籍。据《人民日报》披露，1987 年某日北京大学新华书店上架的《自卑与超越》一书 2504 册，当天就销售一空。近年来，弗洛伊德的著作已成为翻译最多、销量最高的著作之一，一些人甚至不惜高价从个体书摊上买各种海外盗印本。"性描写""性主题""心理观照"，一时成为许多文人的时髦创作方法；某些杂志和出版部门也为了迎合"读者需要"而以"性"取文；一些确属黄色低级的作品屡禁不止，甚至愈禁愈烈。少数青年对有关性、心理学一类的作品已是超常的敏感。当然，我们不能把这些现象笼统地归于弗洛伊德理论影响的结果，但无论如何，弗洛伊德的"性理论"对当代中国青年性道德的冲击是令人瞩目的。对这一现象的解释也许最为棘手和复杂，如果人们读过苏晓康、张敏的报告文学《活狱》、麦天枢的报告文学《白夜——性问题采访手记》[①]，就不难苟同笔者的这一见解了。

二、理论背景

用不着去一览无余地罗列各种现象，上述几组典型镜头，已足以使

---

① 两篇均载于《报告文学》1988 年第 2 期。

我们窥见现代西方伦理思潮对现时代中国青年道德观念冲击的态势了。然而，陈述这些现象远不是我们的目的所在。究竟产生上述现象的原因何在？这是我们接下来要进一步探讨的问题。

既然形成这些现象的外部原因主要来自现代西方伦理思潮，那么我们理所当然地要首先弄清这一伦理思潮本身的背景和内涵以及形成冲击力的缘由。

大致说来，现代西方伦理学形成于19世纪下半叶，20世纪初至今是其全面发展时期。现代西方伦理学的形成和发展，是以其对西方古典传统伦理文化的反动或超越为基本标志的。它具体表现为三个方面：（1）发轫于叔本华、尼采的现代非理性主义的人本主义伦理思潮，走向了自苏格拉底、柏拉图以来至康德、黑格尔所形成的西方古典理性主义伦理学传统的反面；（2）肇始于19世纪下半叶英国斯宾塞实证主义和20世纪伊始G.E.摩尔的经验直觉主义的现代元伦理学，突破了传统经验主义伦理学的理论框架，形成了带有浓厚科学主义和逻辑主义色彩的现代元伦理学思潮；（3）以基尔凯戈尔为先驱的现代西方新宗教伦理学，革新和改造了以基督教《圣经》为轴心的宗教道德观，形成了现代西方伦理学思潮的第三条主脉——现代宗教伦理学。

由于各派伦理学思潮本身的理论特点不同，使得它们各自在西方现代文化和生活方式中的实际作用和影响也迥然有别。作为一种典型的学院派伦理学，现代西方的元伦理学虽然对西方伦理学的理论建设做出了重大贡献，但它的纯形式主义局限，决定了它对西方社会生活的现实影响甚微，造成了它与实际道德生活的隔离和疏远。现代西方宗教伦理学也因其信仰主义的原则导致它对西方现代生活影响的一定局限。而非理性主义的人本主义伦理学则把其道德思考直接投射到现代西方社会的道德生活实际，表现出对人的存在、自由、价值、关系及道德心理、情感等的强烈关注。这种直接现实化的理论品格，决定了它对于西方社会和人们生活观念影响的直接性和广泛性，形成了其他道德理论所难以具备的对人们道德实际生活的强大冲击力。

现代西方非理性主义伦理学思潮的流变大体上有过三次高潮：一次是以叔本华、居友、尼采、柏格森等人为代表的生命意志伦理学，它基于对西方传统理性主义伦理学和教条化的基督教道德文化的深刻不满，力图从人的生命本体中开掘出使人类生命存在挣脱传统桎梏的原始力量，弘扬人自身的价值和主体地位，使西方道德摆脱理性教条化的凝滞状态，由一种封闭性、保守性的境地进至开放性、进取性和主体化的道德境界。居友的生命力"生殖道德"，柏格森的"开放性道德"与"开放性社会"，尼采的"英雄道德"或"主人道德"，等等，都是这一意向的鲜明表示。①显而易见，这类伦理学理论蕴涵着一种深刻的对个体化生命价值的积极肯定和对于主体伦理精神的追求，反映着西方社会由自由资本主义进入现代资本主义的一种道德文化变更。

第二次高潮是以萨特为代表的存在主义价值伦理观。萨特是20世纪人类陷入最深刻的政治危机和精神危机的时代见证人。他的伦理观与其哲学、文学一样，反映了第二次世界大战后西方尤其是法国社会精神和心理危机的现实图景。他认为，人的存在是最高的本体，它是偶然的、未定的；因此，除了人的存在之外，不容有任何先验既定的价值系统。人的存在的偶然性，表明了人是绝对孤立存在于这个世界之中的；人的孤独存在决定了人必须是绝对自由的，一切都依赖于他个人的自由选择、自由谋划、自由创造和决定。人犹如置身于绝望的悬崖之巅，孤立无援而又不能不跳跃。自我选择的绝对自由意味着责任的无限沉重，他选择自我，同时也就在选择整个世界和人类；他自由地进行自我创造，同时也陷入了与他人、与世界的关系缠绕之中。面对身外的世界，他感到了自由存在所带来的"眩晕"，感到了他人存在对自我的自由所产生的"威胁"。但无论如何，自我的存在是最根本的，绝对自由是自我的宿命，也是自我人生价值的最高显露；面对一切，我必须超越、选择、决定和行动。萨特的这一存在主义哲学，实质上是以个人为本位的行动哲学，是一种以自我为中心的自由价值观，它反映了战后法国市民和知识分子要求正视个人存在价值、摆脱外在社会政治力量压抑的心理情愫。

继萨特存在主义之后的第三次人本主义伦理学高潮，是由弗洛伊德

---

① 详见《西方著名伦理学家评传》，《居友》《尼采》《柏格森》等篇，上海人民出版社，1987年。

开辟的精神分析伦理学。这一派伦理学的代表人物大多是心理学家或社会心理学家。弗洛伊德认为，人的"性本能"是人的一切意识、情感和行为发生的内在动因。"恋母情结"或"恋父情结"是个体本能最初的情感和心理反应形式。"原欲"（Libido）构成了人最本真的人格基础——"本我"（或"伊底"Id）。本我表征着潜意识活动的深层结构，追求快乐或满足是其遵循的基本原则。本我的非理性冲动常处于与外界现实的相互冲突之中，来自外界和文化因素的压抑，迫使本我趋向"自我"（ego）。自我是本我摆脱心理焦虑而求得发泄的表现，它基于现实的原则，限制并疏导本我的盲目冲动，使之纳入社会认可的轨道。但自我本身仍然难以完全控制本我的顽强冲动，人通过类似父母权威的外部文化力量，实行对自我的进一步控制。这种外在力量的内化便是良心，由良心主宰的人格层次便是"超我"（Super-ego）。超我是人类道德律及社会法则的内在化形式，它与人的意识相伴，是对本我的升华，遵从"理想原则"。但是，超我与自我的矛盾导致了人内心的矛盾心理，使人的自我处于本我冲动与超我压迫的双重挤压之中，因此产生人的心理焦虑、攻击性和各种精神倒借现象。弗洛伊德的这种基于"人性—人格"的道德心理分析，开创了现代西方伦理学研究的新领域：从人的生理本性这一微观层次发掘人的道德心理与人格的内在构成。这一研究成果一方面带来了西方现代道德理论的革命与进步，另一方面引起了人们对性、性心理、性道德等问题的关注和热情，对传统哲学、文学、伦理学和心理学都提出了严重的挑战。

　　不难看出，现代西方非理性主义的人本主义伦理思潮与我们前面陈述的几种现象有着惊人的对应关系。它之所以对我国现时代青年形成强大的冲击波，其原因在于两个方面。一方面，这些伦理学理论本身集中地反映了现代西方社会政治经济和文化道德发展的某些一般趋向，在一定程度和范围内代表着人类道德生活发展的现实。因之，它的影响决不可能局限在它所产生的某种特定的文化圈内。另一方面，现代西方伦理思潮对我国现时代青年形成冲击，还有其内在性的原因。众所周知，20世纪80年代初以来，随着我国政治上的拨乱反正和实行改革开放，我国的政治、经济和文化都呈现出新的格局。从某种意义上来说，我国现在的社会文化环境和人们的心理状态有着一些类似于现代西方社会文化环境和人的心态的特征。首先，和现代西方社会的发展相似，我们也面临着对传统文化和道德价值观念的重新认识和重新建构这一现实课题。我国传统的以小农经济结构和生活方式为基础的文化道德正面临着为适应现代化改革开放而进行自身的更新。改革开放的现实已经并不断地证明了我们既有的文化价值观念与社会政治经济形势的脱节和矛盾日趋严重。对于现时代的中国青年来说，这种脱节和矛盾易于造成他们价值观念上的混乱和"饥渴"。其次，社会急剧变化所产生的心理波动，特别是"文革"的经历，促使现时代中国青年群体中出现了类似于50年代欧洲青年的那种危机心态和道德困惑。亲身经历过"文化大革命"或受到过这一历史氛围感染的现时代中国青年，与现代西方伦理思潮发生了奇特的历史遭遇。最后，开放性的社会经济、政治和文化的变革，必然伴随着外来文化和道德价值观念的冲击，任何现代民族和国家都没有例外。问题只在于，我国现有的道德理论系统过于贫乏，尤其是道德理论的抽象性和片面性，造成了许多青年对外来道德文化和本土道德文化的"畸形"态度：对传统或"正统"道德的逆反心理，对现代西方伦理思潮的片面趋同。了解这些状况，才能使我们从特定的理论背景中，对上述种种现象作出解释。

三、初步的解释

"潘晓现象"形成的理论因素大体可从两个方面来看。首先，潘晓"主观为自我，客观为他人"命题的提出，是她基于自己的生活经验和她对西方某些理论的理解而提出来的。她在信中坦率地说："人毕竟都是人哪！谁也逃不脱它本身的规律。在利害攸关的时刻，谁都是按照人的本能进行选择，没有一个人真正虔诚地服从那平日挂在嘴头上的崇高的道德和信念。人都是自私的，不可能有什么忘我高尚的人。"对于这一观点的理论来源，她明确指出，"社会达尔文主义给了我深刻的启示"。所谓"社会达尔文主义"，在道德价值观上就是主张以人的自然本性和进化规律为基础，建立一种符合人的进化规律的道德价值体系。作为这一学说的主要代表人物，赫尔伯特·斯宾塞曾明确地谈到：从人的生存和发展角度来看，利己主义总是先于和高于利他主义，因为每一种高级物类在利用和发展其生长能力时，"首先是为利己主义的利益，并随着它对它们的利用而获得延伸，然后为利他主义的利益。"① 这就是潘晓"主观为自己，客观为他人"命题的理论原型。

应该指出，潘晓对"社会达尔文主义"的理解是不全面的。"人总是自私的"并不是社会达尔文主义伦理观的全部。事实上，以克鲁泡特金等人为代表的进化论伦理学，曾经提出过与斯宾塞观点相反的原则，他们认为，人的自然天性不单是追求一己的生长，而是追求人类整体的发展，因之，以"同情"为生长点的利他心才是人类道德的基础。② 即令是斯宾塞本人也曾指出过："如果说'为自己而生活'的格言是错误的；那么，'为他人而生活'的格言也是错误的。因此，和解是唯一的可能性。"③ 这段话典型地表达了社会达尔文主义伦理观的实质性立场，它在理论上至少承认了利己与利他不可偏废而可"和解"的原则。我们有理由说这种"和解"有其理论暧昧性，也可以说它的基本点是利己主义的，但决没有理由认为社会达尔文主义只告诉人们"人总是自私的"。实际的情形是，达尔文、斯宾塞、赫胥黎等人的思想都不同程度地带有"社会有机整体主义"的道德倾向，斯宾塞的"社会有机论"和"血缘利他主义"，赫胥黎的"园艺过程"理论等，都证实了这一点。④

问题还有另一方面，"潘晓现象"的形成不仅在于潘晓个人的见解，而且在于"潘晓命题"在当时能够引起强烈的社会反响。这样一来，我们就不能仅限于对"社会达尔文主义"这一外来思想的分析。事实表明，"潘晓命题"之所以引起当时许多青年人的共鸣，是因为它反映了部分青年的心理情态，这与当时另一种西方思潮的介入相关联。众所周知，70年代末，萨特的存在主义已被许多中国青年所结识，而当时的社会文化背景是中国青年刚从"文革"的迷梦中惊醒，信仰主义、盲从性和极左

① H. 斯宾塞：《伦理学材料》，美国纽约 1881 年英文版，第 203—204 页。
② 参见克鲁泡特金《互助论》，商务印书馆，1963 年。
③ H. 斯宾塞：《伦理学材料》，第 219 页。
④ 参见北京大学出版社即将出版的拙著《现代西方伦理学史》上卷，第一编第 2 章。此书 1997 年 6 月由北京大学出版社出版。——编者注

的道德说教给他们以深刻的历史教训，他们为理想付出的代价比任何人都要沉重和悲壮：因盲从而铸造的幼稚，因"无限信仰"而造成的自我失落，因被"蒙骗"而招致的过失和过失后的不被理解，……这种噩梦醒来后的"自我失落感"、"被欺骗感"和"茫然感"，形成了80年代初中国青年一代对"自我"的强烈渴求和对个体价值的补救心理。这不禁使人们想到40、50年代法国青年知识分子在战后所表现的那种心态。从这一意义上说，80年代初中国青年之所以对"潘晓命题"产生共鸣，部分原因是他们亲身的人生体验与萨特存在主义的介入发生了对应和共振。

于是，继"潘晓现象"之后，紧接着的便是"萨特现象"。这是再自然不过的社会心理流露了：对"自我与他人"关系的重新认识，必然带来中国青年（尤其是青年知识分子）对实现自我人生价值之现实途径的进一步思考。遗憾的是，当时处于复苏状态的我国伦理学研究却没有多大起色和作为。在道德理论的空缺地带，许多青年人把寻视的目光投向了萨特，投向了存在主义。

萨特及其存在主义对当时中国青年的理论魅力在于：（1）它对一切超乎于个人实存之上的偶像（上帝或神）、观念（先验的理性和人性假设）和既定价值传统的彻底否定，迎合了经历着"信仰崩溃""偶像坍塌""理想幻灭"等精神磨难的青年知识分子的心理。（2）萨特对人的存在的"心理学描述"，印证了当时许多中国青年对人生的体验。萨特认为，每一个人都是偶然被抛入这个世界的，在这个"前无庇护，后无托辞"的世界，人孤立无援，陷入对生命存在的忧虑和烦恼之中。这一描述仿佛是"文革"里中国人心理体验的写照。一位大学生如此写道："当我刚接触萨特存在主义时，精神为之一振，觉得它很深刻，以哲学的语言说出了人生的真谛。萨特存在主义认为人生是在担忧中度过的。粉碎'四人帮'前的十多年中人们不就是以担忧作为生活的伴侣吗？"[①]（3）萨特的绝对自由价值观满足了部分青年要求重新寻找自我、实现自我的精神渴望。随着"拨乱反正"的社会政治转折，20世纪80年代初期的中国青年面对急剧变化的社会大背景，开始把探视的目光转向真实存在的自

---

① 陈中亚：《我告别了存在主义》，《中国青年》1982年第10期。

我，他们失去了往日那种近乎狂热的政治热情，变得越来越现实。因此，在新的社会秩序中发现自我、确证自我，实现自我的价值，就成为他们最关切的人生主题。既然曾经有过的"理想主义精神"已被无情的社会实践所证伪，既然曾经怀抱的崇高信念已被歪曲和愚弄，那么，返归自我便是唯一现实的人生追求。于是有了"自我设计""自我奋斗""自我实现"的口号出现，形成了中国当代史上一次奇特的青年"自我觉醒"："伤痕文学""知青文学""蒙眬诗""港台歌曲热"……在中国当代文化土壤上应运而生。由于这一转变带有几许悲凉和迷茫的情绪，中国当代的青年们也因此负有"垮掉的一代""没有希望的一代""畸形的一代"等灰色的称谓。

应该说，中国青年群体中出现的这种"萨特现象"是特殊历史条件下的特殊精神现象。随着他们对社会和萨特学说认识的日益加深，"告别萨特""告别存在主义"的再反省也就越来越不可避免。他们逐渐自觉到：萨特仅仅为我们描述了资本主义异化和战争条件下的人的生存状态和心理状态，提出了自由、选择和创造之于人生价值的理论意义，但对于究竟如何实现人的自由和价值，"萨特存在主义就显得苍白无力，提供不了令人信服的答案"①。短短几年后，生活的实践便使大部分中国青年从轻信中自觉过来。事实说明，萨特存在主义在中国的命运，也同它在西方世界一样，短暂的热浪之后，便受到人们的冷落。就此而论，我们可以说，80 年代中国青年中出现的"萨特现象"，乃是特定历史条件下的社会心理律动。尽管它未能持久，但我们不能完全忽视它所造成的社会心理后果。至今，萨特的思想仍在部分青年中发生着不同程度的效应，自我中心、情绪主义冲动等等，都多少留有萨特思想影响的印迹。

如果说，萨特存在主义对现时代中国青年的影响更多地限于表层情绪而不具备持久性的话，那么，尼采思想的影响则在于它直接触动了当代中国青年知识分子内心底层的隐痛和危机感，因而具有更深刻的历史意味。为什么在"五四"前后就已被中国知识分子结识的尼采，在今天的中国青年知识分子心底又得以复活？这本身就是一个十分耐人寻味的

---

① 陈中亚：《我告别了存在主义》，《中国青年》1982 年第 10 期。

问题。

尼采是现代西方文化和哲学发展史上一位彻底的破旧立新式的思想家。他提出了"上帝已死"的口号，立志"重新估价一切"；他聚"千百年的破坏力"，猛烈抨击了占据着西方文化道德舞台近两千年的基督教文化，提出了"强力意志"和"超人"的新型人生哲学；他无情地斥责了西方理性主义的腐朽和传统道德的平庸，树立了代表着"真正人类精神"洋溢着崇高艺术魅力和人生风范的"酒神形象"。对于这样一位思想家，有人诉其为"精神狂人"，有人责其为"纳粹元凶"，更有人称其为西方文化的"解剖者"。无论人们怎样评说，尼采的思想确确实实地影响了西方，也震动了当代中国青年知识分子的心灵。

首先，正如周国平同志所谈到的，"尼采思想是西方社会精神危机的哲学表达"，它引起了中国青年知识分子"精神危机"心态的共鸣。① 应当承认，在我国新旧社会体制的变更时期，我们正经历着一场经济的、政治的、文化和道德的阵痛。新的、合理的东西与旧的、不合理的东西并存，因之，在不断摆脱传统观念的同时，我们又面临着新观念尚未生成，各种不合理的东西依旧残留这一复杂的现实。随着商品经济而滋生的实利主义"一切向钱看"，"有钱就有一切"，因社会信念和价值观念重建的不成熟性而产生的精神迷惘和心灵痛苦等等，都使历来过于敏感的中国青年知识分子感受到人生信仰危机的焦虑。他们为改革开放带来的巨大经济成就而欣慰鼓舞，也为实利主义对人们精神理想的闭障而深感担忧；他们为各种新知识新观念的诞生而忘情地欢呼思索，也为这场文化观念革命的艰难坎坷而忧心忡忡。在物质与精神、传统与革新、现实与理想的交叉口上，他们思虑、抉择之中若有所失。他们力图超越狭隘功利主义的人生境界，却又置身于来自社会实利主义风气和自身生活经验痛苦的双重挤压之中。这是一种追求超越与被超越的矛盾，这一矛盾所铸造的精神心理在尼采思想的危机感与超越感中找到了某种平衡和依托，至少暂时如此。

其次，尼采道德观的相对主义和英雄主义与现代部分中国青年知识

---

① 周国平：《尼采与现代人的精神危机》，《中国青年报》1988 年 7 月 22 日。

分子对传统道德文化的批判精神和自主创造精神达到了某种感情上的契合。尼采主张"重新估价一切"，对各种既定的历史道德观念进行了彻底的否定和批判，并力求在旧文化旧道德的废墟上，重建具有全新意识和创造意志力的"英雄道德"，以取代千百年来像瘟疫一样奴化着人们的"奴性道德"或"群氓道德"。历史地看，尼采的这一思想对于克服西方传统道德的信仰主义和绝对理性主义是有进步作用的，但它毕竟带有明显的局限（因此曾被法西斯政治集团所利用）。与尼采思想相吻合的是，现时代中国青年对传统道德文化也表现出强烈不满，他们对"国民性""民族劣根性"的批判意识日趋强化。近年来出现的"文化反思""传统道德批判"等现象就是这一趋向的反映。我们无须在此分析这种文化道德批判本身的得失，但有一点是应该清楚的：任何民族要完成一场伟大的社会经济和政治改革运动，首先必须完成自身文化观念的更新，进行一场深刻的文化—心理结构的重建。欧洲历史上的"文艺复兴"和"宗教改革"之于欧洲近代资本主义的兴起就是如此。就此而论，以现时代中国青年知识分子为主体的对传统文化的批判，无疑有其自身的历史意义和现实价值。问题是，在封建文化传统积淀深厚的中国，要进行这种批判和重建，其艰巨性和复杂性远远超过西方历史上的"文艺复兴""启蒙运动"。因此，勇气与果敢、进取精神与开拓意志就成了中国青年知识分子亟待具备的思想品格。尼采对西方传统道德文化的批判态度和锐意创新精神，显然对中国青年知识分子的批判革新意识有着特殊的强化作用，与"萨特现象"和"尼采现象"不同，"弗洛伊德现象"所反映的道德实际，不是有关人生价值、人生理想这类形而上的问题，而是当代中国青年群体的日常生活道德，特别是性道德等形而下的问题。

弗洛伊德的精神分析学说通过对个体"无意识"→"潜意识"→"意识"，"本我"→"自我"→"超我"，及"快乐原则"→"现实原则"→"理想原则"这种微观的人性心理探测，揭示了人的心理由自然欲望向道德发生、发展的过程。这一理论成果无疑是突破性的。但是，他仅仅囿于人的"微观世界"（弗洛姆语），其心理学和伦理学理论有着浓厚的自然主义和泛性论倾向。加之国内外各种文学作品对弗洛伊德性心理学理论的大量"引进"和运用，使得许多缺乏心理学和性知识修养的中国青年一时迷恋于性情的世界而难以自制。

弗洛伊德的泛性论本身对青年人具有特殊的吸引力和刺激性。青年时代原本是人的生理和心理成熟活跃阶段，青年人对性、性情和性爱有着特殊的敏感性。如果对一个具有健全心理机制和正常性生理知识的青年，弗洛伊德的理论影响未必是消极的。问题恰恰在于，相当多的当代中国青年缺乏这两种基本素质。长期以来在我国盛行的那种谈性色变的片面宣传是造成"弗洛伊德现象"的历史原因。这种宣传使性问题成了哲学、伦理学、文学、美学和艺术创作的"禁区"，成了人们不敢问津的神秘世界。由此，又造成了青年人对性知识的缺乏，以至于在当今中国还不断出现只知结婚不懂（更确切地说是羞耻干懂）性爱生活的"80年代的中国童话"[1]。再者，我国传统道德中的禁欲主义倾向是造成"弗洛伊德现象"的文化原因。强调"男女授受不亲"是中国封建伦理的一大怪癖，具有讽刺意味的是，封建社会里满口"仁义道德"的人却干着"男盗女娼"的勾当。这种虚伪的封建禁欲主义道德至今依旧腐蚀着中国人的心理，造成我们对性问题的先验性偏见和冷漠。但对于广泛接受现代科学知识信息和西方思想影响的当代中国青年来说，这种传统道德观念非但没有起到矫正和提高他们对性问题的认识的作用，反而加深了他们对性问题的变态渴求以及由神秘感、新奇感而激起的对性的盲动冒险反应。此外，一些文学艺术作品的中介作用，也助长了弗洛伊德理论的消极影响。我这里当然不是指一些严肃高尚的文学作品，而是指当今已经泛滥成灾的那些城市"地摊作品"。大量的色情文学，以赚钱为目的的黄色音像制品和书刊杂志，充斥了我们的市民文化市场，并逐步向农村渗透。其间，不仅夹杂着大量对弗洛伊德和其他西方思想家的理论的歪曲和卑劣的"利用"，而且也使弗洛伊德理论中的消极成分找到了发挥"效应"的渠道。就此而论，应对"弗洛伊德现象"的消极方面承担责任的主要是我们自己，而不是弗洛伊德；换言之，与其说弗洛伊德的理论迷惑了部分青年，倒不如说中国青年心理生理教养的不足促成了这种不正常现象的发生。

---

[1] 参见麦天枢的报告文学《白夜——性问题采访手记》，《报告文学》1988 年第 2 期。

四、后果与回应

从以上种种现象和对这些现象的初步解析中，我们不难看出现代两方伦理思潮对我国现时代青年形成强大冲击的态势和缘由。如同历史上其他外来文化观念的冲击一样，这种冲击给我国青年的道德观念发展带来了多种性质的理论影响和实际后果。

首先，从积极的方面来看，现代西方伦理思潮中某些合理的理论成分开拓了我国青年的认识视野，对于我们更新道德观念与行为方式，冲破传统封建道德意识的束缚，具有一定的启蒙作用。现代西方伦理学虽然从根本上说是非科学的，但作为现代西方社会的观念形态，它们在思维方式、观念构成和价值行为取向等方面，显然要大大优于建立在落后的小农经济基础上的封建道德伦理。看不到这一点或不愿意承认这一点，都不是历史主义的态度。也正是从这一历史发展的角度，我们认为，现代西方伦理思潮对现时代中国青年的冲击有着积极的启蒙意义。例如，现代西方伦理学中的自由、选择、设计和创造等价值观念，对于强化我国当代青年的独立意识和自主能力，摆脱心理上和行动上的依附性、保守性就有着积极的作用。

其次，现代西方伦理观念的冲击，在客观上锻炼了我国现时代青年的认知反省能力和批判能力。理性的批判反省，是人类促进自身进步的内在精神动力，也是一个民族、一个社会群体和个人心理成熟的标志之一。"批判精神"是现代西方伦理学发展中的重要特征，它体现了西方道德文化的高度主体性，也在中西道德文化的交汇中反衬出我国现有道德观念在自我批判、自我建构、激发人们的道德主体精神等方面的严重贫乏。尽管我们已经认识到现代西方伦理学的"批判精神"有其历史的和理论的局限，但不能不承认它在一定程度上对于我国现时代青年群体的批判反省能力和主体意识有着积极的促进作用。

再次，现代西方伦理思潮对我国现时代青年的冲击，有助于加深当代中国青年对现代西方社会现实和道德文化的理解。冲击意味着观念之间的比照和交汇。任何道德伦理学说都是一定社会政治经济的理论反映。

现代西方伦理学以其不同的理论形态和方式反映（或部分地反映）了现代西方资本主义社会人的生存状况和道德实际。在现代西方伦理思想家中，不乏直面现实、对现代西方社会的道德危机采取严格批判态度的有智之士。尼采对西方传统基督教道德和封闭性理性主义道德的批判，萨特对法国第二次世界大战后市民阶层和资产阶级知识分子道德心理的"现象学描述"以及对现代西方社会人的异化的揭露，弗洛姆对现代资本主义商品社会里人性、人格的"残缺"的分析等，都在一定程度上反映了西方社会现代化物质文明与道德危机的深刻冲突。正是通过现代西方各种伦理学说这一重要媒介，我国当代青年对西方社会的认识正在不断加深和扩展。这种文化观念的沟通在客观上有利于提高中国青年的认知能力和适应能力，因而也有助于新一代国民文化素质的提高。那种把外来文化的冲击简单地视为消极被动的接受，甚至视为洪水猛兽的观点是错误的。

然而，正如现代西方伦理思潮的理论成就有其局限一样，它对当代中国青年的积极影响也是有限的。我们并不能指望用它来完成改造传统道德文化这一历史使命。况且，它也给我国现时代青年的道德观念和行为方式带来了许多消极的后果。

第一，现代西方人本主义伦理学的非理性主义，刺激和滋长了我国现时代部分青年的个人主义和情绪主义冲动。伦理学的非理性主义带有极大的主观随意性和盲动性，对理性的片面否定必然会导致极端的个人主义和情绪主义。尼采与萨特的伦理观就是从全盘否定传统理性主义而走向非理性化、非社会化的极端主观主义和个人主义的。他们的这种理论和态度也影响到我国当代部分青年（尤其是部分青年学生）的心理情绪和行为方式。过分地执着于自我和自我的感情需要，强调自我的权利、自由和独立性，使他们沉湎于自己的主观感受、想象和意愿之中，易于忽略他人的权利和社会关系、社会义务的客观必要性。因之，当主观与客观、自由与关系、权利与义务的两极发生矛盾时，他们往往偏执地走向极端，简单地诉诸个人的情绪冲动。应该说，这种情绪主义冲动也是一种心理不成熟的表现，它从侧面反映出我国现时代青年群体成长道路的艰难和曲折。

第二，现代西方伦理学中的道德相对主义和非历史主义倾向，助长了我国部分青年的道德虚无主义态度。如前所述，现代西方的人本主义伦理学家大多对历史上的各种道德采取了极端的否定态度，其中以尼采为最。这一倾向在追求道德进步的创造性的同时，漠视了人类道德发展的历史连续性和继承性。认识到现代西方伦理思潮的这一理论局限是极为重要的。然而遗憾的是，我们的部分青年却未能正视这一点，反而误以为唯有极端才能彻底，唯有彻底否定才能有所创造和革新，因而对我国历史上的道德文化采取一概拒斥的态度，对现行的一些合理的道德观念也抱着冷漠、抵触的情绪。这种态度和情绪实质上是一种道德虚无主义的表现，它不仅不利于我们民族传统道德文化的批判改造，而且会造成道德观念日趋淡薄的后果。

第三，现代西方伦理学中的心理主义和自然主义因素，刺激了我国部分青年性道德观念的放任主义倾向。由于部分青年对西方流行的各种心理学理论和自然主义道德观缺乏全面、深刻的认识，面对五光十色的文化"舶来品"，他们缺乏必要的鉴别能力，容易接受一些不健康的道德观念和色情文学作品的影响，以致在日常生活中采取轻率随意的性行为方式。这一状况的严重性已经引起人们的关注。在生活方式逐渐改变、国际交往日趋增多的新形势下，如何从知识教育和道德教育入手（而不是简单地"堵压"）来引导青年正确地认识和处理性行为，这是一项不容忽视的任务。

总而言之，现代西方伦理思潮对我国现时代青年群体的影响是多方面的。实际情况可能比本文所作的考察与分析更为复杂。即令如此，我们也不难从上述考察、分析中得出这样一个结论：面对现代西方伦理思潮对我国现时代青年的冲击，我们必须作出有效的回应。当然，这种回应决不是简单的否定或消极的拒斥。如同政治经济的发展一样，在当今全面开放性的世界中，文化和道德的国际性交汇已不可避免。因此，我们需要的态度和方式，只能是积极的参与、选择和扬弃。基于这一立场，笔者拟提出以下见解，姑且作为本文并非结论的结尾——

（1）坚持改革开放，加强文化市场的建设，创造出一种健全的国际性文化交流的大环境，这是我们积极回应西方伦理观念冲击的大前提。

文化市场是各种不同文化系统和观念体系得以交汇的场所，也是西方现代伦理思潮影响我国人民（特别是青年群体）的基本中介。广泛意义上的文化市场，是各种文化团体、机构、学派和个人，以语言文字为主要载体进行思想交流和理论角逐的一种"文化场"。在我国现在实行有计划的商品经济的条件下，我们的文化市场既要克服封闭性，又要克服放任自流的无组织性，既要有必要的管理和调节，又要有自由开放的机制。加强社会主义现代化文化市场的建设，将使我国青年对现代西方伦理学理论的接触了解有一种健全的环境，从而增进他们对这一外来道德文化的认知能力和适应能力。

（2）重新调整理论视角，加速我国伦理学理论的建设，这是我们积极回应现代西方伦理思潮冲击的理论前提。现代西方伦理学对我国现时代青年的冲击，反映了现代西方伦理学对于我国现行伦理学理论的某些理论优势。这种优势至少表现在三个方面：第一，现代西方伦理学在理论建构方面的先进性。尽管现代西方伦理学在根本上并没有达到令人满意的科学水平，但它们大多有着深厚的哲学理论基础和较为完备的方法论体系。存在主义的存在本体论和现象学方法论，弗洛伊德道德观的"人性—人格"分析和心理学方法，都表现出较为系统和先进的理论构成，至少在形式上如此。这种基本理论的创新与完整，强化了它们的吸引力和感召力。第二，现代西方人本主义伦理学强烈的现实性品格增强了它们自身的实践性功能。它们大多根植于现实生活的土壤，敢于直接省视和解析社会现实的道德问题，因之也常常对西方社会产生强烈而直接的影响。第三，方法与理论视域的不断更新和扩展，使现代西方伦理学理论自身得以不断改进和发展。与现代西方伦理学形成鲜明对照的是，我国现行伦理学基本上仍沿袭着20世纪50年代苏联施什金博士的基本方法和体系框架，这不可避免地带来如下理论后果：首先是方法上的陈旧导致了伦理学理论的教条化、抽象性和狭隘性，使我们对许多新问题、新现象陷入难以解答的尴尬局面；其次是我们的伦理学理论"高谈阔论"者多，远离现实，难于深入人心。理想性固然是道德的基本特征之一，但失去现实性，道德本身就失去了存在的意义。从这一简单的理论对比中，我们必须清醒地认识到我国伦理学重建之必要性和迫切性。

（3）确立新的价值观念体系，正确而有效地引导广大青年和民众认识各种道德文化现象，增强他们自身对道德文化冲撞和变化的适应能力。在经济政治改革开放日益深入的情形下，广大青年亲身体验到现实与理论、现代生活方式与传统道德观念的矛盾冲突，面对各种思潮的交错起伏和冲撞，他们不得不作出自己的选择。道德信念是人生的支柱，处于青春年华的青年更需要确立自己的道德信念和价值目标，而伦理学正是人们借以选择的理论指南。给他们提供什么样的理论，指出什么样的价值目标，这是我们最迫切需要解决的理论任务之一。只有当我们提供的伦理学说具有可以信赖的科学性和现实价值时，才能使青年们在"告别萨特"之后进入高尚、现实的道德境界，把他们的思想关注和青春活力吸引聚集到社会主义现代化建设事业中来。

原载《中国社会科学》1989 年第 2 期

市场经济与伦理道德讨论中的几个问题

廖申白*

我国的经济生活正在向市场经济转变。伴随着这场变动，近年来也发生了一场关于市场经济与社会伦理道德关系的大讨论。这场讨论提出了一些十分重要的理论与实践问题。正确地认识市场经济与伦理道德的关系，对于建立和健全我国的市场经济，形成健全有序的社会环境，将是十分有益的。

一

这场讨论中讨论较多的一个问题，是市场经济的建立与发展对社会伦理道德的影响问题。对于这个问题，最初有人提出"代价论"，即市场经济，或泛义地说，经济发展的善总需以社会伦理道德的沦落的恶为代价。这个论点受到了较多的批评。的确，假如市场经济根本不促进人们的人格与精神在某些方面的提高，那么单纯的更大的经济福利似乎不值得以伦理道德的牺牲去换取。此外，有些批评者还指出，我们的社会制度肯定的某些基本价值，如平等和共同富裕，保障着社会伦理道德不致衰落。

之后，在这个问题上又逐渐形成了"滑坡论"与"爬坡论"两种意见。持"滑坡论"的讨论者认为，向市场经济的转变迄今所引起的是社会伦理道德的滑坡，表现在假冒伪劣、卖淫嫖娼、见死不救、权力腐败这些消极社会现象的滋生与蔓延上。关于这些消极现象与市场经济本身

---

* 廖申白，1950— ，男，中国社会科学院哲学研究所副研究员。

的关系，一部分论者认为这两者间有必然联系，因为如果以市场经济开启个人对自我利益的关心这道闸门，利己主义的洪水便不可遏止，上述现象便也无从根绝。因此，结论就是鱼与熊掌不可兼得，要么回到计划经济之下，要么发展市场经济并承担其社会代价。另一些论者认为，这些现象与市场经济的发展有部分的内在联系，是市场经济因素与历史地形成的社会偶因交互作用的结果，因此结论是有限度地发展市场经济，以克服其消极影响。还有一些论者认为产生这些消极现象的原因并不是市场经济本身，而是我们在建立和发展市场经济的同时主观上忽视了精神文明建设，因而得出的结论是在发展市场经济的同时要加强精神文明建设。

持"爬坡论"的讨论者认为，市场经济的建立与发展总体上趋向于提高社会的伦理与道德水平，表现在市场参与者的独立人格、自由与权利、竞争与效益、公平与守规则、讲信用等观念，以及对发展社会公益的关心的发育上。至于上面指出的那些消极现象与市场经济的关系，一部分论者认为，它们只是市场经济建立初期的社会无序状态的伴随物，与市场经济本身并无必然联系，并且将随着市场经济的完善而消失。另一些论者认为，这些消极现象产生的部分原因，在于我们的社会制度结构尚不适合于市场经济的发展，以及我们的文化传统在某些方面（例如在接受市场经济方面）具有历史惰力。因此引出的结论是我们的社会结构系统需要进行相应的调适，以及应当摒弃我们文化中的某些不合时代的因素。"爬坡论"者尤其强调，这一时期的社会伦理与道德的"爬坡"是缓慢而艰苦的过程，不可能有轻松的跃进，因为市场秩序的培育、市场主体的培育，乃至社会结构及文化的调适，都将是长期而艰苦的。

与这两种意见相区别的，还有第三种意见，即认为市场经济对社会伦理道德的影响是双重的。这种意见虽然容易导向一种折衷，使人在思考问题时不知所向。但另一方面，如果我们从市场经济的运行机理——而不是从其建立与整序过程中的那些历史的和社会的偶因——对市场主体的人格与精神的影响着眼，这种见解对于市场经济的见识便显得更为贴切。

市场经济对市场主体（这里主要指个体的人），以及在一般的意义上，对人的人格与精神的影响的确具有复杂的两重性。这里所说的市场经济是指作为经济生活的基本制度，而不是作为其他经济制度的补充的社会经济形式。在这种经济生活制度下，生产以市场为指向，个别劳动面对的是在它之外左右着它的广阔市场。市场经济生活在运行机理上有两点最为根本：其一，人的活动之间的关系表现为以一种特殊媒介物为标准来衡量的关系；其二，市场经济生活的最基本的细胞是两个市场主体间基于这种特殊媒介物关系的自愿的交换；这种交换之所以可能，是由于当事人出于对自我利益的关心，确认以让渡自己的部分资源为条件换取对方的部分资源将于自己有利。在其正常运行中，市场经济从两个不同水准上、沿两种不同走向导引人的人格与精神。首先，它引导人从对一个有形的、特定的人的人身依附关系中释解自身，引导他确定自身的与任何一个交易对手的对等的交易地位与意志自由：无论一个具体的交易中交易的一方可能处于多么有利的地位，他也都必须承认对方的对等地位与自由。在这个意义上，市场经济倾向于肯定人的独立人格，肯定人的自立、自强精神，因而肯定与此相适应的自由与权利的观念。由于这一点，市场制度成为一种鼓励个人活动之动机的稳定有效的社会设置：鼓励个人去从事有效率的活动，从事经济与文化的创造。但与此同时，市场又通过人的需要的对象性，把人推向对无形的、匿名的"他人"——市场的无奈的依赖：他不能表现自己的个性，除非他的那些表现活动获得一种市场价值；他甚至不能有自己的个性，因为他只能以市场上的产品作为自己的品位的对象；他也甚至不能确定自己需要些什么，因为市场上每日翻新的商品与广告左右着他的需要；市场构成了一张巨大的、不可名状的网，从各方面包围着人，使他无法挣脱。

市场生活对人的人格与精神的这两方面的影响正如一物之两面一样不可分离。而市场经济怎样影响人的人格与精神，它也怎样影响社会伦理与道德。市场生活既适合人，又束缚人。这两个方面中，我们无法取一舍一。市场生活本身就是矛盾。

二

讨论得较多的第二个问题是：市场经济的伦理规则体系是市场经济

"内在的"还是"外引的"？严格地说，内在说并不十分确切，因为并不是一个外在于人的市场经济在"内在地"要求伦理规则。市场经济实际上只是在其中生活的那些人们的经济生活制度，因此是以这种方式过经济生活的人们在要求一定的伦理准则。如果可以在这种意义上理解内在说，内在说就比外引说更有道理些。当然，这样说并不排除在特定环境下，市场的某些伦理规则可以由社会组织通过借鉴从外部引入。

为什么在市场经济生活中，人们要求一定的伦理规则，比如公平交易、诚实服务等？首先，前面提到的市场运行机理已蕴含了对人与人间的伦理约束：你要交换，你就要承认对方有与你对等的地位与自由，你不可以以武力强制他，或是以不公平的手段欺骗他。正如一项游戏与它的规则不可分离一样，市场经济也与这种伦理规则不可分离。这种规则最终产生于人们在市场生活中的那些共同的要求。其次，这类规则也根源于人们在正常生活条件下能发展起来的实践理性的理解力。在这里，以一种与道德稍加区分的意义使用伦理概念将有益于讨论。在这种意义上，道德是个体的，是个人的广袤的道德精神世界，道德修持与追求帮助我们在这里找到道德精神的故园与归宿。伦理是共同的价值，是人们可以相互要求共识的那些价值。道德的规范性是个体性的，伦理的规范性则有较大的普遍性。一个社会的那些有生命力的伦理规则通常是各个个人发展其道德精神的基础，因而也是他们的多少相互区别的道德价值的交叉重叠部分；它得到个人的那些相互区别的道德价值的支持，构成社会整序的基础。所以，按照这一理解，虽然就人自身说道德与伦理都是帮助人争取可能的更好生活的实践理性能力，但它们在功能域上仍有重要区别：与道德不同，伦理指向的是我们的共同生活。

在这些共同生活领域，伦理沿两种路向引导与修正我们的行为与要求。首先，它引导我们诉诸"共同的可接受性"判断自己与他人的行为与要求的对和错。我们明确地或隐含地设定一个"他人"，去思索自己的一个行为或要求是否从"他"的角度看也是合理正当的。当我们认为别人的一个行为或要求是不可接受的时，我们也会认为这是一种有力的反对理由。其次，它引导我们在此种基础上，以约定、舆论、惯例、谅解的方式建立规则，达到相互间的约束和"普遍的立法"，从而实现社会的整序。在市场经济生活中，我们实践理性的这种伦理约束与合理性约束同样是"内在的"。合理性约束要求以效益目的约束手段。伦理约束要求基于"共同的可接受性"调整自己的行为与要求。伦理规则也可以间接地出自合理性约束。例如，一个企业主可以出于获得长远利润的考虑而重视交易的公平与服务的诚实性。但更多的情况是，遵守伦理规则的行为是出自伦理的约束。伦理约束与合理性约束构成实践理性的二重约束。这两者由于朝不同方向导引人的思虑，它们当然也时常相互冲突。但是实践理性的运作通常要求这两者间达到某种程度的平衡。断然拒绝伦理约束的市场行为是反社会的，在任何健全的市场经济社会，这类行为都是游离于主体社会之外的。在健全的市场生活中，市场主体必须是伦理经济人。这个经济人不是非伦理的：健全的市场经济不导致这两者的分离，而是导致它们的结合，因为反伦理、反社会的人决不可能成为健全的市场经济生活中的经济人。其实，无论经济人还是伦理人都只是一种理论的抽象。就生活现实而言，经济与伦理是融合而不可分的，资源的占有、交换与再分配的关系已内在地蕴涵和规定了人与人的伦理关系。这并不是说，只有出于高尚道德动机而行动的人才能成为市场主体，而只是说，以他人所不可接受的方式从事市场活动的人必然将使自己游离于健全的市场生活之外。

三

第三个问题是：在向市场经济转变的过程中，会不会发生社会伦理与道德的重构？

对于伦理与道德的"重构"存在两种理解方式。一种是把伦理道德的重构理解为原有伦理与道德全然失去约束力或激励性，因而需要推倒重来，另行制定一套伦理规则和引入新的道德价值。这种理解倾向于把问题简单化，仿佛现实的社会伦理与道德可以像一件用旧了的器物一样放在一旁，并且所有的人可以像一个人一样抛弃某种伦理或道德。应当指出，即使在激烈的社会转序中，某些重要的伦理准则，如"不可伤害无辜""人要有信用"，及某些重要的道德价值，如"人应当多做善事"，也很少有根本的变化。另一种理解是把伦理道德的重构理解为社会伦理与道德的结构性变动。这种变动可能有两种情况。一是随着社会生活的变动，产生了某种或某些新的社会伦理与道德，并且它们发展成为核心的伦理准则和道德价值，因而排挤了一些已失去生命力的准则与道德价值；二是某种或某些边缘性的社会伦理与道德成为核心的伦理道德，一些原有的核心的伦理与道德相应地与之协调、退至边缘，或逐步失去生命力。这种温和的理解方式有更大的合理性。

按照这后一种理解，如果我们承认市场经济有其"内在的"伦理规则，并且这些规则不可能从非市场经济社会中充分发育起来，那么就应当承认，在我们转向以市场经济为主要经济生活制度的这个过程中，伦理与道德的某种结构性变动或重构就是不可避免的。在社会伦理的层面上，这种变动可能来自两方面。首先，市场生活中的主体，伦理的经济人，将逐步发育，成为经济生活中的主流的社会主体。其次，市场经济的伦理，我们在市场经济生活所要求的伦理规则系统，如公平交易、公平竞争、诚实服务，将逐步发育，并且从边缘性的社会伦理价值转变为核心的伦理价值的构成部分。这两方面的变动将缓慢地、持续广泛地影响多数人在经济生活中的行为样式、推理样式甚至生活语言，它们构成了整序市场经济生活的伦理基础。显然，随着这两方面变动的逐步发生，我们的整个伦理文化传统将经历一个由排异到渗透、协调，到吸纳、同化、调适这种伦理价值并同时调适自身的复杂过程。

但有些人可能仍然认为，公平与诚实在我们的伦理文化传统中一直就是受到重视的，例如中国的农民历来就以公平作为口号，旧时代的中国商人也讲"童叟无欺""先义后利"等等，所以今天发展市场经济谈不上会出现伦理价值上的结构性变动的问题。

我们应当看到，自然经济条件下的商品经济不是社会的主要经济生活制度，它不可能打破地域的局限而成为以开放的竞争为基础的经济。由于这一原因，自然经济下的公平诚实准则不可能具有现代市场经济生活中的丰富生活内涵，因而不可能发育为市场经济的伦理准则系统；中国过去时代的生意人也与现代市场经济生活中的主体相去甚远。因此，我们不能把现代市场经济的"公平""诚实"等伦理准则说成是已完善地发育于我们的伦理文化传统之中的伦理价值，同时也不必因为它们没有在我们的传统中充分发育起来而自惭形秽，因为这并不等于它们今天不能在我们的社会伦理文化中发育起来。另一方面，我们也不必把市场经济及其"公平""诚实"等准则当作舶来品而拼死抵制。因为尽管市场经济及公平诚实准则在一些经济发达国家发育得更充分，我们也不能简单地作结论说，它们是外在于我们的，因而必须从外部引入的。从一种泛文化的观点来看，市场经济本身就是一种跨文化的文化，它并不专属于某一种具体文化，它的存在与发展向来依赖于全人类的文化文明积累。

四

讨论中提出的另一重要问题是：市场经济生活是否排斥人的高尚道德精神的发展？如果从我们所说的健全的市场经济的主体社会的视角来提出问题，那么问题就转换为：如果我在市场生活中是一个伦理的经济人，我是否能成为一个道德的人？我是否能在此基础上发展我的同情心、公益心、利他主义、奉献精神和高尚道德？更广义地说，我是否能在我的其他生活领域——家庭生活、交往或社团生活、职业生活、政治生活（因为经济生活只是我的生活中的一小部分）中发展那些重要的生活价值，如爱、和睦、信任、友谊、忠诚、责任感、对完善与理解的追求，等等？

对这一问题的讨论必须限定在一定的范围内。社会环境的影响与人的道德发展之间的关系是十分复杂的。至少就人类社会已经经历过的那些历史时代而言，我们可以从社会生活事实中引出一个结论，即无论社会环境的影响有多么强烈，它都不能完全限制人的道德精神的发展，即使在最险恶的反道德主义的社会环境下，也可以存在道德高尚的人。道德自由是人的精神可能发展的且不可能被完全扼杀的领域。

所以在这里，我们所能讨论的只是市场经济对人的道德精神的一般外在影响。如果如我们在第一节中所说，市场经济是朝着两种不同走向导引人的人格与精神，那么显然，它对人的道德精神的影响也是双向的。

首先，市场经济生活对人的道德精神发展的负面影响主要表现在以下几个方面。第一，由于市场必然以个人对自我利益的关心为驱动力激励个人的积极活动，所以，尽管以拒绝任何伦理约束的方式从事市场活动常常并不自由，并且在健全的市场经济生活中必然被排斥于主体社会之外，市场仍然会强烈地诱使一部分人为攫取当下的暴利而采取反伦理、反社会的方式从事市场活动。这种活动方式必然使人在道德上采取反道德的极端利己主义或道德虚无主义，从而根本阻滞了道德精神发展的可能性。第二，由于市场经济生活使人无助地依赖于一个无人格的市场和市场价值，因而它倾向于使人把市场价值视为唯一真实的价值，用以衡量自身的和他人的价值。市场像一块巨大的凸镜，放大着市场的交换价值，而把人的活动的真实价值本身，以及我们的其他生活领域中的那些重要价值排挤于边缘，使人的精神世界平面化，使人不能发展体验人类深层文化价值与道德精神价值的能力，从而阻滞人对道德精神价值的欣赏、领悟与追求。第三，市场经济生活还倾向于把市场交换的原则扩张到一切生活领域——个人生活和公共生活领域，倾向于把上面提到的那些重要的生活价值、政府服务，乃至他人的全部生命活动，变为可以标价购买的商品，从而根本破坏社会的伦理正义，破坏鼓励人发展其道德精神的社会环境。

但是，我们也不能因此而低估市场经济生活对人的道德发展的可能的积极影响的方面。首先，随着市场经济生活而发育的独立人格，以及与此适应的自由、权利观念的发展，为现代人的道德发展提供了新的可能性。自主、自尊、自强、自立的精神的发展不仅引导人改善其物质生活境况，而且引导人发展其精神价值。当然，我们不可能在古朴的高尚与现代的高尚之间画出严格的界限，纯朴的高尚与现代的高尚都具有永恒的道德价值，但现代人的高尚必定是人的自由选择的价值。独立人格及自由、权利、尊严观念的发展也是使现代人全面介入社会公共生活从而拓展这些生活领域并发展其价值的重要促因。现代社会的民主化进程离开了与之同步的现代社会公民的成熟发展便是不可想象的。在现代生活中，民主干预对于保障一个鼓励个人发展其积极的道德价值的社会制度是重要的不可或缺的因素。其次，我们在市场经济生活所要求的公平、诚实规则倾向于使我们支持公共生活中的社会正义这一核心价值。一个在市场经济生活中重视公平诚实规则的人也倾向于在公共生活中发展其社会正义感，而且也倾向于肯定道德德性的价值。虽然实际生活中也有反伦理地从事市场活动的人慷慨扶持公益的例子，但它们常常或者是对以往劣迹或某种其他用心的掩饰，或者是对他所经历的一种积极的伦理上的转变的证明。

所以，如果我在市场经济生活中是一个伦理的经济人，我可能在道德发展上有两种可能性。或者，我可能止步于做一个伦理的经济人，一个理智健全的通情达理的人，消极地遵守公平诚实的伦理准则，不去损害他人的正当权益，但当自己的正当权益受到侵犯时则必定起而维护之；虽然在此同时我也抱有同情心，并且欣赏高尚的道德，但不打算身体力行之。或者，我也可能在做一个伦理的经济人的同时，积极地发展公平诚实的伦理规则，发展自己的社会正义感，发展自己的道德德性、同情心、公益心、奉献精神，以及自己对社会的共同价值的领悟，拓展自己的道德精神世界，成为一个有道德的人。

简言之，健全的市场经济生活一方面可能阻滞人的道德精神的发展，一方面又肯定地给人的道德精神的发展提供了新的可能，尽管它并不自然而然地带来这种发展。重要的是，市场经济生活不是我们的全部生活，甚至不是我们的生活中的最主要的部分。我们的精神发展的源泉不单只来自经济生活，而且来自我们的其他生活领域。生活呈现给我们多方面的生活价值。作为社会的一员，我们除了希望市场生活健全有序之外，通常还希望我们的整个生活环境鼓励我们珍视并发展这些价值。因而尽管我们可能希望一个有市场的、能给个人活动注入活力的社会，我们却不会希望整个社会成为一个大市场。

原载《哲学研究》1995 年第 6 期

公平与效率研究进展

史瑞杰 *

近年来学术界对于公平与效率正在进行多学科综合研究和多维透视，在一些主要问题上取得可喜进展，现述评于后。

一、公平与效率概念的界定

对于效率概念，学界在两个层次上展开研究，一个层次是在经济学或经济活动的层次，在这个层次上人们的看法大致相同，即效率是既定条件下资源的有效配置，其理想状态为所谓帕累托最优。在这一层次界定效率一般没有异议。问题在于，仅在这一层次研究效率，许多问题难以说清，特别是在我国社会转型时期，提高效率不仅是个经济问题，而且是包括政治、文化、伦理道德等在内的一个广泛的社会问题。所以，随着讨论的深入，人们开始把经济学意义上的效率进行提升，放到社会大背景下进行考察，使其成为一个一般范畴。这就是社会历史哲学的研究层次。

一种观点认为，效率是关于系统活动功能状况的一个范畴，对于人类社会而言，效率则是关于在社会资源合理配置基础之上的社会系统功能状况的范畴。尽管从不同角度、不同层次可以对之做出不同的具体规定，但就其实质来说则是关于社会生产力的，并且只有在社会哲学的层面上才能被真正把握的范畴。

---

* 史瑞杰，1960— ，天津商学院副教授。

另一种观点认为，如果我们把由社会所提供的各种能满足人们主体需要的有价值的东西概称为"社会效用价值"的话，那么，由于任何社会效用价值的生产或创造都必须相应地投入或耗费一定社会数量的社会效用价值，作为这种投入与产出、耗费与创造的比率，效率在本质上可视为一种比较效用价值。

第三种观点认为，效率是一个关系范畴，反映的是人与物的关系，而这种关系范畴的实质是实践的关系，即人（主体）在改造自然、社会、人自身（客体）过程中所具备的水平和能力，它表征着主体与客体所构成的系统整体的功能和效能。

笔者认为，在社会历史哲学的层面研究效率是对效率认识的一种深化。问题是，作为系统，社会各层级有没有一个效率问题，比如除了经济效率有没有政治效率、文化效率、道德效率？如有，又如何界定这些层面的效率？特别是这些子系统的效率如何整合与协调才能促进整个社会效率的提高？进一步，这些子系统的效率与公平有没有对应关系？如有，其作用机制又是什么？对于这些问题仍需作进一步的深入研究。

关于公平概念的界定，主要有以下几种观点：

一种观点是只从经济意义来把握公平的本质，只对公平进行效率判断。因此，能够促进效率的最大限度的提高，是公平的本质内涵；反之，不能促进效率提高的，即使从道德上看是进步的，也不能算是公平。针对这种观点的片面性，它一出现即迎来许多文章的商榷和批评。

第二种观点认为公平可以分为狭义的公平和广义的公平，狭义的公平主要指经济领域，它是指国家通过赋税制度和社会保障制度对社会财富的调节和二次分配。狭义的公平可以在优先发展效率的基础上进行和完成。而各种非物质领域的公平，则是指广义的公平，它不能被直接定位于效率之后。

第三种观点是从契约与公平的关系中诠解公平，认为公平与契约作为历史进步的两个维度，是相互包含、互为条件的。契约是公平的归宿，又是公平的起点。它一方面浓缩了该时代公平观的基本内容，另一方面又开始用这一公平尺度来规范社会秩序，调整社会关系。这种通过契约所体现的公平内涵表现在三个层次：经济关系、政治领域、价值契约。

第四种观点认为，公平是对人们之间的社会关系的度量，它表示一种社会关系具有某种性质。社会关系的公平表现为三种形式：起点与结果的公平以及活动本身的公平。任何权利与义务、社会价值的分配都包含在三种基本形式之中。

第五种观点认为，公平是对人与人以及人与自然关系的一种认识和评价。一个人的收入状况，交往状况，政治地位和权利等等，本身不存在是否公平的问题，只有当我们按照特定的标准，对这些状况进行比较、分析、衡量、评价时，才会产生公平问题。

笔者认为，从社会关系角度界定公平是讨论中较为一致的认识，也是对公平问题认识的深化。但在具体阐述公平时又有较大分歧，其根本原因在于：一是没有剥离开公开与公平观的关系；二是没有把公平、正义、平等、公正等范畴区分开来。

公平与公平观既有联系又相区别。公平是一种社会规范，包含了合规律性与合目的性两方面含义。合规律性指的是合乎社会存在与发展的规律，合目的性指的是满足不同群体的人的需要。公平观反映的是人们对公平的观点和看法，是对社会规范的价值评价，而价值评价是因人因时因地的不同而历史地变化的。正如有的论者所指出的，公平概念是唯一的，它回答的是"公平是什么"或"什么是公平"；公平观则是历史地变化的，它回答的是"什么是公平的"。显然，后者要以前者为基础，不知道公平概念的定义，什么是公平的或不公平的，就缺乏统一的标准。因此，对于公平与公平观的含义及其关系，仍需进一步研究并达成共识，这样才能避免由于概念上的歧义所产生的论题的不同。

西方经济学家一般是在同等意义上使用公平、正义和平等概念的，并且时常互用（fairness, justice, equity）；也有人把公平和正义区别使用，如罗尔斯的提法是"作为公平的正义"。据此我国有论者认为正义的论域要宽于公平，即超出公平适用范围之外的社会关系可以用正义来衡量。有人不同意这种看法，认为公平的含义比正义的含义更为宽泛，并且前者包含后者。笔者认为，与平等、均等、正义等概念相比，公平含义具有最大的包容性，作为社会公平，它与社会效率概念相对应。但是在不同的社会子系统，公平表现为不同的形式，在经济领域表现为均等（体现在起点、结果和过程），在政治领域表现为平等（平等地参与政治生活以及生存权、发展权的平等），在道德领域表现为正义（人格平等以及精神文化生活的正义）。

二、公平与效率是不是一对矛盾范畴

一种观点认为公平与效率不是一对矛盾范畴，或者说它们不直接构成矛盾。美国学者阿瑟·奥肯的著作即以《平等与效率》冠名，而不提公平与效率。我国也有人认为平等与效率是一对矛盾，而公平与效率并不构成矛盾。他们论证说，公平与效率完全一致，同长同消而成正相关变化，因此不存在公平与效率的矛盾。那么为什么会有公平与效率矛盾的说法呢？大概因为人们把公平与效率的关系和平等与效率的关系混同起来的缘故。平等是指社会的平等，社会平等分为基本权利的平等和非基本权利的平等。基本权利是指人们生存和发展必要的、起码的、最低的权利，基本权利的平等分配是社会公平的一个原则。非基本权利是人们生存和发展的高级权利，是每个人对社会利益竞争的结果权。由于每个社会成员拥有的生产要素的丰裕程度不同，生产要素的贡献大小不同，因此非基本权利不能平等分配，这是社会公平的又一基本原则。只要非基本权利的不平等分配与人们具体贡献的不平等程度相一致，就是公平的，也是有效率的。由此可见，公平与效率是一致的，但平等与效率既有一致的一面，又有不一致的一面，即基本权利的平等是有效率的，而非基本权利的不平等也是有效率的。

上述观点的方法论是，先设定公平的内涵，再消解公平与效率的矛盾。问题是，非基本权利的不平等分配的前提即每个社会成员对生产要素的占有是不是平等的？如果前提是不平等的，那么，结果的不平等分配也是不平等的，自然也是不公平的。因此，公平与效率并不总是一致的。矛盾并未消解。

另一种观点认为，公平与效率是一对矛盾范畴，但在论述这对矛盾的发生时又存在着分歧。（1）认为自原始社会一直到当代都存在公平与效率的矛盾。尽管原始社会没有自觉的公平观与效率意识，但平均分配劳动成果以确保社会的最低效率和生命的维持，说明事实上是存在公平与效率的矛盾的。（2）公平与效率的矛盾是伴随人类生产活动的社会化而产生的。随着分散的和小规模的生产发展到由大规模的分工和协作联系起来的大生产，客观上要求有一种适应生产社会化的社会经济体制：一方面肯定个别劳动的经济意愿，使其有可能自由支配自己的劳动和劳动产物；另一方面又保证普遍的劳动交换的公平性，使劳动的社会本质能自然形成。只有在这样一种体制下，人们才能在公平的社会条件下合理地追求个别劳动的最大效率，最终促进社会整体福利的增加，而公平与效率就是对这样一种社会经济体制的哲学评价。

笔者认为，公平与效率的矛盾是不是一个真问题，确实值得深入研究，这是认识公平与效率及其相互关系的一个前提。如果公平与效率在事实上不构成矛盾，那么为什么形成了二者相矛盾的观念？如果公平与效率只是在间接的意义上发生矛盾，那么这些中间环节又是什么？如何才能通过这些间接环节的整合来保证公平与效率的平衡？或者，公平与效率直接就是一对矛盾，那么这种矛盾是如何发生和发展的，在什么情况下，公平与效率相互否定又互为条件？

三、公平与效率的关系和社会进步、人的发展

把公平与效率及其关系放到社会进步和人的发展这个大背景下进行考察，是近年来公平与效率研究的一个重大进展。

以前人们在探讨公平与效率的关系时存在两个局限：一是仅限于在经济领域谈论"何者优先"的问题，因此导致一种循环论证；二是把公平与效率拆分开来进行研究，一方属于经济问题，一方属于政治、道德问题，而对二者的关系及其对社会和人的作用难以作出合理的说明。针对这种情况：

一种观点认为，公平是对人的本质、地位、作用关系的认识与评价，而判断公平的标准在于是否符合历史的规律性，这不仅意味着人们的认识和评价要符合认识的规律和价值的规律，而且要能够有效地处理好人们的关系，推动历史的进步。效率是人的实践能力和水平的标志，效率

的标准虽然是自在的客观的，但作为生产力发展水平的一个重要标志，效率对社会进步和人的发展起着一种基础作用。

另一种观点认为，在不同的层次和意义上，公平与效率的关系和作用是不同的。在经济学或经济活动中，提高效率是目的，而公平则是效率的手段。从社会学的角度看，公平正义主要作为社会政治问题而存在，效率则主要作为社会经济问题的化身而出现，它们成为社会必须予以重视的基本问题，甚至还成为解决自身问题不可缺少的前提与条件。在社会历史哲学中，人们直接求公平正义，并通过公平正义的社会关系的创造性活动推动社会历史发展。从社会历史过程看，效率是公平正义的产儿，是历史的范畴，效率从社会公平正义那里获得其存在的现实规定性，谁拥有社会公平正义，谁就拥有效率，效率属于公平正义，只有在社会公平正义基础上才有可能获得真正的社会效率。而从价值哲学的最高意义上来说，包括公平、效率在内的其他一切均只不过是人借以实现自己本质力量的方式，公平与效率都是手段，都不能成为社会发展的价值指归，只有人的自由解放才是目的。

公平与效率和社会进步、人的发展的关系正在研究中。要推进对这一问题的认识，需要在理论上厘清几个关系：一是公平与效率在社会各层级的定位及其关系，各层级间公平与效率的关系如何协调整合推动社会进步和人的发展；二是公平与效率同社会主义本质的关系，如何既提高社会效率又促进社会公平，保证各利益群体的人们都享有社会进步的成果，实现共同富裕的价值目标；三是公平与效率同社会基本矛盾的关系，公平与效率同社会基本矛盾是怎样一种作用机制。中国的改革开放实践迫切需要澄明这些问题，而理论应该给出合理的说明。

原载《哲学动态》1998 年第 5 期

网络伦理问题研究综述

王路军 *

近年来，随着国际互联网的扩展与延伸，有关网络的一些负面伦理问题逐渐凸显至人们面前，引起部分专家学者高度关注。这些关注反映了人们的警觉，也代表了这方面最新的研究成果，本文对此加以综述，以吸引更多的有识之士参与讨论。

一、关于网络伦理问题的种种表现

信息网络作为一项影响深远的技术革命，带给了人们许许多多的伦理问题，为此学者们分别从不同角度进行了分析和归纳。从网络技术的运行和使用上分析，有的学者认为，存在的主要问题有：（1）不平等使用现象，即尽管网络建设力图贫民化、普及化，但还是难以做到完全的最终平等，而一旦"信息高速公路"变为"信息高速私路"，那么对部分使用者肯定是不道德的；（2）道德冷漠现象，即一方面，信息的生产责任观念淡薄，有用无用的信息同时被生产，浪费网络资源；另一方面，信息消费有偿意识淡薄，千方百计免费使用网络，损害正常商业秩序；（3）人际情感疏远现象，由于人机交往频繁导致人际现实接触减少，从而使人们之间感情联系淡薄；（4）道德冲突现象，主要指由于信息内容产生的地域性与信息传播方式的超地域性矛盾所导致的民族国家间伦理道德冲突事件；（5）利用网络侵犯他人隐私和损害他人身心现象等。

* 王路军，1973— ，男，中共中央党校哲学部，职称不详。

从伦理范畴的基本构成要素角度考察分析，有的论者认为，存在的主要问题是：伦理意识方面，道德相对主义盛行，无政府主义泛滥，人际情感疏远；伦理规范方面，传统规范陷入困境，约束力减弱，新的规范量上扩张，急待整合；伦理行为方面，出现大量不规范行为，小的发布虚假信息，大的利用网络犯罪。

通过分析、研究网络社会伦理发展的总体状况、趋势，还有的学者对于网络伦理问题做了这样的描述：主流的伦理观念陷入了个人的祈求之中，自觉的道德要求被信息的随意接受所淹没，社会陷入了伦理上的分裂、矛盾、无序状态；个体伦理无法使自己的行为保持全方位的确当性，公共伦理无法使社会维持相互协调的秩序化，人们普遍陷入物质丰足和精神混乱的尖锐而不可自拔的矛盾等等。

另外一些学者对国外网络伦理研究中出现的问题进行了概括，主要有：（1）具体问题，指网络具体使用和运行过程当中所遇到的一部分现实问题。例如：网络主体具体权利和义务的规范；网络行为具体性质的界定；网络风险的抵御和防范等。（2）交叉问题，即网络与社会其他现象相关联而出现的问题。例如：网络伦理与社会伦理的协调问题；如何利用网络既促进人的道德进步同时又抵消其消极影响问题；信息网络范围内商业竞争的限制问题等。（3）理论问题，指由网络伦理问题引出的深层次哲学问题。例如：网络伦理的"形而上学"即基本世界观问题；网络道德形成和发展的基础，即虚拟空间与现实社会之间的关系问题；网络伦理具体规范背后的"元伦理学"问题等等。

二、关于网络伦理问题产生的现实根源

针对网络带来的种种伦理问题，学者们不仅进行了细致入微的整理、分类，而且进行了深刻全面的分析研究。他们试图揭示网络伦理问题产生的现实根源。

首先，学者们将视角普遍集中于所谓网络空间"模拟现实"的特殊之处，着力于从信息网络的内部寻找问题产生的原因。他们认为，网络空间不同于现实空间。现实空间人们的社会交往、活动方式受制于各种条件，

一定意义上容易规范，能够控制。而网络空间，由于因特网所采用的特殊离散结构（没有中心，没有界限，不受任何组织机构控制），网络运行的"数字化""虚拟化"特点，人们的交往以字符为中介，可以"相逢对面不相识"，因而表现得非常自由，难以控制。人们之间不仅直接接触减少，而且在自身不能很好地节制的情况下，可以做出许多现实中不敢做或不可能做的事情，表现出与现实社会生活伦理道德规范不相符合的状况。

其次，部分学者的视角还集中于网络空间存在和运行的社会背景，着力于从外部条件探讨网络伦理问题产生的社会根源。他们认为，尽管网络空间虚拟现实，与现实空间有着许多相异之处，但网络空间并不是与现实空间相对立的，正相反，它是从现实空间分化出来的，是现实中人通过因特网（作为网络人）创造而获得的崭新生存空间。因此，凡现实生活中人所遇到的和即将遇到的各种伦理问题、道德矛盾，网络空间中都有，并且由于网络空间"虚拟现实"的特殊之处，这些问题和矛盾极有可能通过电子信息手段得以放大，从而成为现行社会伦理规范，甚至法律秩序难以调节和整合的社会顽症。

再次，还有一些学者论及人的一些特殊秉性和心理机制，试图从人性心理方面探索网络伦理问题产生的现实根源。他们提出人际交往的"面具性"，由于电子时空的放大而更具戏剧性、伪装性；人的侵略性和占有欲，由于网络时空而更加难以节制；人的压抑和宣泄心理机制，由于"虚拟现实"的特殊环境而使人们更加赤裸裸地释放自我等等，从而诱发出一系列的伦理问题。

最后，一些学者还不同程度地对现行伦理规范的一些运行方式提出看法，认为正是那些空洞的说教和人为强加的规范约束，使现实中人产生反感，失去自制，从而引发出一系列的网络伦理问题。

三、关于网络伦理问题解决的具体思路

学者们分析研究网络伦理问题产生的现实根源，目的是找到解决问题的切实办法。他们认为，对于网络所带来的这些复杂问题，人们必须未雨绸缪，及时解决，否则将造成严重的后果。有学者还特别说明：

尽管当代中国尚处于一个由传统的农业社会向现代工业社会转型阶段，社会所面临的主要任务是实现工业化，但中国社会历来发展不平衡，沿海和内地的部分发达地区已较早地进入了信息网络的世界格局之中，因此当今发达国家所面临的一些有关网络的伦理问题在中国已不是一个伪问题，应该引起人们的高度重视；另外，中国社会的现时代变迁已不是单个民族国家的特殊行为，它一方面要实现完全的工业化，另一方面要从工业文明向信息文明跨越，因此所引起的相关伦理道德的冲突特别巨大，需要人们以更为高度的警觉去分析它、解决它。具体的思路如下：

（一）借鉴外国先进经验。论者指出，尽管国际范围内，有关网络伦理问题的研究历史不长，许多具体的伦理规范还没有系统整理，但其所取得的成果和进展还是足以为中国的社会科学工作者参与这一研究提供可以借鉴的资料。

（二）整合传统伦理资源。论者认为，从西方部分思想家的探索当中，可以看到传统伦理资源的某些有效性，因此问题的解决办法应该是积极回到传统，整合其中的有用资源。论者对传统伦理的主流——儒家伦理表示了极大兴趣，但对于具体如何整合，却只是提出问题，而没有回答。

（三）分析现实中人的利益和需要。论者强调，网络伦理问题实质上还是现实中人的利益和需要问题。尽管网络空间不同于现实空间，但网络中人从根本上讲还是现实中人，有着现实的利益和需要。也就是说，网络改变的只是这种利益和需要的表现形式，并没有改变利益和需要本身，因此，客观具体地分析现实中人的利益和需要的发展变化也是解决网络伦理问题的重要途径。

（四）把握未来网络伦理发展的特点和趋势。论者说明，网络社会不同于一般现实社会，网络伦理也不同于一般社会伦理，它有着自身的特点和发展趋势：（1）自主性，即不依赖任何权威，强调高度的自觉性；（2）开放性，即不封闭保守，强调高度的融合性；（3）多元性，即不专制独裁，强调高度的共存性。人们只有根据这些特点和趋势有效地进行调整和适应，才有可能解决目前面临的各种各样的所谓网络伦理问题。

原载《哲学动态》2000 年第 9 期

科技伦理：一个有争议的课题

甘绍平 *

在应用伦理学的诸多领域中，没有一个领域像科技伦理那样同责任概念联系得如此紧密。科技伦理的核心问题就在于：探寻科学家在其研究的过程中、工程师在其工程营建的过程中是否以及在何种程度上涉及以责任概念为表征的伦理问题。

持否定态度者认为，科学家的研究目的是追求现实世界中存在着的客观真理，判断科学知识及理论的标准是真与假，而不是道德意义上的好与坏；工程技术人员的工程营建所依据的也是自然界本身的客观法则，判断技术发明与应用的标准是先进或落后，而不是道德意义上的善与恶。因此，科技领域本身是价值中立的，并非伦理道德的研究对象。

退一步讲，如果说科学技术涉及道德的话，也只不过是从科学家、工程师个人的职业道德（通常被称为内在责任）的角度来看的。科学家、工程师基于其职业要求应有追求真理的义务，他既不可专执于传统的偏见与权威性的信念，亦不能受制于个人或团体兴趣的影响，而是应以求得客观的正确性为己任。为此他必须严格遵循职业上的道德规则，保证资料来源的真实性、实验的可重复性与可检验性、报告中的文字表述的准确性以及对自己的发现与他人的成果之间作出清晰的区分等等。然而这种职业道德是任何一个行业、任何一个领域的人们都应遵循的，并不是科技工作者所独有的。如果以职业道德作为科技伦理的内容，则无法反映科技伦理这一概念本身的特色，自然也就很难令人相信"科技伦理"

* 甘绍平，1959— ，男，中国社会科学院应用伦理研究中心副研究员。

这一学科的成立。

再退一步讲，如果说科学技术涉及道德的话，恐怕也只能是从科技成果的社会应用的角度来看的。然而科研成果在技术、经济及社会实践中的应用往往具有积极作用与消极作用，科学家、技术人员是无法控制其研究成果的应用方式的，因为这取决于整个社会的集体性、团体性的行为，在某种情况下还取决于政治家们的决策。于是科学家与工程技术人员对其研究成果的应用后果自然也难以负责。

如果不能对科技本身究竟有无伦理之问题作出一个肯定的回答，则科技伦理这一概念及由这一概念所代表的这门学科就不成立。而如果我们把科学仅仅理解为纯粹理论知识的探讨，如数学、古典语言学以及亚里士多德、哥白尼、开普勒时代的天文学等等，把技术发明看成是古代的那种私人家庭里的业余爱好，则我们就无法相信科技本身中包含着道德评价。因为在这样一种科技研究中，不存在对研究对象的人为的侵入和干预。但问题的关键就在于，近代以来的科学，特别是自然科学在结构上具有与古代科学截然不同的特点，它不仅含有纯思辨的理论知识，而且也包含着有目的性的实际的行为。"也就是说行动本身就已经是现代研究的一个部分了。"① 这种科学研究中的行动与人类其他行为一样，只要是行动，则势必就要与一个关涉行为后果的"责任"之道德概念相联系，势必就要受到法律与伦理的制约。② 由此可见，"科技伦理"这一表述绝非科技与伦理这两个语词的简单相连，而是源于人们对当代科技发展之特点本身的认识。正是由于当代科学研究、技术发展拥有着与古代的科技明显不同的性质，所以人们才提出研讨科技伦理的要求。科技伦理同政治伦理相反，并不是一门古老的学科，而是在当代崭新的社会历史背景下产生的。

如上所述，我们之所以说科技伦理这一概念成立，主要原因就在于科学研究、技术探索不仅仅与客观的真理与法则相关，而且还包含着有

---

① 忧那思：《技术、医学与伦理——责任原则的实践》，美因河畔法兰克福，1987年，第304页。

② 忧那思：《科学与研究自由：凡是能做的，都是允许的吗？》，《科学与伦理》，斯图加特，1991年，第204页。

目的性的实际行动。正如忧那思（Hans Jonas，1903—1993）所言："事实上基础研究本身在相当大的程度上就已经是一种行动了。如果大家想到为此而建造的巨大仪器以及社会在其中所起的协同作用。"① 我们讲科技伦理，并不是指科技成果本身有什么伦理，而是指科学研究、技术探索过程中的伦理。因为文艺复兴时代出现的近代自然科学的特点，就在于不能简单地归结为理论知识，而是表现为一种不断更新的流动性的经验知识的总体。近代科学中的经验概念有别于其他的经验类型，它不是指被动地接受客体的作用，而是指通过实验主动积极地对事物的进程进行实际的干预。"今天所有对自然奥秘的认识与探究就已经是一种对自然的操纵"②。"实验"已成为现代自然科学的一个生成因素。实验与技术及设备有着不可分割的联系。科学越是发展，它所要求的技术便越应先进，它所需要的仪器设备则更应复杂。

　　以前对社会具有某种"威胁"的科学研究往往是指人文、精神科学方面的研究，这些研究者的崭新的思辨理念可能会与当时的法律及道德观念相冲突。而今天这种威胁则主要来自经验的自然科学与社会科学，因为其研究活动中所包含着的科学实验，即科学成果的发现方式与途径对社会以及科研活动过程中所涉及的人群有着某种危害。例如医药学中的人体试验，受试者的健康在试验中承受着一定的风险。社会科学、心理学中的对人的测试，则可能损害被测者的隐私权，引起受试者的紧张与压力，严重时甚至会伤害其自尊。再如发射探测卫星虽然不会直接导致对人的伤害，但是卫星在星际旅行时是靠钚电池驱动的，如果卫星发射失败，卫星所携带的剧毒的钚就有可能从空中散落在广阔的地面上等。

　　这里所出现的正是伦理问题。在医药学的研究中，能不能为了大多数人的利益而让少数接受试验者陷入较高的健康或生命风险呢？在航天科学研究中，能不能为了探索宇宙的奥秘，就可以将数万人的生命当儿戏呢？普鲁士科学院的一位院长对前一个问题的回答是肯定的。1752 年他曾提出应允许在死刑犯身上试验在一般病人身上禁止作的新型手术，

---

① 忧那思：《技术、医学与伦理——责任原则的实践》，第 304 页。
② 同上书，第 305 页。

即便是成功的可能性不大。他甚至提出为了了解幼儿在无榜样可效仿的情况下一开始会讲哪一种语言，人们完全可以实验，让新生儿在与世隔绝的状态中成长。而正是在这里科技伦理作出了完全否定性的回答并提出：人权高于一切科学研究的兴趣；科学家的目的是要探索真理，但不能因此就可以无所顾忌地对待被研究的客体；科学的事业是崇高的，但不能因此就可以违背行为主体最基本的消极义务，不能违背普遍的道德约束力。总之，道德与法律禁止一切为了科学的目的而损害他人的事情。

值得指出的是，现代自然科学研究上的风险不仅仅局限在实验室及直接相关人员，例如人们现在还无法确知有机体在经过基因技术的处理之后与其环境会发生怎样的相互作用。"在研究的广博领域，科学超越了其界限并且将社会及生物的生活条件用作一个实验室，在这里一方面新的知识借助于理论与实验有效地得以产生，另一方面却又发生了科学与社会之间的位移，人们可将此位移尽最大可能地浓缩为一句话：研究上的风险将变成社会风险。"① 这一情况对科学家的责任意识又提出了更高的要求，即科学家不仅要为自己行为的直接后果负责，而且还要顾及与自己的行为有着某种关联的那些后果，包括目前还难以预知的后果。如果体察到会出现某种后果的风险，则有责任意识的科学家就应停止这种科学研究。

总而言之，科学并不等于思辨知识，并不能简化为某种精神上的努力及其成果。只要科学是经验研究，那它便包含有行动：科学家要使用物质材料，让研究对象产生反应并同它发生相互作用。不论科学研究的目的如何，科学家研究方法的投入在道德上就有可能产生问题。科学作为理论可以是价值中立的，但作为实践上的行为却逃脱不了道德上的评价，就像人类其他行为一样。科学研究与道德的关联就在于，一个有责任意识的科学家在判别一个研究项目之时，不仅要着眼于其理论目标，而且还要考虑到为了达到此目标所使用的手段的合法性，并进而顾及投入这一手段可能产生的后果。

现代科技的发展，不仅改变了自然科学的结构，从而使理论探索与

---

① 科荣（W. Krohn）、维耶尔（J. Weyer）：《作为实验室的社会：实验研究中的社会风险的形成》，《社会世界》1989 年第 40 期。

实验活动紧紧地联系在一起，而且也改变了科学研究及实际应用之间的关系。如前所述，有人否认科技伦理之存在的一个理由，就是认为应将科学技术与其应用严格地区分开来，即科学研究本身是价值中立的，只是科研成果的社会应用才涉及伦理道德，而科技人员对科技成果的应用是无法控制的。但是这一说法只适用于古代的自然科学，而不适用于当代的自然科学。关于这一点我们可以从以下两个方面来探讨。

其一，从科研活动的组织方式来看。科学研究在过去并不是一种职业，而是有钱人资助的私人活动。只是 19 世纪以后情况才发生了变化。今天的科学作为一种直接的生产力是由经济界及国家来资助的。大部分都不是追求无利可图的纯粹的基础知识，而是与应用相关并服务于有关企业的经济兴趣，甚至是政治上的需求与决策。

由于科学研究与其社会应用有着如此密切的联系，所以今天的科学家对其科研成果的社会后果一般来说是心知肚明的。这就要求科学家对其行为后果应有一种强烈的责任意识。今天的科技工作者对社会的影响远远大于其他行业的成员，因为科学活动的后果所涉及的人比珠宝商或理发师的活动所涉及的人不知要多多少倍。而科学家掌握着专业知识，因而他就承担着一种别人不可能具备的独特的"通告与预防的责任"。若发觉其科研活动的社会应用有可能给社会带来危害，他就应停止这一研究进程。他不能仅满足于自己洗手不干，而是还应——如果研究项目还在有组织地进行的话——向有关当局或媒体通报，因为他还有通告与预防的义务。如果他在特定的情况下发现其研究成果会得到不道德的应用，如他制造炸弹的活动已为法西斯的军政府所控制，则他就应寻求逃出这一研究项目的可能性。如果他的老板是国家，那么他在选择研究项目之时还会涉及另一种性质的道德考量，因为国家的资源是有限的，选中某一研究项目就会牺牲掉另一个项目，这样科学家对项目内容与研究目标的决断就应考虑到是否合乎道义上的对资源的使用与分配的正义标准。总之，在当今的社会里，科学研究活动的学术价值与其社会应用价值有着密切的联系，学术价值与社会价值有时是吻合的，但有时是相互冲突的。对于有责任意识的科学家来讲，学术价值与社会价值相比是不能同日而语的；在两者相互冲突之时，学术价值就必须让位于社会价值，学术责任应让位于道义责任。科学家固然应服从科学研究的法则，但更应服从做人的法则，他无权超脱对于每个有行为能力的人均有着普遍约束力的道德上的责任与义务。

其二，从科研活动的具体内容来看。当代自然科学发展本身的特点也恰恰在于理论研究与应用研究的内在关联与相互作用。忧那思讲："今天在自然科学中几乎处处都发生着理论与实践兴趣的不可分割的交融"①。人们经常发现，在纯粹的基础理论研究中会出现令人惊异的应用上的特征；相反地，在应用研究的范围内则发生了理论上的突破。物理学、医学及当代生物学都是这方面的典型代表。"基础研究的发展要想脱离应用的生物技术是不可能的……原则上是，谁要接受基础研究，他也就得容忍其生物技术上的潜在的应用。"②在最有发展活力的学科领域，以传统的方式对知识的创新与知识的应用作出明确的区分已几乎是不可能的了。在科学发展的这种新的历史背景下，应用往往是已经进入了规划并从一开始就是可预知的，科学家的责任问题从科研活动的一开始也就被提出来了。

综上所述，今天的科技研究在结构与功能上已发生了巨大的改观。从某种意义上讲它已经脱离了以探索宇宙奥秘为唯一目的的传统格局，而成为满足社会的某种经济需求，体现社会的某种政治意图的手段，并成为达到科研活动之组织者意欲的工具。无论是从研究手段（实验）还是从研究目的（应用）来看，科技活动在很大程度上都不再是一种价值中立的行动，而是同其他的人类行为一样受制于普遍的道德准则与规范，这就要求科技工作者在设计与实施这一自觉的行为之时不仅不能忘记自己的职业道德（内在责任），而且更不能忘记自己的外在责任，即不能忘记自己面对社会的巨大责任，不能漠视科技伦理的存在。

原载《哲学动态》2000 年第 10 期

① 忧那思：《科学与研究自由：凡是能做的，都是允许的吗？》，《科学与伦理》，第 195 页。
② 霍夫施耐德（P.H. Hofschneider）：《对核心遗产的侵犯：观点、事件、命题》，《可造物的引诱：当代医学及生物学中的伦理冲突》，斯图加特，1983 年，第 15 页。

国内行政伦理研究综述

王　锋　田海平 *

　　我国行政伦理研究始于 20 世纪 90 年代，起步虽然较晚，但学者们对包括行政伦理的界定、行政伦理学的性质和研究对象、行政伦理学的框架体系、行政的价值追求、官僚制等一系列重要问题进行了较为深入的探讨，在某些问题上还提出了原创性见解。

一、行政伦理的界定

　　基于对行政的不同理解，目前国内学者对行政伦理的认识主要存在三种观点。有人把行政理解为一个动态的过程，因而认为行政伦理"就是行政领域中的伦理，准确地说是公共行政领域中的伦理，也可以说是政府过程中的伦理"①。这种理解不是简单地把行政伦理看作行政人员的职业伦理，而是看到了行政过程的重要性，认为行政伦理"渗透在行政、公共行政与政府过程的方方面面，体现在诸如行政体制、行政领导、行政决策、行政监督、行政效率、行政素质等等，直到行政改革之中"②。也就是说，凡是有行政的地方，都有伦理问题的存在。伦理在本质上和人的利益相关，而行政更涉及不同利益的平衡，因而行政和伦理在本质上是相通的。这种观点的不足之处在于，它把行政当作一个不证自明的

---

*　王锋，1973—　，男，东南大学哲学与科学系博士生；田海平，1965—　，男，东南大学哲学与科学系教授。

① 王伟等：《行政伦理概述》，人民出版社，2001 年，第 63 页。
② 同上书，第 64 页。

事实性存在，而行政本身恰恰是不自足的，行政本身的合理性需要从伦理中获得证明。此外，这种观点也无法说明行政与伦理结合的内在学理根据。

有人从静态的角度理解行政，认为行政是行政人员对国家公共事务的管理，行政伦理就是"国家行政机关及其工作人员在权力运用和行使过程中的道德意识、道德规范以及道德行为的总和"[①]。这样，行政伦理就是行政人员的职业伦理。行政的主体是行政人员，不论是行政决策、行政执行，还是行政监督，最终都要由行政人员来落实；行政人员的品行、道德如何，对行政行为具有重要影响。在这个意义上，行政伦理确实是行政人员的道德。我们认为，这种理解也存在一定的缺陷，因为行政还包括行政组织这种制度化的存在，如果将行政伦理仅仅理解为行政人员的道德，至少是不完全的。虽然这种观点提到了行政伦理也包括行政制度的道德，但因为对行政伦理本身的理解导致了他们在随后的论述中无法顾及行政伦理的后一层含义，从而在事实上放弃了行政伦理的后一层含义。[②]

还有人从内涵与外延两个方面探讨了行政伦理的概念。就其内涵来说，"特定的利益关系原则是行政伦理的本质所在，特定的权利义务关系是行政伦理最基本的组成要素，特定的主体性价值是其基本结构，特定的约束机制是其基本功能，特定的范畴构成其基本体系，特定的文化内涵又反映了行政伦理发展的基本机制"[③]。就其外延来说，行政伦理包括公务员的个人品德、行政职业道德、公共组织伦理和公共政策伦理。[④] 相比较而言，这种看法拓展了行政伦理研究的视野。

二、行政伦理学的研究对象、学科性质以及行政伦理学的框架体系

（1）行政伦理学的研究对象。代表性的观点有两种。一种观点认为，"行政伦理学要研究各种行政道德现象，并通过对行政道德现象的全面研

---

① 吴祖明、王凤鹤主编：《中国行政道德论纲》，华中科技大学出版社，2001 年，第 3 页。
② 同上书，第 4 页。
③ 张国庆主编：《行政管理学概论》，北京大学出版社，2000 年，第 522 页。
④ 同上书，第 526 页。

究，来揭示行政道德的本质特征和发展规律。"① 但由于这种观点对行政伦理的界定只是行政人员的职业伦理，这决定了其研究视野只能局限于行政主体个体的道德。另一种观点认为，尽管行政伦理学的研究对象既包括行政个体又包括行政组织，既包括公共政策制定又包括政策法律的执行等方面的价值选择的正与误、善与恶问题，但这些问题最终是行政人员在相互冲突的价值之间的选择问题，因而行政伦理学关注的焦点是行政人员的德性及其实践的价值选择。② 我们认为，这种理解是不周全的，它把德性行政人作为其理论建构的基础。姑且认定这种理论假设成立，那就意味着不会有行政人员所面临的价值选择困境，因为理性行政人会在不同价值冲突中恰当地做出选择。这样行政伦理存在的必要性就值得怀疑了。这种把行政伦理学的视野限制在一个非常狭小领域的观点，值得商榷。

（2）行政伦理学的学科性质。学者们对行政伦理学作为一门新生的应用伦理学科这一点没有疑义，问题在于对应用伦理本身的不同理解。

一种观点认为，行政伦理在本质上是一种政治伦理。这种观点认为，国家意志的表达与国家意志的执行的内在一致性，决定了历史上的政治与行政二分的种种企图都是不成功的，行政摆脱不了价值的纠缠，要受政治的影响。行政伦理学作为对行政伦理的研究，其性质也从属于政治伦理学，且行政伦理学本身是从政治伦理学和行政学中分化出来的，就其学科性质来说，当然属于应用伦理学的范畴。③

有人认为行政伦理学属于应用伦理学。不过他们对应用伦理学的理解就是伦理学的基本理论、原理在不同具体领域的运用。按照这种观点，现代社会是高度分化的社会，社会分为政治、经济、教育、法律、军事、科技等领域，相应就分门别类存在政治伦理、经济伦理、教育伦理、法律伦理、军事伦理、科技伦理等不同的应用伦理学。这种观点至少存在两点失误：第一，它忽视了人类社会本身的不可分割性。社会是一个整体，它被划分为不同领域不过是人们的知识体系的一种反映而已，没有

---

① 吴祖明、王风鹤主编：《中国行政道德论纲》，第 5 页。
② 李春成：《行政伦理学的研究旨趣》，《南京社会科学》2002 年第 4 期。
③ 朱贻庭主编：《伦理学大辞典》，上海辞书出版社，2002 年，第 221—222 页。

也不可能有一个不受政治、行政影响的纯粹的经济领域。第二，即使社会分为不同的独立领域的观点成立，它也没有看到各个领域的特殊性，没有看到行政伦理作为一门独立学科存在的特殊性，没有看到行政与伦理统一的历史机缘与学理上的依据。把应用伦理仅仅理解为伦理学的一般原理在各个具体领域的简单应用在事实上取消了各门应用伦理学，也降低了一般伦理学的地位。行政伦理学不是伦理学的一般理论在行政过程中的简单套用，它有自己的特殊规定性。事实上，20世纪80年代以来应用伦理学研究的异军突起、方兴未艾，从一个侧面反映了这种理解的缺陷。

（3）行政伦理学的框架体系。由于学术界占主流地位的观点是把行政伦理学看作是伦理学的一般原理在公共行政领域的具体应用，因此，行政伦理学框架体系的建构没有摆脱伦理学原理的模式。如果说伦理学原理是针对整体社会的一般性理论原则的话，那么行政伦理学的范围则仅局限于公共行政领域。一般伦理学有道德范畴、道德规范、道德选择、道德品质、道德行为、道德评价、道德教育和道德修养等，行政伦理学也不例外，它有行政伦理范畴、行政伦理规范、行政品德、行政伦理监督、行政行为的伦理选择、行政伦理评价等。因此，有人指出，行政伦理学的框架体系完全是伦理学原理的"克隆"。[①]

三、行政的价值

一种观点认为，行政伦理的价值基础是廉政，行政伦理的价值核心是勤政，行政伦理的价值目标是行政人格。我们认为，这种观点仍然局限于把行政仅仅看作是行政主体的管理活动，没有进一步追问行政本身存在的价值合理性。

朱坚强论述了行政效率的概念、内容和标准。他认为行政效率是"在圆满完成行政机关的使命与任务以及既定目标的基础上，投入和工作量与获得的工作效果之比"。在他看来，行政效率具有工具性价值。但行

[①] 参见罗国杰主编《伦理学》，人民出版社，1989年；王伟等《行政伦理概述》，人民出版社，2001年；吴祖明、王凤鹤主编《中国行政道德论纲》。

政是向社会提供公共产品和公共服务的，在很多情况下，它们很难量化。为此，他做了某些变通，即认为效率本身是不自足的，必须在其他价值的规定下才有意义。①

金太军从公共行政学术史的角度分析了西方公共行政价值的历史演变，分析了古典公共行政效率至上的价值观，新公共行政以"社会公平"为核心的价值观以及新公共管理以"企业化""市场化"和公共服务"质量"为核心的行政价值观之利弊得失。②

丁煌以新公共行政为切入点，分析了新公共行政的价值诉求。新公共行政对古典公共行政效率至上的价值观进行了激烈的批判。新公共行政认为，公共行政不仅是执行政策的工具，而且承担着广泛的社会责任。新公共行政强调政府提供服务的平等性；强调公共管理者在决策和组织推行过程中的责任与义务；强调公共行政管理的变革；强调对公众要求做出积极的回应而不是以追求行政组织自身需要满足为目的。效率是公共行政的价值追求和目标之一，而非其核心价值，更不是唯一的和终极的价值。现代社会中的公共行政要追求多种价值，比如安全、秩序、效率、公平等，其中社会公平是公共行政的核心价值。在新公共行政看来，效率和公平是相辅相成的，效率对公共政策来说，作为一种要追求的价值，本身并不是自足的，它必须受到其他价值的规定，即置于其所维护的价值体系当中才有意义。也就是说，真正的效率是建立在公平基础上的社会效率。③

张康之在梳理官僚制历史演化的基础上，从理论和实践两个方面对官僚制进行了反思。从理论上来说，官僚制的客观性是不可能的。官僚制所追求的客观化、形式合理性背后隐含着对人的否定。人是社会的最高价值，既是社会发展的动力，也是社会发展的目的。公共行政也不例外。公共行政存在的合法性理由就在于对人的价值、人的尊严与人的权利的尊重和维护。但韦伯的官僚制的科学化、技术化的设计却从根本上

---

① 朱坚强：《论行政管理效率观——兼谈我国行政管理效率的现状及其改观对策》，《东南大学学报》（哲学社会科学版）2000 年第 1 期。
② 金太军：《西方公共行政价值取向的历史演变》，《江海学刊》2000 年第 6 期。
③ 丁煌：《寻求公平与效率的协调与统一——评现代西方新公共行政学的价值追求》，《中国行政管理》1998 年第 12 期。

否定人的价值，它把人当作一种工具，把人降低为物，从根本上否认人的价值与意义。从实践来看，官僚制并没有实现责任与效率的完美结合，反而在责任与效率问题上陷入更大的混乱。官僚制并不必然带来高效，也无法有效保障官员对公共利益的责任。特别是官僚因对管理知识的独占，在实际生活中形成了庞大的官僚集团，这使得官僚们有可能把这种管理知识作为谋取个人或集团利益的手段。因此，张康之认为，官僚制在理论和实践上都存在着巨大的矛盾，必须用人文精神来进行救治，即要超越工具理性，引入价值理性，在科学精神中加入人文精神，在公共行政领域即实现公共行政的道德化。[①] 然而问题在于，官僚制的实践困境是在西方语境下出现的，我们不能忘记西方社会深厚的法治传统，官僚制的弊端在这种背景下可以只谈道德化的救治，这是以法治作为前提的。但西方文化背景下的解决方案有无普适性？对于像中国这样的晚发民族国家来说，长期以来就缺乏法治精神，缺少对法律的敬重感，西方国家出现的道德化救治方案是否有效，是值得进一步思考的。另外，官僚制的道德化救治方案，也没有看到现代社会的组织化趋势。随着各个民族国家步入现代化的历程，各个国家都不同程度地出现了组织化的趋势，在企业、政府、社会，几乎所有领域都采取了官僚制的组织形式。人成了组织人，组织对人的影响几乎渗透到各个方面。因此，在一定意义上可以说，只要选择了现代化，官僚制的弊端是人们不得不接受的代价。

四、中国传统行政伦理思想研究

研究者首先把中国传统行政伦理思想史划分为四个发展时期：（1）先秦传统行政伦理的形成时期；（2）汉唐传统行政伦理的发展时期；（3）宋元明清传统行政伦理的继续发展时期；（4）近代行政伦理的启蒙时期。[②]

吴祖明的研究拓展了传统行政伦理的内涵。对中国来说，传统不仅包括老的传统，还有新的传统，即革命传统的行政伦理。它是中国共产党领导人民，经过新民主主义革命和社会主义革命与建设的长期奋斗，

---

① 张康之：《寻找公共行政的伦理视角》，中国人民大学出版社，2002 年。
② 王伟等：《行政伦理概述》，第 276 页。

在取得革命和建设的伟大成就的同时，逐步形成的宝贵精神财富。其主要内容有坚定的共产主义信念；全心全意为人民服务；艰苦奋斗，勤俭节约；言行一致，不尚空谈；谦虚谨慎。①

论者还对在长期历史发展中形成的传统行政伦理规范进行了总结梳理。其主要内容有克明俊德，正人先正己；公忠正义，廉洁勤政；以民为本，实行德政；选贤任能，兴天下利。②

五、问题与展望

尽管国内行政伦理研究起步较晚，至今在许多重大问题上仍处于争论和探索阶段，但随着讨论和研究的深入，目前已初步形成了我国行政伦理研究的三大问题群系：（1）行政伦理学的基本理论研究，包括对行政伦理的界定、行政伦理学的学科性质、行政伦理学的框架体系等问题的探讨。这些研究为行政伦理学的发展奠定了基础。（2）有关行政的价值问题的研究。学者们普遍认识到行政并非与价值无涉，行政是社会基本价值的承载者与实现者，并进一步探讨了行政价值的内容及其相互关系。（3）对中国传统行政伦理思想的发掘。学者们在梳理中国传统行政伦理历史发展脉络的基础上，总结了历史上所形成的基本行政伦理规范。

我们认为，今后我国行政伦理的研究将进一步聚集于上述三大问题域，并在研究内容和研究方法上取得新的进展。（1）研究内容将从表面走向深入。行政的价值问题尚需进一步探索。学者们普遍认识到效率作为行政核心价值的缺陷，那么行政的目的性价值是什么，行政所追求的基本价值之间的合理关系如何确定，以及行政的二重性即技术性与价值性的关系，将成为研究的重点。现代社会中行政自由裁量与法治的合理关系、公共管理的合理性限度及其局限性，也将为学者所关注。对这些基本理论问题的探讨，将使行政伦理的研究逐步深入到行政哲学的层面，推动行政伦理学学科体系的进一步完善。（2）研究方法也将从单一走向多样。目前，国内行政伦理研究主要采取宏大叙事的方式，其长处在于

---

① 吴祖明、王凤鹤主编：《中国行政道德论纲》，第 229 页。
② 王伟等：《行政伦理概述》，第 313 页。

可以从宏观上把握、考察各种关系，不足之处在于可能会使研究流于形式。越来越多的研究者日益深切地意识到，除了原有方法外，采用案例研究、现场调查等方法是推进我国行政伦理研究的重要途径。

原载《哲学动态》2003 年第 11 期

"德性伦理"研究述评

寇东亮 *

一、"德性伦理"的研究现状

20 世纪晚期以来，"德性伦理"得到了国内外学者的广泛关注和研究。在西方，由于以麦金太尔等为代表的社群主义和伦理学中的"反理论"等思潮的努力，出现了一场声势浩大的新伦理学运动，它以反思西方传统伦理思想的面目出现，对以功利论（边沁、密尔）、义务论（康德）和新契约论（罗尔斯）等为代表的新旧规范伦理学思想进行批评，力图恢复古典的亚里士多德主义德性伦理传统，建构现代德性伦理学。西方学者对现代德性伦理的系统研究是从 20 世纪 80 年代初开始的。麦金太尔 1981 年出版的《德性之后》可以说是现代德性伦理研究的一个纲领性文献。该书在亚里士多德德性伦理传统的基础上，对启蒙运动以来以功利和权利概念为中心的现代西方规范伦理学进行了批判性分析，要求重建德性伦理，重树德性伦理在当代社会道德生活和道德理论中的主导性地位。1984 年，美国学者迈伦德尔（Gilbert C. Meilaender）出版了《德性的理论与实践》。该书以麦金太尔《德性之后》关于德性伦理的论述为根据，追溯了柏拉图等西方思想家的德性伦理思想，阐释了当代道德教育及其存在的问题，指明了德性伦理在当代社会的重要地位。1989 年，美国学者克拉克（S.G. Clarke）与辛普森（E. Simpson）合著出版了《伦理学中的反理论与道德保守主义》一书，提出了伦理学中的"反

---

* 寇东亮，1965— ，男，陕西师范大学哲学与政府管理学院副教授。

理论"，即反对现行道德理论对道德的理解，反对把道德原则和道德规范普遍化、抽象化、程序化和技术化，要求恢复道德的德性意义。美国学者斯洛尔（Michael Slol）于1994年出版的《从道德到德性》一书，重点论述了德性伦理在当代社会的合理性问题。英国学者奥尼尔（Onora O'Neil）于1996年出版《朝向正义与德性》，重新解释了实践理性、规则、正义、德性等概念，力图在一种新的实践理性的基础上使新自由主义规范伦理与社群主义德性伦理达致统一。1997年，美国学者斯达特曼（Daniel Statman）编辑出版了《德性伦理学》，该书由16篇论文构成，较为全面系统地论述了现代德性伦理产生的社会背景、本质特征和基本内容等，可以说是迄今为止一本较为系统的"现代德性伦理学"著作。

我国学者对现代德性伦理的研究在时间上大体与西方同步。20世纪90年代以来，我国伦理学界的学理探讨一直围绕着当代中国"道德危机"和"道德重建"等问题展开，很多学者在肯定规范（制度）伦理及其价值的基础上阐释了德性伦理及其当代价值。他们认为，当代中国道德危机根源于规范伦理的过度扩张，这种扩张导致道德的形式化和表面化，最终导致道德教育及其对于人的行为调节的无效性，因此必须从德性伦理的重建入手，恢复道德的本真意义，真正提升个体的主体性道德人格。在研究中，有的学者直接回应西方现代德性伦理思想的复兴浪潮，对当代西方德性伦理思想进行了较为深入的分析和研究；有的学者从中西伦理思想史出发，侧重研究了以古希腊伦理思想和中国传统儒家伦理思想为代表的传统德性伦理思想及其现代价值；更多的学者则在与现代规范（制度）伦理的比较中，或在对现代规范（制度）伦理的批判中，阐明德性伦理及其当代价值。

二、"德性伦理"研究中涉及的主要问题和观点

第一，"德性伦理"的含义和内容。麦金太尔提出了德性的三重含义，即德性是人们实现其内在利益的唯一方式，是人们实践的产物并只有通过实践才能实现，它不是个人的单独行为而是指个人的生活整体。以麦金太尔为代表的社群主义者认为，贯穿德性的主线是公共的善或社

群的公共利益，他们尤为推崇爱国主义和正义等美德。有学者指出，德性伦理就是出自个体德性的伦理，是以个体德性为自因的伦理，它具有内在性、自律性和超越性等特征。有些学者则详细研究了良心、信任、诚信、责任等德性伦理范畴。

第二，"德性伦理"的本质和地位。很多学者认为，相对于规范伦理的形式主义性质来看，德性伦理是实质主义的，它在本质上是要"成就人的"；它是一种道德情感，也是一种道德理性，体现了伦理道德的本真意义。有学者则认为，德性伦理是前道德的、外在的和习俗的，较之现代规范伦理，它属于低级道德伦理。有学者认为，德性伦理的价值论预设是生活第一、内好第一、共同体第一，德性是内在的好，这唯有对于共同体生活才是可能的和有意义的，所以，德性伦理与"政治学"有天然的联系。还有学者认为，道德规范来自特殊共同体中人们共同信奉的那些价值，即德性，它体现于具体的文化传统以及文化传统中个体的品质。由于文化传统的多样性以及不可通约性，不可能为世界建立起一种统一的绝对的道德规范，因此，就道德建设次序而言，规范（制度）伦理先于德性伦理；但就道德地位高低而言，德性伦理则高于规范（制度）伦理。

第三，"德性伦理"在现代社会被"边缘化"的根源。麦金太尔认为，德性伦理的失落是启蒙运动以来近代自我观念取代传统的以德性—目的论为特征的道德体系的结果。有学者认为，以罗尔斯为代表的新自由主义的出现，标志着当代西方伦理学的重心转向对社会结构合理性的论证，这导致了现代规范伦理学的盛行，这种规范伦理学存在着两个根本缺陷：（1）它认为伦理道德的核心是"道德责任"，但它所说的"道德责任"概念是空洞的和宗教性的，由此导致道德宿命论和"自我与他人"的非对称性等问题；（2）它强调道德原则、道德规则和道德义务，忽视对人本身的关怀，造成普遍的"人格分裂"和道德危机。有学者认为，个体权利理念的形成是现代性道德真正脱出传统德性伦理范畴的基本标志，也是德性伦理被边缘化的开始。

第四，"德性伦理"在当代社会的价值。有的学者结合当代社会发展的实际，探讨了德性伦理对于当代社会经济、政治以及人本身的发展所具有的价值和意义。他们认为，德性是人类心灵的秩序，良好的心灵秩序是良好的社会秩序的基础。有的学者则从伦理学学理角度出发，在与规范（制度）伦理的比较中，阐明德性伦理的当代价值和意义。他们认为，对规则或制度公正与否的衡量离不开德性，而且，规则或制度的主旨是避恶而非扬善，因而即使是公正的规则或制度，也会产生道德冷漠；同时，规范（制度）伦理的积极意义是肯定了个人在成为什么样的人这一领域内的自我决定的权利，即肯定了个人的自由和自主，但它将普遍性的规范限制在公共生活领域，仅仅关注对个人行为的外在约束和限制，无视个人自我完善的追求，容易导致个人自我价值和意义的丧失。有很多学者深入研究了良心、诚信、信任、责任等美德在社会经济发展和人的发展中的重要价值。

第五，"德性伦理"价值在当代社会的实现。很多学者强调，在现代德性伦理建设中，应注重"传统道德资源"的利用和开发；麦金太尔立足于传统德性伦理资源，尤其是亚里士多德德性伦理模式，主张回到传统共同体式的生活，在当代主流社会的边缘建立某种教团式的共同体，借此复兴德性伦理的社会地位。有学者认为，建构根基于生存本体论的日常生活世界，使德性—规范—德行在个体生命的存在样式中达到统一，提升个体的生存境界，从而为德性伦理在社会整体生活中的实现奠定立足点。有学者主张吸取规范伦理的基本价值观念，对传统德性伦理资源进行现代改造，加强精神文明建设，推动德性伦理价值的实现。

三、"德性伦理"研究中存在的主要缺陷

第一，从总体上看，这种缺陷主要表现在研究内容缺乏整体性和系统性，特别是对德性伦理的本质及其内容等实质性问题缺乏全面深入的探讨；研究角度缺乏足够的现代性眼光和宽广的人类学视野与全球性视野，大多数研究或侧重于中外德性伦理思想史资料的挖掘与整理，或停留在单纯的道德教育与道德建设范围，较少从全球化背景中、整个人类社会发展和文化价值观念转型以及人类生存方式的变革等角度去研究德性伦理及其价值等问题；研究方法单一，大多数研究局限于对某一具体

学科方法的运用，缺乏多学科方法的交叉与融合。

第二，对德性伦理及其价值在当代社会的总体呈现和具体表现等问题研究不够，大多数研究或者侧重于从一般学理意义上说明德性伦理的纠偏价值（即校正规范伦理之偏），或者侧重于从特定实践意义上说明某一具体德性范畴的社会功能价值，缺乏对德性伦理的学理价值和社会实践价值的总体性考察。

第三，对德性伦理及其价值在当代社会的实现机制和实现过程等问题研究不够，多数研究侧重于从一般学理意义上逻辑演绎和推导德性伦理价值的实现条件与实现机制，较少从当代社会发展和人类实践形态的转型以及人的全面发展等意义上探讨这一问题。

四、进一步研究的思路

笔者认为，应从四个方面进一步加强对德性伦理的研究。一是丰富研究内容，即对德性伦理的含义、本质、特征及具体内容等进行整体性和系统性的研究；二是拓展研究视野，即以深厚的历史意义、敏锐的现代眼光和宽广的人类学视野，从全球化背景中整个人类社会发展和文化价值观念转型以及人类生存方式的变革等角度研究德性伦理问题；三是创新研究方法，即以马克思实践唯物主义方法论为指导，以实践理性和实践思维方式为原则，在多学科方法的交叉与融合中研究德性伦理问题；四是提升研究价值，即通过研究全面凸显德性伦理的理论学理价值和社会实践价值，确证德性伦理在当代社会存在的合理性。

原载《哲学动态》2003 年第 6 期

争论中的环境伦理学：问题与焦点

杨通进 *

我国的环境伦理学研究大致始于 20 世纪 80 年代中期。经过 20 多年的发展，我国的环境伦理学研究在探索环境伦理学的基础理论、梳理西方环境伦理学的主要理念、挖掘中国传统思想中的环境伦理资源等方面都取得了一系列的成果，成为近些年来应用伦理学领域最引人注目、发展最快的学科之一。

一、非人类中心主义的伦理思路

现代环境伦理学的兴起与非人类中心主义对现代主流伦理学范式的怀疑、反思和批判密不可分。从它诞生的那天起，环境伦理学就是在人类中心主义与非人类中心主义的争论中成长的。我国的环境伦理学研究也是在这一历史背景中展开的。

在非人类中心主义看来，工业文明的环境危机实质上是一种价值危机。正是由于工业文明的主流价值观——人类中心主义——把人视为自然的主人，把人的主体性片面地理解为对自然的征服和控制，把自然逐出了伦理王国，使自然失去了伦理的庇护，人与自然的关系才出现了整体性的空前危机。因此，要想使人类彻底摆脱目前的生态危机，就必须超越人类中心主义的局限，扩展伦理关怀的范围，确立非人类存在物的道德地位，用伦理规范来调节人与自然的关系。

---

* 杨通进，1964— ，男，中国社会科学院应用伦理研究中心副研究员。

人类对自然为什么负有直接的道德义务？自然存在物为什么有资格成为道德顾客？在一些非人类中心主义者看来，这主要是由于自然具有内在价值。余谋昌先生为自然的内在价值提供了五条理由：第一，生命和自然具有目的性（请注意余先生对目的性的三个层次的区分，即人的目的性、动物和植物的目的性、无机自然界的目的性。反对自然内在价值的人往往只承认人的目的性，而否认后两种目的性；他们还常常无的放矢地认定，主张非人类中心主义的学者认为人的目的性与动植物的目的性和无机自然界的目的性处于同一层次。这是一种多么严重的误解！）；第二，生命和自然具有主体性（同样请注意余先生对主体性的三个层次的区分：在地球进化的前生物阶段，物质是主体；在地球进化的生物阶段，生物是主体；在地球进化的人类阶段，人是主体）；第三，生命和自然界具有主动性（无机物的主动性、生物的主动性和人的主动性）；第四，生命和自然界具有认知和评价能力；第五，生命和自然界具有智慧（仿生学和仿圈学想探讨和学习的就是生命和自然界的这种智慧）。① 卢风教授也明确提出："主体性不过就是事物的主动性、主导性、创造性和能动性，可简括为事物的目的性和能动性。凡有目的性和能动性的事物都有主体性。""人并不是唯一的主体，也不是最高的主体；'作为存在之大全'的自然才是最高的主体，而且是绝对的主体；非人存在物也具有主体性，从而亦有自己的内在价值和权利……内在价值发源于主体的主体性。"② 任何拥有内在价值的存在物都是道德代理人的道德义务的直接对象。

二、人类中心主义对非人类中心主义的批评

人类中心主义的环境伦理学认为，环境伦理学的研究对象是"以'自然'为中介的人与人之间的伦理关系"③；其核心问题是"当代人与后代人在自然资源上的公正分配问题"④。因此，人类中心主义的环境伦理学

---

① 余谋昌、王耀先主编：《环境伦理学》，高等教育出版社，2004 年，第 140—155 页。
② 卢风：《环境哲学论纲》，《首届中国环境哲学年会论文集》，2003 年 10 月。
③ 付华：《生态伦理学探究》，华夏出版社，2002 年，第 116 页。
④ 甘绍平：《应用伦理学前沿问题研究》，江西人民出版社，2002 年，第 162 页。

否认人对自然负有直接的伦理义务，认为人类对非人类存在物的行为不受任何伦理原则的制约，只要这种行为不损害他人的利益。从这一基本立场出发，人类中心主义者对非人类中心主义环境伦理学提出了一系列批评。我们将其中最常见的三种列述如下并做必要评论。

第一，非人类中心主义把自然的存在属性当作自然拥有内在价值的根据的观点，"显然是把价值论同存在论等同起来了"，犯了摩尔所说的从"是"推出"应该"的自然主义谬误。① 然而，把事实与价值、是与应该割裂开来，这只是西方近代伦理学和哲学的传统，是逻辑实证主义的一个教条。把西方近现代主流哲学的理论预设当作评判 个具有后现代意味的理论问题的标准，这显然是不充分的。事实上，那些指责非人类中心主义环境伦理学犯了所谓自然主义谬误的人往往没有意识到，他们自己也在做着同样的推理，即把人的利益（实然）当作保护环境这一伦理义务（应然）的根据；而提出区分"是"与"应当"的休谟，也是把道德（应然）建立在人的情感（实然）的基础之上的，休谟并不认为自己犯了什么自然主义的谬误。更重要的是，人类中心主义往往只顾把自然主义谬误拿来当作批评非人类中心主义的武器，却忘记了摩尔提出这一命题的前提：证明直觉主义的合理性。那些使用这一武器的人有义务告诉我们，他们是否准备接受直觉主义的这一推论：终极的伦理义务是不可证明的，只可凭直觉来领悟和把握。如果是，那么，他们理解的那些终极伦理义务是什么？为什么他们的直觉所领悟的伦理义务就是正确的？

第二，自然不可能拥有内在价值，因为价值就是客体对于主体的效用，是"人依据自身需求或某种标准对对象所做的评价"。价值都是由人赋予物或对象的。这样一种主观主义的价值论"并没有什么不好，价值本来就是主观的，如果硬把主观的说成是客观的，那才叫真正的'不好'和'唯心'"②。其实，就是从人类中心主义的角度看，这种"效用价值论"也存在着致命的缺陷，因为按照这一理论，人的价值也取决于他是

① 刘福森：《自然中心主义生态伦理观的理论困境》，《中国社会科学》1997 年第 3 期。
② 韩东屏：《质疑非人类中心主义环境伦理学的内在价值论》，《道德与文明》2003 年第 3 期。

否能够满足他人或社会的需要，取决于对他人和社会的贡献大小。那些对他人和社会贡献大的人，其价值就大，反之就小；而那些对社会和他人的贡献不大，甚至只能依赖后者的婴儿、老人或残疾人就只有很小的价值，甚至没有价值了。然而，现代民主社会显然不是依据一个人是否满足了另一个人或社会的需要来判断其作为人的基本价值的。所有的人之所以享有人的尊严和基本权利，乃是由于他是一个目的存在物，具有内在价值。"这一价值不依赖于他人的评价，因此也就没有高低之分。"① 所以，站在效用价值论的立场来反驳自然的内在价值是立不住脚的。当然，能否从自然存在物的有限的主体性推出它们的内在价值，这是一个可以讨论的问题。但是，如果否认人之外的某些存在物（特别是高等动物）也是追求自己的目的的主体，也具有某种程度的评价能力，那就很难回应现代系统论和自组织理论的挑战：目的性和主体性并不是人类独有的特征，而是所有自组织系统普遍具有的性质，尽管它们在自组织系统进化的不同等级层次中具有高低不同的表现。② 环境伦理学不能对现代环境科学和系统科学的基本常识视而不见、充耳不闻。

第三，人之外的自然存在物不是道德共同体的成员，因为道德是赋有理性的人类为了维护自身的利益并对利益之间的冲突进行调节而创造的，它来源于人们之间的契约。"只有拥有理性、自我意识的人才会有对道德的要求，才能签订契约、行使道德权利和履行道德义务……所有参与道德共同体者都必须拥有理性的能力。"③ 但是，我们也应认识到，从契约论角度对道德所做的这种"元伦理预设"，只是众多规则伦理（如功利主义、道义论）预设中的一种，而规则伦理又只是较好地理解和把握了人类基本道德生活中之社会实践的交往层次的伦理范式之一，它并没有也不可能穷尽理解和把握人类道德生活的所有途径。④ 况且，契约主义伦

---

① 韩立新：《人对自然有义务吗?》，《中国首届环境伦理学国际研讨会论文集》，南京，2004年10月。

② 佘正荣：《生态智慧论》，中国社会科学出版社，1996年，第240页。

③ 甘绍平：《生态伦理与以人为本》，《首届中国环境哲学年会论文集》，北京，2003年10月。

④ 关于人类道德生活的三个基本层次（即终极信仰的超越层次——信念伦理、社会实践的交往层次——社会规范伦理和个人心性的内在人格层次——美德理论）的划分，参见万俊人《寻求普世伦理》，商务印书馆，2001年，第62—168页。何怀宏主编《生态伦理：精神资源与哲学基础》（河北大学出版社，2002年）一书第2—5章阐述了某些作为信念伦理的环境伦理观念。

理学方法本身也存在着许多它自身难以克服的缺陷。例如，它难以解释当代人对后代人的义务，因为后代人不可能与我们签订契约；在签订契约的过程中，那些处于优势的一方拥有更多的谈判资本，因而签订的契约对弱势的一方可能是不公正的；根据休谟式情感主义伦理学，道德先于理性而存在，而非理性算计的结果；如果真的把理性和道德自律能力当作成为道德共同体成员的必要条件，那么，那些不具备这些能力的人（如婴儿、精神病患者、植物人、深度昏迷者或高龄老人）将被排除在道德共同体之外。因此，契约并不是所有的义务和权利的唯一来源。

三、整合与超越：中国环境伦理学的必然选择

环境伦理学中的人类中心主义与非人类中心主义之争，关系到环境伦理学的学科定位和研究对象，涉及根本的理论立场和价值取向。但是，这种争论并不仅仅是环境伦理学的内部争论，它同时也是范围更大、影响更广的"现代性与后现代性之争"在环境伦理学领域的具体表现。人类中心主义固守的是现代性的立场，而非人类中心主义话语的合法性往往只有站在后现代主义的视角才能得到充分的理解。同时，人类中心主义和非人类中心主义仍然处在生成与演变的过程中。因此，目前要想对争论中的双方"盖棺定论"，似乎为时过早。①

从理论上看，人类中心主义和非人类中心主义都有自己的独特价值和理论盲点。从实践的角度看，人类中心主义的环境伦理学容易在制度层面发挥影响，而非人类中心主义的环境伦理学更多地受到民间环保组织的青睐，也能够在信念伦理和美德伦理的层面发挥作用。因此，建立一种能够整合和超越人类中心主义与非人类中心主义的、具有合理多元主义特征的开放的环境伦理学，应当成为中国环境伦理学发展的必由之

① 现代规范伦理"所面临的个人主义认同危机和由人类中心论观念所导致的生态伦理危机表明，现代人类必须寻求一种新的道德观点或伦理立场，必须树立一种新的价值观念，必须找到一种足以突破个人主义自我中心和人类自我中心的更为广博开放的伦理思路，以建立起新的道德伦理理念，走出现代性道德的困境"。（万俊人：《寻求普世伦理》，商务印书馆，2001年，第140—141页。）

路。① 从"整合论"的角度看，环境伦理学是"研究与环境保护有关的伦理问题的学科"；它的研究对象既包括"人对自然的伦理关系"，也包括"受人与自然关系影响的人与人之间的伦理关系"（包括代际伦理关系和受代际伦理关系影响的代内伦理关系）。前者关注的是环境价值观，后者关注的是作为公平的正义。就研究的现实重要性与优先性而言，后者先于前者；同时，受代际伦理影响的代内伦理关系先于代际伦理关系。②

从环境伦理的角度看，我们可以把人们的道德境界区分为四个层次，即人类中心境界、动物福利境界、生物平等境界和生态整体境界。人类中心主义、动物解放／权利论、生物中心主义和生态中心主义分别是对这四种道德境界的理论表述，它们展现的是那些达到了这些不同境界的人的道德视野。强调人类整体的长远利益的人类中心境界是环境保护的"底线伦理"，它是可以普遍化的"被要求的伦理"，应当用法律来加以强制执行。强调扩展伦理关怀范围的后三种境界可视为环境保护的"高级伦理"，它们是可以在人类重要的文化传统中找到其精神资源的"被期望的伦理"，应当鼓励人们的积极实践；对这三种境界的追求带有"终极关怀"的色彩，与人们对人的宇宙责任的体认有关。人们对这四种境界的追求应当遵循正确的顺序，即应当先满足前一境界的要求，履行前一境界的义务，然后再选择和追求后一境界，拾级而上，不可躐等，亦不可前后颠倒。人类中心境界的现实性品格可防止后三种境界由理想蜕化为空想，后三种境界的理想性品格则可以提升人类中心境界的价值追求，减少环保政策在执行过程中遇到的阻力。具有不同道德境界的人，可以在这样一个等级性的伦理构架中各得其所、协同共进，从而使外在的环保行为获得内在德性的支持和保障。

此外，从中国环境伦理学学科建设的角度看，我们似乎还应注意区分环境伦理学研究的两种模式，即作为道德哲学的环境伦理学和作为应用伦理学的环境伦理学。

道德哲学研究的都是一些基础性的、宏观的、形而上的问题，它试

---

① 杨通进：《走向深层的环保》，四川人民出版社，2000年。
② 徐嵩龄：《环境伦理学研究论纲》，《学术研究》1999年第4期。

图给人们提供某种完备的学说，某种完美的生活理想；它参与人们的世界观和道德理想的建构，参与那些持久影响着人类心灵的伦理学传统的创造和完善。与道德哲学不同，应用伦理学更关注现实生活中具体的道德冲突和伦理悖论，它倾向于给复杂的现实问题提供"脚疼医脚、头疼医头"的渐进的解决方案，强调案例研究的重要性和优先性。它更注重那些与制度设计有关的实践问题，注重特定抉择的可行性与有效性。应用伦理学首先要做的，就是要创造一个公共空间和对话平台，使利益相关的各方就那些充满争议的问题表达自己的观点；使各种观点能够透过公共理性的运用，实现有效的交流和沟通，使那些不合理的诉求被公共理性过滤掉。通过对话和商谈，使人们就现实生活中充满争议的重大问题最终达成某种共识。

就我国环境伦理学目前的研究现状而言，学者们关注更多的是道德哲学层面的问题（关于人类中心主义与非人类中心主义的争论主要是这个层面的问题）。这对于环境伦理学的发展来说虽然是必不可少的，但是，我们也应当注意现实社会中那些充满争议、带有强烈的规范色彩、与道德实践紧密相关、与制度安排和法律建构密不可分的应用伦理学层面的问题（如代际伦理、环境正义、能源伦理、环境保护法规的伦理依据等）。只有既重视作为道德哲学的环境伦理学，又重视作为应用伦理学的环境伦理学，并在环境伦理学的这两种模式之间保持有效的沟通和互动，我们的环境伦理学才能健康发展，并为我国的环境保护事业做出应有的贡献。

原载《哲学动态》2005 年第 1 期

新世纪以来中国经济伦理学研究的热点、问题及走向

王小锡　　王露璐 *

20 世纪 80 年代初期，经济伦理问题在我国开始受到关注。伴随着市场经济的发展，我国经济伦理学的研究领域日益拓展，研究成果愈加丰富，研究队伍不断壮大，逐渐成长为一门相对独立的学科。新世纪以来，我国经济伦理学基础理论研究在探讨和争论中进一步深入，对一些热点问题进行了更为细致的学理透视和实证分析，国内外学术交流也更为频繁。同时，应当看到，我国经济伦理学研究中还存在着一些薄弱环节，反思这些问题，对于促进中国经济伦理学的健康发展，无疑有着十分重要的理论价值和现实意义。

一、当前研究中的热点问题

1. 诚信及信用制度建设问题

诚信一直是学者们关注的焦点问题。随着市场经济的发展和经济伦理学研究的不断深入，学者们对市场经济与诚信的关系、市场经济条件下诚信缺失的原因进行了多视角的分析，对我国社会主义市场经济条件下的信用机制建设提出了一些具有实践操作价值的路径和方法。

学者们普遍认为，诚信是市场经济基本的道德规范之一，也体现着社会主义市场经济的价值取向。有学者提出，社会主义市场经济与信用制度之间存在着天然的、不可或缺的紧密关系。社会主义市场

---

* 　王小锡，1951—　，男，南京师范大学公共管理学院教授；王露璐，1969—　，女，江苏大学人文社会科学学院副教授。

经济与资本主义商品经济一样，必须遵循复杂的信用原则，并以严格的信用制度作为信用原则和诚信道德的保障条件。有学者从现代博弈论的角度证明，自由竞争的市场经济既有着对诚信的内在需求，亦会在一定程度上形成诚信的自动供给机制。也有学者认为，市场经济内生着一种价值悖论，它既是一种信用经济，同时也存在着违背信用的冲动。

对于当前我国市场经济发展中的诚信缺失，学者们普遍认为，既有制度原因，也有非制度原因。而在解决诚信缺失的路径上，更多的学者认为应当着重从加强信用制度建设方面入手。有学者提出，尽管市场经济体制本身蕴含着社会信用潜力，但这种潜力的发挥需要社会法制系统和社会信用伦理规范的强力支持，需要良好的社会文化和公民诚信道德的道义精神支持。有学者进一步强调指出，在信用制度建设中，应当建立道德责任法制化的信用保障体系，并通过政府管理职能道德化，实现经济、法律手段调节与伦理道德调节的有机结合。

2. 公平及其与效率的关系问题

公平及其与效率的关系问题，一直是经济学、伦理学、政治学等众多学科领域共同关注的焦点问题。近年来，在经济伦理学领域中，学者们的研究主要围绕两大问题展开。

第一，如何正确理解公平、公正、正义等范畴？对于这一问题，学者们并没有形成一致的看法。有学者提出，考察公平更多地应当从一种"人本"的伦理维度出发，因此，公平是对人们参与社会经济活动的一种价值上的肯定。经济学家则更倾向于认为，"公平"或"公正"属于人们的主观偏好和价值判断的范畴。因此，不同的公平观念，可能会受到不同道德标准、价值体系、宗教伦理的影响，公平的标准也会随着社会观念的变化而变化。在市场经济体制下，机会均等是社会公平观念的基本内容。有学者认为，经济伦理领域的公平范畴具有两个层次：一是作为规范的公平原则；二是与效率联系在一起作为经济伦理的重要价值目标的公平原则。还有学者对"经济正义"这一概念进行了两个层面的解读，指出从形而上的层面看，经济正义强调在经济发展过程中人类如何不以自身异化为代价并实现人自身的自由与全面发展；从形而下的层面看，经济正义是对经济制度及经济活动的正当性、合理性和规范性的研究。

第二，公平与效率之间的关系如何？或者说，如何处理好它们之间的关系？对于这一问题，学者们也有不同的理解。一些学者认为，公平与效率是一对矛盾，两者之间是一种对立统一关系。但是，更多学者强调，公平与效率并不矛盾。如有学者指出，从公平的角度看，机会均等和一定程度的分配平等，可以构成一种最有效率的公平分配标准。还有学者认为，效率并不是一个孤立的概念，现代经济学、伦理学或一般价值学都无法在搁置公正问题的前提下讨论效率问题。而从我国现实分配政策的角度看，处理公平与效率之间关系的原则并不是一成不变的，"效率优先、兼顾公平"针对的是长期计划经济所带来的公平有余而效率不足，而在落实科学发展观和构建和谐社会的背景下，更应注重实现公平与效率的均衡。

3. 道德资本问题

道德是否能够成为一种特殊的资本形态？道德资本在实践中如何发挥作用？笔者在近年来的研究中提出并系统论证了"道德资本"范畴，认为道德之所以能够成为一种资本，是因为在社会财富创造过程中，也就是在广义的生产过程中，道德是无处不在并起着独特作用的，经济中充满了"德性"。所谓道德资本，是指道德投入生产并增进社会财富的能力，是能带来利润和效益的道德理念及其行为；它既包括一切有明文规定的各种道德行为规范体系和制度条例，又包括一切无明文规定的价值观念、道德精神、民风民俗等等。笔者还分析了道德资本的特点，并系统论证了道德资本在生产、交换、分配、消费等环节中发挥作用的实现机制。有学者专门阐述了道德资本对企业营销活动的作用和影响，认为产品的道德含量、品牌的道德价值、决策的伦理理念、营销过程的伦理投入等都将成为企业的无形资产或道德资本。

对于道德资本这一概念，也有学者提出了质疑。其理由是，一方面，道德在参与经济运行进程时，只是具备资本的某些特点，但不是一种资本实体；另一方面，如果把道德理解成为一种资本，在客观上会引导人们更倾向于关注道德的功利性工具价值，而不是道德的社会性目的价值，这在一定程度上消解了道德对于个体和社会的终极意义。事实上，这里的关键问题在于，如何理解"资本"概念。正如有学者所指出的，如果对资本的理解仅仅局限于传统的物质资本概念，那么，"人力资本""社会资本""文化资本"等一系列概念都不能成立。因此，"道德资本"中的"资本"是一个在内涵和外延上已经并且应该扩大了的新的"资本"概念。

4. 企业伦理及其建设问题

企业是市场经济活动的主体。20世纪70年代，现代经济伦理学作为一门学科在美国形成之初，关注的焦点问题即是企业的社会责任问题。在中国，企业伦理问题也始终是经济伦理学研究中的一个热点。新世纪以来，学者们对企业伦理建构中的理论问题，我国企业伦理的历史演进、现状、模式以及企业伦理的建设机制等问题进行了更加深入的研究。企业是否是一个伦理实体？企业伦理对企业发展有何作用？有学者提出，企业既是经济实体又是伦理实体，既具有经济性又具有道德性。企业经济行为与伦理行为、企业经济价值与道德价值是无法割裂的，而连接企业经济价值与道德价值的是企业对道德的遵循。还有学者认为，企业伦理、企业信用和企业商誉，构成了企业的核心竞争力，能够成为企业的"第一生产力"。

对于我国当前企业伦理的现状及其建设机制，学者们认为，在企业伦理文化背景及建设路径方面，企业应当有自身的个性特点。有学者将企业团队分为"老板—宗法型""制度—契约型"和"同志—事业型"三类，认为不同类型的企业团队有着不同的企业伦理文化。还有学者分析了当代中国企业伦理演进中具有代表性的几种模式，认为企业伦理模式能够成为企业伦理个性的集中体现，进而成为优秀企业无法复制的文化模式。近年来，一些学者和来自企业一线的管理人员还采用实证调查的方法，通过对品牌企业的个案研究，挖掘其企业伦理内涵，这也在一定程度上增强了企业伦理研究的实践性和可操作性。例如，对于我国知名企业海尔集团，有学者指出，海尔高速成长的力量源泉在于其包括了质量意识、市场意识、用户意识、品牌意识、服务意识在内的质量与品牌文化战略。还有学者认为，海尔成功的关键是其"真诚到永远"的经营理念、将诚信视为企业生命的战略思想以及一系列战略决策。

5. 产权伦理问题

近年来，伴随着我国市场经济发展中产权制度的改革，产权伦理成为国内经济学界和伦理学界共同关注的热点问题。经济学家们大多认为，产权制度是各种社会制度中最基本的制度。有学者提出，产权制度缺陷必然会引致道德秩序上的混乱，以及经济生活现实与精神伦理间的冲突。有学者提出，基于产权伦理在社会生活和社会伦理中的特殊地位和作用，有必要构建现代产权伦理学并将其作为一个相对独立的伦理学学科来加以研究。对此，也有学者明确提出了不同看法，认为无论从道德的起源还是道德的保障方面来说，产权或产权制度都不是道德的基础，只有建构一个好的、有效的社会赏罚机制，才是让人们遵循道德的根本，而产权制度只是构成这个社会赏罚机制的众多制度之一，在促进和保证企业重信誉方面起到积极作用。

二、研究中存在的问题与薄弱环节

新世纪以来，我国经济伦理学研究在深度和广度上都取得了可喜的成就，对一些热点问题的研究也更加深入。但是，我们更应清醒地认识到，当前我国经济伦理学研究中还存在着一些薄弱环节，一些问题已经明显制约了学科的健康发展。在此，笔者无意于贬损任何同行的研究方法与成果，只是希望提出问题并与学者们共同探讨，以期更好地促进我国的经济伦理学研究。笔者认为，当前我国经济伦理学研究中存在的问题与薄弱环节主要表现在：

1. 学科交叉明显不足

近年来，我们可以看到一个十分明显的现象：经济学家（即便是一些已经对经济伦理问题进行了很多研究的经济学家）很少参加伦理学界主办的经济伦理学研讨会，而在经济学界对经济伦理问题进行探讨的学术会议上，也很难见到伦理学家的身影。这一现象所反映的正是当前经济伦理学研究中经济学与伦理学之间的"分离"。

从学科上划分，经济伦理学是经济学和伦理学的交叉学科。应当说，对经济伦理学之学科交叉性的判断已成为学界不争的基本共识。作为一门交叉学科，经济伦理学的研究理应打破经济学与伦理学的学科界限。阿马蒂亚·森曾经深刻揭示和论证了伦理学与经济学的分离，以及由此导致的现代经济学的贫困和伦理学的缺陷。我国也有学者明确指出，经济学与伦理学的分离，可能引发的后果是，无视道德考量的经济学蜕化为无情的算计学，而只有道义论尺度的伦理学虚脱为某种不切实际的或乌托邦式的道德说教。因此，经济伦理学的研究，应当打破经济学与伦理学的"明确分工"，促进不同领域学者的交叉与融合，建立一种健全的综合立场，真正体现经济伦理学的学科交叉性。应当看到，近年来，为解决这一问题，一些学者也进行了有益的尝试。例如，来自不同学科背景的一些学者开始在一些问题上进行对话与交流；一些高校和研究机构已经注意到在人才培养和学科梯队的构建上考虑学科交叉的因素等等。但是，总体上看，迄今为止，在我国经济伦理学研究中，所谓"健全的经济伦理的综合立场"仍未真正建立。

2. 对不同的研究方法缺乏应有的包容

经济伦理学的研究不仅需要建立经济学与伦理学两大学科交叉的研究方法，同时，还应运用社会学、统计学、心理学等多种研究方法，开展广泛的调查研究工作，并进行深入的个案分析和综合概括，从而使理论研究与实证研究相结合。

然而，在我国当前经济伦理学研究中，重理论轻实证的倾向比较突出。一些学者采用实证调查、案例分析等方法进行的研究，其成果往往被认为没有理论深度而受到轻视或排斥。这种错误倾向导致我国近年来经济伦理学研究方法较为单一。当然，理论研究对经济伦理学是十分必要的。但是，对不同的研究方法应给予充分的包容，这样才能创造更为宽松的学术研究氛围。我们不难看到，当前国外的经济伦理学研究，更多采用的恰恰是实证研究的方法，个案研究可以说是当前国外企业伦理研究中一种十分常见的研究方法。这是很值得我们思考和借鉴的。

3. 对我国经济发展中一些热点问题的关注尚显不足

当前我国经济伦理学的研究，更多的是停留在对一些理论问题的阐述和分析上，而对我国经济发展中现实热点问题的研究却明显滞后或不足。正因为如此，尽管新世纪以来我国经济伦理学研究可以说是成果斐然，但其实践应用价值却依然未见明显提高。

中国是一个有着九亿农民的农业大国。农村、农业和农民问题，始终是中国经济社会发展中的重要问题。经济学、社会学、政治学等学科对此进行了大量的理论研究和实证分析，比较而言，经济伦理视角下的乡村研究，无论从深度还是广度上来说都相距甚远，以至于在一定意义上可以说，乡村成了中国经济伦理学研究中"被遗忘的角落"。无论是中国传统乡村经济发展中的伦理问题，还是当前备受社会关注的民工工资、农民社会保障、民工子女就学等现实问题，都未能在我国经济伦理学研究中受到应有的重视，有些问题的研究甚至还是一片空白。

此外，对于下岗失业、教育收费、医疗制度改革和房地产业的发展等，这些已成为近年来与我国改革进程相伴随的热点问题，当前我国经济伦理学研究也鲜有涉及。而对于目前我国经济发展中出现的一些新的现象，如国企改制中的资产流失和人员安置问题；传媒的虚假信息及对个人隐私的侵犯；高科技发展中的自主创新和知识产权保护；治理商业贿赂中的道德调控机制；等等，尽管个别学者有所思考，但总体上看，还缺乏在学界引起反响的高质量成果。

4. 研究成果良莠不齐，创新性成果较为少见

近年来，高校和科研机构片面量化的科研评价机制导致学术研究上的浮躁之风日盛，重量而轻质在一定程度上影响学术的发展。在我国当前经济伦理学研究中，这一问题也十分突出。一些研究者在未对经典著作进行全面、细致的文本研究的情况下，仅仅从个别语句进行解读，从而造成十分明显的误读；一些学者在进行实证研究时，没有对所研究的问题进行大量、深入和全方位的社会调查，所获取的数据和得出的结论缺乏可信度；有些学者在对一些新的现象和问题进行分析时，为了抓时效而未做深入的学理透视，研究成果成了浮于表面、夸夸其谈的应景之作；在对国外著作的引进和翻译中，少数译者由于缺乏专业研究背景，一些关键术语和命题处理不当甚至出现明显错误，对读者造成误导，也给整个学术研究带来难以弥补的后果。应当说，这些问题

的存在，已经对我国经济伦理学研究的健康发展产生了十分不利的负面影响。

三、未来走向与发展趋势

根据国内外经济伦理学的发展态势及我国经济发展的现实需要，笔者认为，在今后几年中，我国经济伦理学研究将呈现出以下发展趋势。

1. 基础理论研究不断加强并呈现出鲜明的时代性

全面深入的基础理论研究是一个学科夯实基础的重要条件。今后几年，关于我国经济伦理学的研究内容、方法、基本原则、规范以及中西经济伦理思想史、马克思主义经济伦理思想研究将得到进一步加强。与此同时，越来越多的学者也认识到，理论研究的生命力在于同时代的紧密结合。因此，学者们在进一步加强基础理论研究的同时将更为注重其时代性。例如，在对经济伦理学基本范畴的研究中，将密切关注和结合当前我国经济社会发展中的热点问题，而不是仅仅局限于概念和范畴的逻辑推演。在马克思主义经济伦理思想研究方面，将加强对马克思主义经典作家的文本研读，尤其是从经济伦理视角对《资本论》《1844 年经济学哲学手稿》《1857—1858 年经济学手稿》等经典著作进行解读，在此基础上对马克思主义经济伦理思想的当代价值进行分析和阐述。在中国传统经济伦理思想研究方面，将更为关注传统经济伦理思想在我国当代社会的时代价值，分析传统经济伦理思想与现代市场经济观念之间的紧张、冲突与和谐，探寻其与我国市场经济条件下道德建设有机融合的可能性及具体路径。在对西方经济伦理思想的研究中，一方面将对一些著作进行更加深入细致的理论阐发；另一方面将更加密切关注其最新进展，通过多种途径加强与国外经济伦理学界的交流，掌握并引进其最新研究成果，从而为我国经济伦理学研究提供更高更新的学术信息平台。

2. 应用研究更加关注热点问题并增强服务功能

经济伦理学的研究，源于实践，归于实践。漠视现实、脱离实践的经济伦理学，将永远只是"书斋里的自娱自乐"。今天，伴随着中国经济的不断发展，一些新的现象和问题出现在人们的视野当中，也使得人们产生了一些新的困惑和矛盾。以经济伦理的独特视角去关注现象并解决问题，帮助人们释疑解惑，无疑应当成为中国经济伦理学研究的重中之重。我们十分欣喜地看到，近年来，越来越多的学者认识到这一问题，并以敏锐的热点捕捉能力或大量的实证调查研究丰富了我国经济伦理学应用研究的成果。相信在今后的一段时间中，学者们将会对现实热点问题有更强的关注意识和服务意识，有越来越多的研究成果能够服务于我国经济社会的发展。从研究内容上看，关于我国经济社会发展中的特色问题、热点问题的研究将更加广泛和深入。从研究方法上看，学者们将更加注重借鉴社会学、政治学、统计学、心理学等学科的研究成果和方法，注重通过广泛的社会调查获取第一手资料，从而更加全面真实地反映和描述某一领域伦理道德的"实然"。只有在此基础上所提出的"应然"，才会是更具针对性和实践操作意义的、能够成为决策参考的意见和建议。也唯有如此，经济伦理学的实践力才能真正得以张扬。

3. 体系构建与问题研究同时并进

在我国当前伦理学研究中，"体系构建"与"问题研究"究竟孰重孰轻，学者们有着不同的看法。有学者认为，在没有充分的理论前提和思想准备的情况下构建经济伦理学体系，既使得经济伦理研究方法上难以有所突破，又在一定程度上制约了对现实经济伦理具体问题的研究。因此，现在不宜考虑设计出一个令人满意的经济伦理学学科体系，而应当加强"问题意识"，重点研究经济社会发展中具体的经济伦理问题。笔者认为，体系构建与问题研究并不矛盾，相反，两者是相互支撑和相互促进的。构建经济伦理学的理论体系和学科体系，能够推动问题研究更加系统化、专业化；而对经济生活中具体问题的关注和研究，既是经济伦理学体系构建的前提和基础，也能够更好地充实体系的内容。应当看到，近年来，一些学者已经在构建体系方面进行了一些尝试和努力。但总体上说，我国经济伦理学尚未形成一个较为完善的理论体系和学科体系，这已经成为当前经济伦理学研究和学科建设中的"瓶颈"。毋庸置疑，在我国经济伦理学研究的起步阶段，在缺乏充足的研究成果为构建体系提供基础的情况下，必须将"问题研究"作为最紧迫的工作。但是，时至今日，经过 20 多年的发展，在中国经济伦理学研究已取得丰硕成果的基础上，构建较为完善的理论体系和学科体系，既是必要的，亦是可能的。构建体系与研究问题，将是未来中国经济伦理学研究中不可或缺且同时并行的重要方法和内容。

原载《哲学动态》2007 年第 4 期

娱乐经济、流行文化与伦理学研究笔谈

编者按： 为促进社会道德文明的提高与和谐文化的发展，上海社会科学院经济伦理研究中心与上海市伦理学会于 2007 年 2 月 7 日下午在上海社会科学院联合举行了"娱乐经济、大众文化与伦理学"研讨会，来自上海伦理学界的 17 位专家学者参加了此次研讨会，上海社会科学院经济伦理研究中心执行主任陆晓禾研究员主持了会议。本次研讨会作为由该中心发起的"大众文化与伦理学研究系列研讨会"的首次研讨会，主要以梅侬的《聊赠一支春——李宇春麈谈》一书为基础，就此书与伦理学研究的启示、伦理学如何面向大众文化、伦理学以及伦理学家的责任等问题，展开了热烈的讨论。下面我们选登几位学者的发言，以期引起更深入的讨论。

伦理学应走近大众——"超女"文化的伦理透视和伦理联想

朱贻庭[*]

炽热一时的"超级女声"娱乐活动已经过去，但从不同角度反思"超女"文化现象正当其时。"超级女声"作为一种现代的大众文化，要对其作伦理学的思考，首先有一个伦理立场的要求。这就是将"超女"们作为大众的一员平等相待，以大众的意义视阈平心而论。某些"评论家"置身于大众之外，居高临下，对"超级女声"指手画脚，有的甚至恶言相加，搞人身攻击。这绝不是对待大众文化的应有态度。

---

[*] 朱贻庭，1936— ，男，华东师范大学哲学系教授。

一句"想唱就唱"的标志语,说出了"超女"文化的本质和时代气息,道明了"超级女声"之所以成为万众追捧的文化热的根本原因。在商品社会中,说是"人的独立""人性解放",但这是"在物的依赖性下的人的独立"。实际的情况是,人性被商品所扭曲,甚至被异化;人们为利而假,也为利而"真"——工具性的真;人性本真消匿、消解。然而,人们的内心深处却渴望着人际的真心和真情,渴望着人性本真的复归。

显然,"超女"有别于在商业舞台上经过千层包、万套装的"歌星",商业舞台上的"歌星"也有追星族,但那是为"歌星"的个人魅力所动,与"粉丝""玉米"们对"超女"的真情呼唤不可同日而语。听"歌星"或精英的歌,是品尝歌声本身的美感,而"超级女声"唱出了弦外之"音",即人性美。"超级女声"具有人类音乐文化的本体论意义,其"热"可以过去,但其"声"是不会消亡的。

由此联想到伦理学学科本身的问题。

长期以来,我们的道德教育和伦理学研究在社会主义精神文明和思想道德建设中作出了显著的成绩,但也毋庸讳言,存在着一些值得思考的问题,其中的一个根本问题就是缺少了"超级女声"那样的精神——本真性、真诚感和大众性。道德教育者或伦理学研究者(当然不是全部)还不是以大众一员的身份,与大众平等相待,向大众学习,把握大众的心灵脉搏,去与大众做真诚的沟通和对话。有的还以"精英"自居,或热衷于建立"体系",或俨然以训导者的腔调夸夸其谈,或精心于追逐名利,就是不顾大众的心声和需要。如此这般,道德教育何以见效?伦理学的理论何以立足?有感于"超级女声"的伦理精神,我们应该以一颗真诚的心,让道德教育和伦理学研究从"天上"回到"地上"。道德理论来源于社会大众的生活,因而就理当面向大众,回归大众生活;随着"历史走向大众",伦理学也应走近大众,让我们的伦理学成为享誉大众的伦理学。于丹的《〈论语〉心得》就是伦理学走近大众的一种创造、一个范例。《〈论语〉心得》的电视讲座之所以能得到广大群众的欢迎,其书出售上百万册,可谓空前。其原因当然与媒体炒作有关,也与现代社会的文化消费方式相关,但根本的原因可能就在于它满足了大众的心理需要,在于"得(大众)心"。我们的思想道德教育和伦理学研究是不是也该多一点"大众性"，多一点本真性和真诚感，不要高高在上，不要老是唱"卡拉 OK"，在学界的圈子里自娱自乐。

伦理学的理论来源于社会大众的生活实际，而没有科学、深刻的伦理学理论的指导，伦理学要走近大众也不可能实现，因此，伦理学的理论研究与伦理学走近大众并不矛盾。现在的问题是：我们对伦理学的理论研究还很不够，时代需要的是凝结着道德教育者和伦理学研究者真诚之心，面向大众、面向实际的有情有理、有血有肉的伦理学说和道德教育。

关注流行文化的伦理内涵

赵修义 *

社会风气是社会文明程度的重要标志和社会价值导向的集中体现，也是公众非常关注的一件大事。当今社会，对于社会风气影响最大的一个是党风，主要是干部尤其是高级干部的廉政建设，另一个就是流行文化。在文化市场兴起、娱乐经济发达的今天，借助于高技术手段的传媒所传播的流行文化对于社会风气的影响是不可低估的。流行文化有许多是娱乐性的，但是其中往往也有一些负载着各种不同的审美情趣、人生态度和道德观念。同时由于现在的娱乐经济和流行文化已经不再是单向的传播，借助于新的技术日益吸引着许多公众的参与。参与的公众在参与中表达着各自的审美情趣、人生态度和道德观念。在一定的意义上可以说，存在着不同的价值观念之间的交汇和冲撞。研究当今中国的道德建设就不能不直面这样一个现实。所以，伦理学界不能对流行文化采取不屑一顾的态度，只满足于形而上的思考和体系的构建，或者仅仅在道德规范上做文章，同时也应对流行文化给予更多的关注。

在对待娱乐经济与流行文化的态度上，需要全面地看待其伦理功能。无可否认，由于娱乐经济是市场化运作的，有许多商业性炒作，也有许

---

* 　赵修义，1938—　，男，华东师范大学哲学系教授。

多颠覆传统和道德的"恶搞"等消极的现象，这些都是客观存在的事实，理应引起社会各界的关注。政府主管的媒体应该切实担当起自己的道德责任，也要反省自己的作为，不能一味地以谋取经济利益作为自己的行为宗旨，甚至为了谋取巨额的广告费不惜为不良的风气推波助澜。但是我们也必须看到，在流行文化中，在公众参与流行文化活动之中，在各种不同的审美情趣和道德观念的交汇和冲撞中，公众的良知，民间对于真善美的追求，也在表达和传播，这也是客观的存在。如果引导得当，公众就有可能在参与中提高自身的伦理能力。作为伦理学工作者我们要去发现这些道德资源，珍惜这些可贵的资源，并与传媒和主管部门一起探究如何激发这些道德资源，寻找使之发扬光大的途径。否则，我们的道德建设就会成为无源之水、无本之木，道德教育也会异化为一种令人生厌的说教。

伦理能力的提高还有一个重要的问题在公众参与的流行文化中表现得相当突出，那就是如何以负责任的态度去参与？在参与中如何对待与自己有不同的审美情趣、不同偏好甚至是不同人生追求的其他参与者？如何学会对他人人格的尊重，学会善于倾听不同的意见？在激情中如何保持理智的清醒和起码的交往礼节及礼貌？如何在 PK 的场合讲究竞争手段的道义性？如何在对待竞争对手的态度中体现出自身的善良和德性？近来读到梅侬女士所写的《聊赠一支春》一书，作者对于 2005 年超女评选中出现的丧失人格的谩骂侮辱、攻击对手的非人道方式等"血雨腥风"现象的评析，以及对在参与中必须体现自己的道德人格的呼吁，发人深省。它启示我们，需要对这个原来很少进入我们视野的伦理问题予以更多的关注，并积极探求提高这方面的伦理能力的途径。

"超女"与伦理学研究：一些启示和值得研究的问题

陆晓禾 *

长期以来，我们的伦理学发挥的是如科学一样的功能，真理、规律，

* 陆晓禾，1954— ，女，上海社会科学院哲学研究所研究员。

是我们所重视和关心的。但人们即便掌握了真理、规律，也还有其他的精神情感需要，这些不是逻辑的理性的规律所能解决的。因此，对普通人的伦理生活而言，有着巨大的精神空间，是科学功能类的伦理学所不能满足的。和谐社会建设，需要有满足人自身和谐发展需要、满足和谐社会发展需要的伦理学，即不但是理性的、追求真理的，而且是情感的、提升境界的。

从这个角度看，伦理学研究者应该关注诸如大众文化这样现实的社会伦理问题。改革开放以来，主流伦理学似乎一直受到挑战，采取市场经济，是否一定要移植西方市场经济道德？在这个问题上，有着不同的观点，有的主张将作为西方市场经济基础的道德准则一起搬过来，那么，中国传统道德、传统价值观是否还有生命力？由"超级女声"可以看到，传统美德是我们的道德建设应珍视的可贵资源，对于改善社会风气有着积极的作用。由"超级女声"还可看到，伦理学研究不能脱离大众、时代，包括不脱离过去忽略的娱乐领域，不用说，我们在评论和批评前，首先应该倾听，而且从这里，如同从其他生活领域，同样可以有深刻的伦理学的启示和丰富的资源养料可汲取。

如果不是采取俯视的而是虚心的态度来倾听和了解我们眼前所发生的这种文化现象的伦理意蕴，就会注意到如下一些启示和值得深入研究的问题。

1. 经济伦理是应用伦理，但社会经济基础发生了变化，与此相应，基本道德规范体系也在发生变化，因此中国经济伦理面临着一般伦理问题。从大众文化中，可了解到实际生活中推崇的究竟是怎样的道德价值？经济伦理要应用的社会伦理正在发生怎样的变化？理论界所坚持的伦理价值是否仍然受到年轻人的认可和看重？当然，大众流行文化肯定是多元的，不会是纯而又纯的，但重要的是要看到其中有价值的、生长着的有生命力的东西。

2. 意识形态与社会意识不同，意识形态是理论化的东西，它的基础是社会意识。梅侬的《聊赠一支春——李宇春麈谈》对作为2005年最重要的社会现象的"超女"特别是李宇春，从教育、艺术、文化、社会等多方面作了分析，这是对这一重要社会现象的第一本系统分析和评论的书，我们可借助她的文本来看这一社会现象对社会意识究竟产生了什么影响，引起了哪些思索，了解包括社会价值、道德取向方面的变化，以有助于我们对有关意识形态及其制度设计的思考。

3. 经济伦理学在西方兴起时，也很"草根"，后来被企业家拿了过去，甚至成为他们的时髦装饰，但西方学者、西方社会并没有因为这种包装而否定经济伦理学的发展。同样地，对"超女"、对李宇春，我们也不能因为有媒体包装，不能因"粉丝"的狂热而否定她们的存在及其价值。

4. 激情与道德教育的关系。道德说教是枯燥的，如何能吸引人？《圣经》说"上帝用爱和快乐来吸引人"。宗教很注意用情感、用形象来引导民众。情感并非是宗教才可用的手段。从"超女"来看，例如"粉丝"从李宇春身上看到真善美，因对她的爱和热情而想让自己也变得像她一样真善美，起到了我们的理论说教所起不了的教育引导作用。这对我们伦理学研究和教学也有启发，这就是可以通过激情、通过爱走向真善美，如温家宝总理最近与大学生谈心时所说的："爱是一切道德的基础。"

5. "粉丝"与偶像的互动及其关爱问题。人们对"超女"尤其李宇春的"粉丝"中有许多是女性而颇有微词。我觉得这一问题并不难理解。因为女孩成长中需要有其偶像或榜样，同性榜样能够也应该成为她们成长的动力。社会对她们应当持有理解和关心的态度，而不是质疑或侧目。她们把偶像看成是真善美的化身，但这些偶像也是真实的人，偶像需要成长，"粉丝"也需要成长，如何使这些"粉丝"在有一个良好的开端后，继续她们对真善美的追求、健康地成长是一个很现实的问题，是比偶像更值得社会去关注的问题。

6. "粉丝"团体作为市民社会发展的问题。与过去的"粉丝"群体不同，现在的"粉丝"团体是从海选中一步步形成的，他们在"造星"运动中比过去任何一个"粉丝"群体作用都大，付出的情感都多，受到的锻炼都大。正是这些有组织的"粉丝"团体，让评委、让社会听到了他们的心声，表达了他们的意志。在娱乐业方面，在政府管制和娱乐公司旁边，需要有"粉丝"组织这样的市民社会来平衡，才有助于娱乐业、社会娱乐生活的健康发展。"超女"的"粉丝"团体在"后超女"时代应当如何发展，如何对其进行管理，才能继续使之发挥这种作用，也是需要研究的问题。

7. 娱乐公司的经济伦理问题。一夜之间，就有如此强大、忠心甚至狂热的歌迷，这恐怕是任何一个娱乐公司都不曾有过的好事，拥有了李宇春等超女，就好比拥有了巨大的市场。同时由于这些超女与过去的歌星不同，是由"粉丝"亲手造就的，对她们的爱，使她们做出像对自己的亲人那样的不计功利的事情。对娱乐公司也因此有一个如何伦理地对待她们的"粉丝"、伦理地对待他们所爱的歌手、伦理地赚钱的问题。

总之，大众文化流行文化，为伦理学研究提供了许多新的课题，上面这些也只是我个人的一些思考，以期能引起更多的关注和讨论。

从文化、经济和社会背景看大众文化与伦理学研究

童世骏[*]

大众文化现象确实值得研究。社会研究中的许多范畴和现代化过程中的各项任务都与此有关。

我特别感兴趣的是大众文化与精神生活的关系。中国人的"精神生活"的特点是包括心理生活、文化生活、心灵生活三个方面，而不仅仅是宗教生活。文化生活也是精神生活的一个重要方面。在"玉米"们的狂喜中，表现出来的不仅仅是一般意义上的文化享受。同样，梅侬对李宇春的评价，也不仅仅是一种文化评论，梅侬把李宇春作为文本，类似于陈寅恪的《柳如是别传》，研究对象并不重要，重要的是作者在研究对象中投射的个人情感和人生情怀。梅侬对李宇春的评价实际上是一个假言命题：如果李宇春是如此这般，那么我对她的看法就是如此这般。换句话说，假如经验研究表明李宇春并不是那样的，那我自然也就不对她那样评价。对假言判断来说，如果在否定前件的同时也否定后件的话，那么整个判断就仍然是真的。重要的是梅侬推崇李宇春的理由能否成立，而不是李宇春的"真实"人格，更没有必要在这方面作一些根据不足的猜测。同时"玉米"们也要明确意识到，自己推崇李宇春实际上是推崇

---

* 童世骏，1958—　，男，上海社会科学院哲学研究所教授。

自己心目中的李宇春所代表的那些价值，哪怕确实有材料表明李宇春并不真的是那些价值的化身，表明资本在背后起了操纵作用，也并不意味着要否定那些价值。

这里也涉及文化消费与资本的关系。资本不仅引导和操纵消费者，而且也迎合消费者。偶像消费、美貌消费甚至"美色"消费之所以成为当代经济的重要因素，是资本和消费者双方互动的结果。广告商看到一批大众文化的受众的存在，当然视之为大好商机。这里确实有资本操纵消费者的因素。那么有没有可能，让消费者反过来引导资本呢？我认为完全可以。做媒体的，做教育的，很可以做一点工作，使得我们的消费者的需求更有利于个人的自由全面发展，更有利于公众和社会；对这样的需求，资本照样会来迎合。这并非乌托邦的想法，例如环保运动就在教育和引导消费需求方面取得了巨大成功；具有环保意识的消费者越来越多，他们在没有任何政治压力和经济压力的情况下拒绝购买不保护环境的商品，就使得厂商不得不更加注重环保产品的生产。

大众文化与狭义的"社会"即人与人之间的社会结合也有联系，这主要指大众文化与社会认同的关系。大众文化把大众与精英区分开来，同时又形成一个个亚文化群体，这些各有特点的群体不仅在消费着文化，不仅在过文化生活，而且也在过社会生活。任何群体都有特定的"社会认同"，而"认同"的另一方面就是"认异"，即表明自己与主流文化不同，与别人不同。这种现象值得研究。

这也涉及大众文化与政治的关系。在所谓后现代社会，政治与快乐之间也建立了密切联系。列宁曾经说"革命就是人民群众的盛大节日"。在后现代社会，不仅"革命"，而且日常政治，也常常像节庆那样热闹、好玩。所以才会有李敖这样的"政治家"，才会有我们经常在电视上看到的那些喜剧性或闹剧性场面。政治与娱乐的结合当然是很成问题的，但"超女"现象也提醒我们，在这个大众文化和文化消费的时代，政治不能太"乏味"，官方意识形态不仅要有"说服力"，而且要有"感召力"。对年轻人来说，一样东西即使很正确，但如果一点不"酷"的话，就肯定少了许多感召力。

讨论如何面对日益多变、多样的大众文化，势必要涉及如何避免价值相对主义，甚至价值虚无主义的问题。英国哲学家密尔说过，做一个不满足的人要比做一只满足的猪好，做不满足的苏格拉底要比做一个满足的傻子好。这句话很有名，但更有意思的是他紧接着问道：万一猪和傻瓜有不同的看法，我们怎么办呢？密尔回答说，那是因为他们只看到了问题的一面，而人和苏格拉底则看到了问题的两面。换句话说，人是经过动物进化而来的，苏格拉底是经过傻瓜的阶段才变得有学问有智慧的；人的价值观念高于动物的价值观念、苏格拉底的价值观念高于傻瓜的价值观念，是一个从低到高、从看到一面到看到两面的学习的结果。一个半世纪以后，人们对价值问题上的高低之别、文野之别、对错之别不像 19 世纪中期的密尔那么有把握了，而越来越倾向于多元文化主义和价值多元主义。为了在这种情况下避免价值虚无主义的可怕结果，不少西方哲学家主张把规范与价值区分开来，把对错问题与好坏问题区分开来，认为尽管在价值问题或好坏问题上常常是众说纷纭、莫衷一是，但在规范问题上、对错问题上，仍然存在着普遍适用于不同文化和群体的衡量标准。我觉得还可以补充说，尽管在价值问题上不能简单地把不同价值观念的分歧看作是不同学习阶段的区别，看作是不同价值观念的文野之别和高低之别，但也不能简单地倒向"公说公有理、婆说婆有理"的立场，而要一方面重视同一个群体内有关问题的讨论和澄清，另一方面区别对待价值问题的不同态度。在对待价值的态度上要经历一个学习过程，从比较盲目、武断和自我中心的态度，转变到比较理性、开明和相互尊重的态度，遇到自己不了解的、不赞同的价值观念时，只要还没有切实根据说对方是违反法律和道德规范的，是粗鲁的、野蛮的，就采取宽容、尊重和沟通的态度，在了解和研究的基础上再作判断。

对于研究文化问题的学者来说，在如何对待多元价值的态度问题上经历一个学习过程特别重要。以"超女"现象为例，要避免对"超女"做简单判断。在这里头，要有直觉、有思辨、有道德评价，也要有经验研究。怀疑、猜测和逻辑推论不是不可以，但那是用来提出问题的，而不是用来回答问题的。道德评价也不是都不要，从防止"后现代的"价值多元主义、价值虚无主义的角度来说，还要强调道德评价的必要性。但要强调，道德评价非但不能代替学术研究，而且还应该建立在学术研究的基础之上。

偶像应具有的内质

余玉花[*]

"超女""好男儿"是现代大众文化的表现形式。大众文化的特点是大众参与性，所谓的"想唱就唱"即是如此，人人可以报名登台表演，但是并非想唱就能登台表演，所以引入了比赛的手段。虽然并不是人人都能上荧屏想唱就唱，但大众文化的活动蕴涵着人人可唱的可能性。大众文化的另一特点是丹尼尔·贝尔指出的舞台与观众距离的消失。这是大众文化大众参与性的另一种表现，即台上与台下的互动，这种互动通过现代信息网络使其广泛化，更为大众化。自己不能登台"想唱就唱"者却有一个决定谁在台上唱下去的权利，即"拇指权"。这是"超女""好男儿"在年轻人中红火起来的重要原因，满足了年轻人的文化参与激情。任何时代的年轻人都有这样的激情，但表现方式是不一样的，"超女""好男儿"以及类似的大众文化是当今时代激情的表现形式。

年轻人激情的表达不仅要有形式，而且要有表达的对象，那就是偶像。偶像不是这个年代独有的现象，但是对偶像的狂热却是以往任何时候、任何时代都无法相比的。偶像是一个值得关注的问题。偶像一词，《辞海》中解释为：用土木金石等制成的神像、佛像等。引申指崇拜的对象。原始的意义是用土木金石制成的神像，今天的偶像则是活生生的青年迷恋的对象。其实历来的青年偶像大都是演艺界的明星，"超女"虽然是大众电视的娱乐活动，但其本质还是一种大众造星活动。青年人之所以愿意成为某星的"粉丝"，追捧某星，是因为偶像有自己所喜爱的东西，寄托着自己的某种理想，具有理想化的自我在里面。尽管在狂热的追星浪潮中，"粉丝"也会失去自我，变得十分不理性甚至可笑愚昧，但是应该看到的是，追求偶像是激情青年的需要，无论从对喜爱偶像的勇敢无畏的维护，还是在 PK 对抗形式中对自己偶像的竞争者即他人偶像的贬低甚至谩骂的行为中都可以获得证明。

---

* 余玉花，1953—　，女，华东师范大学政法学院教授。

　　偶像现象提出了一个"什么样的偶像是值得喜爱的"问题。梅侬《聊赠一支春——李宇春麈谈》以自己的欣赏品位，提出了标准：一是歌唱得好，二是形象美，三是心地善良。第一个标准涉及专业，但也有大众欣赏口味不同的问题，当然专业人士作一些辅导也未尝不可。第二个标准是非技术的美学问题，也是李宇春引起诸多非议的地方（如中性人的打扮）。这关涉人的审美心理。梅侬为她所作的辩护则始终以"小女子"之称谓表示其女性的特点，用心极其良苦。在我看来，女性"粉丝"对李的追崇与李的扮相风格有关，颠覆传统对女性"嗲、媚、丽"美的标准（男性的审美标准），具有一定程度的反叛性。这种反叛是对男性社会对女性美标准的反叛。而李最终成功地成为"超女"，离不开女性"粉丝"的力挺，从中亦可看到现代女性力量的增长。我们关注的是梅侬提出的第三个标准，即心地善良，也就是道德美、心灵美的问题。梅侬以大量的事例证明李宇春美好的道德品行，以此作为李获得众多人气的根本原因，同时也以此来号召更多的人成为"玉米"。这正是偶像以什么来获得大众喜爱的关键问题，也是我们讨论这本书的价值所在。

　　当然，明星偶像获得大众喜爱不仅仅在于他（她）的道德人品，还需要美妙的歌喉、精湛的表演、可人的形象等等，因为他（她）不是一个纯粹的道德楷模，艺术魅力始终是令人喜爱的元素，离开艺术元素则成就不了明星。但另一方面明星偶像的道德素质也应当成为大众喜爱的重要因素。这里有两方面需要思考的问题。一是明星本身应以什么样的形象示于公众，献给喜欢你的"粉丝"。明星偶像作为公众人物本身应承担一份道德示范的责任（西方国家也重视艺人的人品素养，如对国家的敬诚、对公益的热心等），艺人的管理部门有责任对明星提出道德责任的要求，对其进行艺术职业上的和为人之道的道德教育。同时明星艺人的道德表现应当成为社会道德舆论关注的对象。二是公众应该追捧什么样的明星。不能不看到的是，明星一方面是他们个人艺术上努力追求的结果，另一方面在现代大众文化中，明星也是大众追捧的结果，特别是在媒体网络手段的参与下，更是如此。这里对大众提出如何造星的道德要求，实际上是大众的艺术欣赏品位和道德理念的问题，同样也关系到社会风气的问题。当大众文化通过荧屏进入千家万户的时候，推崇什么样的偶像就不仅仅是"粉丝"的事情，实际上是倡导一种什么艺术品位和道德风气的问题。这种风气直接决定了我们时代推崇的偶像应具有什么样的内在品质。

社会舆论应有助于推动明星偶像良好品质的形成。对"粉丝"的偶像崇拜需要一定的引导，从这一点来说，梅侬尽了一位具有理性思维的诗人的责任，使人产生敬意。明星道德上的自我追求与大众道德要求的一致性是明星偶像道德品质发展的最佳路径。这方面的报道不少：如濮存昕投身于艾滋病防治、宣传活动；王菲、李亚鹏建立"嫣然天使基金"；林心如收到的生日大礼是"粉丝"用四万新台币拍下的爱心小熊，四万元新台币全部捐给需要帮助的孩子。明星们的道德善举使他们的"迷"不仅爱他们的作品，更爱他们的人，同时也带动了良好的社会道德风尚。

大众文化的娱乐功能与教化功能

邵瑞馨 *

梅侬对社会文化现象的评论，使我联想到"二战"后法兰克福学派以及丹尼尔·贝尔对战后西方世界，特别是美国的社会文化现象的评论。当时流行文化盛行，社会影响之大前所未有。法兰克福学派，尤其是马尔库塞对此有颇为深入的研究，对工具理性的批判也可谓鞭辟入里。十几年前，我对这一学派很有兴趣，曾作过粗浅的研究，现在回想起来，他们的研究对我们仍有一定意义。梅侬是文学家，她写的是散文。法兰克福学派的马尔库塞与文化社会学家丹尼尔·贝尔等则是系统的研究，似乎更为全面、厚重。如果联系他们的著述来琢磨梅侬所提出的问题，也许不无裨益。

关于伦理研究与大众文化。我想大众文化的功能历来就有娱乐与教化两个方面。在古代，教育机构少，受正规教育的人相对亦少。因此大众文化通过教书、说唱、戏曲等形式来传播、传承伦理道德，从而使教

---

* 邵瑞馨，华东师范大学社科部副教授。

化民众这一作用更为突出。近现代以来，随着教育的普及，文化传播的手段、形式增多，渠道更为畅通。加之生活节奏紧张、速度加快，大众文化的娱乐性有所增强。在众多的文化产品中有的具有很高的伦理价值，有的教化功能则相对减弱，如迪厅的蹦迪、街头的劲舞之类，恐怕纯粹是宣泄、释放，以娱乐为主。但是，即使是"纯"娱乐性的文化品种，也并非全无伦理意义。即使它表现的只是一种生存状态，并无任何指向性的结论，只是逗逗趣，闹着玩，也总是在暗示着某种生活情趣、审美意识、人生态度、人际关系……其影响之广之强，有时远甚于课堂教学。理论著作的影响恐怕亦主要在学术圈内。伦理教育具有相当的实践性，并非仅仅书本、课堂领域所能解决，因此，对于具有广泛强烈影响的大众文化，伦理学家们若能予以充分关注，从中发现问题、汲取养料，从学理上加以清理，又参与到大众文化之中去，无疑是一件功德无量的好事。

为此，我提出如下建议。首先，由伦理学会或研究所出面举办定期或不定期的以"大众文化与伦理研究"为主题的沙龙，邀请伦理学工作者、大众文化的从业人员及其他对之感兴趣的人士参加，各种思想碰撞产生火花，可在报刊上辟专栏，或设网站，吸引公众关注、参与，其间可以包括从伦理学角度开展的影评、戏评、时评。其次，参与大众文化产品的设计、制作。林栋甫有一档用上海方言表述的谈话节目，设计家庭伦理之类，贴近平民，很亲切，若能有伦理学家参与，提高节目的思想水准，岂不更好？最后，普及性的各类培训是否也可属于大众文化（相对于精英教育）？现在面向青年的各类职业培训很多，当然极为需要，面向中老年人的各类学校也很多，其内容多为技能性的，能否加入、加强伦理道德方面的内容？这里有很大的空间。

加强伦理学的基础教育。伦理学与大众文化的结合，其必要性我认为是毋庸置疑的，但是如何做好、做出效果来？这涉及方方面面，有些不在伦理学界本身。但是有一件事又是伦理学界自己应该做的，那就是有关伦理道德的理论问题，并不是都很清楚，有的甚至很不清楚。十年浩劫造成的混乱经过拨乱反正，主要是政治上的，伦理上是否也要进一步清理？改革开放带来的一系列新问题、中西文化交流提出的许多新问题，有些可以多元并存，有的应该也必须统一。总之，应当加强伦理学的基础教育。

大众娱乐与伦理建设

段　钢[*]

我们今天要讨论的是，面对这么声势浩大的大众娱乐，我们对社会的伦理建设应该秉持一个什么态度？

这一娱乐背后是巨大的消费群体，它是不容忽视的，对于学者来说，你可以不喜欢它，但不能回避去看待它。在这么多"粉丝"的支持下，这一大众娱乐代表了大众伦理的一种倾向，对于特定年龄的人群来说，那就是，明星是一种价值取向，一种伦理判断标准。这种现象，如果只是简单地否定或者追捧它都是错误的。存在就是合理的，关键是如何去认识和分析它的利弊，用一种正确的观念去面对它。也就是说，我们应该重视大众娱乐伦理的研究，它是应用伦理学十分重要的一部分。伦理学工作者要加强这方面的关注。这包括以下几个问题。

首先，明星的示范效应问题。大众的娱乐伦理建设，关键是如何把造星运动纳入一种健康的轨道，而不仅仅是为商业利润服务，这是伦理建设需要思考的问题。李宇春的包装成功，自然少不了商业运作的游戏规则，但是，我们需要考虑的是，商业的运作如何才能把一个基于健康发展的良好形象展现给大众？所谓健康，那就是说，不能只在舞台上是健康的，在生活的一些方面都应该树立一种榜样，或者是倡导一种积极的人生。我们能否更关心这样一个问题：那就是，宣传攻势下的李宇春能够为这个特定年龄的人群提供一个模范的标尺吗？她是否具有示范效应？目前，许多青少年只看到李宇春很光彩的一面，认为自己最大的梦想就是要去选秀，都要去挤占这一独木桥，而没有看到成功背后需要付出的努力，许多家长为此忧心忡忡。当然不是说，所有青少年都是这样的，而是说这一形象带来的影响面是巨大的，影响的群体不是少数。如

---

*　段钢，1969—　，男，上海社会科学院《社会科学报》副主编。

果我们实事求是地承认明星，尤其是娱乐明星对青少年身心的深刻广泛影响，那就应该多多注重这些人物的内在价值和成功的积极因素，以及人物的多元背景性。

第二，媒体的社会责任问题。我们的媒体更多的是宣扬一夜成名的概念，而不是把多年刻苦磨炼的精神等传播出去，不是去挖掘李宇春背后成功的努力，而是去炒作许多盛名的光环，无形中把这一事件纳入媒体消费的流水线，使得"粉丝"们变得更加浮躁，而媒体只关心创造了多少利润。我想，我们的媒体需要深刻反省。

媒体虽不是政府机构，但也绝不是一般的企业。媒体作为公众传播机构，对社会负有重大责任，天然地同社会有一个契约，那就是以维护社会的健康、和谐发展为己任，媒体必须对社会负责，必须正确地引导社会舆论，而不是一味迎合大众。我们的社会当然需要有明星，可更需要的是普普通通的劳动者和科技工作者等，他们是社会的中坚。如何引导教育年轻人安心学习，将来努力以自己的劳动报效社会是媒体必须承担的社会责任。像"超女"这样的活动如果引导不对，就会以极个别人的一夜成名去吸引数千万的年轻人参加到媒体组织的活动当中来，使他们耽误学业，逐渐改变他们的世界观、人生观、价值观，而媒体却在这个过程中赚取巨额的钞票，这是媒体对社会的极不负责任！这种只顾媒体的利润和影响，而忘记了媒体的社会责任的做法，是十分可怕的。这会对一代人的成长产生误导。媒体行业和其他行业不能完全等同，它必须有社会公益意识，拥有公共产品的一面，要对社会负责，绝不能唯利是图，不能以利润最大化为唯一目标。

因此，媒体的责任，很重要的一点就是要在对大众伦理的导向上起着重要的作用。这也是需要得到制度化和法制化的保证的。媒体的伦理建设也是我们需要重点关注的问题。从媒体的角度来说就是要培养更深刻的社会批判能力和社会伦理责任感，将话语权和历史使命感联系起来，不要将社会的内在生活娱乐化、功利化。

第三，文化管理者的引导问题。我们的社会是一个逐渐分层的社会，不同阶层的人群拥有不同的爱好，而对于不同层面都有大量的人群对李宇春喜爱的情况，我们就要仔细分析，造成这样影响广泛的原因是什么。

在一个社会，由于英雄和模范的缺失，转而把注意力放在一个娱乐英雄上，这说明了什么？李宇春热体现了我们社会伟大的娱乐精神，但是一个社会只关注娱乐精神是很危险的，因为社会的健康发展需要方方面面的关注，公平、正义、社会良心等等，这些都是整个社会发展的重要元素，需要全体社会成员的关注。当然娱乐具有一定的价值，但不能只关注娱乐英雄，或艺人影星。其实从时代大环境来考虑，今天是个文化多元、价值观多元的时代，要允许个人自我实现途径的多元化，对成功的标准不能过分唯一化，可以允许多种偶像的存在，以及多个社会层次的模范代表人物的宣传价值的存在。和谐社会应该是以人为本，承认每种生存方式的合理性以及自我超越和成功。多宣传文化思想学者等多方面的人物，在文化、思想的深度层面上进行引导、宣传，这才是一种积极的价值取向。

所以，对于李宇春这样一个事件，我更关注的是我们的管理阶层如何以健康向上又符合建设和谐社会要求的开明观念，去引导个人和媒体的发展，并最终对整个社会的发展方向产生积极的影响。这也是一个管理层伦理引导的问题。

大众文化裹挟下的应用伦理学

黄凯锋 *

有的学者认为对"超女"现象不需要进行道德高下的评价，我个人觉得只要是价值观判断，肯定有高下之分，价值判断就是要反映学者明确的立场、观点和方法。问题在于：寻找到一个大家比较认可的判断标准，在现代社会中，要比以往困难得多。借此机会，我提出以下三个问题。

第一，应用伦理学如何在大众文化建设中发挥作用？这实际上是应用伦理学在现代社会生长的空间问题。我们有必要思考应用伦理学究竟有没有自己特定的问题域？有没有关于这些特定问题域的一般性答案？

---

* 黄凯锋，1968— ，女，上海社会科学院邓小平理论研究中心研究员。

元伦理学的规范和典型案例在应用伦理学中存在的空间和可能性究竟怎样？德国应用伦理学家赫费概括分析了元伦理学和应用伦理学的区别，认为现代应用伦理学最根本的特点是权衡和决疑。要在权衡和决疑中寻找初步的共识，这个共识不可能达到原来想象的绝对的普遍的标准。应用伦理学本身也不再扮演导师的角色。当然这并不意味着元伦理学没有价值，但是在现代社会中，面对一个完全不同的领域，发现问题，赢得自己的新的生长点，恐怕是应用伦理学更加可行的途径。

第二，风霜的中年如何给娱乐的少年指路？能不能指？要不要指？指什么方向？大众文化的评价者和实践者不是一体的，评价者的判断很可能与实践者的自我判断不一致。过来人的现身说法如何不被误解为摆老架子？年轻人的文化消费又如何不被简单地指认为脑子有病？评价主体如何适当调整自己的角色？娱乐的少年如何积极参与整个社会的道德文化建设？如何赢得积极参与的权利？评价者和实践者如果真的存在错位，又如何纠正？所有这些都将带来工作方式和技术上的挑战。

第三，在商业游走的齿轮中，文化价值的实践和升华究竟能走多远？一方面，文化、道德的发展在社会主义市场经济条件下不大可能脱离商业齿轮而独自完成；另一方面，只要在商业齿轮中游走，文化的品和位就可能或堕落或升华或止步，其价值实现就是有极限和边界的。商业与文化是两难，而道德生长也离不开这样的两难。

原载《道德与文明》2007 年第 3 期

近年来伦理学研究的前沿问题

彭定光*

近年来，我国学者对当代社会生活和科技进步中所提出的诸多伦理道德问题予以了广泛关注，其学术触角主要涉猎如下伦理学前沿问题。

经济生活领域的伦理学前沿问题

集中在国际经济伦理、金融伦理、经济危机的伦理应对、财富伦理四个方面。国际经济伦理问题是随着经济全球化进程的推进而引发学者关注的问题。这一问题是一个有关全球经济活动是否需要道德及需要什么样的道德基础、国家之间及人们之间的经济关系如何处理、国际经济的道德秩序如何建立和维持的问题。学者们认为，国际经济伦理的构建和一致认同是经济全球化十分重要的紧迫课题，国际经济活动既不能奉行"丛林法则"，又不能遵循经济自由主义所提倡的道德原则，也不能实行贸易保护主义，而应该在尊重各民族国家的道德观念的基础上，以正义原则、互利原则、共享原则等为其基本道德原则，在不伤害人类生存环境的同时，经济大国应该承担更多的国际经济道德责任，帮助其他国家发展。富国应该积极援助穷国，跨国公司也应该履行相应的国际经济道德义务。

金融是国际经济生活中的一个最为活跃的因素。受国际金融危机的推动，我国学者对金融伦理给予了较多关注。学者们认为，金融不是纯

---

* 彭定光，1963— ，男，湖南师范大学道德文化中心教授。

粹的技术活动，还包含着道德因素，它要求金融行业自觉奉行金融市场的道德原则，在追求经济利益的同时承担相应的社会道德责任；金融从业人员具有良好的职业道德，不投机取巧、贪污受贿，不从事金融诈骗、内幕交易、操纵市场等不道德的行为；金融监管机构主动遵守金融监管道德，合理处理金融领域所存在的各种利益冲突和伦理冲突，切实防范包括道德风险在内的各类金融风险。

在经济危机的伦理应对方面，学者们认为，已有的关于经济危机的伦理思想彼此区别甚至对立，各自都缺乏较强的理论解释力，所提出的应对经济危机的不同思路与对策，使经济实践变得无所适从。要摆脱这种困境，其前提是准确地理解经济危机。其实，经济危机是所有经济资源、技术性因素和人为因素共同作用的结果，是由于人们在其经济行为中没有及时合理地处理经济关系、化解经济矛盾而发生的，是具有人为性的危机。因此，经济危机与经济活动主体的道德内在相关。这就意味着，经济危机既是市场经济运行中经济矛盾、利益矛盾的呈现方式，又是其所具有的道德缺陷的呈现方式，呈现着道德危机。与经济危机有关的道德危机分两个层面：其一是经济危机本身内蕴着道德危机。它既可能是市场经济欠缺道德的危机，又可能是市场经济道德在内容上的不合理或者错误，还可能是道德在社会经济生活中的边缘化。其二是经济危机引发了道德危机。作为经济危机的社会后果，它既可能是人们对社会道德的认同危机，又可能是道德权威性的丧失甚至道德信仰的危机，还可能是个人道德自律精神的消解和其行为的道德失范。由于经济危机与道德相关，因此，对其进行伦理应对就有其内在根据。问题的关键在于寻找能够超越经济自由主义和凯恩斯主义的伦理应对思路。

在财富伦理方面，学者们认为，财富并非是纯粹物质性的东西，它同时具有社会本性或者道德本性。财富伦理是指人们创造、占有和使用财富的方式，以及与此相关的生产、分配、交换和消费过程中蕴含的伦理内涵和道德意蕴。其内容包括财富的价值观即关于财富价值大小的问题、致富观即关于如何获取财富及其手段的正当性与合理性问题和消费观即关于使用财富的合目的性与合规律性问题。它要解决创造财富的冲动力、节约财富的抑制力和合理运用财富的智慧三个问题。它所追求的是财富与人、财富与自然、财富与社会的和谐共生，促进社会的进步和人的自由全面发展。

技术发明和使用中的伦理学前沿问题

除探究人类辅助生殖技术、器官移植等高新医疗技术、转基因技术等生物技术、网络技术等专门技术中的具体伦理问题之外，学者们探讨了技术发明和使用中三个具有普遍性的伦理问题。在技术伦理范式方面，学者们认为，既有的技术伦理研究范式通常站在技术活动之外，对技术使用的后果进行伦理反思和批判，往往对技术的负面影响比较关注，容易产生技术悲观主义。其实，技术伦理研究同时需要关注技术设计或者发明的"内在进路"，它将目光投向技术活动本身，考察如何在技术设计中嵌入某种道德要素，使技术人工物能够在使用过程中引导、调节人的行为，把技术当作一种实现道德目的的手段。这种研究范式决定了技术伦理的内容不再局限在技术工作者的职业道德和技术进步带来的伦理问题两个方面，决定了人们不再把道德视为技术活动之外的一种规范力量，也决定了技术伦理学家不再只是技术发明和使用中的边缘力量，只对技术使用的后果进行伦理的反思和批判，而是在技术发明、技术政策的制定和技术评估方面享有话语权。

在技术决策伦理方面，学者们认为，作为控制技术使用后果的重要环节，技术决策关系着利害得失，必定会产生伦理问题。技术决策过程的伦理问题包括技术决策伦理原则的确定以及技术决策者的伦理责任的确立等。技术决策的伦理原则包括以人为本原则、公正原则、敬畏生命原则和安全原则。技术决策者的伦理责任既包括事前责任和决策责任，又包括事后责任和追究性责任。要让伦理在技术决策中"在位"，在技术决策中需要运用三种伦理模式，即价值观模式、功利论模式和道义论模式，它们因侧重点不同而适应于不同层次的技术决策。

在技术的伦理评价方面，学者们认为，在对技术进行伦理评价时，要遵循三个基本原则，即技术与人之间关系层面的技术人道主义原则、技术与自然之间关系层面的技术生态主义原则和技术与社会之间关系层面的责任原则。技术人道主义原则主要包括对生命的尊重、对人类情感的关注以及对人性的保护等，其基本精神是关注人的全面发展。技术生态主义原则旨在重建人与自然的关系，追求人与自然的协调发展。责任原则强调对自然、后代和社会的责任，要求技术工作者和管理决策者尽可能客观、公正、负责任地向公众揭示新技术的潜在风险。

政治生活领域的伦理学前沿问题

学者们认为，这一方面研究的首要任务在于弄清政治有无道德本性的问题。因为，这一问题是政治伦理学的根本问题，它既是政治伦理学得以建立的逻辑前提，又是政治文明是否可能的内在根据。只有承认政治具有道德本性，我们才能有根据地对政治领域进行道德评价，才能理所当然地对政治主体提出道德要求。在此基础上，我们才能进一步对政治道德予以准确的定位，即政治伦理产生于哪个社会生活领域、其根本道德价值取向是什么。政治道德的定位问题，既是一个关于什么样的政治道德才是合理的问题，又是一个关涉政治道德体系的问题。在政治道德体系方面，有人认为它包括政治道德理念、政治制度道德、政治主体道德和政治活动道德，有人认为它包括政治制度伦理、政治行为主体的关系伦理和政治美德以及以国家政治意识形态为主导的社会政治理念和理想三大层面，有人认为它包括权力伦理、政府伦理、行政伦理和政党伦理，有人认为它包括政治家伦理、公务员伦理和公民伦理，有人认为它包括地缘政治伦理、文化政治伦理和生态政治伦理，有人认为它包括国内政治道德与国际政治道德。有人特别强调政治道德理念在政治道德体系和政治道德实践中的突出地位，认为合理的政治道德理念为人们确立政治行为的目的、为人们的政治实践提供动力、为人们提供衡量政治生活的标准、有利于人们把握政治世界和有利于整合人们的政治行为，并指出，政治道德理念既不能被化约为功利主义者所崇尚的功利理念，又不能被归结为自由主义者所力倡的自由或者正义理念，它本身是一个由多种道德理念所构成的整体。如果我们在政治实践中把其中的一个理念单独地抽象出来，作为指导和评价政治生活的唯一道德理念，那么，它就会给政治生活带来不利的影响，就不能充分地显示政治生活的善性。在执政伦理方面，有人认为，它主要包括执政伦理理念、执政制度伦理和执政主体的道德品质三个方面的内容，以人的自由全面发展为执政伦理的最高道德价值目标，以公正、平等、人道为执政伦理的根本原则。有人还分析了现代政治伦理的发展趋势，指出，这种趋势表现为：从统治政治到生活政治，从分等政治到平等政治，从人治政治到法治政治，从全能政治到权限政治，从集权政治到分权政治，从强权政治到联合政治。

　　值得注意的是，伦理学前沿问题不是由人的主观意志随意设定的，而是由当代现实生活提出的，是出于社会生活的内在需要。这就要求学者们改变从书本到书本的学风，积极地审视社会生活所提出的伦理学问题，努力改变伦理学理论滞后于实际生活的状况，及时而合理地解答伦理学前沿问题，以满足社会实践的需要。

原载《光明日报》2013 年 12 月 10 日

科技哲学

有关科技哲学研究的文献分为以下 2 辑：第 1 辑，关于新中国成立以来科技哲学发展过程的评述，由于新中国的科技哲学是从"自然辩证法"出发的，而且"自然辩证法"现在还是高校的一门课程，所以这里选了与此相关的一篇文章；第 2 辑，关于中国和西方科技史研究的文献，如同研究马克思主义哲学、中国哲学、外国哲学离不开与此相关的哲学史一样，科技哲学与科技史紧密相连，但按照现有的学科体系，科技史是独立于科技哲学的一级学科，因而对于科技哲学研究的叙述中，常常将其忽略了。由于"李约瑟问题"在中国科技史研究中占有突出位置，因而选了有关研究的综述。

改革开放以来的中国科学哲学

刘大椿 *

复兴的契机

20 世纪 70 年代末，由于科学和教育是拨乱反正的前沿，有关科学的哲学问题就特别有生命力和吸引力。于是，凭着科学自身普遍性、无阶级性和超国界性的特质，适应改革、开放的要求，科学哲学在中国成了思想解放的带头羊与当代中国哲学复兴的切入点。

1978 年 3 月 18 日邓小平《在全国科学大会开幕式上的讲话》，重申并有力地论述了马克思关于"科学技术是生产力"，并以此为契机，恢复了知识分子作为工人阶级一部分的地位。如是，尊重知识、尊重人才，大道畅行。这一哲学命题便成为思想解放的春雷。

在真理标准大讨论中，由于科学理性是理性家族的宠儿，科学的实证方法最显著地体现着实践标准的有效性、权威性乃至唯一性，这就使来自科学方面的证据，在这场论战中扮演了重要角色。科学作为思想解放突破口的特殊地位，使得更深入的思考成为必要与可能。例如，"如何解释科学史"的问题，使中国人直面长期探讨这类问题的西方科学哲学。另外，是否能不加限定地把"真理"与"科学的"二者等同起来呢？于是，人们开始关注下述科学哲学的基本论题：作为一种世界观、方法论，哲学与科学究竟是什么关系？如何恰当地为科学在经济、社会、文化中

---

* 刘大椿，1944— ，男，中国人民大学哲学院教授。

定位？这些问题促使一批学者不仅开始从不同方向涉猎西方科学哲学思想，而且开始引入各种现代思潮。

众所周知，中国科学哲学的发展及相关思潮的涌动，多是在自然辩证法的旗帜下开展的。"自然辩证法"事业，在中国可以回溯至二三十年代，是由一批倾向于马克思主义的学者从研读恩格斯的《自然辩证法》一书而发展起来的。70年代末以后，自然辩证法在中国再度发展时，采取的是一个兼容并包的"大口袋"方针，取得比较多共识的内容可归入下述几大块：自然观研究、科学方法论研究、科学思想史和科学·技术·社会研究。自然辩证法的特有地位——既是马克思主义哲学传统的一部分，又与当代科学技术密切相关——在中国科学哲学的发展进程中扮演着重要角色。它像是一个孵化器，不断有新的人员和思想参与进来，交流、突破，迸发灵感，而在思虑成熟后往往自立门户，或转入其他学科。有些人索性就是其他学科的专家，在这块领域属"兼职"。因此，具有鲜明的中国特色和深刻广泛的社会影响。

近20年来，自然辩证法在中国演化成科学技术哲学，是科学技术与哲学相联结的桥梁。它作为哲学的二级学科取得了重要进展，逐步就科学技术本身及其与经济、社会、文化相联系的各个方面进行哲学层次的思考和探索，批判地吸收了历史上和当代该领域其他学派的研究成果，取得了较大的学术成就和社会效益。1982年后，自然辩证法课程已成为高校理工农医专业硕士研究生的马克思主义理论必修课。

近10年来，在改革开放和科学技术革命两股世界性潮流冲击下，科学技术哲学的研究框架有了重大突破，研究内容有了新的拓展，陆续分化和形成了一系列专门的学科分支和方向，如科学学、未来学、科学哲学、科学方法论、科学技术思想史、技术哲学、科学社会学等等。与此同时，各门科学前沿的哲学问题，也得到了更深入的研究。相应地，许多高校陆续开设了科学哲学或科学技术哲学课程。现在，已建立了比较规范化的有我国特色的科学技术哲学专业硕士和博士教育体制。

在科技革命迅猛发展的条件下，科学技术与我国社会主义现代化的互动作用日趋明显和重要，学者们愈来愈自觉地把现代科学技术当作一种极为特殊的、起决定作用的社会活动来加以研究。一些学者把科学技术的发展放在当代社会变革的大背景中考察，对科技活动的社会规范和社会体制问题进行了认真的探讨。还有一些学者将科学技术视为文化的极其重要且不可分割的一部分，从人类文明进步的角度去寻找它们之间的作用机制，试图既从正面也从负面揭示它们的相互影响。许多学者继承和发扬理论联系实际的传统，就我国国民经济建设和社会发展中的重大问题进行研究，做了卓有成效的工作。

全方位的吸收与剪裁

拨乱反正时期，尽管科学的声誉得到了极大的恢复和光大，科学哲学已成为引进当代哲学思想的一个窗口，但人们对科学技术本质的理解还不够深刻，甚至有所误解。在 80 年代最初几年过去之后，从内外两个方向上，对科学技术逐渐形成了比较全面的认识。在内部，是科学世界图景的完善，科学方法论、科学哲学研究的兴起，以及普遍的、合理性的态度等科学精神的形成。在外部，从把科学视为社会的一个独立变量进到把它放在科学、技术、经济、文化互动的大系统中考察，从盲目的乐观主义上升到合理性的科技伦理学，从一般的"科学是生产力"而达到"科学技术是第一生产力"的认识。

这两个方向上的进步都离不开对国际上一切优秀文明成果的全方位的吸收与剪裁。而这又有赖于观念的突破和思想方法的更新。20 年来，对原苏东和西方的研究成果全方位开放，译介的著述之多是空前的。这为今后深入一步的研究打下了基础。但这期间，的确有食洋不化、浅尝辄止的毛病。在引进国外成果时，如何联系中国的实际情况，使之与中国传统文化和现实中有生命力的东西相结合，在中国土壤上扎下根来，更是一个薄弱环节。

这一期间的科学引进表现出三个特点：一是引进的科学理论（包括人文、社会科学的理论）都紧紧围绕"中国的现代化"这一主题；二是引进的时效性大大加强，包括大量新兴的，甚至在国际学术界尚有争议的学科和科目；三是引进了众多的"边缘学科"和"交叉学科"。其中难免混有一些不成熟的学科，甚至伪科学。总之这一时期科学引进运动的特点是：现实性、新兴性、多样性。

1983—1984 年间对阿·托夫勒等人著作的"浪潮"式译介，表现出相当强的时效性。《第三次浪潮》和《大趋势》在中国的风行，使国民有机会接触国际上最新的思潮，极大地开拓了民族的视野。但是，中国有自己更现实的问题，这就是落后的中国的现代化问题。无论如何，现代化不是简单地采纳最新科学技术和简单地引入最新国际思潮就能实现的。必须在中国的政治、社会、经济、文化背景下，在中国的科技水平基础上，创造性地整合从西方引入的先进科技和思想观念。开放的同时必须整合，吸收的同时必须剪裁。

这显然不仅仅是科技型知识分子，包括那些关注科学技术的知识分子的任务，也是人文型知识分子的任务。现代化需要对人性的把握。遗憾的是，80 年代初中国人文主义的介绍工作明显滞后于科学和科学哲学。中国的科技型知识分子不得不把目光同时投向自然科学和人文学科两大领域，不得不同时在科学技术和思想文化两方面为中国的现代化设计蓝图，并担负着外来思想的剪裁者的角色。

1983 年底开始推出、并迅速流行大江南北的《走向未来》丛书集中体现着这种努力。1984 年推出的 12 种几乎都属于自然科学类书籍或与科学有关，1985 年以后，社会科学和人文科学著述占据了越来越大的比重，涉猎到政治学、人类学、艺术、神话学等纯粹人文、社会科学。人文主义从科学主义中萌生，这正是 20 世纪 80 年代中国学术的一个特征。

同样具有明显科学主义特征、但较为晚出的一套丛书是上海译文出版社印行的《当代学术思潮译丛》。其中，1987 年推出的《从混沌到有序》《熵：一种新的世界观》等，涉及一些新的概念，如耗散结构、混沌、有序、无序、时间之矢、生态灾难等等，此后相当长时期频繁出现于中国学者的著述中。1988 年又推出了《超循环论》，1989 年又推出了《突变论》，1990 年推出了《超循环论》，2001 年推出了《协同学》。耗散结构、协同论和突变论被称为"新三论"，为当时知识界提供了热门话题，并为"科学化的哲学"运动提供了素材。

同时期的《现代西方学术文库》（三联书店出版）和《二十世纪文库》（华夏出版社出版）则主要是从人文学科的角度来选材的。但是，这两种丛书推出之际，科学主义运动已深入人心，它们也都选有科学方面的著述。

从 1981 年开始，商务印书馆以《汉译世界学术名著丛书》的名义，整理重印它自 50 年代以来选译的西方学术著作，其中也不乏科学哲学的名著，包括许多维也纳学派代表人物的作品。科学哲学在整体哲学领域中地位的再度上升，是在 80 年代下半期以后。这一变化可以从上海译文出版社的《二十世纪西方哲学译丛》中看出来。这套丛书越来越偏重于当代科学哲学的介绍，如费耶阿本德、劳丹和本格等人的作品，科学哲学类著作占了其全部书目的一半以上。库恩等历史主义科学哲学的介绍，促使中国学者开始对理性与进步的问题进行反思，从而标志着科学哲学的引进工作在中国也达到了一个新的高度。

新的更深入的思考

1. 怎样看待科学技术

20 世纪 80 年代初，人文主义哲学在中国曾有过一次短暂的高涨，但是，当时中国人文主义哲学的来源，多是西方前现代化或反现代化的哲学，并不能适应现代化目标的需要，因此不但受到传统意识形态的排斥，甚至也不见容于知识界。一股越来越猛烈的非理性（甚至是反理性的）潮流在中国的兴起，日益引起了人们内心的不安。其结果是科学主义在知识界的大力反弹。这就是所谓"科学化的哲学"追求，试图在"现代化"问题上确立理性的地位，为中国的社会工程寻找一种科学的指导理论。

但是，"科学化的哲学"追求有难以克服的弱点。七八十年代之交拨乱反正时的理论论辩，固然促进了学术的初步繁荣，推动了我国科技事业发展，但也暴露出如下几个方面的问题：

第一，在知识层面，没有区分不同性质的学科与不同性质的真理，而把一切真理都冠以"科学"之名。不仅称马克思主义为"科学的"，其他如政治、法律、道德等领域，凡正确的知识也都认定为"科学"的。其实，狭义的科学知识一般是指实证知识，即是有明晰逻辑体系，经严格实验验证的知识。广义的科学知识固然可以包括一切符合理性的真理，但必须注意把它与狭义的科学知识区分开来。不加区分地混用，结果只能是混乱。

第二，在方法论层面，对"什么是科学方法"缺乏共识，也不理解"科学方法是科学活动的灵魂"。在科学共同体内部，缺乏公认的学术规范，各行其是，常常掺入一些非科学，甚至伪科学的成分。在社会科学界，方法上的鱼龙混杂更是令人咋舌。

第三，在实践层面，不能恰当处理科学与技术之间的关系。有的以为基础科学的突破自然而然会带来生产效益。有的不能很好地把握科学技术建制与社会其他建制之间的关系。最大的问题是在科技体制内部缺乏健全的运作机制，在科技与生产、科技与社会之间缺乏有效的连接机制。

第四，在人类文明层面，没有意识到科学技术是双刃剑：既是历史发展的杠杆，也可能产生严重的负面作用。更没有做好准备应付科技发展对传统生活方式、意识形态、道德伦理、宗教信仰等等提出的激烈挑战。中国当时的舆论几乎一边倒地对科技采取了一种简单的乐观主义态度。相反，同时期的西方科幻作品，大都强调工业社会中科技对人的异化，忧虑地看待人与自然关系的恶化。

80年代中后期，中国哲学界开始出现了另一种声音，即要求把科学作为活生生的过程，作为一种特殊的人类活动来探讨和论述；要求同时考虑到"科学活动的内在方面"和"它与其他人类活动的关系及其在整个人类活动中的地位"[①]。以"活动"为核心，展开对科学的多方位、多层次的描述与解释，把"科学活动论"建成为一个较完整的体系，有助于增强它的说服力。

强调"活动"而不强调形式化方法的观点之所以能风行于中国学界，不能不说与中国传统文化中讲究"心领神会""因材施教""运用之妙，存乎一心"的倾向有关。这也正是今天中国文化有可能对世界科学哲学做出贡献的一个突破口。另一个可能的突破口，是中国文化对"用中""全体"的强调。中道不是"不偏不倚"，而是积极参动的互补，是取长补

---

① 参见刘大椿《科学活动论》，人民出版社，1985年。

短。西方科学哲学流派纷呈，多数好走极端，各流派之间往往争得不可开交。对此，中国学者却能持一种宁静超然的心态，开放地为我所用，使之互补，包括经验主义与理性主义的互补，还原论与整体论的互补，机械论与系统论的互补，程式化努力和"反对方法"的互补，科学精神与人文精神的互补。1988年以后，有关生态哲学、环境哲学、生命伦理学等方面的研究骤然升温。哲学不断追踪自然科学里的新兴学科，始终保持思维的高度活跃。

可以认为，20世纪80年代中后期兴起的系统哲学热，是科学化的哲学追求的一个分支。只是这一分支由于各方面条件的共同作用而格外兴盛，以至于成为一项独立的运动。起初它只是用来完善现有的辩证法框架，后来则提出了自己的研究目标。系统哲学的发展经历了以下步骤：（1）粗浅吸收阶段。（2）对具体系统科学的引进。20世纪80年代中后期，系统科学名著相继推出了中译本，国内学者对系统科学有了较全面理解。（3）从仅仅是服务于建立一种科学世界图景，扩展为一种认识论。特别是意识到机械观的衰落和系统观的兴起是当代认识论中最重要的变化之一，意识到机械观又是更具普遍性的还原论的一种特定历史形态。在这些努力中，大量汲取了偶然性、有序性、整体性等概念。在1984年年底出版的一部颇有特点的教科书中，索性把自然辩证法的精髓归结为21对半范畴，其中绝大多数直接取材于新老"三论"。①

2."科学技术是第一生产力"与现代科技革命研究

90年代科学哲学的发展使越来越多的人转向"科技—经济"关系的研究。包括STS研究、发展战略研究、知识经济研究等等。这一方面的研究在80年代后期已见端倪，但苦于没有统一的研究纲领而陷于停滞。90年代在"科学技术是第一生产力"命题的鼓舞下，这方面研究取得了一定的进展。但由于"科学技术是第一生产力"命题的理论阐释上还未能达成共识，致使动作型的研究尽管取得了突破，但存在限于局部和具体问题的倾向。尚未寻找到一个在经济学与科技哲学之间的公认的切入点。

---

① 沈小峰、王德胜：《自然辩证法范畴论》，北京师范大学出版社，1984年。

事实上，只要真正地承认"科学技术是第一生产力"，那么"科技—经济—社会"研究是可以找到一个理论上的出发点或研究纲领的。作为第一生产力的科学技术，必然深刻决定着生产关系、上层建筑及社会生活的各个方面。特别地，当今中国处在社会转型期，科学技术的发展和选择，对传统制度与文化构成冲击，也对西方模式的传统的现代化道路提出了质疑。相比之下，今天某些经济学家谈中国的改革时，往往有重视制度创新、轻视技术结构创新，重视经济杠杆、忽视科技动力的倾向。这一方面的开拓性工作，科学哲学界责无旁贷。

这方面的研究，要特别强调把对科学技术的哲学思考，与我国科学和技术的现代化发展相联系，致力于阐明当代科技发展的前沿，促进有利于科技发展的社会体制和思想规范的建立。把科学技术发展与经济起飞、社会进步、文化繁荣统一起来，在我国现代化转型中，阐明科学技术的应有地位，发挥科学技术的关键作用。

科学技术决定着当代经济发展和社会进步，同时影响哲学思潮的变化，这方面的研究应把握科学、技术、经济、社会、意识之间的转化机制。特别应注意分析当代科学技术革命与资本主义、当代科学技术革命与社会主义的关系；认真探讨科学技术推动社会进步的作用机制和途径；要把科学技术作为社会中的一种建制来进行研究，阐明制约科学技术发展的社会规范和社会前提条件。

科学是一个非常重要的文化领域，是人类文化中极其重要的组成部分。要认清科学在整个文化中的地位，研究和创造在全社会形成科学意识的环境和机制，透析科学精神与人文精神的关系。这方面的研究课题范围包括：科学意识的形成、传播和历史使命，科学、伪科学与反科学，科学文化与人文文化，科学精神与民主精神，文化传统与文化背景对科学活动的制约，哲学层次上的科学世界观与自然科学层次上的科学规范，科学与企业文化，科学与宗教，科学主体社会活动的多重性（科学与非科学方面），中西文化传统对科技发展影响的比较研究，等等。

原载《哲学动态》1999 年第 6 期

中国科学技术哲学的演进与定位

郭贵春　成素梅　邢如萍*

在科学技术已经成为人类生存方式中不可缺少的一个组成部分，甚至已经成为推动人类文明演进的主导力量的今天，对科学技术的研究与发展进行全方位的哲学反思，便自然而然地成为一个重要的时代主题突现出来。这既是由当代科学技术发展的时代主导性决定的，也取决于哲学研究的时代敏感性。"科学技术哲学"作为哲学的一门分支学科，是对整体的科学与技术及其各门分支学科所涉及的哲学问题进行反思与批判的哲学学科，是当前非常活跃的一个学科研究领域，它的演变与发展显著地体现了哲学研究的时代精神。

1. 科学技术哲学产生的历史背景

我国"科学技术哲学"的发展至今有近百年的时间。但是，从学科建设的渊源关系上来讲，它是从传统的"自然辩证法"的基础上演变过来的，是对"自然辩证法"学科的继承与发展。"自然辩证法"作为一门学科的诞生可以追溯到恩格斯未完成的手稿，"自然辩证法"一词是手稿中一束札记和论文的归类标题。1925年这些手稿冠名为《自然辩证法》，以德、俄文对照本的形式在苏联首次正式出版。这部手稿包括2个计划草案、10篇论文、169个札记和一些不完整的片段，内容涉猎面广泛，包括科学史、自然观和方法论，还有相当多的对各门自然科学的哲学解释。恩格斯在手稿中表现出来的思想相继引起世界各国科学家和哲学家的关注与研究。手稿的出版开辟了马克思主义哲学研究的新领域，也成

---

* 郭贵春，1952—　，男，山西大学科学技术哲学研究中心教授；成素梅，1962—　，女，山西大学科学技术哲学研究中心教授；邢如萍，1972—　，太原师范学院社科部讲师。

为自然辩证法这一研究领域的经典性读物，成为自然辩证法学说创立的标志。

我国自然辩证法研究的广泛传播与系统发展是中华人民共和国成立之后的事情。截止到"文化大革命"之前，推动自然辩证法研究与传播的两个标志性事件是：

其一，国内大学相继开设了自然辩证法课程并招收研究生。北京大学哲学系于1953年开始招收首届自然辩证法研究生，并邀请苏联专家担任导师，于1955年开设《自然和自然发展史》课程，本课程的提纲包括：①绪论；②物理世界；③生物世界；④人四个部分。其他一些大学也相继开办了马列主义夜大，为自然科学教师讲授《自然辩证法》《唯物主义和经验批判主义》等马列经典著作。1958年，中共中央高级党校开办了自然辩证法研究班，学员有70余名，1961年1月结业。1961年，中国人民大学招收了自然辩证法专业三年制研究生10多名。1962年，北京大学和中国科学院哲学研究所联合招收四年制研究生8人。当时这个专业要求非理科生要到一个理科系学习两年自然科学基础课，学理科的学生到哲学系学习两年哲学基础课。在60年代初，北京大学、中国人民大学、北京师范大学、复旦大学、华东师范大学、哈尔滨工业大学、厦门大学等相继成立了自然辩证法教研室（组），主要是为哲学系本科生、理工科研究生和教师开设自然辩证法课程。北京几所高校的自然辩证法教研室还编写了他们自己内部使用的教材。这种局面一直维持到"文化大革命"开始。

其二，1956年，国务院组织科学规划委员会制定全国12年（1956—1967）科学发展远景规划时，把自然辩证法研究远景规划作为哲学社会科学的组成部分，由于光远主持制定。规划草案说明指出："在哲学和自然科学之间是存在着这样一门科学，正像在哲学和社会科学之间存在着一门历史唯物主义一样。这门科学，我们暂定名为'自然辩证法'，因为它是直接继承着恩格斯在《自然辩证法》一书中曾进行过的研究。"说明中还指出，当时甚至有人主张将这门学科暂定名为"自然科学和数学中的哲学问题"的看法。并提到开展这种科学研究的关键在于哲学家和自然科学家之间的密切合作，草案还制定了九类研究题目。此外，为了有助于在国内顺利开展自然辩证法的研究工作，规划在开展工作的措施方面作了明确的规定，其中有两项重要规定：一是在中国科学院哲学研究所成立自然辩证法研究组；二是由自然辩证法研究组创办《自然辩证法研究通讯》刊物（该刊物于 1956 年 10 月正式出版发行，到"文化大革命"停刊共刊出 27 期）。[①] 从严格意义上讲，自然辩证法研究组的成立是自然辩证法专业的第一个专门研究机构，而杂志的创办使得自然辩证法研究群体有了进行信息交流和展示自己研究成果的平台。

规划草案中拟定的自然辩证法研究的九类题目分别是：①数学和自然科学的基本概念与辩证唯物主义的范畴；②科学方法论；③自然界各种运动形态与科学分类问题；④数学和自然科学思想的发展；⑤对干唯心主义在数学和自然科学中的歪曲的批判；⑥数学中的哲学问题；⑦物理学、化学、天文学中的哲学问题；⑧生物学、心理学中的哲学问题；⑨作为社会现象的自然科学。

这些题目在当时只是意向性和指导性的。第九个题目虽然是后来补充的，但是，在规划制定以后，学术界研究和讨论最多的也是这个题目，包括自然科学与政治的关系、自然科学与生产的关系、自然科学与群众的关系和自然科学与哲学的关系。其次是关于科学方法论和认识论的研究，还有关于生产实践和技术发展的辩证法的研究及关于自然界的辩证法的研究。这个时期，自然辩证法领域内的研究工作的展开和研究队伍的扩大主要是通过吸引和组织广大自然科学工作者参加自然辩证法的研究。

1976 年"文化大革命"结束，十一届三中全会开辟了我国社会主义建设的新局面。在新的历史背景下，我国的自然辩证法研究也进入新的时期。1977 年 12 月我国制定全国科学技术发展的长远规划，自然辩证法和科学技术史研究被列为其中重点项目之一，《一九七八——九八五年自然辩证法研究规划纲要（草案）》所拟定的自然辩证法研究的九个主要论题分别是：①自然辩证法方面马克思主义经典著作的研究和宣传；②深入批判"四人帮"，批判资产阶级唯心主义和形而上学；③编写自然辩证法综合性著作；④科学技术史的研究；⑤科学方法论的研究；⑥各门自然科学中的哲学问题的研究；⑦总结运用自然辩证法解决实际问题

---

① 龚育之：《自然辩证法在中国》，北京大学出版社，1996 年。

的经验；⑧科技教学中的哲学问题的研究；⑨国外自然科学哲学研究资料的翻译。①

　　可以看出，本次规划所给出的研究范围，在内容与侧重点方面，与1956年规划草案中拟定的九个题目有所不同，研究范围有所拓展，内容更加深入，并且突出了教材编写和翻译外文文献的工作。1979年，中国科学院创刊了《自然辩证法通讯》杂志，由于光远任主编，李宝恒任副主编。1981年10月中国自然辩证法研究会成立后，1985年创办了《自然辩证法研究》杂志，由丘亮辉任主编，贾云祥任副主编。1984年，山西大学与山西省自然辩证法研究会联合创办了《科学技术与辩证法》，由张家治任主编。另外，还创办了《自然辩证法报》（由《自然辩证法研究通讯》改名）、《医学与哲学》和其他一些刊物。到目前为止，《自然辩证法通讯》《自然辩证法研究》《科学技术与辩证法》是该研究领域的主要刊物。

　　自然辩证法研究会的成立是"文革"后中国自然辩证法界的一件大事，它不仅为加强我国自然辩证法研究和学科发展奠定了基础，而且通过所主办的刊物起到了引领学术研究方向的作用。另一件大事是教育部和国家教委把自然辩证法课程指定为高等学校理工农医类硕士研究生马克思主义理论课，全国大部分高校建立了自然辩证法教研室（组），进一步推动了教师队伍建设和深化了自然辩证法的研究进程。自《中华人民共和国学位条例》于1981年实施以来，我国先后批准了自然辩证法硕士学位单位28个，博士学位授予单位4个（分别是中国社会科学院研究生院、吉林大学、中国人民大学、北京大学）。自然辩证法研究队伍得到了不断壮大。

　　到20世纪80年代下半叶，我国自然辩证法研究经历了风风雨雨和各种坎坷，在摸索中不断前进，在继承了苏联传统和针对我国现实问题两者相结合的过程中形成了自己的明显特色，它既不同于苏联的研究内容，也逐步摆脱了他们思维模式的影响。苏联学界所说的自然辩证法主要指自然界的辩证法或恩格斯的自然辩证法思想。② 在我国，由于科学技

---

① 参见龚育之《自然辩证法在中国》，1996年。
② 《自然辩证法百科全书》，中国大百科全书出版社，1995年，第522页。

术与生产之间的关系越来越密切以及研究工作的进一步拓展，我国的自然辩证法研究已经逐步地形成了一个学科群。科学方法论、自然科学中的哲学问题、科学思想史、科学学、科技政策、科技规划、科技管理等方面的研究，为我国的自然辩证法事业贴上了"大口袋"的标签，凡是涉及科学技术但又不属于自然科学专业研究的内容，原则上都被划归为自然辩证法的研究领域。

随着自然辩证法研究的不断深入，关于自然辩证法发展史的研究也提到了议事日程上来。从80年代初到现在，一直相继有取名为自然辩证法或科学技术哲学发展史与学科建设的著作和论文面世。1983年，知识出版社率先出版了由自然辩证法研究会自然辩证法研究资料编辑组编写的《中国自然辩证法研究历史与现状》；1988年，中国人民大学出版社出版了黄顺基和周济主编的《自然辩证法发展史》；1995年，中国大百科全书出版社出版了《自然辩证法百科全书》；1996年，江西科学技术出版社出版了于光远撰写的《一个哲学学派正在中国兴起》；同年，北京大学出版社出版了龚育之编著的《自然辩证法在中国》；2002年，哈尔滨出版社出版了由中国自然辩证法研究会与中国科学院研究生院合编的《自然辩证法走进新世纪：首届全国自然辩证法学术发展年会文集》；另外，还有许多散见于各种杂志的相关论文。这些著作的出版与论文的发表分别从不同的侧面对我国自然辩证法和科学技术哲学的发展历史作了系统的回顾，翔实有序地揭示了我国自然辩证法和科学技术哲学的研究特色，并集中探讨了学科建设问题。

2. 科学技术哲学的发展与定位

"自然辩证法"和"科学技术与当代马克思主义革命"分别作为理工农医类硕士与博士研究生的马克思主义理论必修课的开设，不仅意味着已经培育出一批专门从事自然辩证法教学与研究的人才，而且不断有各种版本的自然辩证法教材出版，到20世纪末，几乎到了有多少个研究生院，就有多少个版本的自然辩证法教材的地步，更重要的是，自然辩证法的研究内容也随着时代的发展而不断地加以丰富与拓展，逐渐地超越了其预定范围；此外，我国自然辩证法学界与其他国家尤其是西方各国有了频繁的学术交流，为了能与国际接轨，要求学科名称有一定的规范性，能与学科研究内容和研究性质相符；还有，从起源上讲，自然辩证法原本是马克思主义哲学的一个分支，但是，在学科分类时，却与马克思主义哲学平行，并列为哲学的二级学科，的确有些不妥。1987年，国务院学位委员会在组织修改研究生学科目录时，将自然辩证法正式更名为"科学技术哲学（自然辩证法）"，并成为哲学的二级学科来建设。同年，自然辩证法研究会加入了国际科学哲学与科学史联合会科学哲学分会，查汝强当选为国际科学哲学与科学史联合会科学哲学分会执行委员。后来，邱仁宗当选为国际科学哲学和科学史联合会理事、国际生命伦理学会理事。

到目前为止，尽管学术界关于"科学技术哲学"与"自然辩证法"的关系、学科建设及学科定位等问题一直在讨论当中。[1] 但是，在现实的学科发展过程中，"科学技术哲学"这个名称一旦被提出，它便沿着自身的学术规范与学理脉络得到了不断的发展，主要体现在下列几个方面。

首先，从学科建设的规范化程度来看，随着学科名称的更改，原先以"自然辩证法教研室（组）"为名称的大学研究机构，也相应地更名为"科学与社会研究所""科学技术与社会研究中心""科技哲学教研室""科学技术哲学研究中心"以及"科学史与科学哲学系"等名称。现在除了主要的刊物名称和学会名称仍然保留之外，各所大学的研究机构名称已经全部根据自己的研究特色更名。此外，由于在科学技术哲学领域内，研究主题层出不穷，研究重点丰富多彩，不同的大学根据自己的实际研究情况，选择各具特色的研究方向，来突出自己的研究重点和研究内容，在整体上出现了"割地为据"的研究局面。就目前拥有科学技术哲学博士学位授予权的各个研究机构而言，有的机构主要突出科学哲学研究；有的机构主要突出技术哲学研究；有的机构主要突出科学的人文社会学研究；有的机构则主要突出科学技术与社会的研究。这种局面表明，由于科学技术哲学研究侧重点的不同，已经形成了不同的研究群体与"研究核心"。

---

[1]　中国自然辩证法研究会与中国科学院研究生院编：《自然辩证法走进新世纪》，哈尔滨出版社，2002年。

　　2000 年，教育部为了进一步推动与加强科学技术哲学的学科建设，经过公开竞争和评选，正式批准"山西大学科学技术哲学研究中心"成为教育部人文社会科学重点研究基地，其目的在于，经过若干年的重点建设，使重点研究基地成为全国科学技术哲学研究的人才培养中心、学术交流与资料信息中心、科学研究中心以及咨询服务中心。特别是近些年来，随着全国科学技术哲学专业的硕士点与博士点的大幅度增加，硕士研究生与博士研究生人数的逐年扩招，科学技术哲学研究呈现出一派学术繁荣和生机勃勃的景象，说明已经形成了比较规范的教育体制。与 50 年代至 70 年代主要依靠自然科学工作者和哲学家"联盟"从事自然辩证法研究的状况不同，现在，不仅科学技术哲学研究所涉及的论题越来越多样化，远远超出了自然辩证法的研究传统，而且研究队伍越来越专业化与国际化。

　　其次，我国的"科学技术哲学"虽然是 1987 年由对"自然辩证法"的更名而来，是一个具有中国特色的名称，因为在国外，只分别有科学哲学与技术哲学，还没有将两者合起来的研究文献。但是，名称一旦出现，其直接的学术渊源却可以脱离自然辩证法的发展历史追溯到 20 世纪初甚至更早时期①。当然，大规模的发展离不开改革开放以来对国际上优秀文明成果的译介工作。从 1981 年商务印书馆以《汉译世界学术名著丛书》重印其自 50 年代以来不断选译的西方学术著作之后，大型的《走向未来》《当代学术思潮译丛》《现代西方学术文库》《二十世纪西方哲学译丛》《哲人石丛书》《开放人文》等一系列与科学技术哲学研究相关的国外名著的翻译出版，不仅极大地活跃了我国科学技术哲学的研究思路，而且拓宽了研究视野，形成了引进与输出并重的局面。

　　邱仁宗与美国的罗伯特·柯恩合作主编的英文著作《科学哲学中的实在论与反实在论》(*Realism and Anti-Realism in the Philosophy of Science*)、范岱年与罗伯特·柯恩合作主编的英文著作《中国对科学和技术的历史与哲学研究》(*Chinese Studies in the History and Philosophy of Science and Technology*)在波士顿科学哲学丛书中出版，表明了中国学

---

① 任元彪：《20 世纪中国科学技术哲学简述》，《自然辩证法研究》2002 年第 4 期。

者的科学技术哲学研究成果开始有了一定的国际影响。《中国对科学和技术的历史与哲学研究》和霍普金斯大学莱曼·米勒（Lyman H. Miller）在研究了 20 世纪 80 年代中国自然辩证法界的学术论战后写成的《毛后中国的科学与歧见》（*Science and Dissent in Post-Mao China*）更表明了中国的科学技术哲学工作已经引起了国际同行的兴趣，并成为国际同行进行学术研究的对象①。

第三，就科学技术哲学的学术研究而言，与 20 世纪 80 年代主要集中于自然观、科学方法论、自然科学中的哲学问题及科技与社会研究相比，90 年代以来，学术界一方面继承与发扬自然辩证法的研究传统，另一方面，出现了更加专门化与多元化的研究局面。在评介西方科学哲学、技术哲学和科学知识社会学等最新研究成果的基础上，量子力学哲学、生命科学哲学、生态哲学、信息哲学、科学伦理学、科学主义与人文主义、科学知识社会学、科学实在论与反实在论、后现代主义科学哲学、英美新实用主义哲学、女性主义认识论等构成了新的研究主线。

与此同时，技术哲学的研究也在逐步走向深入，不仅其论域空间不断明朗，而且论题也日益丰富，由早期主要立足于中国现实来研究和讨论技术与文化、技术与经济、技术与社会、技术与政治等具体问题，转向对技术本质、技术认识论、技术价值论、技术伦理学、科学哲学与技术哲学之间的异同关系、科学与技术之间的异同关系等理论性问题的研究，并且在这些研究的基础上，生长出社会技术哲学与工程技术哲学。此外，科学技术与社会研究、科技战略与政策研究仍然是研究热点，其中，涉及高科技伦理、科教兴国、可持续发展、西部大开发、国家创新体系、科技创新、知识经济、产业结构调整、建立和谐社会等与时代密切相关的论题。在这种背景下，科学技术哲学在自然辩证法传统的基础上陆续分化和形成了一系列专门的学科分支，起到孵化器的作用，培育了新的生长点。比如，未来学、科学学、科技政策、科技管理等学科相继独立，自立门户，并且成立了相应的学术研究机构和研究刊物，例如，中国科学学与科技政策研究会和《科学学研究》杂志、中国软科学研究

---

① 任元彪：《20 世纪中国科学技术哲学简述》，《自然辩证法研究》2002 年第 4 期。

会和《中国软科学》杂志，等等。

第四，从教材建设上来看，在已经出版的为数不多的几本以"科学技术哲学"冠名的教材或教学参考书中，比较有影响的两本教材分别是：1991年，黄顺基、黄天授和刘大椿主编的《科学技术哲学引论——科技革命时代的自然辩证法》和2001年刘大椿著的《科学技术哲学导论》。《引论》明确地把科学技术哲学定位为，以现代科学技术革命提出的新问题为依据，以马克思主义的观点与方法为指导，是自然辩证法在新的历史条件下的发展，是科技革命条件下的一门新学科，它反映的科学技术领域内的两个最引人注目的趋势是：其一，在科学与技术整体化的同时，出现了自然科学与技术科学的整体化；其二，在社会化大生产发展的同时，出现了自然科学与社会科学的合流①。接着，作者为了与自然辩证法的自然观、认识论和科学观三个组成部分相对应，并根据传统哲学研究的三个主要部门：本体论、认识论和价值论，把科学技术哲学分为三大篇，分别是：科学技术本体论、科学技术认识论、科学技术价值论。第一篇主要是对天然自然、人工自然、人与自然问题的讨论；第二篇包括的五章内容分别是：科学的性质与方法，科学发现、进步与合理性，技术的本质与结构，技术开发及其实现，系统思想和系统科学方法；第三篇的主要聚焦点是：科学技术与人类文明，科技进步与社会变革，科技革命与未来观，科技发展战略。

可以看出，《引论》虽然在内容上增加了对科学与技术的元理论思考的成分，但是，它的副标题已经表明，它还没有完全脱离自然辩证法的框架。所以，如果说，1991年的《引论》一书在编写内容上还主要是哲学标题与自然辩证法内容的嫁接的话，那么，时隔十年之后，作为专著型教材的《科学技术哲学导论》一书则在内容的编排上迈出了实质性的一步。该书第一句话就把科学技术哲学定位为"对科技时代提出的科技及其相关问题、要求和挑战的哲学回应"②。与《引论》相比，这一定位已经摆脱了已有"自然辩证法"教材框架的束缚，试图从哲学的高度对科

---

① 黄顺基、黄天授、刘大椿主编：《科学技术哲学引论——科技革命时代的自然辩证法》，中国人民大学出版社，1991年。

② 刘大椿：《科学技术哲学导论》，中国人民大学出版社，2001年，第12页。

学技术发展本身进行反思。作者指出，当代科学技术哲学的研究，"要特别重视理论研究的针对性和思想深度。这包括两个方面：第一，把对科学技术的哲学思考与科学技术的现代化发展相联系，致力于阐明当代科学技术发展的前沿，努力弘扬科学精神和树立科学意识，促进有利于科学技术发展的社会体制和思想规范的建立。第二，把科学技术发展与经济起飞、社会进步、文化繁荣统一起来，结合我国现实，就科学技术与经济、社会、文化相联系的各个方面进行哲学层次的思考，在我国现代化转型中，确立科学技术的应有地位，建立有助于技术创新和高科技产业化的机制，迎接知识经济的到来"[1]。全书围绕这一定位把近期科学技术哲学的主要研究领域与内容概括为：①综合研究；②自然科学哲学问题研究；③自然观研究；④科学哲学与科学方法论研究；⑤技术哲学与技术方法论研究；⑥技术科学和工程技术的哲学问题研究；⑦科学技术与社会研究；⑧科学与文化研究；⑨科技思想史研究；⑩科学技术哲学名著与科学技术哲学史研究。

不难发现，这些内容已经基本上囊括了目前科学技术哲学专业研究的所有论题，确实比过去突显了科学哲学与技术哲学的内容，弱化了过去在自然辩证法教材中占有主要地位的自然哲学、科学、技术与社会等方面的内容。与《引论》相比，《导论》一书不仅在书名中取消了"自然辩证法"的字样，而且在内容上突出了对科学认识活动、科学方法、技术创新以及科技运行的支撑体系等问题的系统分析，体现了科学技术发展的时代性与现实性，是对"科学技术哲学"教材框架的一种非常有意义的探索，同时，也为转型时期解放思想和推进思维发展与学科建设起到了积极作用。

毫无疑问，"科学技术哲学"既不是"自然辩证法"的简单延伸，更不是对"自然辩证法"名称的单纯更换，或者说，它已经在框架体系与学科内容等方面发生了实质性的变化。早在1995年，陈昌曙曾在"科学技术哲学之我见"一文中，从学科名称的内涵与意义、学科分类及涵盖的学术交流活动三个方面，阐明了把"自然辩证法"更名为"科学技

---

① 刘大椿：《科学技术哲学导论》，第12页。

术哲学"所具有的必要性之后指出，"在我们的学科目录中，可以把科学技术哲学与自然辩证法作为同一的东西看待，但从学科的内容、层次看，似乎这两者又不是完全同一的；如果把当今出版和习用的《自然辩证法讲义》《自然辩证法概论》原样不动地就换成为《科学技术哲学讲义》《科学技术哲学概论》则未必相宜。科学技术哲学总应该有更深的哲学思考和更多的哲学色彩，而不全等于科学观与技术观"①。他主张"科学技术哲学"可能需要写出诸如"从哲学的观点看……"之类的内容，比如，"从哲学的观点看基础科学与技术科学""从哲学的观点看科学技术化、技术科学化与科学技术一体化"，等等。并且认为，"尽管科学与技术之间有着原则性的区别，尽管科学哲学与技术哲学有较多的差异，统一的科学技术哲学仍是可以设想的"。②

这种观点突出地强调了"自然辩证法"与"科学技术哲学"之间的差异性，为厘清学科建设的思路赋予了深远的影响。但是，我们不能把"科学技术哲学"仅仅理解为一门单纯的课程。长期以来，我们所使用的"科学技术哲学"这个名称主要是指一个学科领域。从现实意义上看，作为一个学科领域的"科学技术哲学"是一个非常庞大的学术研究领域，不仅它的形成与发展需要有一个长期探索、研究和争论的过程，而且这个学科本身就具有开放性与时代性。这种现状说明，试图编写一本涵盖所有研究内容的"科学技术哲学"教材几乎是不可能的。然而，如果我们退一步，不求全面只求特色的话，我们还是认为，每一个学科领域之所以能够存在，都必然有其自身特有的学理规范和其他学科领域所不可取代的学术基点，科学技术哲学也不例外。因此，从科学技术哲学发展的学理规范出发，基于多年来学术界以"科学技术哲学"为名所进行的研究活动与研究内容，着手编写一本哲学性较强的"科学技术哲学"教材，还是切实可行的。

3. 一种尝试性的基本框架

我们认为，把"科学技术哲学"作为一个学科领域来理解的"科学

---

① 陈昌曙：《科学技术哲学之我见》，《科学技术与辩证法》1995 年第 3 期。
② 同上。

技术哲学"教材的主要任务应该是为非科学技术哲学专业的人士了解与掌握科学技术哲学专业的核心内容与学术要旨，提供浓缩精华的可用读本，这种情况类似于普通物理学与高等数学分别是为非物理学专业和非数学专业的人士所准备的道理一样。

我们的这种想法已经在应北京师范大学出版社邀请所编著的《科学技术哲学概论》一书中体现出来。这本书除了绪论之外主要包括：科学哲学的元理论研究、数学哲学与各门自然科学哲学研究、技术哲学研究、社会科学哲学研究以及科学、技术与社会研究五个方面的内容。其中，数学哲学与各门自然科学哲学是"科学技术哲学"最基本的内容；科学哲学与技术哲学是"科学技术哲学"最核心的内容，是对科学与技术的全方位的哲学审思；社会科学哲学是对科学技术社会化的结构与制度等问题的批判与审思，是广义的科学技术哲学不可或缺的一个基本内容；科学、技术与社会属于科学技术哲学的应用研究。

《科学技术哲学概论》一书的基本框架只是一种学术性的探索，旨在抛砖引玉。

原载《自然辩证法研究》2006年第8期

新中国 60 年科学技术哲学研究简论

成素梅*

科学技术发展的主导性和哲学反思的敏感性与批判性，使得"科学技术哲学"成为当代哲学研究中一个无法回避的重要领域。"科学技术哲学"是对整体的科学与技术及其各门分支学科所涉及的哲学问题进行批判式反思的一个新兴学科群，是对科学技术发展所提出的相关问题、基本要求和尖锐挑战的哲学回应，是当前非常活跃的哲学二级学科。

一、科技哲学的演化与发展

从学科建设的渊源关系上来讲，我国的"科学技术哲学"是从传统的"自然辩证法"的基础上演变过来的，是对"自然辩证法"事业的继承与深化。自然辩证法"作为一门学科的诞生可追溯到恩格斯未完成的手稿，它代表了马克思主义哲学的自然观和科学观，是马克思主义哲学的一个重要的有机组成部分。

在"文革"之前，推动我国自然辩证法事业发展的有两个标志性事件，其一国内大学相继开设了自然辩证法课程并招收研究生。北京大学、中国人民大学、北京师范大学、复旦大学、华东师范大学、哈尔滨工业大学、厦门大学等相继成立了自然辩证法教研室（组），主要是为哲学系本科生、理工科研究生和教师开设自然辩证法课程。其二，1956 年，国务院组织科学规划委员会制定全国 12 年（1956—1967）科学发展远景规

---

* 成素梅，1962—　　，女，上海社会科学院哲学研究所研究员。

划时，把自然辩证法研究作为哲学社会科学的一个组成部分，其目的在于促进哲学家和自然科学家之间的密切合作，并且明确规定在中国科学院哲学研究所成立自然辩证法研究组；由自然辩证法研究组创办《自然辩证法研究通讯》刊物（该刊物于 1956 年 10 月正式出版发行，到"文化大革命"停刊前共刊出 27 期）。① 自然辩证法研究组的成立是自然辩证法专业的第一个专门研究机构，杂志的创办使得自然辩证法研究群体有了进行信息交流和展示自己研究成果的平台。当时，自然辩证法研究的基本论题主要集中在科学方法论、科学认识论、自然科学与数学哲学问题等方面。

"文革"之后，自然辩证法事业进入新的蓬勃发展时期。1977 年 12 月我国制定全国科学技术发展的长远规划，自然辩证法和科学技术史研究被列为其中重点项目之一，《一九七八——一九八五年自然辩证法研究规划纲要（草案）》拟定的自然辩证法研究的基本论题主要集中在马克思主义经典著作的研究和宣传、批判"四人帮"和唯心主义与形而上学、编写自然辩证法综合性著作、科学史和科学方法论研究、自然科学中的哲学问题研究、总结运用自然辩证法解决实际问题的经验以及国外自然科学哲学研究资料的翻译。显然，这次规划所给出的研究范围，在内容与侧重点方面，与 1956 年规划草案中拟定的九个题目有所不同，研究范围有所拓展，内容更加深入，并且突出了教材编写和翻译外文文献的工作。规划会议期间还拟定成立自然辩证法研究会和恢复与出版相关刊物。1979 年，中国科学院创刊了《自然辩证法通讯》杂志。1981 年 10 月中国自然辩证法研究会成立后，1985 年创办了《自然辩证法研究》杂志，1984 年，山西大学与山西省自然辩证法研究会联合创办了《科学技术与辩证法》，另外，还创办了《自然辩证法报》（由《自然辩证法研究通讯》改名）、《医学与哲学》《科学与哲学》等刊物。现在，《自然辩证法通讯》《自然辩证法研究》《科学技术与辩证法》是本研究领域的主要刊物，其中，《科学技术与辩证法》已更名为《科学技术哲学研究》。

与此同时，"自然辩证法"和"科学技术与当代马克思主义革命"分

---

① 龚育之：《自然辩证法在中国》，北京大学出版社，1996 年。

别开设为理工农医类硕士与博士研究生的必修课。几年来，不仅从事自然辩证法教学与研究的队伍日益扩大，而且自然辩证法的研究内容也随着时代的发展而不断地加以丰富与拓展，逐渐超越了预定范围，再加上对外学术交流的不断加深，1987年，国务院学位委员会在组织修改研究生学科目录时，将自然辩证法正式更名为"科学技术哲学（自然辩证法）"，并作为哲学的二级学科来建设。同年，自然辩证法研究会加入了国际科学哲学与科学史联合会科学哲学分会，查汝强当选为国际科学哲学与科学史联合会科学哲学分会执行委员。后来，邱仁宗当选为国际科学哲学和科学史联合会理事、国际生命伦理学会理事。

从学科建设的规范化程度来看，随着学科名称的更改，原先以"自然辩证法教研室（组）"为名称的大学研究机构，也相应地更名为"科学与社会研究所""科学技术与社会研究中心""科技哲学教研室""科学技术哲学研究中心"以及"科学史与科学哲学系"等名称。现在，各所大学的研究机构的名称已经全部根据自己的研究特色作了更名。此外，由于在科学技术哲学领域内，研究主题层出不穷，研究重点丰富多彩，不同的大学根据自己的实际研究情况，选择各具特色的研究方向，来突出自己的研究重点。比如，有的以科学哲学研究为主，有的以技术哲学研究为主，有的突出科学的人文社会学研究，还有的强调科技与社会、科技与文化的研究，整体上形成了不同的研究群体，呈现出繁荣的局面。

2000年，教育部为了进一步推动与加强科学技术哲学的学科建设，经过公开竞争和评选，正式批准"山西大学科学技术哲学研究中心"成为教育部人文社会科学重点研究基地，其目的在于，经过若干年的重点建设，使重点研究基地成为全国科学技术哲学研究的人才培养中心、学术交流与资料信息中心、科学研究中心以及咨询服务中心。特别是近些年来，随着全国科学技术哲学专业的硕士点与博士点的大幅度增加，硕士研究生与博士研究生人数的逐年扩招，科学技术哲学研究呈现出一派学术繁荣和生机勃勃的景象。与50年代至70年代主要依靠自然科学工作者和哲学家"联盟"从事自然辩证法研究的状况不同，现在，不仅科学技术哲学研究所涉及的论题越来越多种多样，远远超出了自然辩证法的研究传统，而且研究队伍越来越专业化与国际化。

"科学技术哲学"这个名称的确定，其直接的学术渊源就可追溯到科学的起源时代，而大规模的学术发展则归功于改革开放以来关于西方优秀著作的不断地译介工作。比如，《汉译世界学术名著丛书》《走向未来》《当代学术思潮译丛》《现代西方学术文库》《二十世纪西方哲学译丛》《哲人石丛书》《开放人文》《山西大学科学技术哲学译丛》等一系列与科学技术哲学研究相关的国外名著的翻译出版，不仅极大地活跃了我国科学技术哲学的研究思路，而且拓宽了研究视野，形成了引进与输出并重的局面。邱仁宗与美国的罗伯特·柯恩合作主编的英文著作《科学哲学中的实在论与反实在论》、范岱年与罗伯特·柯恩合作主编的英文著作《中国对科学和技术的历史与哲学研究》在波士顿科学哲学丛书中出版，表明了中国学者的科学技术哲学研究成果开始有了一定的国际影响。《中国对科学和技术的历史与哲学研究》和霍普金斯大学莱曼·米勒（Lyman H. Miller）在研究了 20 世纪 80 年代中国自然辩证法界的学术论战后写成的《毛后中国的科学与歧见》更表明了中国的科学技术哲学工作已经引起了国际同行的兴趣，并成为国际同行进行学术研究的对象。[1]

20 世纪 90 年代以来，科学技术哲学的研究一方面继承与发扬自然辩证法的研究传统，另一方面，呈现出更加专门化与多元化的研究格局。在评介西方科学哲学、技术哲学和科学知识社会学等最新研究成果的基础上，量子力学哲学、生命科学哲学、生态哲学、信息哲学、科学伦理学、科学主义与人文主义、科学知识社会学、科学实在论与反实在论、后现代主义科学哲学、英美新实用主义哲学、女性主义认识论等构成了新的研究主线。1999 年和 2006 年，分别由李醒民、程承斌主编，湖南教育出版社出版，以及由李醒民、张志林主编，中山大学出版社出版的《中国科学哲学论丛》的推出，向学界展示了我国科学哲学研究的最新成果。

与此同时，技术哲学的研究也在逐步走向深入，不仅其论域空间不断明朗，而且论题也日益丰富，由早期主要立足于中国现实来研究和讨论技术与文化、技术与经济、技术与社会、技术与政治等具体问题，转

---

① 任元彪：《20 世纪中国科学技术哲学简述》，《自然辩证法研究》2002 年第 4 期。

向对技术本质、技术认识论、技术价值论、技术伦理学、科学哲学与技术哲学之间的异同关系、科学与技术之间的异同关系等理论性问题的研究。作为科学技术哲学的一种延伸与应用，工程哲学正在受到学界的普遍关注，科学技术与社会研究、科技战略与政策研究仍然是研究热点，其中，涉及高科技伦理、科教兴国、可持续发展、西部大开发、国家创新体系、科技创新、知识经济、产业结构调整、建立和谐社会等与时代密切相关的论题。这种状况说明，科学技术哲学的研究主题既随着科学技术的发展而变化，也随着社会的发展而变化，从而体现了方兴未艾、与时俱进、不断创新的发展脉络。

二、我国科技哲学发展的特点和主要成就

我国的科学技术哲学研究在与国际接轨和关注我国现实问题的进程中，不断地壮大与发展，形成了以自然哲学、科学哲学、技术哲学（包括工程哲学）、科学与技术的人文社会学研究以及科学技术思想史为基本研究方向的相对稳定的专业研究队伍，呈现出百花齐放、百家争鸣的学术繁荣景象。总体上主要体现出下列明显的发展特点：

1. **学术研究的焦点始终与科学技术的发展保持一致，出现了研究视域与研究重点的不断调整与转移**。早期主要集中研究马克思、恩格斯和列宁著作中的辩证法思想、天然自然观、人工自然、人与自然的和谐关系、可持续发展战略等问题，特别是学者们为了在改造天然自然与保护天然自然之间达成某种平衡，掀起了人类中心主义与非人类中心主义的大讨论；在自然科学哲学问题的研究中，以量子力学哲学为核心的物理哲学研究占有主导地位，爱因斯坦（A. Einstein）、玻尔（N. Bohr）、海森堡（W. Heisenberg）等量子物理学家的哲学思想成为关注焦点。90年代初，自然哲学的研究开始弱化，以卡尔纳普（R. Carnap）、赖欣巴赫（H. Reichenbach）、波普尔（K. Popper）、库恩（T.S. Kuhn）、劳丹（L. Laudan）、普特南（H. Putnam）、哈金（I. Hacking）、范·弗拉森（B. von Fraassen）等为代表的科学哲学研究成为主流，展开了关于科学哲学主要研究内容的讨论。21世纪以来，技术哲学（包括工程哲学）和

科学与技术的人文社会学研究成为新的时尚，同时，围绕数字生命、克隆技术、人类基因组研究的价值与社会伦理等问题展开的生命科学哲学研究成为新的主流。

2. 科学哲学的发展轨迹是在批判与超越逻辑经验主义的科学哲学体系的过程中画出的。主要体现在：（1）重新揭示"形而上学"在科学研究中的应有地位；（2）重新思考卡尔纳普提供的理论结构的可能性与实现性；（3）超越把科学理论理解为命题集合，并把科学命题划分为综合命题与分析命题的狭隘性、片面性及其不可能性；（4）基于科学史上典型的个案分析，对理论变化、科学进步、科学目的、科学方法与科学手段作出重新评价；（5）基于对科学家实践活动的跟踪研究与具体考察，重新阐述科学知识的内在本性，以求更客观地体现大科学时代科学研究活动的本来面貌；（6）基于对科学争论的研究以及对科学主义与极端理性主义的批评，揭示科学理论形成过程中渗透的非理性因素，强调科学研究进程中所蕴含的跳跃性、非逻辑性以及个体性成分。[①]

3. 技术哲学的发展脉络是在超越工程主义的技术哲学与人文主义的技术哲学的基础上演化的。主要体现在：（1）在研究内容上，从探讨技术的本质、结构、技术进步和技术创新的内在机制、技术与科学、经济、文化、社会等问题，转向技术本体论、技术认识论和技术价值论的系统研究；（2）在研究方法上，从重点对技术的批判性反思转向对技术的经验研究，并展开了关于技术解释学和技术修辞学的研究；从寻求确定性、为技术的合理性建构经验与逻辑基础，转向热衷于对一切绝对化倾向和基础主义的解构；（3）研究视野从单纯关注技术本身，开拓到关注技术知识社会学、技术人类学、技术经济学等问题，体现了超越技术决定论、工具论、实体论乃至技术批判理论的努力，揭示了技术的可选择性、可设计性、文化渗透性等隐性特征，体现出在多元视域中以非线性的思维来重新评价人——技术——世界之间的内在关系的基本特点。

4. 科学与技术的人文社会学研究进路是在批判传统科学社会学把科学知识看成是真理和确定的观点之基础上演化发展的。首先，以实验室

---

① 成素梅：《逻辑经验主义的科学理论观及其影响》，《社会科学》2009 年第 1 期。

研究为重点的科学知识社会学的兴起，打开了科学研究的黑箱，揭示了科学知识在产生与传播过程中不可避免地蕴含的社会因素与建构成分，然后，进一步揭示与剖析了技术的社会建构过程；其次，极端的社会建构论观点，虽然对极端的科学主义与技术决定论提出了批评，揭示科学主义的独断性与狭隘性，但是，他们从一个极端走向另一个极端的做法所引起的以"索卡尔事件"为核心的科学文化与人文文化之争，却暴露出自身的局限性，因此而进一步深化了科学与技术的人文社会学研究；第三，在本体论意义上，打破了传统的主体与客体、自然与社会二分的界线，在认识论意义上，有助于重新审视科学与技术的合理性、客观性、真理性、认知性、社会性、必然性和偶然性等一系列范畴，在方法论意义上，呈现出以实践为导向、以科学文化与人文文化的相互融合为基础，以解决问题为目标的多元化的研究局面。

5. **就整体而言，我国的科学技术哲学是在先译介、后对话直至超越的过程中成长起来的**。这种成长模式既与我国的改革开放进程相平行，也与国家综合竞争实力的提高相一致。60 年来，贴有"大口袋"标签的科学技术哲学研究，一直在不断地开拓着新的研究领域，演绎着开放性的成长历程，发生着一个接一个的转向，在对科学技术本身及其与经济、社会、文化等各个方面进行哲学反思与探索的基础上，在力求纵向发展、横向交叉以及兼容并包的过程中，培育着新的生长点，起到了孵化器的作用，产生了深刻的社会影响，成为哲学领域内最有生气的一个分支学科，彰显出从抽象理论到生活实践、从单一化到多元化、从立足于部分到注重整体的发展特点。

6. **就上海的科学技术哲学研究而言，大体上向着三个方向发展，一是立足于学理层面，加强理论深度研究，二是紧跟中国现实，加强应用开发研究，三是广泛开展国际性的学术交流与对话活动**。上海社会科学院、复旦大学、华东师范大学、同济大学、东华大学、上海大学、上海师范大学以及上海理工大学都有专门从事科学技术哲学研究的人员或团队，都在不同的时期体现出不同的研究特色与研究重点，并在自然观、量子力学哲学、科学哲学基础理论、社会建构论、计算主义、虚拟哲学、科学思想史等方向起着引领作用，从而营造了活跃的学术氛围，形成了丰富多彩的研究特色。

三、科技哲学发展的趋势与展望

当代科学哲学与技术哲学的主要论题与基本走向已经不再像过去那么集中和单一，多元化的趋势显而易见。从整体上看，除了量子力学哲学、认知科学哲学、计算机科学哲学、心理学哲学以及社会科学哲学等具体学科中的哲学问题的研究正在不断深入之外，当代科学哲学和技术哲学大致呈现出下列值得关注的主要发展趋势：

1. **如何基于整体论与多元论的观点，在兼收并蓄反实在论立场的基础上，运用新的方法为当代科学提供一种新的有生命力的和更加合理的实在论解释，仍然是科学哲学家不懈追求的主要方向之一。** 有人甚至认为，"实在论的争论不仅有辉煌的过去，而且更有光明的未来"[①]。我们纵观现有文献，不难看出，在近 20 年来，关于实在论方面的文献仍然在逐年增加，比较有代表性的论著有：1989 年出版的《语义学的理论观与科学实在论》[②]，1990 年出版的《实在论与人类的面孔》[③]，1993 年出版的《科学的进步》[④]，1997 年出版的《科学实在论的新颖辩护》[⑤]，1999 年出版的《科学没有规律》[⑥] 和波士顿科学哲学研究丛书之一《那会是正确的吗？》[⑦]，2003 年牛津大学出版社出版的《今日科学哲学》一书中收入的《科学实在论争论的当代状态》[⑧]，2006 年出版的《科学视角主义》[⑨]，等等。

特别是随着量子理论的成功应用和微观客体的非定域性与整体性等

[①] Stathis Psillos. The Present State of the Scientific Realism Debate, In Peter Clark and Katherine Hawley（eds.）, *Philosophy of Science Today*, Oxford University Press, 2003, p.59.

[②] F. Suppe. *The Semantic Conception of Theories and Scientific Realism*, University of Illinois Press, 1989.

[③] H. Putnam. *Realism with a Human Face*, Harvard University Press, 1990.

[④] P. Kitcher. *The Advancement of Scienc*, Oxford University Press, 1993.

[⑤] J. Leplin. *A Novel Defence of Scientific Realism*, Oxford University Press, 1997.

[⑥] R. Giere. *Science without Laws*, University of Chicago Press, 1999.

[⑦] A. Franklin. Can That Be Right? Essays on Experiment, Evidence, and Science Kluwer Academic Publishers, 1999.

[⑧] Stathis Psillos. The Present State of the Scientific Realism Debate, In Peter Clark and Katherine Hawley,（eds.）, *Philosophy of Science Today*, Oxford University Press, 2003, p.59.

[⑨] R.N. Giere. *Scientific Perspectivism*, The University of Chicago Press, 2006.

特征的普遍确立，如何基于微观世界的新特征，提炼出新的科学哲学体系，仍然是一项重要而艰难的工作。这是因为像光子和电子之类的理论实体无论在存在方式上，还是拥有的基本属性方面都与我们熟悉的宏观实体完全不同。宏观实体通常被称为"物体"。"物体既有质量也有时空定位，并会随着时间而变化，一旦已知初始条件，根据运动方程总能因果性地决定其未来任一时刻的运动状态或存在状态。但是，理论实体的出现，彻底地摧毁了我们曾经对物理实体的鉴别标准。例如，光子，是无质量的粒子，而且，我们不可能在任何一个瞬间都能知道光子的准确位置。这样，拥有质量和时空定位已经不再成为确定理论实体的存在性的基本标准。"① 那么，我们需要进一步确立新的标准来鉴别理论实体吗？理论实体的隐藏性、人类感知能力的不可及性，以及描述这些实体特性的语言图像的宏观性，使得科学哲学家根据过去的实体观无法赋予它们本体论的地位。在这种情况下，只能通过抽象的理论描述与间接的观察推论出来（即，不能被直接地"看"到）的这些实体，还能被称为是"实体"吗？如果答案是肯定的，那么，理论实体在什么样的意义上被称为"实体"呢？如果答案是否定的，那么，对理论实体的本体性的否定，必然意味着是对科学认知目标的否定，会涉及重新理解科学和重新定位科学的重要问题。

2. **科学实践哲学研究的全面兴起与不断深入。** 科学实践哲学家认为，传统科学哲学聚集于科学理论与世界之间的关系，冒着无视科学实践的风险。科学的人文与社会学研究则过分关注科学实践与理论的关系，忽略了与世界的关系。这两条进路各有优劣。因此，他们试图把这两者整合起来，基于分析框架考虑理论，基于实践基础考虑世界。科学实践哲学实际上是对自然主义、操作主义和实用主义等科学哲学的不同程度的拓展。实践认识论必须阐述要求在什么样的活动中产生知识，并以这种活动为基础重新整理传统认识论中关于真理、事实、信念、确定性、观察、说明、辩护、证据等问题的争论，进一步揭示当代科学中的模型、

---

① V. Karakostas. "Nonseparability, Potentiality, and the Context-Dependence of Quantum Objects," *Journal for General Philosophy of Science*, 28（2007）: pp.279–297.

测量、实验、模拟、类比和隐喻等问题。特别是重点突出对作为理论与世界桥梁的实验仪器、技术手段和概念模型等中介的研究。这些研究极有可能打破传统的学科壁垒，在科学哲学、技术哲学甚至工程哲学之间架起有意义的桥梁，从而突出科学实在、技术实在和工程实在的研究，有可能把科学哲学研究的基础从传统的物理学和数学延伸到生物学、医学、社会科学等领域，使科学哲学的论域空间更丰满、论题更深入、论点更全面。

3. **语境论科学哲学研究进路的凸显**。语境论的科学哲学是把语境作为阐述问题的基底，把语境论作为一种世界观与方法论，认为科学家的所有的认知活动都是在特定的自然、社会、语言、认识等语境中进行的，科学理论是一定语境条件下的产物，在一个语境中是真的科学认识，在另一个更高层次的语境中有可能会被加以修正甚至抛弃。这种修正或抛弃是在语境化的基础上进行的。试图在语境的基地上，将规范的科学哲学与描述的科学哲学有机地结合起来；走出传统科学哲学的内在困境，化解其受到的外在挑战。语境论与整体论在看法上是一致的，但是，侧重点完全不同。语境论强调即时性，此时此地的经验与认识，或者说，"存在于当前的事件"；而整体论则不以此为前提，整体论所感兴趣的是现象的不同方面的联系。语境论者认为，世界是变化不定的，变化过程中的因与果既不可分离，也不能离开它们所发生的语境来理解，对世界的认识取决于不断变化与发展的语境，这种认识总是一头联系着过去，另一头联系着未来。因此，对世界的当前认识永远不会是最终形式，更不是绝对真理，同样也强调研究科学实践中的测量技术、仪器等认知中介的地位与作用。①

4. **科学哲学理论研究成果的应用推广开始得到重视**。科学哲学研究的目的不是玩弄晦涩的语言概念游戏，更不是书斋里的奇思怪想，而是在更合理地理解科学的过程中，把关于科学的思考现实地内化到科学教育、科技政策、科研立项、科技开发、科技评价等方面。特别是相对于

---

① 　H. Longino. *The Fate of Knowledge*, Princeton University Press, 2002；成素梅、郭贵春：《语境实在论》，《科学技术与辩证法》2004 年第 3 期；成素梅、郭贵春：《语境论的真理观》，《哲学研究》2007 年第 5 期；成素梅：《语境论的科学观》，《学术月刊》2009 年第 4 期。

我国现有的高等院校的课程设置和学生的培养目标而言，科学哲学的研究成果会有怎样的启示？目前，自然科学研究越来越成为一项昂贵的事业，当前对科技资源的投入是对各种资源的合理使用吗？特别是在像粒子物理学那些极其高深莫测的领域内，不计成本地追求科研目标是合理的吗？在21世纪科学技术还仍然会像20世纪那样，在我们的文化与社会发展中占有举足轻重的地位吗？科学哲学的应用研究将会鼓励我们以一种更加明智的方式去面对刚刚开始的新世纪里真正重大的问题。①

5. **技术哲学的工程学派与人文学派出现了交叉融合的趋势**。技术哲学的工程学派通常对技术持肯定态度，主要探讨技术的本质、构成、意义以及变化等问题，技术哲学的人文学派通常对技术持批判态度，主要从人文主义的视角揭露当代技术发展所导致的环境问题和异化现象，充当着技术批评者的角色。技术哲学的经验转向强调把技术看成是生成的东西，主张基于对技术的形成与发展的经验剖析，达到对技术的复杂性、多元性等问题的哲学反思。这种哲学反思不仅有助于将技术、工程、社会、文化、伦理、环境以及人性等问题有机地联系起来，从整体论的视角更合理地理解技术，而且有助于形成工程师、企业家、哲学家以及社会学家的共同联盟，从而在对话沟通的基础上，使技术的工具理性与价值理性达到现实的统一。

6. **在科学与技术的人文社会学研究领域内，兴起了关于专家知识的哲学研究**。2002年，英国科学知识社会学巴斯学派的创始人柯林斯（Harry Collins）与埃文斯（Robert Evans）联名在《科学社会研究》（简称SSS）杂志上发表的论文中，把关于"专家知识与经验研究"说成是科学的人文社会学研究的第三次浪潮。②这篇文章引起了国际学术界的极大关注，其引证率位于该杂志以后几年的首位。这说明，关于"专家知识"问题的研究已经成为当代科学知识社会学研究和技术哲学研究的一个新的重要方向，已经形成了不同于知识论（theory of knowledge）的称之为"知识学"（knowledge science）的一个新的研究领域，强调包括对

---

① W.H. 牛顿-史密斯主编：《科学哲学指南》，上海科技教育出版社，2006年。
② Harry Collins & Robert Evans. "The Third Wave of Science Studies: Studies of Expertise and Experience," *Social Studies of Science*, 2002, Vol.32.

专家知识的认识论、政治学、社会学、法理学等研究在内的关于知识的元理论研究。这些研究传统的科学哲学研究与技术哲学研究的走向融合，形成又一个可能的交叉点。

总而言之，科学技术思想史、数学哲学与各门自然科学哲学是科学技术哲学研究的前提与基础；科学哲学与技术哲学是科学技术哲学研究的核心；科学与技术的人文社会学研究是科学技术哲学拓展的可能方向与应用研究领域。与哲学的其他分支学科相比，科学技术哲学的领域更宽广、问题更多元、视野更丰富，具有很大的发展前途。

原为陈章亮主编：《现时代与哲学》第五章第三节，该节标题是"科学技术哲学研究方兴未艾"。上海人民出版社，2009年

新中国成立后西方科学哲学的中国化：历程、问题与启示

易显飞*

引言

西方科学哲学在中国尤其是在新中国成立后的传播，与西方人本主义哲学在中国的传播比较起来，虽然长期以来主要是在小范围的学术圈内进行，但依然在 20 世纪西方哲学东渐史上，留下了不可磨灭的影响。[①] 西方科学哲学传入中国后，若能将其与我国独特的"生活世界"相结合，也即发生与中国人的世界、经验、问题、文化相结合的"中国化"，必定可以以新的样式来丰富科学哲学理论，从而使之焕发出理论本该具有的生命力。本文拟在梳理新中国成立后西方科学哲学在我国传播与研究基本状况的基础上，从西方科学哲学对我国科学哲学研究的影响的维度探究中国特色的科学哲学形成的可能性与必要性，展示西方科学哲学中国化的发展历程及其主要成果，并反思与构建中国特色科学哲学进一步形成的可能方式。

一、新中国成立后西方科学哲学在我国的传播概况

新中国成立前西方科学哲学在中国大陆的传播对于我国科学哲学的学科发展来说，是一个萌芽性阶段，金岳霖和洪谦是这个时代的代表性人物。从 20 世纪 20 年代开始，金岳霖先生致力于传播西方哲学，并将

* 易显飞，1974—　，男，长沙理工大学哲学系教授。
① 黄见德：《20 世纪西方哲学东渐史导论》，首都师范大学出版社，2011 年，第 340—341 页。

其与中国传统哲学贯通和融合。他吸收西方哲学的科学成分，先后撰有《逻辑》《论道》和《知识论》三部巨著，在其著作中，对西方的逻辑分析法运用娴熟而缜密，这对于改变中国人不擅逻辑分析的思维方式有着不容低估的作用。正如冯友兰所评价的，逻辑分析是西方哲学对中国哲学的永久性贡献，而使它在中国传播开来，做出永久性贡献的第一人就是金岳霖。① 洪谦作为倡导逻辑实证主义的"维也纳学派"创始人石里克的学生，学成回国后，"几以宣扬石里克的哲学为终身之志"，② 长期致力于逻辑经验主义研究，并于 1945 年出版了《维也纳学派哲学》一书。该书围绕维也纳学派的理论原则与思想方法进行了系统的介绍和深入的论述，对我国早期的科学哲学界产生了较大影响。③

新中国成立后至"文革"前期间，自然辩证法的研究进路对于科学哲学的发展也产生了较为广泛的影响，不过，这种研究进路所产生的积极影响往往被科学哲学界忽视，之所以如此，在于学术界往往将这一时期与"文革"时期的科学哲学研究混为一谈。如有学者就将 1949—1978 年这 30 年称为我国科学哲学发展的"第二阶段"（第一阶段是指新中国成立前——笔者注），认为在这 30 年间，基本上是"以对《自然辩证法》的注释和阐发为核心，以对所谓'自然科学中的唯心主义'的批判为主线，其结果常常是不分青红皂白，把相对论、量子力学和遗传学等科学理论及相应的科学家都一股脑儿地作为批判目标"④。

实际上，应该将这"第二阶段"所跨越的时间段进一步大致分为"文革"前与"文革"时期两个阶段。"文革"前，我国科学哲学的发展以自然辩证法研究为进路，有不少成绩还是值得一提的。如 1956 年，"自然辩证法"作为独立的学科被规划出来，越来越多的科学家将自己所从事的自然科学领域与哲学认识论、方法论联系起来，从而自觉或不自觉地进入了"自然辩证法"领域的研究，突出的有李四光、华罗庚、钱学森等，"自然辩证法"一时成为我国科技精英的方法论。1960 年由《自

---

① 黄见德：《20 世纪西方哲学东渐史导论》，第 340—341 页。
② 贺麟：《当代中国哲学》，胜利出版社，1945 年，第 52 页。
③ 黄见德：《20 世纪西方哲学东渐史导论》，第 342—343 页。
④ 胡新和：《科学哲学在中国——历史现状与未来》，《湛江师范学院学报》2002 年第 5 期。

然辩证法研究通讯》杂志社编辑、科学出版社组织出版的《自然辩证法研究资料选辑（第一辑）》收集了 34 篇文章，除龚育之的一篇概论性文章外，其余 33 篇论述分属于数学、物理学、天文学、化学、生物学（附土壤学）、心理学、地理学中的哲学问题。① 这实质上为我国科学哲学的早期发展定下了框架，其影响如发表在 1963 年 8 月复刊后首期《自然辩证法研究通讯》上日本物理学家坂田昌一的《关于新基本粒子观的对话》一文曾引起国内科学家们的广泛关注；1965 年第 6 期《红旗》杂志的编者按语就"在全国引起了很大反响"，"北京、上海、江苏、广州等地的许多大学、研究机构和学术团体纷纷邀集自然科学工作者和哲学工作者，举行关于《红旗》按语和坂田昌一文章的座谈会。许多报刊相继开辟专栏或发表文章，展开讨论"②。这在观念上和资料上都为我国后来的科学哲学研究打下重要基础。由此可知，这段时间自然辩证法进路下的译介与研究对于我国科学哲学的传播与研究还是产生了不可忽视的影响。

"文革"期间是西方科学哲学在我国传播的一个缓慢与停滞阶段。在这个阶段，科学哲学的相关研究主要是在"自然辩证法"的旗号下进行的，其研究价值取向也主要是对西方科学哲学进行"批判"，表现出较浓厚的意识形态色彩，从而亦导致该期间的科学哲学研究的独立性较弱。不过，"倒是在提供批判资料的名义下，翻译出版了一批西方哲学家与科学家的名著，为科学哲学的传播和研究，做了一些资料上的准备"③。例如，在此期间，上海人民出版社出版了《外国自然科学哲学摘译》等。即使 1977—1979 年才陆续出版的商务印书馆三卷本《爱因斯坦文集》也是在这个时候成稿付印的。④ 并且，也偶尔有关于自然科学方面的哲学研究，如 1974 年人民出版社就出版了一本郑文光著的小册子《康德星云说的哲学意义》，尽管该书在批判康德星云假说的哲学

---

① 尹继佐、高瑞泉主编：《二十世纪中国社会科学·哲学卷》，上海人民出版社，2005 年，第 275—276 页。
② 龚育之：《自然辩证法在中国》，北京大学出版社，2005 年，第 37 页。
③ 胡新和：《科学哲学三十年——从历届全国科学哲学学术会议看中国科学哲学的发展》，《自然辩证法研究》2009 年第 10 期。
④ 龚育之：《自然辩证法在中国》，第 43 页。

方面打上了那个特殊时代的烙印，但也算是"中国特色"的科学哲学研究，对于我国今后进行有别于西方科学哲学的中国特色研究提供了某种启发。

改革开放以来的 30 多年中，科学哲学学科迎来了发展的春天，发展比较迅速，尤其是近 10 多年来，国内科学哲学研究主体已经不仅仅简单地满足于对西方科学哲学的机械传播，而是产生了某种文化觉醒，科学哲学的中国化与中国特色科学哲学的形成问题亦逐渐纳入了国内科学哲学研究者的视野。

改革开放的早期，西方科学哲学在我国的传播仍然是以译介西方相关著作开始的。1977 年 12 月，"全国自然辩证法规划会议"在北京举行，会议下发了《1978—1985 年自然辩证法规划纲要（草案）》，该《纲要》强调要加强自然科学方法论、各门自然科学哲学问题和外国科学哲学的研究。[①] 之后，大量的西方科学哲学相关著作被引入。当时最为重要的两个平台是 1979 年先后创刊的《自然科学哲学问题丛刊》与《科学与哲学》杂志，主要翻译介绍了波普尔、库恩、拉卡托斯、劳丹、费耶阿本德、图尔敏、汉森、普特南、夏佩尔等西方科学哲学名家的论著以及国外的有关评论文章。基本上同一时期，国内也翻译了一批重要的科学哲学著作，如库恩的《科学革命的结构》等。[②] 这些西方著名科学哲学家的代表作对于窒息了很久的国内科学哲学界乃至整个学术界，"像清新的空气一样，不仅使学术界深受启迪，而且像证伪主义和范式变革这样的概念的新奇性和革命性，也使有文化的公众闻之倍感振奋"[③]。与此相伴，国内还编写有大量自然辩证法、科学哲学方面的教材，这都对科学哲学理论的传播起到了推动作用。可以认为，这是国内科学哲学研究的准备和积累阶段。随着国内科学哲学研究主体对西方科学哲学译介、消化与吸收，与之相应，亦产生了自己的部分研究成果。这些成果大部分是在理解和把握西方科学哲学研究的基础上进行分

---

① 中国自然辩证法研究会编：《中国自然辩证法研究历史与现状》，知识出版社，1983 年，第 43—47 页。

② 尹继佐、高瑞泉：《二十世纪中国社会科学·哲学卷》，第 277 页。

③ 何锡蓉主编：《新中国哲学的历程》，学林出版社，2012 年，第 181 页。

析与评论的，但不少亦有一定的发挥和创新，为我国科学哲学自主研究奠定了基础，是西方科学哲学学科中国化与研究范式转换的重要积累阶段。

二、西方科学哲学中国化问题的提出及理论探析

差不多在世纪之交，随着西方科学哲学在我国传播影响深广程度的增加，国内科学哲学界对西方科学哲学整体发展脉络与趋势把握得比较清晰之后，西方科学哲学中国化的相关问题自然就开始进入学界的视野了。

首先，西方科学哲学中国化问题的提出是在相关思考的论争中逐渐明晰的。这种论争的出现，既与学界对外来学术成果的积累有关，更与我们问题意识的增强紧密关联。国内科学哲学界长期以来基本上都处于"照着讲"的阶段，缺乏独立的问题意识和自主研究，更谈不上自觉进行中国化的研究。至少在 2000 年时，我国科学哲学界总体上还处在"陈述"阶段。即国内的相关研究大多依旧是局限于介绍、分析、评价、批判等等，独创的且产生较大影响的学术观点仍乏善可陈，离形成独具特色的"学派"更显遥远。因此，国内科学哲学在新世纪所面临的头等紧迫任务就是，逐步实现从"陈述"到"创新"的战略转变。① 依此来看，我们当时还没有"自己的"科学哲学，我们的科学哲学研究还是属于西方的或"西化"的。现在的问题是：究竟是否可能有"中国的"科学哲学呢？一般认为，由于科学具有普适性，不存在"中国科学"与"西方科学"之别，所以科学哲学也应具有普遍性而非特殊性特征。正是基于上述理解，有人反对在科学哲学中用本土化研究的提法，当然也有人认为"完全可以有中国式的科学哲学，有中国文化特色的科学哲学。有人反对在科学哲学中用本土化研究的提法，理由是在近代科学的意义上并没有中国的科学，何以会有中国本土化的科学哲学。但窃以为即或是以同一种近代科学为对象，也完全可以有中国式的科学哲学，有中国文

---

① 孟建伟：《从陈述到创新：新世纪中国科学哲学的发展方向》，《自然辩证法通讯》2000 年第 3 期。

化特色的科学哲学"①。由此可见，世纪之交学术界对于西方科学哲学的中国化问题还在萌发之初，还处在论争时期，却引起了学术圈的广泛关注。

其次，随着国内科学哲学研究的不断深入，西方科学哲学可以而且必须中国化在学界形成共识后，学界的视线开始转向了如何形成"中国科学哲学"的积极探索。有学者试图从"比较哲学"的方法论视角找到突破口，认为和一般比较哲学研究相比，各流派哲学观点的比较是目前国内科学哲学比较研究的主要方式。不足之处在于，哲学思想的语境关联、民族性、历史性等方向或维度的比较研究，仍然有大力拓展的空间。② 可以说，西方科学哲学的中国化问题如同其他部门哲学中国化问题一样，总体上处于起步状态，还远没有进入"化境"状态 ③，并且不是"西化"而是"化西"。

在"一般性的科学哲学"基础上形成"中国的科学哲学"是抽象真理具体化、情境化所必然要求的。在科学哲学中，自库恩开启科学哲学的"实践转向"之后，当代西方科学哲学逐渐进入了"实践优位"的研究取向，如语境论、实践诠释学等就是典型进路。约瑟夫·劳斯指出，任何普遍性的知识其实都是"地方性知识"。这一点与马克思所揭示的"普遍性寓于特殊性之中"一样具有异曲同工之妙。中国科学哲学界当下不仅普遍接受"实践转向"的研究范式，而且深化了对于科学哲学中国化之必然性的理解。不同地域、民族、国家的人对于科学哲学的理解同样受到特有"生活世界"的影响，仍然具有"地方性"特点，亦即西方科学哲学进入我国同样存在着中国化的问题。唯有理论上达成上述认识之后，在"化西"的基础上形成"中国的科学哲学"研究的信念才会更加坚定和深入并积极进行研究实践的尝试。而有的学者在普遍性意义上的西方哲学中国化方面的研究结论与观点阐述更是吹响了科学哲学中国化研究的号角。④

----

① 胡新和：《科学哲学三十年——从历届全国科学哲学学术会议看中国科学哲学的发展》，《自然辩证法研究》2009 年第 10 期。
② 孙慕天：《比较文化、比较哲学和比较科学哲学》，《自然辩证法研究》2007 年第 1 期。
③ 谢地坤：《再论西学东渐与现代中国哲学》，《哲学动态》2012 年第 2 期。
④ 谢地坤：《西学东渐与现代中国哲学》，《江西社会科学》2007 年第 1 期。

三、中国特色科学哲学进一步形成的可能方式

近年来，在对西方科学哲学进行引进的基础上形成具有中国特色的自主性科学哲学研究已成为国内科学哲学界的一种初步价值共识，并在实践上取得了一定的学术成就。但随着自主性研究的深入，其中所存在的问题亦日渐制约着中国特色科学哲学的"再造"。笔者主张，可以从以下几个方面尝试着进一步推进西方科学哲学的中国化与中国特色科学哲学的形成。

第一，要形成中国特色的科学哲学，国内科学哲学界有必要加强中国哲学史学研究，从中国已有的思想资源库中汲取养分。从本质上讲，西方科学哲学的中国化，其实就是中、西两种异质思想的融合，而对于中国特色的科学哲学形成来讲，既是对西方科学哲学的一种传承，也应是对中国哲学与文化的"扬弃"与提升。这种异质思想的融合，国内科学哲学界可以以佛教传入中国并在唐朝与宋朝这两个朝代与中国本土哲学文化融合所获取的成功为典范，其成功的条件亦对于我们今天西方科学哲学的中国化具有借鉴与启示作用。尽管当下所论及的问题、时代、学术各异，但融合创新的内在规律是相通的，至少是可以借鉴的。这对于当下我们所谈论的西方科学哲学中国化问题来说，首先需要明确的是，思想文化融合的根本目的是推进我国科学哲学研究的创新。当然，科学哲学作为一个学术领域由于其理性与论域的独特性，也许中国化的科学哲学与西方的科学哲学之间，较之中国艺术与西方艺术之间会更接近或具有更大的相似程度，但由于语言表述和支持语言背后的文化与生活世界以及文本理解上都有不少差异，因此，科学哲学研究的中国化问题更难，也会有更多的工作要做，要想结出"超胜"之花的路还相当长。

第二，科学哲学研究主体的科学素养及对中国科学发展的了解需进一步提高，这是由科学哲学研究本身的论域所要求的。科学哲学是对科学的哲学思考，本与科学的发展状况息息相关。而作为科学哲学的研究者，无疑需要了解世界科学的发展状况，不闻不问科学本身的科学哲学研究者终究会被淘汰出局。当前国内科学哲学研究存在难以"深入"的

困境，根本原因就是缺乏"懂科学"的哲学家，换言之，真正科学哲学的中国化研究急需"哲人科学家"素养的大师。① 另外，既然界定为"中国科学哲学"研究，那么，中国本身的科学发展史、当今中国科学发展及"中国科学与社会"现实，都是研究主体有必要把握好的。建立在中国科学史与科学发展现实基础上并对我国科学发展起到一定指导作用的国内科学哲学研究，才有可能真正实现"中国化"。

第三，应形成既和西方科学哲学研究具有内在一致性又不同于西方的具有"特殊性"的科学哲学研究方式，这内在地要求我们具有对哲学"本身"的深刻理解与灵活驾驭。相对而言，目前我国科学哲学研究群体在对西方哲学、西方科学哲学基本理论和不同哲学流派的统一和融贯上做得还不够，从而造成条块分割、难成系统，国内不同研究者之间也往往难以形成一致的话语系统与有效的研究范式。国内的科学哲学研究更多的是对国外的科学哲学史研究，且这种研究更多的是"描述性"而不是"分析性"的。这里所说的"分析"正是冯友兰曾经认为西方哲学对中国哲学最有价值的所谓"正的方法"，是一种内在性分析方法。也就是说，我国科学哲学界整体上对西方科学哲学的研究更多地"说的是陈述之网而不是网本身"。由此看来，若想改观现状，从内在性分析方法入手进行科学哲学研究是改变国内科学哲学研究"照着讲"现状的可行出路。

第四，摒弃对西方科学哲学研究简单的"路径依赖"，重视哲学研究中比较方法的运用，方有可能在国际科学哲学研究的前沿阵地占有一席之地。比较研究历来就是哲学的重要研究范式，比较研究方法的重要性如黑格尔在《小逻辑》中所指出的："我们今日所常说的科学研究，往往主要是指对于所考察的对象加以相互比较的方法而言。不容否认，这种比较方法曾经获得许多重大的成果，在这方面，特别值得提到的，是近年来在比较解剖学和比较语言学领域内所取得的重大成就。"② 比较研究的方法之所以重要，在于比较不仅有利于揭示问题，而且能为解决问题提供启示；并且比较研究还可以培养和提高思辨能力，锻炼我们的思维品

---

① 孟建伟：《从陈述到创新：新世纪中国科学哲学的发展方向》，《自然辩证法通讯》2000 年第 3 期。

② 黑格尔：《小逻辑》，商务印书馆，1980 年，第 25 页。

质。① 只有在比较中才能更好地寻找差异，在差异中才能更好地寻找到学术生长点，这也同样是主体的生成论结构所决定的。可以说，比较研究既是中国科学哲学研究缩小差距的方法捷径，也是西方科学哲学中国化的着力点。总体来看，国内科学哲学研究之所以更多的是"照着讲"，主要还是缺少理论自信，不能大胆地进行问题研究，导致只能亦步亦趋地"拾他人牙慧"。而破解这一困境的出路还在于尽早培育出一批具备足够自然科学知识的积淀，且长于内在性哲学分析而又敢于"独立门户"的科学哲学研究群体。

原载《自然辩证法研究》2016 年第 1 期

---

① 孙苏天：《比较文化、比较哲学和比较科学哲学》，《自然辩证法研究》2007 年第 1 期。

自然辩证法究竟是个什么样的"大口袋"

陈建新 *

一、"大口袋"说的缘起

中国共产党领导下的我国自然辩证法学术事业经历了缘起（1928—1949）、起步（1949—1955）、加速（1956—1966）、停滞（1967—1976）、繁荣（1977—　　）的不同历史时期。1928年，我国出版了《自然辩证法》部分篇章的译本，拉开了中国人学习研究自然辩证法的序幕。抗战时期，中国共产党领导人及当时进步人士在延安倡导广泛学习恩格斯《自然辩证法》，成立了自然科学研究会等学习研究组织，自然辩证法进入发展的缘起期；新中国成立后，全国尤其是知识界开展了以学习社会发展史和自然发展史为重点的学习马克思主义的运动，《劳动在从猿到人转变过程中的作用》是主要的学习材料，许多学者撰写了学习体会和理论文章，新中国自然辩证法进入发展的起步期；1956年，国务院组织科学规划委员会制定"十二年科学发展远景规划"，将自然辩证法纳入哲学社会科学研究规划的组成部分，出现了加速发展期；"文革"时期，自然辩证法遭遇厄运，在扭曲中停滞不前；1978年，万物复苏，迎来了科学的春天，自然辩证法开始了她的繁荣时期。改革开放以前，我国的自然辩证法研究相对集中于"自然科学的哲学问题"，没有表现出明显的"大口袋"特色。

20世纪80年代，自然辩证法作为开放的研究领域，其显著特征是

---

* 陈建新，1956—　　，男，华南理工大学工商管理学院教授。

多学科交叉与融合。自然辩证法处于哲学社会科学与自然科学、工程技术学科几大知识体系交叉融汇的结合部，在沟通文理、孕育新学科、服务社会等方面独具优势。由于历史原因，当时学科发展不够规范，不同领域的研究都被"一股脑儿"划入自然辩证法中，虽有杂乱之嫌，却呈繁荣之势。时任中国自然辩证法研究会理事长于光远先生持有一种开明的态度，在当时的背景下提出了自然辩证法是一个"大口袋"的形象比喻，后来又在他的学术论文《一个哲学学派正在中国兴起》中用较为科学的术语提出"自然辩证法是一个科学群"①。1983 年，在《自然辩证法百科全书》编委会成立大会上，于光远又提出了自然辩证法是"自然界的辩证法和改造自然的辩证法"的科学体系。现在我们没有找到于光远先生提出"大口袋"说的原始文献，但可以找到他说过，"科学群就是包括许多科学的大口袋。哲学在今天看来也还是个科学群"。从于光远先生的很多论述和学界对"大口袋"的解说来看，"大口袋"的含义应该包括开放、包容，覆盖面广、交缘宽、跨学科，内在逻辑及经纬组成不够清晰等基本意思。"大口袋"既是一种非刻意的表达，也是对当时学科状况一种无可奈何的描绘。

在中国自然辩证法研究会成立初期的 80 年代，自然辩证法的发展状况令人欣喜，我国内地除了青海、西藏外，有 27 个省（市、区）成立了自然辩证法研究会或筹备机构，登记会员 8000 余人，从事自然辩证法教学和科研人员及兼职工作者数万余人，教育部批示为理工农医研究生开设自然辩证法课程，中央党校及部分高校开办了自然辩证法理论班和师资班。全国学习和宣传自然辩证法的刊物有 20 余种，自然辩证法的学术活动活跃于工业、农业、军事、科技、教育、医学、城建等各个领域，为百废待兴的现代化建设事业和改革开放拨乱反正、正本清源发挥了重要作用。正是这种良好的发展态势，吸引了不同学科、不同层次的人，在不同的广阔领域开展自然辩证法研究、教学、社会服务工作。这种"大口袋"态势，具有历史的必然性和合理性，是学科发展的必经阶段。

---

① 于光远：《一个哲学学派正在中国兴起》，《自然辩证法通讯》1980 年第 1 期。

二、自然辩证法的"大口袋"特性及其发展

自然辩证法的"大口袋"特性及其发展，可以从恩格斯的《自然辩证法》原著、"自然辩证法"课程、自然辩证法学科和自然辩证法事业四个不同层次讨论。

首先，恩格斯《自然辩证法》原著形成了"大口袋"雏形。自然辩证法源于恩格斯的同名原著《自然辩证法》，根据在我国流传较广、使用时间较长的人民出版社1971年版本，它包括10篇论文、169个札记和片段、两个计划草案。作为一部未完成的手稿式著作，其内容的开放性、包容性、庞杂性，涉及近代自然科学发展史、自然科学与哲学、物质的运动形式、各门自然科学的辩证法、劳动创造人等多方面的内容，初步显现出"自然观、科学观、科学方法论和各门具体科学的辩证法"的"大口袋"雏形。董光璧先生认为，恩格斯写作《自然辩证法》的目的是从自然界（通过自然科学的认识）阐明作为自然、社会和思维普遍规律的唯物辩证法，而不是企图建立一个关于自然界一般规律的，相对于普遍的辩证法规律为特殊规律的理论体系。最终由自然科学的成果证明：唯物辩证法——"自然界是辩证法的试金石"。显然，后来的自然辩证法的发展，相对于恩格斯专注于自然界而有很大拓展，逐步走向"人工自然"，乃至于"人类社会"。自然辩证法学科研究对象的交叉性、学科体系的开放性、恩格斯原著的未完成手稿性等都为自然辩证法学科"大口袋"的形成留下了空间。

其次，"自然辩证法原理"课程形成较完备的理论框架。早在20世纪50、60年代，中共中央党校和有关高校就开设了"自然辩证法"课程，最初主要以恩格斯的原著为教材。改革开放后，恢复研究生制度，我国在理工农医类研究生中大规模开设"自然辩证法"课，并作为必修的学位课程。1979年，教育部委托孙小礼同志等主持编写出版《自然辩证法讲义（初稿）》（最后还完成了10个专题附册），这门课程有了统一的教材，形成延续至今的"四大块"（自然观、科学观、科学方法论、各门具体科学的辩证法）教学内容，在继承恩格斯原著的基础上，奠定了

自然辩证法教学内容的理论框架。后来又相继出版了由吉林人民出版社出版的、舒炜光先生主编的；湖南教育出版社出版的、中国科技大学、中南矿冶学院、华中工学院、大连工学院和清华大学等等五所工科院校编写的；中国人民大学出版社出版的、黄顺基等主编的几部代表性教材。这些教材虽各有创新，但无论是侧重于本体论研究，还是侧重于科学认识论或方法论研究，共同的特点都保留了鲜明的"大口袋"特色。1989年、2004 年，国家教育行政主管部门又相继两次主持编写了新的统编教材，官方多次想统一教材，终未如愿。恐怕绝没有哪一门课程的教材会像自然辩证法这样，不敢说达数千种之多，也接近千本。不同层次、不同类型、不同学科特色的院校，不同区域的学校，甚至不同学术旨趣的教师共同体，都编写出了各具特色的《自然辩证法》教材。"自然辩证法"课程，无论是教学内容、教材建设、教学方法和教学队伍等都表现出突出的"大口袋"特色。"自然辩证法原理"课程的功能具有突出的多样性和综合化特色，为在青年大学生和科技人员中学习宣传马克思主义、加强思想政治教育、开展文化素质教育和倡导科学方法、弘扬科学精神等方面发挥了重要的不可替代的作用。

再次，自然辩证法的学科建设是一个不断编织"大口袋"的历史进程。自然辩证法学科较强的交叉性、包容性和跨学科性，使之成为改革开放以来我国如雨后春笋兴起的大量新兴学科的母体。在这个母体中，或是完成了新型交叉学科的基本概念和基本原理的孕育，或是实现了用新的方法和手段开辟新的研究领域和应用前景，从而成为在理论和实践方面都充满活力的新兴学科。科学哲学、技术哲学、工程哲学、科技史、科学学、科技社会学、科学技术与社会、未来学、系统科学、思维科学、科技管理与政策等新兴学科几乎都与自然辩证法有着千丝万缕的血缘联系。自然辩证法学科融汇自然科学、工程技术和哲学社会科学三大知识体系的枢纽作用，加速了"从自然科学奔向社会科学的强大潮流"①，自然辩证法学科队伍真正实现了自然科学和社会科学"两科"联盟等，这些都突出表现为"大口袋"或科学群

---

① 《列宁全集》第 25 卷，人民出版社，1988 年，第 43 页。

特色。

　　中国自然辩证法研究会的英文名称 The Chinese Society for Dialectics of Nature/Philosophy of Nature, Science and Technology（缩写 CSDN/PNST）也具有"大口袋"的开放和包容。中国自然辩证法研究会主办，创刊于 1985 年的《自然辩证法研究》，从 1988 年起封面加上了副标题："自然哲学、科学哲学、技术哲学"，后来又扩展为"自然哲学、科学哲学、技术哲学、科技与社会、工程哲学"。中国科学院主办的《自然辩证法通讯》1981 年的封面上开始加有醒目的副标题："关于自然科学的哲学、历史和科学学的综合性、理论性杂志"。从 1982 年起，将副标题中的"科学学"改为"社会学"，并沿用至今。在国务院学位目录和国际交流中，很长时间里，在不同场合，因为不同对象，而不得不分别使用"自然辩证法""自然辩证法（科技哲学）""科技哲学"和"科技哲学（自然辩证法）"等表述方式。经过学术界较长时间并且是慎重的酝酿，1989 年 3 月，国务院学位委员会和国家教育委员会把自然辩证法学科正式更名为"科学技术哲学（自然辩证法）"。这些变化一方面反映了学科建设和学术术语的规范化，同时也从不同侧面生动展现了自然辩证法"大口袋"的演化过程。

　　最后，自然辩证法作为一项社会事业，更加突出地表现了无所不包、无处不在、无所不用的"大口袋"特性，活跃于我国改革开放和现代化建设的主战场。理论联系实际是我国自然辩证法事业的一大特色和优势。自然辩证法以科学技术的社会作用为枢纽，始终坚持推动科技进步服务于中国特色社会主义的经济建设、政治建设、文化建设和社会建设。正是由于自然辩证法工作者深入研究、积极倡导，"科学技术是第一生产力"，"科学技术是先进生产力的集中体现和主要标志"等观念深入人心，极大地发挥了科学技术在社会主义经济建设中的作用。我国自然辩证法工作者的杰出代表龚育之先生提出"科学思想是第一精神力量"，强调科学技术在建设社会主义精神文明中的作用，为推进决策的科学化民主化，反对伪科学、反对"法轮功"，加强科学道德建设、维护科学尊严等做出了贡献。自然辩证法工作者大力推动科学文化事业，普及科学知识、倡导科学方法、宣传科学思想、弘扬科学精神，科技工作越来越受到执政党的高度重视，提高执政党领导科技工作的能力、提高党政干部的科技素质成为执政党能力建设的重要内容，凸显科学技术在社会主义政治建设中的作用。科学素质是现代人的基本素质，公众科学素养是学习型社会的基础性指标，公民科学素质的提高是建设创新型国家的基本条件和保证措施。2006年国务院颁发《全民科学素质行动计划纲要》后，自然辩证法工作者积极行动、贯彻落实，切实担当起科普工作的历史责任，参与国情宣传教育活动，促进全社会自觉珍惜自然资源、保护生态环境，为促进人与自然的和谐、构建社会主义和谐社会发挥了积极作用。我国自然辩证法事业的生动实践充分说明，自然辩证法是马克思主义的科学技术论，是我国科技工作的理论基础。我国的科技体制改革、迎接新技术革命挑战、科教兴国、可持续发展、知识经济时代的对策、建设创新型国家、科学发展观等重大战略决策、目标、任务和指导思想的提出，无不与自然辩证法的基本原理、研究对象、研究内容密切相关，无不经过了自然辩证法工作者广泛深入的前期研究，鸣锣开道、摇旗呐喊、呼风唤雨、推波助澜。

三、自然辩证法是以马克思主义哲学为核心，以科学技术的历史发展为经线，以科学、技术与社会的相互作用为纬线的精致的"大口袋"

随着社会历史的发展，自然辩证法学科建设和事业发展的内部条件与外部环境都发生了很大变化，自然辩证法正在走向规范发展的新阶段。从学科建设来看，再不能容忍停留于缺乏内在逻辑关系的混沌的"大口袋"状态。长此以往，自然辩证法即使不被新兴的学科分解掉，也有被更加边缘化的危险。究竟怎样构建自然辩证法的学科体系？西方科学哲学和其他学科建设的方法论提供了很多有益的启示，库恩的"科学革命"和"范式"理论，拉卡托斯的"科学研究纲领"可作为直接的基本方法。深入研究并明确推动当代自然辩证法学科建设与发展的"科学革命"和"范式"有什么新的特点和变化？什么是自然辩证法"大口袋"或"科学群"的"硬核"以及"辅助假说""保护带"？对于新的历史时期自然辩证法的学科建设和规范发展是非常重要的。

起源于 19 世纪末 20 世纪初世纪之交的现代科学技术革命还在向广阔和纵深发展，进入 21 世纪，科学技术发展的整体化、综合化和社会化的趋势还在加强，科学技术对人类社会的影响越来越大，科学技术对人自身的研究与关注更加重视。科学、技术、工程、生产和管理连接成越来越紧密的社会活动链，随时可能引发整个社会乃至全球性的剧烈"聚变"或"裂变"。新世纪无论哪一次重大的科学技术事件都引起举世关注，其他事件的背后也都可以找到科学技术的诱因或者解决问题的科技出路。即使那些诅咒科学技术导致人类发展困境的人也清楚，人类要最终走出困境只有依靠科学技术。科学技术成为经济发展和社会进步的最重要的、基础的、主导的、第一位的"引擎"和原动力。在这样的背景下，人类反思自然、科学、技术与社会的范式，从 19 世纪以前的自然哲学的"自然观"，20 世纪中叶的科学技术社会观，进入科学技术社会发展观。作为这种反思的学术形态的自然辩证法，更加着眼于人与自然及其社会的和谐发展；更加着眼于人的全面自由发展；为了实现这种发展，更加着眼于开发人的潜能和创新思维。

自然辩证法本质上是一门反思的学问，是人类对自然、对人与自然的关系、对人与自然关系的延伸——人与社会（人工自然）关系的反思。反思是哲学的基本学术品质。从严格的学科意义来看，自然辩证法本质上是一种哲学学科。恩格斯《自然辩证法》原著的出版是马克思主义哲学发展史上的大事，为唯物辩证法提供了充分的自然科学和科学发展方面的生动材料和依据。自然辩证法诞生 200 多年以来，也主要是以哲学为主要学术阵地，它的概念形式、研究方法、学术规范都具有鲜明的哲学特质。尽管我国的自然辩证法有哲学和社会学两大不同学术传统，甚至还有延伸至其他学科的趋势，马克思主义哲学的党性始终是自然辩证法的"硬核"。我国自然辩证法事业的领军人于光远同志多次郑重作出了"中国自然辩证法学派"的理论宣告，显示出这门学科鲜明的中国特色。自然辩证法以科学技术为直接研究对象，注重从科学技术的历史发展中总结经验和规律。于光远还多次指出，中国自然辩证法学派的学术事业最突出之处，就是从一开始就把学术研究紧密服务于现代化建设，中国自然辩证法学派特别重视研究"人工自然""社会的自然"。进入新世纪后，科学技术与社会（STS）、科学社会学、科技管理与政策成为自然辩证法学科建设，发挥社会功能的重要平台。我们认为，自然辩证法是以马克思主义哲学为核心，以科学技术的历史发展为经线，以科学、技术与社会的相互作用为纬线的逻辑严谨的"大口袋"。

四、如何编织自然辩证法"大口袋"

厘清自然辩证法"大口袋"的目的，是为了更好地编织"大口袋"，加强自然辩证法的学科建设和规范发展。为了"重振自然辩证法雄风"，自然辩证法学界展开了很有意义的讨论，颇有代表性的观点是认为我国自然辩证法经历了两次学科调整，从"自然辩证法"到"科学技术哲学"，从"科学技术哲学"到"科学技术学"，现在到了以科学技术学统领自然辩证法科学群和科学共同体的时候。在自然辩证法的旗帜下和科学共同体内，新学科层出不穷，学术探究的焦点和热点频繁变化，这正是其"大口袋"特点的表现。是不是已经或者需要用一个新的学科名称来指称这一学科领域，笔者持一种谨慎的保守态度。尽管自然辩证法的学科名称确实存在诸多问题，现阶段似乎还没有哪一个学科名称能取代自然辩证法，能够在其旗帜下，统率相关学科，从事同样的学术事业、发挥同样的社会功能。与自然辩证法相比，科学技术学一是缺乏历史的积淀，二是学术上的深度、高度、厚度和丰度不够，三是我国自然辩证法特定的意识形态特色和中国特色也不是科学技术学所能取代的。更何况我国自然辩证法的学术建制、课程设置等早已约定俗成，相当稳定，这种新的调整未必会达到预期效果，还可能适得其反，进一步削弱自然辩证法科学群和科学共同体的整体形象。笔者的观点还是在自然辩证法的学科名称下，明晰自然辩证法科学群的内部结构与关系，进行必要的整合与规范，建立适应社会进步和科学技术发展变化的自然辩证法科学群。

按照前述对自然辩证法"大口袋"或科学群的概括，在自然辩证法科学群中，哲学类学科是核心层，主要包括自然哲学、科学哲学、技术哲学、生态哲学和环境哲学、工程哲学等；其次是揭示自然辩证法研究对象发展规律的历史类学科，主要包括自然史、科学史、技术史、工程史等；再次是将科学技术作为一种社会历史现象，对其从总体上进行元科学和方法论研究的学科，包括科学学、技术论、科学技术与社会、科技计量学、科技谱系学等；又次是从社会科学的不同领域对科学技术进行探讨的相应学科，包括科技经济学、科技法学、科技伦理学、科技心理学、科技管理学等。科学群的各门学科之间，既存在纵向和横向的相互关系，也存在低级层级和高级层级之间的关系，纵横交错、上下衔接、前后相继，组成一种立体的网络化科学群。如果借用原子分子结构理论的方法，可以尝试对各门学科的能级和能态作定量半定量的研究，不仅对于科学群的整体形态和功能研究十分有价值，还可以开辟一种学科形态学研究的新路径。

就自然辩证法面临的问题和困境来看，重振自然辩证法雄风，笔者提出"合纵连横、固本强基；清理门户、顶天立地"的思路。自然辩证法的"大口袋"式扩展是永无止境的，学科体系的规范和完善并非与封闭联系在一起！关键是举纲张目、经纬分明。"合纵连横"是指在学科建设上，"合众弱以攻一强"（合纵），始终围绕如何加强马克思主义哲学自然辩证法这个"硬核"，建立和发展其他的相关学科；"事一强以攻众弱"（连横），采取多种方法，不断解决其他诸种矛盾关系以实践协调人与自然基本关系。"固本强基"，加强自然辩证法的学科基础研究，重在提高自然辩证法队伍的哲学素养，增强理论思维呼吁自然辩证法回归哲学！如何从哲学本源反思人、自然、社会、科学、技术等概念的本质？这些基本概念在现代科学技术背景下发生了或者正在发生怎样的深刻变化？如何解决现代科技背景下人与自然、人与社会和人自身的协调发展？对这些自然辩证法的基本问题和基本规律一定要弄清楚！"清理门户"，针对近年来愈益泛滥的自然辩证法领域学术"越位"，实际上是以自然辩证法自身被边缘化的学术"异己"现象，必须凝聚学术方向。自然辩证法虽然是一个"大口袋"，具有开放、跨学科、覆盖面广等特点，但并不是漫无边际的。自然辩证法始终以人与自然的关系、科技进步作为学术活动的切入点。时下一些自然辩证法专业的学科点和"圈内人"从事的企业管理、规划咨询类研究，作为个人活动无可非议，但绝不应该成为自然辩证法事业的主流。"顶天立地"是在服务社会方面，自然辩证法工作者要充分发挥知识面宽、思维敏捷、顺应时代潮流等优势，积极参政议政。"顶天"——为国家、地方和行业落实科学发展观、实施创新战略，做好决策咨询服务；"立地"——为提高全民族科学素质进一步做好工作，《全民科学素质行动计划纲要》提出的公民科学素质建设是科技进步之重要一翼，着眼于实现中华民族伟大复兴，这是自然辩证法工作者义不容辞的战略性历史任务。

原载《自然辩证法研究》2009 年第 10 期

第 2 辑

自然科学史研究的哲学意义

陈昌曙 *

研究和概括自然科学史，是提高我们的哲学研究水平的重要途径之一。列宁指出，包括各门科学的历史在内的整个认识史，是"应当构成认识论和辩证法的知识领域"①，列宁在提出哲学研究的任务时还写道："要继承黑格尔和马克思的事业，就应当辩证地研究人类思想、科学和技术的历史。"②

一

概括自然科学的历史，才能更深入、更具体地论证辩证唯物主义的基本原理。

我们在阐述辩证唯物主义时，往往用列举实例作为基本原理的具体说明，而缺乏历史的论证；有时，甚至仅只有简单的论断，没有必要的证明。

用举例来说明马克思主义哲学的原理，本来是可以的；这种做法，在通俗宣传中更是必要的。但是，如果把对原理的论证都归结为例证，特别是在哲学研究工作中（即主要不是为了通俗化）也局限于这一点，就不尽合适了。

---

* 陈昌曙，1932—2011，男，东北大学文法学院教授。
① 列宁：《哲学笔记》，人民出版社，1956 年，第 328 页。
② 同上书，第 127—128 页。

马克思主义哲学的每一个原理，都既不是空泛抽象的公式，也不是只由若干个别事例的简单枚举中归纳出来的，而是认识历史的总结。马克思主义哲学是关于自然界、社会和人类思维最普遍规律的科学，它的每一个规律、范畴、原理都不能仅仅用个别的例子（即使是若干个个别的例子）来完全证明，这里需要的是历史的论证。列宁在论述认识现象的原因的意义时曾指出了这一点，他说，可以用自然科学史和哲学史上的例子来说明认识原因的重要性，但随即又说："更确切些说：这里不应该只谈'例子'——比较并不就是论证——而是自然科学史和哲学史＋技术发展史的精华。"①

辩证唯物主义的每个基本原理，都要求有这种科学史的论证，如果不研究自然科学史，不善于概括自然科学史，就无法具体地阐明这些原理。离开了历史的东西而只在逻辑演绎上打圈子，理论原则必将成为枯瘦失色的抽象条文；只有在认识历史的基础上，把理论的逻辑同思维历史结合起来，哲学原则才能丰满和有生气，才有具体的说服力。例如，世界的物质统一性，这是唯物主义哲学的根本观点，简单说来，这个观点表明了世界上千差万别的事物和现象都是客观实在的东西；但这个原理的科学论证却不是两三句话或几个例子就可以解决的。对于马克思主义哲学来说，"世界的真正的统一性是在于它的物质性，这种物质性不是两三个变戏法似的词句所能证明的，而是要由长期的和艰苦的哲学的和自然科学的发展来证明的。"② 可见，要真正说清楚世界的物质性，不懂得自然科学的历史发展是不行的，只是片段地知道自然科学的个别事例也是不够的；只有懂得了自然科学的历史发展是怎样长期又怎样艰苦才证明了世界的物质性，世界物质性这个唯物主义原理才能得到令人信服的具体阐述。

应当说，世界物质性原理的自然科学史论证在当前的某些哲学论著中已经较好地做到，但还不是对每一个基本原理都很好地做到了这一点。例如，对于辩证法的最根本规律——对立统一规律，就还没有充分从自然科学史方面给予检验和证明。列宁很早就提出过这一任务，他在论及

---

① 列宁：《哲学笔记》，第 141 页。
② 恩格斯：《反杜林论》，人民出版社，1956 年，第 43—44 页，重点系引者所加。

对立统一规律时指出："辩证法内容的这一方面的正确性必须由科学史来检验。对于辩证法的这一方面，通常（例如普列汉诺夫）没有予以足够的注意：对立面的同一被当做实例的总和。"①不能说，我们已经由自然科学史的检验充分实现了列宁提出的上述任务。

不仅世界的物质性和对立统一规律的原理要有自然科学史的检验和证明，恩格斯和列宁的论述对于哲学工作有着普遍的方法论意义。也就是说，辩证唯物主义的其他基本原理（如物质第一性和意识第二性、质量互变规律、否定之否定规律、唯物辩证法的范畴、认识论）都要求解决如何由自然科学史长期的艰苦的发展，来给予检验和证明的问题。为此，哲学工作者就应当研究和概括自然科学史。

二

概括自然科学的历史，才能用新的内容、新的理论观点，去丰富和发展马克思主义哲学。

马克思主义哲学是唯一科学的哲学，它的各个基本原理是不会过时的，但这并不意味着它的内容和观点是凝滞不变的；随着实践和科学历史的进展，马克思主义哲学也要更加全面、更加精确、更加丰富。

自然科学史的概括对发展辩证唯物主义和历史唯物主义哲学的作用，首先表现它能使马克思主义哲学已有观点的内容不断充实。

一个马克思主义哲学的普遍原理，必然既适合于各个领域，又适合于各个历史时期，然而，在不同的场合和时期，这个原理又总是包含在具有特殊性的具体对象之中，考察各门自然科学的历史，就有助于揭示出这种特殊性，从而丰富和发展对普遍原理的认识，并使哲学的一般原理由于达到历史的具体性而得以指导研究具体的事物。否则，即使是一个在原则上完全正确的一般原理，如果抛弃了历史的具体性，也会因过于抽象而在实际上难以适用于分析具体事物。例如，生产实践是科学的基础，这无疑是一个普遍适用的哲学原理，它适用于各门自然科学的各

---

① 列宁：《哲学笔记》，第 361 页。前面的重点系引者所加。

个时期，但只有注意到各门自然科学在历史不同时期的特点，这个普遍真理的内容才得以充实，并成为指导自然科学的活的原则。从自然科学史看，在古代，自然科学一般直接决定于生产实践；到了 16 世纪以后，生产实践与自然科学的联系日趋复杂化，从生产实践中逐步分化出来的科学实践（科学实验、观察）日益成为决定自然科学发展的动力，各门自然科学的相互促进、相互推动也更加明显，这时，生产实践往往通过实验和各门自然科学的相互作用而表现其最后的决定作用；在 19 世纪和 20 世纪初之前，实践对自然科学发展的作用，通常表现为个别的实践领域推动着个别自然科学部门的进步，而在现代，这种作用则越来越表现为一个综合性的实践项目对若干个自然科学部门同时提出任务。显然，如果不估计到自然科学历史发展的特点，而只是简单地运用"实践是认识的基础"的原理，就不能具体地指导我们去分析现实情况，而且还有把一般原理枯槁化和僵死化的危险。

这种在概括自然科学史的基础上使马克思主义哲学普遍真理具体化的过程，同时也就是充实和丰富了马克思主义哲学。不仅辩证唯物主义的各个基本原理应当获得这种具体的发展，而且也应当在总结自然科学历史发展的基础上充实和丰富历史唯物主义的有关原理。例如，通过自然科学史的概括，阐明科学家和群众在科学史发展上的作用，发挥关于人民群众和个人在历史上作用的原理；阐明自然科学的历史发展与社会物质生产的关系，发挥关于社会存在与社会意识关系的原理；阐明自然科学的进步与社会制度变革的关系，发挥关于社会革命的原理，等等。

自然科学史的概括对发展马克思主义哲学的作用，还表现在它能用新的观点使辩证唯物主义的方面不断增加。

马克思主义哲学是完整的、全面的科学体系，同时又是方面不断增加的体系，随着对实践和历史材料的概括，不断增加新的观点、新的原理。列宁指出："辩证法是活生生的、多方面的（方面的数目永远增加着的）认识，其中包含着无数的各式各样观察现实、接近现实的成分（包含着从每个成分发展成的整个哲学体系）。"[1] 新方面的不断增加和已有方

---

[1] 列宁：《哲学笔记》，第 364 页。

面的不断深化，实际上是一切科学发展的两个不能分割的因素，马克思主义哲学的发展，也不仅在于已有观点的更加具体化，而且还在于有新的理论观点和原则的提出。这两个因素，对于发挥马克思主义哲学的指导作用，都是不可少的。而要使马克思主义哲学的方面不断增加，概括自然科学史又是十分重要的条件之一。

辩证唯物主义的认识论是当前特别需要用新的观点来发展的领域之一。马克思主义经典作家已经对认识论作了许多科学的论证，阐明了人类认识过程的基本规律，但是，经典作家所提到的有关认识运动的各个基本方面，还需要给以更详尽的展开和补充，还有不少新的、复杂的问题尚未获得明晰的回答。总之，在认识论领域内现实地存在着许多必将提出新观点、新原理的课题。由于自然科学史乃是认识史的一部分，概括自然科学史对于解决这些课题有特殊的重要性。

辩证唯物主义的认识论揭示出人的认识秩序是一个在实践的基础上由感性直观到理论思维的发展过程，指出了这一过程的实现必须借助于科学抽象，即对经验材料加以去粗取精、去伪存真、由此及彼、由表到里的改造制作，弄清这个改造制作究竟如何实现，对于科学研究有着极为重要的方法论意义。然而，这个思维加工工作却是一件颇为纷繁复杂的事情，涉及极为广泛的问题，例如，分析矛盾的方法和意义，度量和由量说明质的方法，批判继承的类型和特点，由已知进入未知的方法，实验和观察的作用，理论思维的作用和方法，类比、归纳、演绎的作用和相互关系，概念、判断、推理的辩证法，假说在认识中的地位和作用，分析和综合的作用和关系，历史方法和逻辑方法的作用和关系，由抽象上升到具体的方法，以及数学方法、统计方法在认识中的意义等等。不具体解决这一系列问题，就不能充分回答如何实现由感性认识到理性认识飞跃的问题，而要详尽和深入地研究这些问题，就必须去总结人类认识史（包括自然科学史）的经验，研究自然科学史上许多重大的基本理论产生时的方法论特点，这样，就会给认识辩证过程的原理增加新的方面，形成完整的辩证思维的科学方法论体系。

辩证唯物主义的许多范畴在认识中的作用，至今尚未在概括自然科学史的基础上得到应有的阐明。例如，对因果性的范畴，就还没有从理论上充分弄清楚人的认识如何由现象到本质以探求现象的原因，又如何通过对原因的真正认识，从现象的外在性达到本质。列宁在《哲学笔记》中提出了研究认识论的许多课题，其中就包括着关于范畴的认识作用问题，列宁不止一次地指出，要在研究科学史的基础上解决这些问题。他说："概念（认识）在存在中（在直接的现象中）揭露本质（因果律、同一、差别等等）——整个人类认识（全部科学）的真正的一般进程就是如此。自然科学和政治经济学（以及历史）的进程也是如此。所以，黑格尔的辩证法是思想史的概括。从各门科学的历史上更具体地更详尽地研究这点，会是一个极有裨益的任务。"① 这也是我们在哲学研究工作中尚未实现的任务。关于范畴的辩证法，当前还提出了许多新的值得探讨的题目，即认识如何由现象到本质，再由本质到现象，以及"个别——一般——个别"，"偶然——必然——偶然"，"相对——绝对——相对"，"具体——抽象——具体"，"结果——原因——结果"，"内容——形式——内容"等认识秩序是如何实现的等问题。这些问题的回答，只有在概括认识史（包括自然科学史）的基础上才有可能；而这些问题的科学论证，必将进一步丰富马克思主义哲学，更有力地发挥辩证唯物主义对认识世界的指导作用。

建立辩证唯物主义的范畴体系，也是当前哲学研究的一个重要任务，这个任务也必须有自然科学史的概括作依据才能解决。哲学范畴体系的确立，应当符合于人类认识史的秩序，即遵循范畴逻辑与思维历史一致的原则。研究自然科学史，就有助于从中概括出思维史的一般进程，从而规定出科学的范畴体系。

自然辩证法所研究的许多专门问题，对于发展辩证唯物主义哲学是很必要的。这些问题的解决更是完全不能离开自然科学史的研究，可以说，自然科学史乃是自然辩证法研究最重要的专业基础。自然辩证法中关于哲学和自然科学的关系，关于自然科学的分类，关于自然科学中分化和综合的关系，关于统一自然观的形成等等问题，必须在研究和概括自然科学史的基础上，才能较彻底地加以回答。自然辩证法的研究如果

---

① 列宁：《哲学笔记》，第 232 页。

不对自然科学史进行总结，就很难指导当前的自然科学研究。

三

概括自然科学史，对于哲学史和形式逻辑的研究也是必不可少的。

哲学史的发展从古到今一直与自然科学史密切相关。唯物主义哲学的历史发展极明显地受着各个历史时期自然科学的推动。恩格斯指出："随着自然科学领域内每一个划时代的发现，唯物主义就不可免地一定要改变自己的形式。"[1]就是唯心主义哲学的演变实际上也是与自然科学的历史发展分不开的，恩格斯还指出："然而在从笛卡儿到黑格尔和从霍布斯到费尔巴哈这一长时期内，推动哲学家们前进的，决不像他们所想象的那样，只是纯粹思维的力量。恰恰相反，实际上，推进他们前进的，主要是自然科学和工业的日益迅速的和日益猛烈的强大发展。"[2]可见，如果不了解历史上不同时期自然科学的状况，就难于具体地剖析哲学史上各种观点的演变，特别是不能全面地揭示出各种哲学派别的认识论根源。例如，如果不知道17、18世纪时自然科学的历史特点（分门别类地搜集资料，力学是主要的自然科学等），就难于把握当时的哲学为什么具有形而上学性和机械性；如果不知道19世纪末20世纪初自然科学（特别是物理学）的历史发展，就难于了解这时马赫主义哲学为什么得以成为时髦的思想体系。

对形而上学和唯心主义哲学派别的批判，必须揭露出它在理论上的荒谬和社会实质，也必须揭露出它的认识论根源，然而，由于我们对自然科学史的研究注意不够，有时就不能具体地清算资产阶级的哲学体系，从而也不能有力指出应当如何防止由认识上的原因而陷入唯心主义的陷坑。例如，列宁在《唯物主义和经验批判主义》一书中已经指出了物理学数学化乃是"物理学唯心主义"产生的认识论根源之一[3]，但我们至今往往限于简单地重述列宁的这个论断，至于物理学究竟是怎样数学化，

---

[1]　恩格斯：《费尔巴哈与德国古典哲学的终结》，人民出版社，1957年，第17页。
[2]　同上书，第16页。
[3]　参见列宁《唯物主义和经验批判主义》，人民出版社，1960年，第307—308页。

数学化又怎样影响着物理学，怎样导致"物理学唯心主义"，却仍然不很清楚。因此，也难于指导物理学家如何正确地对待数学化问题，如何防止因数学化而走入唯心主义。而要查明物理学数学化的过程和实质，不研究物理学史和数学史，是不可能办到的。

资产阶级哲学家惯于利用和歪曲自然科学的历史成就来贩卖唯心主义，反对唯物主义。他们打着自然科学的招牌，宣扬"物质消灭了，能量就是一切"，"科学理论都只是作业假说"，"微观领域内无因果性"；鼓吹"宇宙热寂说"，"时空有限说"，"社会达尔文主义"等等。如果不了解自然科学的历史及其成果，就难以充分驳倒这些谬论。

要进一步发展形式逻辑这门科学，也有待于研究和概括自然科学史。为了充分理解这一点，首先必须要由方法论的角度去认识形式逻辑的作用，恩格斯指出："形式逻辑首先也是寻找新结果的方法，由已知进到未知的方法"。① 现有的形式逻辑正是在这一点上不能适应科学研究的需要，不能充分发挥其作为科学认识辅助工具的作用。一方面，有关概然推理的各个问题的观点过分简单；另一方面，传统的演绎逻辑的观点也比较抽象，这两方面的问题就使现有的形式逻辑在帮助当代人去寻找新结果和由已知到未知的研究工作中，难以实现认识方法的作用。因此，形式逻辑面临着更详尽地探讨概然推理和更具体地发挥演绎逻辑的任务，这两方面任务的解决，不能由纯思维的推导来实现，而只能从具体地概括思维史（包括自然科学史）去完成。必须研究人类在认识自然界时，是如何去寻找新结果，是如何由已知进到未知，从中总结出逻辑的规律；至少是要研究自然科学史上的若干重大发明和发现，看看人们是如何运用概然推理的方法，考察演绎推理在这个复杂的认识过程如何起作用，并从中探索新的逻辑思维形式。形式逻辑和辩证逻辑的对象诚然不同（这里不来探讨这个问题），但这二者的研究都必须是先从实际的认识过程（从认识史）中来，再回到人们的认识过程和研究工作中去，在这一点上却是一致的；离开了认识史、科学史，逻辑科学就只能陷入抽象的研究而难于获得硕果。

---

① 恩格斯：《反杜林论》，人民出版社，1956年，第139页。

四

概括自然科学史，这是一个十分复杂的任务。自然科学史包括庞多的内容，一个哲学工作者要想学习和研究各部门自然科学的全部历史，实际上是办不到的，因此，必须确定我们的研究重点和考察的角度。

根据不同的哲学研究工作者的需要和可能，可以采取不同的重点来研究自然科学史的某个侧面：或是系统地考察一门自然科学的历史，或是考察一个历史时期中自然科学的历史，或是考察若干自然科学的重大基本理论（如太阳系学说、牛顿力学、能量守恒定律、原子分子论、元素周期律、相对论、量子论、生物进化论）产生和发展的历史。

哲学工作者研究自然科学史，在方法上，与专门从事科学史工作的人不同。主要的事情是要着重去分析自然科学在其历史发展中的总的特点，它与哲学世界观的关系，它在方法论、认识论上的成败，以便从中作出哲学性质的结论。因此，不论研究的重点如何，都应当着重于研究自然科学在理论上主要发展过程。

在概括自然科学史的时候，必须注意以下两个方面：一方面应当以马克思主义哲学的一般原则为指南，引导我们正确地搜集和分析材料；另一方面，又必须严格地从实际出发，对具体材料作具体分析，从中引出合乎事实的结论，切忌把作为指导思想的一般原则，当作硬去规范事实的现成公式，而把自然科学史的材料勉强去凑合事先的思考。在这个意义上，首要的问题是艰苦地、一点一滴地搜集和积累基本的历史资料。

下列的一些方面，可以考虑作为研究自然科学史时的指导思想。（1）既要注意社会对自然科学的影响，又要考察自然科学对社会发展的作用；（2）既要承认实践对自然科学的决定作用，又要看到自然科学对实践的相对独立性；（3）既要阐明劳动群众在自然科学发展上的作用，又要充分估计到科学家个人在发展自然科学上的作用；（4）既要揭示出哲学世界观对自然科学发展的作用，又要探讨自然科学的特点对哲学的影响。这里，应当区分自然科学家的哲学世界观和他们的自发的唯物主义和辩证法倾向；应当区分世界观上的唯心主义、形而上学同方法论上不可避免或难以避免的主观性、片面性；（5）既要注意自然科学上正确理论的产生和发展，也要揭露出错误理论（如地球中心说、热素说、燃素说等）产生的社会根源和认识根源，以便从中吸取教训。

研究和概括自然科学史，是一件很费力和吃苦的事情。特别是由于我们从事哲学工作的人大都不太熟悉自然科学，科学史方面的中文资料暂时又不多，困难是不会少的。但这终究是一件值得下苦功去做的事，只要积以时日，定会获得成效。

原载《哲学研究》1963 年第 4 期

中国科学技术史研究 70 年

张柏春　李明洋*

一、科技史学科的建制化与研究工作的展开（1949—1977 年）

（一）科技史机构的创建

科技史学科在中国的形成与 20 世纪 50 年代初的社会发展息息相关。1951 年元旦，《人民日报》发表社论《在伟大的爱国主义旗帜下巩固我们的伟大祖国》，强调要"继续发展抗美援朝的思想教育，铲除帝国主义首先是美帝国主义在中国长期侵略所遗留的政治影响，并将这种思想斗争引导成为热爱祖国的高潮"。社论还引用毛泽东主席等人合著的《中国革命与中国共产党》一书中关于中国古代科学技术的论述，用指南针、造纸法、印刷术和火药的发明和应用来证明"中国是世界文明发达最早的国家之一"。此后，《人民日报》相继约请钱伟长、华罗庚、梁思成、竺可桢等科技界名人撰写关于中国古代科技成就的文章。这一系列文章在当时营造了爱国主义教育的社会氛围，使得中国古代科技遗产和科技史成为社会关注的话题，也体现了社会对于科技史知识的需求。

中国科学院（简称"中科院"）作为国家最高科学研究机构，对于科技史学科的创建起到了至关重要的引领作用。建院之初，中科院就将"中国科学史的资料搜集和编纂"与"近代科学论著的翻译与刊行"作为编辑出版方面的两项重要工作。郭沫若院长指出，为了纪念过往、策进将来，我们要"整理几千年来的我们中国科学活动的丰富的遗产"，同时

---

* 张柏春，1960—　，男，中国科学院自然科学史研究所研究员；李明洋，生年不详，男，中国科学院自然科学史研究所助理研究员。

也不能忽视"三四十年来科学家们研究近代科学的成绩"[①]。根据中科院领导的分工，这两项工作都由竺可桢副院长负责。竺可桢早年在哈佛大学读书时就曾听过科学史家萨顿（George Sarton）的课，还撰写过中国古代科学史的论文，并且与李约瑟（Joseph Needham）也有交往。1951 年 1 月13 日，竺可桢与李四光谈到李约瑟寄来《中国科学技术史》（*Science and Civilisation in China*）的目录，谈到应该有一个中国科学史委员会，以关注李约瑟的工作和解决《人民日报》约稿等问题[②]。1951 年 2 月 12 日，召集中国科学史座谈会[③]，1951 年 5 月着手组织编印中国近代科学论著。

1954 年 7 月 26 日，竺可桢拿到了李约瑟《中国科学技术史》第一卷。8 月 1 日，他为《人民日报》撰写了文章《为什么要研究我国古代科学史》，文中提到了李约瑟的工作，并强调了研究中国古代科技史的必要性：

"英国李约瑟博士近来写了一部七大本的《中国科学技术史》（第一本已出版），其中讲到从汉到明一千五百年当中，我国有二十几种技术上的发明，如铸铁、钻深井和造航海神舟等技术传到欧洲。这种技术的发明、传播和它们对西方各国经济的影响是应该加以研究和讨论的。"[④]

1954 年 8 月 5 日，中科院召开第 30 次院务常务会议，其议程之一便是讨论中国自然科学史研究委员会委员名单。这次会议确定了委员名单，并决定由竺可桢任主任委员，叶企孙和侯外庐任副主任委员。会上，竺可桢介绍，当时北京医学院、南京农学院、清华大学分别在进行医学史、农史、工程史的研究。因此，他提出各单位分工进行科技史研究的设想：理科史由中科院来做，工、农、医的学科史由大学来做[⑤]。

其实，理、工、农、医各学科史的研究，在 20 世纪 50 年代时已有一定的基础，医学史、农学史和技术史等取得了一定的成果，相继建立学科史研究机构或组织。医学史研究者早在 1935 年就成立了中华医学会

---

① 郭沫若：《中国近代科学论著丛刊序》，中国近代科学论著丛刊气象学编审委员会：《气象学（1919—1949）》，科学出版社，1955 年，第 1 页。
② 参见《竺可桢全集》第 12 卷，上海科技教育出版社，2007 年。
③ 同上。
④ 竺可桢：《为什么要研究我国古代科学史》，《人民日报》1954 年 8 月 2 日。
⑤ 郭全海：《李约瑟〈中国科学技术史〉与中国自然科学史研究室的成立》，《自然科学史研究》2007 年第 26 卷第 3 期。

医史学会，并于 1947 年创办了《医史杂志》。1950 年，中央卫生研究院成立，并根据 1950 年第一届全国卫生工作会议的决定创办中国医药研究所，下设有医史研究室。1955 年 12 月，卫生部成立中医研究院，医史研究室并入，其主要任务是研究医学发展规律，同时成立的编审室则负责整理研究中医药文献、编写教材以及中医杂志等刊物的编辑。此外，北京中医学院、上海中医学院等高校也有学者从事中医医史文献的研究。

1924 年起，万国鼎在金陵大学任教并担任农业图书研究部主任，开始从事农业史料的搜集和农史研究工作。到抗战爆发前，金陵大学搜集的农史资料已有 3700 余万字，收藏的地方志文献达 2000 余种。1952 年高等学校院系调整，在原中央大学和金陵大学农学院的基础上成立南京农学院。1955 年 4 月，农业部中国农业科学院筹备小组在北京召开"整理祖国农业遗产座谈会"，与会代表提出要成立研究机构、开展农史研究。同年 7 月，在中共中央农村工作部、国务院农业办公室、农业部等部门的支持下，组建了中国农业遗产研究室，由中国农业科学院和南京农学院双重领导，万国鼎任主任①。同一时期，西北农学院②、华南农学院③、浙江农业大学④等农业院校也相继成立农史研究机构，开始进行农业古籍的搜集、整理和编纂工作。

20 世纪 20 年代起，清华大学的张子高、张荫麟、梁思成、刘仙洲等就已经开始从事中国古代工程技术史的研究。1952 年 9 月，刘仙洲建议建立"中国各种工程发明史编纂委员会"；10 月，该委员会获得高教部批准，更名为"中国工程发明史编辑委员会"，办公室设在清华大学图书馆，由刘仙洲直接领导。1956 年清华大学与中科院合作，在清华大学建筑系成立建筑历史与理论研究室，梁思成担任主任。1958 年，该研究室因"反右"运动撤销，相关人员并入建工部建筑科学研究院，同时组建

---

① 王思明、陈明：《万国鼎先生：中国农学史事业的开创者》，《自然科学史研究》2017 年第 36 卷第 2 期。
② 1952 年辛树帜、石声汉等在西北农学院发起古农学研究小组，1956 年成立古农学研究室。
③ 1955 年梁家勉等在华南农学院图书馆建立中国古代农业文献特藏室。
④ 新中国成立后游修龄等在浙江大学农学院从事农史研究。1952 年高等学校院系调整，浙江大学农学院独立成为浙江农学院。1960 年浙江农学院与浙江省农业改进所合并，更名为浙江农业大学；1961 年该校成立农业遗产研究室。1964 年浙江农业大学与浙江省农科院分开建制，农业遗产研究室划归浙江农业大学。

了由清华大学、南京工学院及建工部等单位的研究人员共同参与的全国性研究机构——建筑科学研究院建筑理论与历史研究室，仍由梁思成任主任。20世纪50—60年代，刘仙洲、梁思成分别开始在清华招收机械史和建筑史专业的研究生①。

20世纪50年代中期，科技史学科在中国的建立取得了决定性的进展。在竺可桢的推动下，科技史学科发展在1956年被纳入《1956—1967年科学技术发展远景规划》，中科院中国自然科学史研究室于1957年元旦在北京正式成立，室主任为学部委员（院士）李俨。钱宝琮、严敦杰、席泽宗等8位学者成为研究室的首批专职人员。该研究室在1957年开始招收科学史专业研究生，1958年创办国内第一种科技史期刊——《科学史集刊》（钱宝琮主编），1975年升格为中科院自然科学史研究所。中国自然科学史研究室的创建，标志着科技史学科在中国的建制化及研究队伍的职业化②。科技史研究者从此开始在国家的支持下开展科研活动。

（二）整理古代科技文献

整理和研究中国古代科技文献是科技史学科建设初期的主要工作。中国有着悠久的史学传统，留下了许多珍贵的历史资料，其中关于天文、地质、气象、水利等方面的记录十分丰富。这些资料不仅有史学研究的价值，还具有非常重要的现实意义。竺可桢在《为什么要研究我国古代科学史》一文中，列举了我国古代地震史料对于经济建设的重要性以及我国历史上的新星纪录对于当代天文学研究的重要参考价值，认为"历史上的科学资料不但可以为经济建设服务，而且还可以帮助基本学科的理论研究"。

1953年，中科院成立地震工作委员会，下设历史组，范文澜任组长。根据委员会主任委员李四光的提议，利用中国历史材料制订拟设厂矿地址的地震烈度，在历史组范文澜、金毓黻主持下，来自中科院历史

---

① 冯立昇：《清华大学的科技史研究与学科建设》，《中国科技史杂志》2007年第28卷第4期。

② 张柏春：《把握时代脉搏，开拓学术新境：中国科学院自然科学史研究60年》，《自然科学史研究》2017年第36卷第2期。

研究所第三所、地球物理研究所及其他相关单位的历史学家和地震专家，通过查阅数千种地方志、正史、档案，于1956年汇编成两册《中国地震资料年表》。与此同时，中科院地球物理研究所的研究人员根据年表中搜集的材料，编制了《全国震中分布图》和《中国历史上地震烈度分布图》。这些资料对于工业基地的选址提供了重要参考①。

1955年，制定黄河流域综合规划时，北京水利水电研究院水利史研究所朱更翎提议采集并整理故宫藏清代水利档案。同年，水利部下发通知，要求立即开展整编故宫水利资料的工作。1955—1958年，20多位水利史研究人员先后进入故宫，从110多万件上亿字的原始档案中摘录了涉及降水、洪涝旱灾、河流演变、水利工程、水务管理等方面的资料，并陆续出版。同时，水利史研究所还长年搜集古代典籍、民国时期的水利期刊、水利地图、地方志等相关资料②。

20世纪70年代，中科院、教育部、国家文物事业管理局等中央机关指定10家单位③派员组成天象资料组，由北京天文台负责，对全国的地方志、史书及其他古籍中的天文资料进行普查。2年多时间内，100多家单位、300余名工作人员查阅了15万余卷地方志、史书和其他古籍，编成《中国天文史料汇编》和《中国古代天象记录总集》共120余万字，对于天文学史和现代天文学的研究均有参考意义④。

除了大规模资料汇编项目外，不同领域的科技史学者也进行了古代史料的收集、整理和研究。20世纪50年代，席泽宗先后发表《从中国历史文献的记录来讨论超新星的爆发与射电源的关系》《我国历史上的新星记录与射电源的关系》等论文。他在1955年整理出《古新星新表》，考订中国古代90次新星和超新星的记录，并被苏联、美国学者迅速翻译、引用。1965年，席泽宗、薄树人合作发表《中朝日三国古代的新星纪录

---

① 竺可桢：《中国地震资料年表序》，《竺可桢全集》第3卷，上海科技教育出版社，2004年，第323—324页。
② 谭徐明：《水利史研究70年历程回顾》，中国水利水电科学研究院水利史研究室编：《历史的探索与研究——水利史研究》，黄河水利出版社，2006年，第4页。
③ 陈遵妫：《中国天文学史》第3版，上海人民出版社，1984年，第842—844页。
④ 10家单位分别为：中科院北京天文台、云南天文台、贵阳地球化学研究所、地质研究所、地球物理所、海洋研究所，以及中国科学院图书馆、国家海洋局情报所、七机部505所、北京大学地理系。

及其在射电天文学中的意义》，该研究是在《古新星新表》的基础上，提出筛选新星和超新星的判据，并最终确定出 12 个超新星的记录；该研究对天文学界关于超新星爆发频率的认识也作了修正，并且也很快被国际天文学界广泛引用 [1]。发轫于农业历史文献整理的农史学科，在新中国成立初期继续进行农史资料的搜集。万国鼎领导的中国农业遗产研究室，于 20 世纪 50 年代收集了 4000 余部古籍，编录成一套 157 册的《中国农史资料续编》；1959 年后又从全国各地搜集到 8000 多部地方志，辑录为总数达 680 册的《方志物产》《方志分类资料》《方志综合资料》等方志农史资料 [2]。万国鼎、石声汉、夏纬英、王毓瑚等农史学者整理校注多部中国古代农学典籍。清华大学"中国工程发明史编辑委员会"主要致力于搜集机械工程、水利工程、化学工程、建筑工程方面的技术史资料，后来分成一般机械、机械制造工艺、农业机械、纺织机械、天文仪器、交通工具、兵工、化工、手工艺、河防水利、建筑、地质矿产及杂项共 13 类。到 1971 年，共查阅古籍 21 100 余种 [3]。

基于史料整理的学科史和专题史研究是这一时期科技史学科建设与发展的主要特点。钱宝琮《中国数学史》、陈遵妫《中国古代天文学简史》、张子高《中国化学史稿》、侯仁之主编《中国古代地理学简史》、刘仙洲《中国机械工程发明史》（第一编）、中国农业遗产研究室《中国农学史》、梁思成《中国建筑史》等重要的学科史著作，是对古代科技文献整理和研究工作的总结，代表了当时的科技史家对于中国古代科学技术发展的认识。这一时期的工作主要是按照现代科学的门类对中国古代的知识进行分科研究。以中科院自然科学史研究所为代表的中国科技史界形成了以学科史研究为主，追求新史料、新观点和新方法，认真考证史实与阐释成就的学术传统 [4]。

[1] 江晓原：《〈古新星新表〉问世始末及其意义》，《中国科学院上海天文台年刊》1994 年总第 15 期。
[2] 参见冯昇平《清华大学的技术史研究与学科建设》，《中国科技史杂志》2007 年第 28 卷第 4 期。
[3] 参见张柏春《把握时代脉搏，开拓学术新境：中国科学院自然科学史研究所 60 年》，《自然科学史研究》2017 年第 36 卷第 2 期。
[4] 参见张柏春《机遇、挑战与发展——1997—2007 年自然科学史研究所的学科建设与课题》，《中国科技史杂志》2007 年第 28 卷第 4 期。

二、科技史学科建制化的继续推进（1978—1998 年）

"文化大革命"期间，科学技术史的研究工作受到严重的干扰。自然科学史研究室的上级组织——中科院哲学社会科学部的工作完全中断。1975 年，中科院哲学社会科学部恢复工作，自然科学史研究室更名为自然科学史研究所。1978 年 1 月，经国务院批准，该所由中国社会科学院划归中科院，隶属数学物理学部。全国科学大会之后，特别是党的十一届三中全会召开以后，中科院及各高校的科技史研究和招生工作陆续全面恢复。

（一）学位授权与学科设置

不断地培养人才，并在国家学位体系中拥有一席之地，是使学科得以持续发展的重要举措。经历"文革"之后，中国科技史研究急需培养青年研究人员，以充实本就规模不大的研究队伍。1977 年 10 月，国务院转批教育部《关于高等学校招收研究生的意见》，研究生教育得以恢复。1978 年，中科院自然科学史研究所和内蒙古师范大学开始招收数学史专业的硕士研究生，华东师范大学、杭州大学、中医研究院、北京中医学院等单位开始招收物理学史或医学史专业的硕士研究生。随后，各科技史学者或研究机构也陆续开始招生。

很快，1978 年入学的第一批研究生即将面临毕业和获得学位的问题。1980 年 2 月，全国人大常委会通过了《中华人民共和国学位条例》，据此条例国务院成立学位委员会。1981 年 3 月，各单位开始申报博士、硕士学位授予单位。1981 年 10 月，国务院学位委员会召开学科评议组第三次会议，通过中国首批博士、硕士学位授予单位及其学科、专业名单。中科院自然科学史研究所获得自然科学史（数学史）博士学位授予权；中国科学技术大学获得自然科学史（物理学史）博士学位授予权；此外，还有中科院北京天文台、华东师范大学、北京师范大学、内蒙古师范大学、辽宁师范学院、杭州大学等单位获得自然科学史硕士学位授予权。1984 年第二批新增中科院自然科学史研究所的天文学史博士学位授权点，南京农学院、华南农学院、北京医学院、哈尔滨医科大学等自然科学史硕士学位授权单位；1986 年第三批增加南京农业大学农业史博士学位授权点，中科院紫金山天文台、北京师范学院、华东石油学院、北京大学、西北农业大学、北京农业大学、西北大学等自然科学史硕士学位授权单位。1990 年第四批增加西北大学数学史博士学位授权点，北京钢铁学院等技术科学史硕士学位授权单位。1996 年第六批增加北京科技大学冶金史博士学位授权点，天津师范大学、中国地质大学等自然科学史硕士学位授权单位。经过近 20 年 6 次学位授权，科技史学科在理、工、农、医四大学科门类下均获得相应的学位授权点：理学门类下有自然科学史（分学科）一级学科，工学门类下有技术科学史（分学科）一级学科，农学门类农学一级学科下有农业史二级学科，医学门类基础医学一级学科下有医学史二级学科，获得授权资格的单位达到 24 家，此外，建筑学一级学科下有建筑历史与建筑理论 ① 二级学科，中医学一级学科下有中医学史、中医文献、各家学说、医古文等二级学科 ②，中西医结合一级学科下的二级学科中西医结合临床还曾短暂地设立过清宫医案硕士专业 ③（表 1）。

表 1　1997 年以前科学技术史相关学科设置

学位	一级学科	二级学科（专业）
理学	自然科学史	数学史、物理学史、化学史、天文学史、地学史、生物学史等
工学	技术科学史	造船史、冶金史等（仅有硕士）
	建筑学	建筑历史与现代建筑理论
农学	农学	农业史
医学	基础医学	医学史
	中医学	中医学史、中医文献、各家学说、医古文等
	中西医结合	中西医结合临床（清宫医案）

注：参考资料包括国务院学位委员会办公室编《全国授予博士和硕士学位的高等学校及科研机构名册》（1987 年）、《中国学位授予单位名册》（1994 年）、《中国授予博士、硕士学位和培养研究生的学科、专业总览》（1996 年）。

---

① 后来调整为建筑历史与理论。
② 1997 年调整后的学科、专业目录中将中医学史、中医文献、各家学说、医古文等二级学科撤销，设立中医医史文献二级学科。
③ 仅有的一次是 1981 年在中医研究院设立清宫医案硕士学位授权点。

　　20 世纪 90 年代，科技史学科的定位与学科体系结构进一步明确。1995 年，国务院学位委员会委托华东师范大学召集中科院基础局（由中科院自然科学史研究所代表）、中国科学技术大学、北京大学、西北大学等单位开会调研，会上成立"全国自然科学史研究小组"，就自然科学史学科归属问题进行讨论。11 月 23 日，全国自然科学史研究小组制订了自然科学史博士研究生培养方案，并向国务院学位委员会提交《关于规范自然科学史博士生培养方案的意见》。1996 年 7 月 15 日，国务院学位委员会下发《关于对〈授予博士、硕士学位的培养研究生的学科、专业目录〉及新旧专业目录对照表（征求意见稿）》（以下简称《征求意见稿》），其中对科技史相关学科进行调整：农业史调至科学技术哲学下；自然科学史和技术科学史一级学科撤销，其二级学科并入相应学科；医学史调至科学技术史下。经过中科院自然科学史研究所和多位院士的极力争取，国务院学位委员会最终采纳科学史界的建议，将科学技术史作为理学门类下独立的一级学科设置，可授理、工、农、医学位。在《征求意见稿》中被撤销或调整的部分学科，包括自然科学史、技术科学史、医学史和农学史等，均被纳入新设立的科学技术史一级学科 [①]（表 2）。1998 年 1 月，全国各主要科学史研究生培养单位在南京农业大学召开"科学技术史一级学科简介和学科（专业）目录编写会议"。会议认为，国务院学位委员会和国家教育委员会关于《授予博士、硕士学位和培养研究生的学科、专业目录（1997 年颁布）》中将原目录中"自然科学史""技术科学史""农学史""医学史"等相关一级或二级学科合并为"科学技术史"一级学科，置于理学门类下，分学科，可授理学、工学、农学、医学学位，但不分设二级学科（学科、专业），在当时是适当的。但随着科学技术史学科向综合性方向发展的趋势，有必要在将来适当的时候设立科学技术史综合性和通史学科或专业。同时，科学技术史作为一门独立的学科，设立该一级学科评议组，也是必要的 [②]。科学技术

---

① 瞿淑婷：《我国科学技术史一级学科的确立过程》，《中国科技史杂志》2011 年第 32 卷第 1 期。

② 晓峰：《科学技术史一级学科简介和学科（专业）目录编写会议在南京举行》，《自然科学史研究》1998 年第 17 卷第 2 期。

史作为一个交叉学科，在中国的学位学历体系中被确立为一级学科，是当时的科技史界同仁以及关心支持科技史研究的科学家共同努力的结果，说明本学科的重要性和独特性得到了国务院学位委员会的认可，也为科学技术史学科的进一步建制化奠定了良好的基础。

表 2　1997 年调整后科学技术史相关学科设置

学位	一级学科	二级学科（专业）
理学	科学技术史	不再分设
工学	建筑学	建筑历史与理论
医学	中医学	中医医史文献

注：参考国务院学位委员会办公室编《中国学位授予单位名册（2001 年版）》。

（二）学术团体、学术会议和期刊

学术团体的成立是学术共同体形成与学科发展的一个重要标志，是广大科技史同道们的迫切要求。1980 年 10 月，在中国科协和中科院的支持下，第一次全国科学技术史大会在北京召开，会上宣布成立中国科学技术史学会，并选举产生 51 名理事[①]，钱临照当选为理事长，时任中科院自然科学史研究所所长仓孝和、副所长严敦杰为副理事长，李佩珊为秘书长。时任国家科委副主任兼中国社科院副院长于光远、中科院副院长李昌和钱三强、中国科协副主席茅以升等均到会讲话，这体现了中国科学界对于科技史研究的支持。

中国科学技术史学会成立之后，学者们又相继发起成立二级学术团体，这推动了学科史的交流和研究。到 1983 年中国科技史学会第二次代表大会召开时，已经成立数学史、天文学史、物理学史、化学史、生物学史、地学史、近代技术史、金属史、建筑技术史等 9 个专业委员会。有的二级团体是在中国科技史学会下成立的专业委员会，有的是其他学会下成立的二级学会，也有的二者兼具。例如，数学史学会成立于 1981 年，既是中国数学会的二级学会，又是中国科技史学会的专业委员会。

---

① 其中为台湾地区保留了 2 名理事。

农史学会在 1987 年成立于北京，隶属于中国农学会，1993 年升格为一级学会。1980 年，医史学会的代表参加全国科学技术史大会，同年医史学会恢复《中华医史杂志》。1983 年，时值李时珍逝世 390 年之际，在全国首届药史学术会议上成立药史学会。1984 年，中国造船工程学会批准组建船史研究学术委员会，杨槱为名誉主任委员、袁随善任主任委员，同时组建《船史研究》（年刊）编委会。1990 年，中国机械工程学会机械史分会在北京成立，并召开第一届年会。1993 年在北京召开中国建筑学会建筑史学分会成立暨第一次年会，其前身是 1983 年停止活动的建筑历史与理论学术委员会。此外，陕西、安徽、上海等省、直辖市相继成立地方科学技术史学会。各级学会组织了许多学术会议，包括代表大会、学科史讨论会、专题研讨会、青年学者讨论会、纪念性会议等，有力促进了学术交流和学科建设。

科研院所、大学和学会组织学者参加国际学术会议并与国际学术组织对接。早在 1956 年，竺可桢、李俨和刘仙洲就受邀参加在意大利佛罗伦萨举办的第八届国际科学史大会（International Congress of History of Science），中国也被国际科学史与科学哲学联盟科学史分部（IUHPS/DHS）接纳为国家会员。"文革"期间，国际交流陷入停滞，并且由于台湾当局一度以"中华民国"的名义占据联合国席位，中国主动退出该组织。直到 1980 年，中国科技史学会第一届常务理事会的第一次会议才开始讨论如何再次参加国际科学史大会的问题。1981 年，席泽宗、华觉明等 8 名代表前往罗马尼亚首都布加勒斯特参加第 16 届国际科学史大会。1985 年在美国伯克利举行的第 17 届大会上，中华人民共和国再度作为国家会员被国际科学史与科学哲学联盟科学史分部接纳，时任中科院自然科学史研究所副所长李佩珊被选为理事。

20 世纪 80 年代，中国本土的科技史研究迅速恢复，而西方学者对中国科技史的浓厚兴趣已经使这一领域成为学术热点。1982 年，第一届国际中国科学史会议（International Conference on the History of Science in China）在比利时鲁汶大学召开，中国学者白尚恕、薄树人、李迪、李文林、沈康身等出席会议。1983 年第二届会议在香港大学举行，有 16 位中国学者参加，占与会总人数近一半，考古学家夏鼐在开幕式上作主题演讲。1984 年，中科院在北京主持召开第三届国际中国科学史会议，这也是中国大陆地区首次举办以中国科学史为主题的国际会议。此后又相继在澳大利亚悉尼（1986 年）、美国圣迭戈（1988 年）、英国剑桥（1990年）、中国深圳（1996 年）、德国柏林（1998 年）、中国香港（2002 年）、中国哈尔滨（2004 年）等地召开国际中国科学史会议。

学术期刊是交流研究成果和促进学科发展的重要平台，也是学科形成和发展的标志之一。1981 年中科院自然科学史研究所主办的《科学史集刊》杂志复刊，第二年更名为《自然科学史研究》，每年出版 4 期。1980 年中科院自然科学史研究所还创办《科学史译丛》季刊，发表国外科学史论文的中文译文；该杂志于 1989 年停办，共出版 33 期。1980年，中国科协与科普出版社合作创办《中国科技史料》杂志，主要征集、整理和刊登中国近现代科技史料；1985 年，该杂志改由中国科技史学会主办，1988 年起由中国科技史学会和中科院自然科学史研究所共同主办。此外，由中国科学院大学主办的《自然辩证法通讯》作为"自然科学的哲学、历史和社会学的综合性、理论性杂志"，在发表科技史论文方面与《自然科学史研究》《中国科技史料》等期刊逐渐形成"心照不宣的分工"①。1980 年，华南农学院农业历史遗产研究室创办《农史研究》辑刊；1981 年，中国农业遗产研究室创办《中国农史》杂志，江西省中国农业考古研究中心创办《农业考古》杂志；1987 年中国农业博物馆创办《古今农业》杂志。这 4 种期刊成为当时农史学界最重要的学术杂志。

（三）研究成果产出与研究领域拓展

在"文革"及以前的研究基础上，中国科技史学者开始考虑撰写系列的学科史和通史，如《中国古代建筑技术史》《中国历史地图集》和《中国科学技术史稿》等。1990 年，席泽宗对中国学者的古代科技史研究作了如下评述："我们在某一学科、某一方面的研究上，很可能远远超过

---

① 徐炎章：《建立科学文化和人文文化的桥梁——〈自然辩证法通讯〉30 年科学技术史研究回眸》，《自然辩证法通讯》2008 年第 30 卷第 4 期。

李约瑟；但在总体上，我们还没有赶上李约瑟。"①

撰写本国的科学技术史丛书是中国学者们的一个重要的阶段研究目标。在 20 世纪 50—60 年代，中科院中国自然科学史研究室就提出撰写丛书的构想，这在某种程度上也是受到李约瑟工作的刺激。但由于当时的研究基础不足，加之后来受到政治运动的干扰，此项工作一直未能开展。1991 年，该计划被中科院批准为"八五"重点项目，卢嘉锡院长担任总主编及编委会主任。这套丛书由中科院自然科学史研究所牵头组织撰写，百余位学者参与编研工作，共出版 26 卷，包含综合类 3 卷（通史、科学思想、人物），专史类 19 卷（数学、物理学、化学、天文学、地学、生物学、农学、医学、水利、机械、建筑、桥梁、矿冶、纺织、陶瓷、造纸与印刷、交通、军事技术、度量衡），以及工具书类 4 卷（辞典、图录、年表、论著索引）。这套丛书反映了中外学者的研究成果，在文献和考古资料的运用上超越了李约瑟的著作，改变了中国学者长期依靠李约瑟理解和阐述中国古代科技传统的局面②。

除了 26 卷的《中国科学技术史》，学者们还组织撰写了几部系列的中国古代学科史专著，包括《中国天文学史大系》《中国数学史大系》《中国物理学史大系》和《中国工程技术史大系》。此外，内蒙古师范大学还组织撰写了《中国少数民族科学技术史》丛书。这些论著充分反映了几十年学科史和专题史的成果。

中国学者还努力尝试开拓新的学术领域，实现由古代到近现代、由中国到世界的拓展。在 20 世纪 50—60 年代，科技史学者较少涉足中国近现代科技史。一方面是因为部分学者认为近现代中国科技落后，以当时"成就描述"型的研究模式来看不值得研究；另一方面则是对近现代历史的研究涉及对重要人物和事件的评价，在当时的政治环境下存在一定的风险。"文革"结束后，中科院自然科学史研究所面向国家现代化建设的需求，成立近现代科学史研究室，组织编写《二十世纪科学技术

---

① 席泽宗：《中国科技史研究的回顾与展望》，《科技史八讲》，台北联经出版事业公司，1994年，第 19—43 页。
② 参见张柏春《把握时代脉搏，开拓学术新境：中国科学院自然科学史研究所 60 年》，《自然科学史研究》2017 年第 36 卷第 2 期。

简史》。20 世纪 90 年代，董光璧出版了专著《中国近现代科学技术史论纲》，并组织团队编写《中国近现代科学技术史》。中科院于 1990 年成立"院史文物资料征集委员会"，并在中科院科技政策与管理科学研究所设立樊洪业主持的院史研究室，1991 年开始编辑出版内部刊物《院史资料与研究》。类似的机构史编撰和资料整理为中国近现代科技史研究奠定了基础。

自然辩证法和科学社会学等学科的学者更加关注科学技术的社会史和思想史，并且翻译部分西方科技史论著。1982 年，《自然辩证法通讯》杂志社在成都举办"中国近代科学技术落后原因"学术讨论会，这是中国大陆第一次讨论中国近代科学技术落后原因的全国性会议，对于促进科学社会史的研究起到了推动作用①。1984 年起，"走向未来"丛书开始出版，其中有不少与科技史、科技哲学或科学社会学相关的著作，如《让科学的光芒照亮自己》《第三次数学危机》《十七世纪英国的科学、技术与社会》《上帝怎样掷骰子》《对科学的傲慢与偏见》《科学家在社会中的角色》等。这些工作引入了不同的研究视角和方法，对于传统的中国科技史研究是一个补充。

传统工艺的调查、研究和保护是技术史学者关注的一个重要领域。随着中国逐步实现工业化和经济社会转型，许多传统工艺被现代技术取代，甚至濒于失传。1987 年，华觉明等专家前瞻性地提出《中国传统工艺保护开发实施方案》，但未引起相关部门的足够重视。他们在 1995 年提出的编撰《中国传统工艺全集》的设想；1996 年在大象出版社的支持下，启动《漆艺》和《陶瓷》卷的编撰②。1999 年，《中国传统工艺全集》和《中国古代工程技术史大系》被列为中科院"九五"重大科研项目，编研工作全面展开。到 2016 年，《中国传统工艺全集》共出版 20 卷，堪称《天工开物》的当代续编，为国家保护非物质文化遗产提供了学术依据，推动了技术史与科技考古、工艺美术、民俗学、文化人类学等学科的交叉融合。

---

① 范岱年：《〈自然辩证法通讯〉（1980—1994）与科学史》，《科学新闻》2017 年第 11 期。
② 华觉明：《中国传统工艺的现代价值与学科建设——〈中国传统工艺全集〉编撰述要》，《中国科学院院刊》2018 年第 33 卷第 12 期。

三、学科调整：机遇与挑战（1999 年至今）

20 世纪 90 年代末以来，中国科技史学科根据国家和社会的需求进行调整，给学科发展带来新的机遇和挑战。一方面，研究方向和领域不断拓展，国际化有新进展，产出了一些重要的研究成果。另一方面，伴随着学科点的强化或调整，高校的科技史学科也在稳步发展。

（一）新研究领域的发展

20 世纪 90 年代末以来，中国的科技史研究在学科发展内在驱动与社会需求的双重影响下，不断开拓研究领域，在研究方向、学术问题、研究方法与理论、科研活动形式、国际合作与交流等方面经历了一个转型期[①]。中科院自然科学史研究所甚至开展了"应用科技史研究"，关注新的学术问题。1999 年，该所根据中科院的要求调整定位，尝试科技发展宏观战略研究，以历史视野和具体案例为科学思想库建设提供借鉴，曾参与起草《创新 2050》《未来 10 年中国学科发展战略》等研究报告。在中科院开展创新文化建设的氛围中，该所在 2001 年将科学文化列为新的研究方向，2004 年创办《科学文化评论》杂志，以促进科学与人文的融合。

中科院自然科学史研究所在保持其在中国古代科技史研究上的积累和优势同时，不断在新的研究领域投入力量，并依靠重大项目带动国内各学科点的领域拓展。2000 年，该所启动中科院"知识创新工程"项目"中国近现代科学技术发展综合研究"，组织 30 多家高校和科研院所的 110 多位学者，于 2004—2009 年出版"中国近现代科学技术史研究丛书"共 47 册，其中有专题论著 26 种、研究资料与工具书 9 种。这套丛书开创中国近现代科技史研究的新局面，参与项目的许多中青年学者后来逐渐成长为相关领域的带头人和研究骨干。近些年来，现当代科技史料的采集和保存愈加受到重视。中科院科技政策与管理科学

---

① 张柏春：《我国科技史研究的拓展与适应——以自然科学史研究所的转变为例》，《自然辩证法通讯》2012 年第 34 卷第 2 期。

研究所樊洪业较早开展整理科学家文集和口述史的工作，出版了《竺可桢全集》和"20世纪中国科学口述史"丛书。2009年，中国科协启动"老科学家学术成长资料采集工程"，为现当代科技史研究搜集重要资料。

近10多年来，中科院自然科学史研究所率先尝试新的研究视角、方法和范式，先后筹划和实施"科技知识的创造和传播""科技革命与国家现代化""新中国科技史纲"等重大规划项目，同时开展传统工艺研究、科技典籍整理、科学传播等方面的工作，旨在突破过去的"成就阐释"模式，培养和锻炼新一代学者，为重构中国古代科技史和书写翔实的近现代科技史等工作做新探索。与高等院校的科技史机构接受教育部"双一流"评估不同，中科院自然科学史研究所须接受中科院组织的国际评估，2013年以优势研究方向和成果获得好评。

中国科技史界的国际化在近20年又有新突破，国际影响力明显提升。实践证明，国际合作有助于提升学术研究水平，也有利于合作解决跨文化、跨国的复杂学术问题。2005年，中科院自然科学史研究所和中国科技史学会成功承办第22届国际科学史大会；2009年，刘钝当选国际科学史与科学哲学联盟科学史分部的主席；2017年，中科院自然科学史研究所与科学出版社创办英文科技史期刊——*Chinese Annals of the History of Science and Technology*，以期扩大中国科技史研究的国际影响力。

（二）学科点的增减与调整

新中国成立之初，中科院创建国家级科技史专业研究机构，为学科发展提供了极佳的初始环境。经过40多年的发展，在条件成熟的情况下，中科院自然科学史研究所与高校合作共建科学史系，推动科技史学科的建制化，这对各个学科点起到了正向激励的作用。从20世纪90年代末开始，拥有科技史硕、博士学位点的各单位，逐渐将原有的教研室或研究室，升级为研究所或研究院、系或学院，不仅规模上有所扩大，也获得了更多的自主权。

科技史学科建系或学院是这一学科在大学进一步建制化的重要突破。

1999 年，在中科院自然科学史研究所的帮助下，上海交通大学成立中国的第一个科学史与科学哲学系，首任系主任江晓原就是中科院自然科学史研究所培养的天文学史博士。同年，中国科学技术大学在原有的自然科学史研究室和科技考古研究室的基础上，与中科院自然科学史研究所和中国社科院考古研究所联合成立科技史与科技考古系，校长朱清时兼任系主任，席泽宗兼任名誉系主任。2015 年，有 20 多位学者从中科院自然科学史研究所调到中国科学院大学人文学院，组建了国内高等院校中规模最大的科技史机构。

进入 21 世纪以来，特别是近 10 年来，我国科技史博士点稳中有增，硕士点则是有起有伏。1998 年第七批学位授权时，将之前获得过科学技术史博士学位授予权的机构统一调整为科学技术史一级学科博士学位授权单位，共有中科院自然科学史研究所、中国科学技术大学、北京大学、北京科技大学、南京农业大学、西北大学 6 家。2003 年增加山西大学，2006 年增加内蒙古师范大学，2017 年增加南京信息工程大学和景德镇陶瓷大学，2018 年增加清华大学。此外，部分高校虽然尚未获得科学技术史一级学科博士学位授权点，但长年通过其他途径招收和培养科技史专业的博士研究生。例如：上海交通大学在物理学博士点下自设物理学史二级学科博士点（后来该校自主决定设科学技术史博士点）；东华大学在纺织科学与工程一级学科下培养纺织科技史和服装科技史方向的博士研究生；国防科技大学曾在科学技术哲学博士点下培养军事技术史方向的博士研究生等。硕士学位授权单位的变动比较大，2006 年增加天津师范大学等 11 个硕士点，2010 年增加北京理工大学等 5 个硕士点，2016 年撤销北京理工大学等 8 个硕士点，2017 年增加河北大学等 5 个硕士点，2018 年撤销辽宁师范大学等 3 个硕士点。特别是在 2016 年第四轮学科评估之后，共有 11 个硕士点被撤销，其中既有北京理工大学、东北大学、哈尔滨工业大学等设立时间在 10 年左右的"新"硕士点，也有武汉大学、浙江大学、华东师范大学等有一定历史的"老"硕士点。此外还有一些硕士点，虽然未被撤销，但在动态调整中被合并入其他学科或院系。

学位点的变化，一方面是学科自身发展以及人才流动、代际更迭的自然结果，另一方面也体现了教育部"双一流"计划对于学科建设的导向作用。尽管有相当数量的科技史硕士点被取消或合并，但也有部分高校逐渐意识到发展科学技术史学科的重要性。2017年清华大学成立科学史系，2019年北京大学成立科学技术与医学史系，均是在原有的研究基础上进行的资源整合。还有一些高校虽然尚未获得科技史的学位授予权，但已经有一定的研究规模或正在筹备相关的研究方向。例如：南开大学在2008年成立中国生态环境史研究中心；中山大学在2018年将科技史作为历史学系（珠海）的重点发展方向之一。

但总体而言，科学技术史在当代中国仍然是一个小众的学科，其学术共同体的体量与中国几千年的科技传统与现代科技发展阶段很不相称，也与中国经济社会发展水平及教育规模不相称。除了中科院自然科学史研究所得到中科院的有力支持之外，高校的科技史学者远未得到足够的重视。在高校发展科技史学科尚有较多的困难，如校方的支持力度通常比较小，教学和培养任务重，以及在理学学科中论文发表情况不具有竞争力等①。

四、结　语

经过70年的不懈努力，科学技术史学科在中国实现了建制化，并被国家列为理学一级学科，形成了一支数百人的职业化学者队伍，培养了众多科技史专业的研究生，取得了大量的研究成果，为国家的科学事业和文化事业的发展做出了独特的贡献，在国际学术界也赢得了重要的学术地位。

中科院自然科学史研究所作为世界上三大科技史专业研究机构之一②，充分发挥多学科的综合研究和建制化的优势，不断探索新方向和组织实施重大科研项目。《中国科学技术史》《中国传统工艺全集》和"中国

---

① 郭世荣：《科技史研究在高校的机遇与挑战——以内蒙古师范大学为例》，《中国科技史杂志》2007年第28卷第4期。
② 另外两个机构分别是德国马克思·普朗克学会科学史研究所和俄罗斯科学院瓦维洛夫自然科学与技术史研究所。

近现代科学技术史研究丛书"等多卷本论著均由该所牵头，团结国内外同道完成，发挥了学术引领和"办大事"的作用。

高等院校和博物馆等机构的科技史研究单元（系、院、所）往往以一个或数个学科史或研究领域为特色，在教学、科研和遗产保护等方面发挥了重要作用。科研院所、高等院校和博物馆等单位充分发挥各自的专长和资源优势，在科技史学科及相关领域形成学术上的分工和互补。

前瞻未来，中国学界将扩大在中国科技史研究方向的优势，加强迄今仍薄弱的世界科技史研究，并进一步推进学术研究和成果发表的国际化。我国科技史界须加速推进国际化进程，让世界更加了解中国，也使中国更加了解世界。

原载《中国科学院院刊》2019 年第 34 卷第 9 期

研究别人和研究自己

——关于国内西方科学史研究的点滴思考

石云里 *

  本人虽然主要研究中国天文学史，但 1990 年以来一直承担着"西方科学史"和"科学史英文文献选读"两门与西方科学史有关的研究生课程，最近又新开设了"科学革命"，所以，对国内西方科学史的研究动态一直也较为关注。而在教西方科学史和研究中国科学史的过程中，我经常会遇到一些问题。另外，我们的研究生中也有以西方科学史作为研究方向的。但是，在具体做的过程中常常也会遇到一些问题，也就有了一些思考。这些思考还很不成熟，也很不系统，借用这个学科建设讨论会的机会，我想把它们谈出来，供大家批评指正。

  毋庸置疑，与对中国科学史的研究相比，我们对西方科学史的研究明显存在差距。但是这个差距到目前为止究竟有多大，这是我所关心的第一个问题。据国家图书馆馆藏书目初步统计，新中国成立以来，大陆地区共出版科学史类的著作一千多种，包括译著和普及类著作，中西科学史的研究大约各占一半。所以，单纯从数量上来看，也许西方科学史并不弱于中国科学史的研究。但是从分量和系统性等方面来说，则可以看出明显的不平衡。从分量上来说，中国科学史方面出版了一系列的大部头著作，从《中国科学技术史》（卢嘉锡主编，科学出版社，1998—2007 年），到《中国近现代科学技术史研究丛书》（路甬祥主编，山东教育出版社，2005 年）；从《中国传统工艺全集》（路甬祥主编，大象出

* 石云里，1964— ，男，中国科学技术大学科技史与科技考古系教授。

版社，2005 年）到《中国古代工程技术史大系》（路甬祥主编，山西教育出版社，2007 年），不仅都是皇皇巨制，而且大多有部级以上的重点项目支撑。从系统性方面来说，不仅有大的分科史，如卢嘉锡主编《中国科学技术史》（科学出版社，1998—　　）和陈美东主编《中国文化通志·科学技术典》（上海人民出版社，2005 年）等。而且有些分科史还出版了学科的大系，如戴念祖主编的《中国物理学史大系》（湖南教育出版社，2001 年），吴文俊主编的《中国数学史大系》（北京师范大学出版社，2000 年）以及王渝生和刘钝主编的《中国数学史大系》（河北科学技术出版社，2001 年），另有《中国天文学史大系》目前正在出版中。除此之外，断代史方面从上古到民国也都有专著，如史仲文、胡晓林主编《中国全史》（北京：人民出版社，1994 年）中的科技史部分；区域和少数民族科学史方面也出现了不少著作，如李迪主编的《中国少数民族科学技术史丛书》（广西科学技术出版社，1996—2005 年）等；甚至还出现了流域科学史，如吕变庭著《中国南部古代科学文化史》（方志出版社，2004 年）中有南渡江流域部分、珠江流域部分和浊水溪流域部分等。尽管西方科学史方面我们也能看到不少很好的工作，如李佩珊等编《20 世纪科学技术简史》（科学出版社，1985 年原版及 1999 年修订版）、许良英等翻译的《爱因斯坦文集》（商务印书馆，1976—1979 年）、范岱年等主译的《爱因斯坦全集》（湖南科学技术出版社，1999—2002 年）、戈革著《尼耳斯·玻尔集》（科学出版社，1989—1998 年）、任定成主编《剑桥科学史丛书》（复旦大学出版社，2000 年）和《科学名著文库》（武汉出版社，1992—1994 年），等等。但是，像中国科学史研究那样的分量和系统性无疑是西方科学史研究所望尘莫及的。可以说，我们现在的西方科学史研究根本没有形成起码的学科体系。

　　从研究生培养方面来看，根据国家图书馆"馆藏博士论文库"数据库统计，从 1990 年到 2006 年，全国共产生了科学技术史方向的博士论文 111 篇，其中西方科学史论文只有 13 篇。这个比例是相当悬殊的。意味着在科学史人才的培养中，中国科学史远远比西方科学史受到重视。

　　上面的两个不平衡所说明的事实恐怕不说大家也明白，也就是我们对研究自己的重视程度远远比对研究别人要高，投入的人力和资源也多。

我们不但自己在努力研究自己，而且还非常关注别人是怎样研究我们自己，于是就有了对外国中国科学史家著作的大量译介，其中典型的就是李约瑟著作的翻译。

当然，我们是中国人，研究自己多一点是非常正常的，就像西方科学史工作者研究自己肯定比研究别人多一样。问题是上面的两个不平衡与下面这两个不平衡形成的反差可能太大，以致不能不引起我们的注意。第一个不平衡体现在史料资源的丰富程度和学科领域广度上，给人的感觉是，中国科学史好像有千军万马在江南丘陵的小块水田里横犁竖耕，而西方科学史则好像是只有一些零散劳力在东北平原的大片黑土地上东一锄头西一把，而且是用锄头深挖的少，使耙了浅耘的多。第二个不平衡是，由于西方科学是我们在教在用的科学，所以在科学史的普及和教育中，西方科学史应该比中国科学史具有更高的普适性。这种较高的普适性要求我们进一步加强西方科学史的学科建设，尤其是加强西方科学史人才的培养。而要做到这些，就应该在科学史及其相关专业（科学哲学、科学社会学等）的研究生培养中尽早突破目前西方科学史教育中通史式课程占主导地位的情况。而突破的办法只有一个，就是作为导师应该加强西方科学史的专深研究，同时引导学生进入这样的研究。

当然，西方科学史说到底是一个引进的外来学科。过去我们在谈到引进外国技术时有所谓"造船不如买船，买船不如租船"的说法，这样做可以解决一些燃眉之急的问题，可是长久看来则不利于本国技术水平的提高。西方科学史的研究也是一样，在研究过程中，尤其是研究的起始阶段，对西方研究著作的直接翻译是必要的。但是，问题在于，翻译毕竟不能取代自己独立的研究。

有人也许会说，西方科学史本来就是一门西方的学问，人家有语言和文献方面的优势，又有一百年以上的研究历史。已有的著作已经是汗牛充栋，新出的成果更是如潮之涌。我们消化人家的研究成果都来不及，有必要去花那么大的气力做独立的研究吗？翻译一点东西，在教学上已经是足够了。但是，既然我们要在中国发展西方科学史这个学科，总不能光是跟在别人后面。我们不求有朝一日能与别人一较高低，但是总需要有一点自己独立的东西。这一点上，我觉得也应该向西方那些研究中国、研究我们的人学习。他们一开始一般不贪大求全，从一个问题、一个人，甚至一本书做起，从小到大，最后自成一体。他们研究我们可以这样，我们研究他们为什么不可以如此呢？

要有自己独立的研究，就必须看第一手文献。这里牵涉到一个语言能力培养的问题，我们在自己的研究工作以及研究生的培养中都会遇到。可以说，这是我们研究西方科学史的一个瓶颈。但是，这个瓶颈应该想办法加以突破。我们研究西方，最终应该达到西方研究我们那样的水平，而语言的掌握是起码应该做到的一点。西方人研究我们，懂语言是起码的要求，为此他们一般会花费较长的时间。克服了语言的障碍，他们在自己的研究中总是会设法全方位地占有和使用一手材料，从书籍，到档案，甚至是那些破旧和潦草不堪的档案。所以，他们在研究我们的时候甚至有能超过我们自己研究自己的地方，有些人对中文史料的占有和研读之细甚至连我们自己都不得不叹服。一句话，人家最终是要做原创性研究的，这一点值得我们很好地学习。

当然，能否使用第一手材料同样与客观条件上的限制有关。西方材料大部分收藏在西方的图书馆和档案馆里，我们要想看到确实不易。不过，在 21 世纪初的中国，情况已经大有改观。首先，我们不是没有经济能力去购买国外已经重新出版的那些原著，购买那些已经变成电子文档的相关历史文献数据库的使用权（例如 EEBO），至少国家级图书馆是可以这样做的。其次，各种级别和档次上的公派学术访问已经不再是那么难得的机会，从去年开始，连博士生都可以公派送出去联合培养，在外时间最多可达两年。这些变化十分重要，它们至少使西方的历史文档不再像以前那样可望而不可即了。既然客观条件已经有了这样的改观，自然会引出这样的思考：现在是否到了像别人研究我们那样去研究别人的时候了？

我们值得花费那么大的力气和经济资源来研究别人吗？回答应该是值得。首先，这从知识的对称性上来说是值得的。从中西方开始大规模打交道直到现在，我们彼此关于对方的知识总是存在这样或者那样的不对称。人家总舍得花费大量的时间、精力和财富来研究我们，而我们对别人的研究总是那么半推半就，甚至是推而不就。所以，到了鸦片战争打响的时候，人家可以从自己写的几百种书中去了解我们，从历史到地理、从政治到经济、从学问到军情、从风俗到国民性，等等。而我们则只能从少量由人家帮助编译的著作中获得对人家的一种朦胧的印象，一种"海外有仙山"般的缥缈感觉。俗话说，知己知彼方能百战百胜，难怪我们在1840年之后会一输再输。

上面这个例子在今天的现实下其实不太恰当，因为我们丝毫也不能把研究别人与算计别人等同起来，就像西方的那些汉学先驱们当初在研究我们的时候并不是想要算计我们一样。但是，这样一个极端的例子确实能够帮助我们说明一些问题。它至少可以告诉我们，知识在某些时候到了某些人的手里确实可以变成某种力量，某种能使人从中得益的力量。最起码是了解别人，以利交往，或者就是简单地从别人那里学点长处。还有，就是可以把别人作为审视自己的镜子。常常听到西方的一些汉学家说：研究你们是为了更好地了解我们自己。事情确实如此。例如，李约瑟的工作虽然在中国影响很大，虽然影响了西方人对中国人的看法。但是与此同时，它实际上也影响到西方人对自己的看法。比如说著名的"李约瑟难题"，它是一个针对中国的论题，但是同样也从这样一个特殊角度影响了西方人对西方近代早期科学产生过程的认识，因此也成为科学革命史或者近代早期科学起源史研究中的重要论题。而李约瑟给我的另一个启发就是，研究别人只要肯下功夫，同样能够有所建树。

除了对比别人、看清自己外，西方科学史的研究还可以从另外一个角度为我们对自己的研究提供帮助。科学史作为一个学科发轫于西方，至今已有百年以上的历史，其中有许多经验和教训、理论和模式值得我们借鉴。可以说，过去我们在研究自己的时候是不太注意这一点的。例如，当西方科学史的研究者们早已对"辉格历史"唯恐避之不及的时候，研究中国科学史的大部分人还在自觉不自觉地写作那样的历史。当迪昂（Pierre Duhem）那种能从中世纪经院哲学家的著作中"读"出近代科学的诸多发现的文本解读方法早已经受到批判的时候，我们却还在津津有味地从古人的只言片语中剥取这个定律或者那个原理的甜仁，开心地沉醉于一个又一个科学上的"世界最早"的发现。实际上，只要我们早点加强对西方科学史和科学史学史的了解，虚心向西方科学史工作者学习，这些问题完全可以避免。

一句话，从研究自己的角度出发，也应该加强对别人的研究。也许我们现在还不能说："像别人研究自己那样研究别人，你准备好了吗？"但是，至少可以说："像别人研究自己那样研究别人，你想过了吗？"

古埃及创世神话中，神造万物的源泉在于自己心中的想法，一旦把自己心中所想的说出来也就同时完成了创造的过程。尽管我们说出想法不能像埃及的神那样马上令目标实现，但是大家都有想法仍然是十分重要的。

原载《中国科技史杂志》2007 年第 28 卷第 4 期

走向西方科学史　走向科学通史

——北京大学吴国盛教授访谈录

万辅彬　吴国盛 *

万：我们早就想做一个您的专访，前年在清华大学的一次科技史学术会议上，见到汪前进先生，谈到我们的学报访谈的事，他提醒我们不要总是只做老先生的访谈，也要穿插访谈一些有成就的中青年科技史家。我觉得前进兄说得很对，这次在上海东华大学由您主持的第二届全国科技史教学研讨会上，您欣然应邀，我们感到很荣幸。我们还是从这次会议谈起吧，这次会议规模比较大，全国各地的博士点、硕士点都来了代表，而且一些开设科技史公选课的院校也有代表参会，您觉得这对我们科技史学科的发展有何意义？

吴：很高兴接受您的访谈。我国的科学技术史学科发展目前正处在一个重大的转折时期，用刘钝教授的话讲就是，正在经历一个再建制过程。在我看来，这个再建制过程至少包括三个方面：第一，从学科内容上讲，由中国科学技术史这个传统优势领域向世界科技史特别是西方科技史扩展，由专科史向综合史、思想史、社会史扩展；第二，从学科体制上讲，由中国科学院自然科学史所这个国家队、主力军，向其他机构特别是高等院校渗透和扩展，上世纪末相继建立的上海交通大学科学史系、中国科技大学科学史系和内蒙古师范大学科学史系，以及许多高校争相设立科技史博士点，都反映了这种学科体制的扩展；第三，从学科性质和功能上讲，由一个冷僻专门的边缘专业，向沟通文理的桥梁学科、

---

* 万辅彬，1942—　，男，广西民族大学教授；吴国盛，1964—　，男，清华大学科学史系教授。

科学人文素质教育的关键学科扩展，不仅要成为不可或缺的历史学分支，而且也要为当代中国的科学文化建设做出贡献。

科技史教学工作对于再建制过程的这三个方面，都将起到极大的促进作用。

第一，科技史教学可以带动学科内容的扩展。我们目前科技史专业培养出来的研究生，大多是专科史，而且大多是中国古代的现代西方专科史。他们毕业后如果在高校工作，由于只有少数大学有科学史系，多数人进了某个理科院系，他们开设的课程也往往是面对本院系学生的专科史，比如在数学系开设数学史，在物理系开设物理学史。我所希望推动的科技史教学工作，是面向全校学生讲授科学史课程。这样的课程最好是科学通史，讲科学通史就必定要突破专科史进入综合史，突破中国古代史进入西方科技史。由于我国科技史专业的学术积累有限，目前的通史教学仍基本停留在专科史的汇集阶段。但是，随着科学通史教学的全面推广和逐步深入，就内在地要求教师们考虑通史的特点，从而迫使他们思考与通史相关联的一些编史学问题。这样，科技史教学工作就会起到对学科内容建设的推动作用。

我们目前在中国科技史学会下面成立的科技史教育专业委员会，将起一种横向交流的作用。由于目前在学会下面设立的专业委员会都是专科史，而且通常是各专业委员会自己开展活动，相互交流较少。有些科技史同行身处同一所学校，但因属于不同的专科史，反而互不相识，长此以往，科技史由专科史向综合史扩展的路子就走不起来。这一次在东华大学召开的全国科技史教学研讨会，聚集了全国26家科技史硕（博）士点单位和11家科技史教学单位，召开了科技史教育专业委员会第一次全体委员会议，希望以科技史教学为契机，加强各专科史之间的联系。

第二，科技史教学可以带动学科体制的扩展。在高等院校设立博士招生点和科学史系，目前面临不少困难，一个主要的困难是校领导层或决策层对科学史学科是怎么回事、科学史在高等教育中有什么特殊意义，很不了解。凡是在高校面向全校学生开设过科学史课程的老师都有这样的体会，就是学生们无论文科生还是理科生都非常欢迎这门课，也就是说，这门课程在高等院校实际上很有需求量。如果在全国高校都竞相开设这门课，那么就会极大地扩大科学史这个学科的影响，从而为自己在高校争得地位。我们一直希望在北大建立科学史系，但是由于我们这个学科的师资力量比较薄弱，除了我本人每年坚持开一次"科学通史"课之外，再也没有其他本科课程相配套，因此要在学科建制上有所突破难度还是比较大。试想，如果你能够在科学史学科方面每年为全校学生开出十门通选课来，那么你为高等教育所做的贡献就很突出了，要求建系的底气就很足了。目前我们还做不到，还要不断努力。

第三，科技史教学可以激活本学科的功能和活力。很长时间，科技史学科专注于中国古代典籍，被人视为冷僻的、边缘的学科，研究生招生也招不到优质生源。在高校全面开设科技史课程，不仅能够起到刚才讲到的促进大学生素质教育的作用，而且可以扩展本学科的影响，为本学科吸引和培养后备人才。江晓原教授告诉我，他们有一个北大的学生就是听了我的课之后考到了上海交大科学史系做研究生。北大自己的情况也一样，有了这个课之后，就有更多的北大本科生进入科技史专业做研究生。

万：您在此次会上谈到了正在编写《科学通史教程》，您是怎样想到要编写这样的一本教材的？

吴：要广泛深入地在全国高校开展科技史教学特别是科学通史的教学活动，就需要有教科书。教科书可以有两种方式取得，一是直接翻译国外已有的著作，二是中国学者自己编写。

使用现成的西方学者编写的科学史教科书有一个好处是，他们的学科发展比我们早、研究得比我们深入、水平比我们高，但也有两点不如意的地方。一点是西方科学技术史学科的专业人员喜欢搞专门领域、专门问题，搞通史的少，特别是，权威的科学史家搞通史的更少。一般由权威科学史家主编的通史著作都是多卷本的，而且由许多术业有专攻的科学史家集体协作而成，不适合作为大学教科书，通常的一卷本科学通史著作反而不是由权威的科学史家所写，比如在我国比较流行的丹皮尔的《科学史》和梅森的《自然科学史》，其实两位作者都不是职业科学史家——丹皮尔是一位作家，梅森是一位化学家——都属于业余创作，而且都太老了。丹皮尔的是 1949 年的版本，梅森的是 1970 年版的，很少体现近半个世纪以来国际科学技术史界的研究成就。最近翻译出版的麦克莱伦三世等人合编的《世界科学技术通史》比较令人满意，一来两位作者都是科学史教授，属于专业人员，二来内容吸收了科学技术史学科最新的研究成就。我多次推荐高校使用，我们北京大学科技史和科技哲学专业硕士研究生的入学考试，也使用的是这本教科书。尽管有麦克莱伦这样一本比较好的教材，但我仍然要说翻译著作有第二个不如意之处，那就是，它没有充分展示中国人的科技文明以及当代中国人非常感兴趣的许多科技史问题（比如李约瑟问题），当然也不可能照顾到中国读者和学生的阅读习惯。因此，基于这些不如意之处，我们的教科书采用中国学者自己编写的教材也是有道理的。

由中国人编写的一卷本的科学通史著作其实非常之多，但我认为至少存在三个问题。第一个问题，大多数这类著作的作者都不是专业的科学史家，他们或者是一些科普作家，或者是自然辩证法（科技哲学）界的人士，通常没有受过科技史训练，对国际科技史界的研究动态也不了解。第二个问题，无论是多数的科学史普及著作，还是少数由科技史界学者编写的单卷本科技史著作，大多仍然停留在专科史的简单汇集，没有对通史之为通史做深入的思考。比如在科学与技术之间、西方与中国之间如何衔接以及分量比例如何分配等问题，作者们通常并没有充分的意识和反省。第三个问题，跟中国出版的许多教材一样，编排形式上下的功夫不够，没有为教师和学生着想，开列出比如关键概念简释、思考题、带评论的参考书目等项目。正由于存在这三个方面的问题，继续不断探索、写出新的科学通史教材仍然是我们科技史界值得去做的工作。

万：这本教材将有些什么特色？

吴：我打算写一部新的科学通史教材已经很多年了。1999年春天我回到母校北京大学任教，2000年春就开始面向全校文理科本科生开设"科学通史"课程，以后差不多每年都开一次。为了教学的需要，编写教材的愿望在新世纪初就已经产生，但是很惭愧的是，快十年过去了，这本教材还是没有编出来。固然杂事缠身、缺乏一个完整的空余时间从事研究和写作是一个原因，其实主要的原因在于我自始至终没有找到一个合适的通史模式。如果这本教材在未来几年写出来了，那么它的基本特色应该是形成了通史模式、具有"通"的特点。这个"通"包含两个方面。一是具有充分的涵盖性，二是具有内在的融贯性。所谓涵盖性，就是既要包括科学，又要包括技术和医学；既要包括主流的数理实验科学，又要包括目前渐趋边缘化的博物学；既要包含欧洲科技史，又包括中国科技史。所谓融贯性，就是在如此广泛的涵盖性内容里必须有一个内在的线索和结构，也就是要有一个编史纲领贯穿其中，而不能像我们现在经常可以见到的那样，把这些东西简单地拼凑在一起。萨顿说得好，通史既不是比任何分科史更大的学科，也不是比任何国别史更大的学科，它是单独的一个学科，有自己特殊的任务和使命。萨顿把这个任务理解成沟通科学与人文，在文理之间架设桥梁。我把它设想为理解整体的科学。我想，这也是我们面向全校学生开设科学通史的目的。

万：您谈到要有涵盖性，既包括科学又包括技术，又要有融贯性，要求以一种对"科学"的融贯理解作为基础，那么，在您编写的这本教程中，您是怎样定义"科学"的？

吴：的确，为了打造一个统一的编史纲领，我们就要有一种对"科学"的融贯理解作为基础。许多职业科学史家并不特别在意给出一个科学的定义，这倒不是说他们对这个问题没有自己的看法，只是他们把自己的看法具体体现在自己的编史实践中，并没有单独提出来进行分析考察。这种做法通常没有什么问题，但是也有可能不自觉地形成对"科学"的不融贯的理解，也就是说，有时使用这样的"科学"标准，有时使用那样的"科学"标准，甚至自己宣称的标准与自己操作的标准完全不一致。比如，有些科学史家主业是做中国古代科技史研究的，却强硬地要求按照文艺复兴以来的西方科学标准来定义科学，这显然就没有在科学标准问题上达成融贯性。

我是做科技哲学出身的，对融贯性问题可能更敏感一些。过去几年来，我写了不少文章、发表了不少讲演，就什么是"科学"的问题提出了自己的看法。中文"科学"一词是个外来词，不是一个本土的词汇，因此思考"科学是什么"的问题当然首先需要回到西方的语境中。它译自英文 science，跟 science 的用法一样，主要或首先指自然科学（natural science）。社会科学也是科学，但需要加修饰词，相应的德文词 Wissenschaft 用法与此略有不同，并不特别指自然科学，而是指一般意义的"知识"，与 science 的源头词拉丁语的 scientio，希腊语的 episteme 类似。因此，德语思想家经常在更宽泛的意义上使用"科学"这个词。当黑格尔把自己的哲学称为科学，马克思把自己的社会主义理论称作科学社会主义，胡塞尔把现象学称为最严格意义上的科学，并且把"欧洲科学的危机"等同于欧洲文明的危机时，这里的"科学"就不是我们通常容易想到的自然科学、实证科学、经验科学、可以转化为生产力的科学技术等，而是指合乎理性的知识。大体说来，英语世界使用"科学"一词，更多的指的是近代的自然科学，德语世界使用"科学"一词，更多的指的是希腊-欧洲人特有的理性科学。从这个词源考证可以看出，德语的"科学"即"理性科学"实际代表了自希腊以来的一脉正宗，而英语的"科学"即近代自然科学，虽然是目前最强势最显眼的，但仍然只是理性科学的一种特殊形式。

但是，值得注意的是，如果把"科学"就照着希腊-欧洲这一理性主义传统脉络来进行规定，虽然符合这个词的本义，但会丢失大量的历史内容。首先，希腊理性主义恰恰是中国古文明所非常缺乏的（如果不是完全没有的话），以此来规定科学史的叙述框架，则中国古代将乏善可陈。其次，即使对希腊时代而言，理性科学仍然没有涵盖希波克拉底为代表的医学知识传统、亚里士多德-塞奥弗拉斯特的博物学传统。因此，我提出三种科学传统即希腊以来的理性科学传统、近代以来的实验科学传统以及自远古以来的博物学传统，它们共同构成了完整的科学传统。尽管在不同的历史时期、不同的地域，这三种传统比例不同。

建立了三种科学传统的概念仍然不够。谈到科学的定义，就不能不涉及科学与技术的关系问题。在我国学术界长期有一种说法，认为科学是认识世界的，技术是改造世界的，它们之间有明确的区别。我承认这个说法有它的合理之处，特别是在我们这个功利主义盛行的时代，面对某些科技政策的制定者和实施者试图单纯按照投入产出来对科技研究工作进行统一地量化管理，这样的说法确实能起到抵制的作用。但是，从历史上看、从学理上讲，这个说法比较粗糙。我们必须考虑到科学研究之中高度渗透着技术，特别是近代的实验科学传统，根本离不开仪器、工具、设备等技术的进步和发展，没有显微镜、望远镜、真空泵、钟表、温度计，就没有近代科学。另一方面，我们也要考虑到技术之中也高度渗透着科学知识，即使是在技术操作和技术实践层面，那种只可意会不可言传的默会知识（tacit knowledge）仍然起很大的作用。因此，对于完整全面地理解科学这样的目的而言，科学通史是必须包含技术的。

我们只有同时考虑到科学的三种传统，同时考虑到科学、技术和医学的密切关联，才能够有一部既有涵盖性又有融贯性的科学通史。

万：从这个定义出发，您这本通史的编史原则是怎样的？

吴：科学通史的目标是给出对科学的理解，而理解通常有两种方式：一种方式是因果还原论，一种方式是结构类型论。所谓因果还原论就是寻找历史现象的深层原因，把历史现象通过一种因果映射还原到被认为更易于理解的非历史的东西上去。比如像环境决定论、生物种族决定论都是某种因果还原论。其实说白了，就是把历史还原到自然科学所能理解、所能确证的层面。由于自然科学是目前强势的科学，支配着大多数人的理解模式，所以，相当多的人希望历史学家最终能够给出一个因果还原模式，以解释像为什么中国近代落后、为什么中国古代没有产生像欧洲那样的理论科学等问题。对他们来说，不还原到自然科学的层面就不能充分地释疑和令人满意。我认为，因果还原论的历史理解模式是可以尝试的，但只有非常有限的意义。除非我们能够把人类活动还原到纯生物学层面，否则历史的大部分意义都无法做因果还原论的理解。正因为此，我相信，越是远古的历史，越有可能给出一个环境决定论的解读，而越是晚近的历史，则越无可能还原到地理环境学和生物行为学层面。除了还原到自然科学层面外，还原到其他单一的历史因素，也只会使历史变得单薄，比如过去比较流行的经济决定论。

所谓结构类型论就是要寻找历史发展中出现的不同类型和不同结构，找出了类型和结构，我们就相当于为丰富多样的历史现象创造了一种统一的理解模式。这种理解模式不是要把历史的东西还原为非历史的东西，以获得理解，而是在历史的多样性自身中找到统一性。我觉得科学通史的目标是要提出某些科技文明类型，并且在某个科技文明类型之下来展开对科学技术史的叙述。

由于书还没有写出来，研究仍然在进行之中，我无法在这里给出最终的叙事线索和历史分期。大体来说，自旧石器时代的采集社会以来，主要的文明类型只有农业文明和工业文明两种，科技史不能脱离这个大的框架。在农业文明中，要同时关注与衣食住行有关的基本生活技术，和与奢侈品生产以及兵器生产有关的技术。在工业文明中，同样不可回避科学与技术的密切关联。我们必须承认，在农业文明的几千年中，技术是汪洋，而发源于希腊的理性科学只是孤岛。

　　万：您对中国科技史学科的发展是有特殊贡献的，您的早期代表作《科学的历程》产生了广泛的影响，至今还是很多学校科技史专业的教材和研究生考试的参考书目，您能谈谈当年写作此书的初衷吗？

　　吴：提到这本书我很惭愧、很不安，它的水平不高，却为我带来了许多荣誉。说起来都已经 17 年了，那是 1992 年的夏天，湖南科技出版社约我组织几个人共同为青少年编一本类似于《上下五千年》那样的科技史普及读物。我当时对合作编书兴趣不大，想一个人试试。出版社的领导很重视也很开明，在看了我试写的绪论之后就决定由我一个人来写。我大概写了一年多，1994 年初交了稿。后期制作拖了一些时间，1995 年底正式出版。

　　虽然本书并没有按照出版社开始的要求写成某种五千年"史话"，而是力图写出一部内在贯通的科学技术史，一部兼顾了社会文化背景的科技通史，但从今天的眼光看，仍然属于我在前面指出的那类通史：它基本上是各种专科史的汇集，对国际科技史界近几十年的研究成果吸收不够，而且，它一开始就没有想写成、事实上也没有写成一部科技史专业的教材。由于湖南科技出版社运作有方，打开了销路，此书取得了一些社会影响。这只能说明中国的读书界实际上非常欢迎科技史读物，而我们的科技史界目前还不能满足读者们的需要。这种时无英雄，遂使"竖子成名"现象，对我们的科技史界提出了紧迫的要求。

　　万：不管怎么说，《科学的历程》还是确立了你在中国科技史学科中的地位。

　　吴：带来了不少荣誉，包括在 2004 年的中国科技史学会第七届理事会上被选为副理事长。不过也确实可以说，是《科学的历程》将我推上了科技史的学术道路：它受到读者的欢迎，并且得到学界的认可，反而迫使我继续对自己进行科技史方面的专业化训练。

我硕士读的是自然辩证法专业，现在叫科学技术哲学，论文写的是现代宇宙学中的哲学问题；博士读的是外国哲学专业，论文写的是海德格尔的技术思考；加之一直在哲学界工作，与科技史界是有距离的。但是，从硕士研究生开始，我们走的就是科学史和科学哲学同时双修的路子。我自己也一直深深地意识到，缺乏历史深度的单纯概念辨析是行之不远的。我们身处科技哲学圈子但又乐于从事科技史研究的人喜欢引用科学哲学家拉卡托斯的话："没有科学史的科学哲学是空洞的，没有科学哲学的科学史是盲目的。"虽然说，职业科学史家往往并不买第二句话的账，但对我而言，第一句话是千真万确的。因此，我从 20 世纪 80 年代末开始就一直把主要精力用在西方科学思想史的研究中。

万：您能不能介绍一下您在西方科学思想史方面做的工作？

吴：首先是翻译介绍。那个时候，由于我国科技史界把主要精力放在了中国古代科技史领域，介绍和研究西方科技史还没有提上日程，而关注科技史的自然辩证法界人士对西方科技史的介绍也非常有限而且片面。科学社会史因为接近马克思主义，故而有不少译介，而科学思想史，由于自称 idealism（观念论），这个词又通常译成"唯心主义"，结果，令人吃惊的是，以柯瓦雷为代表的科学思想史学派的作品一个字也没有译过来，连柯瓦雷的名字都闻所未闻。实际上，这个学派在 20 世纪科学史研究领域是最有创造力、成就和影响最大的，产出了最多最优秀的作品。

由于缺乏翻译介绍，学术界对西方科学史的研究状况了解不多。比如"科学思想史"（intellectual history of Science）这个词，在西方科学史界是有特定含义的，它是与"科学社会史"（social history of Science）相对的两种不同的编史纲领，国内学界不大知道这个情况，有人甚至按照中文理解，把科学思想史分成内史和外史，把社会史纳入科学思想外史。针对这种情况，我主持编译了《科学思想史指南》（四川教育出版社，1994），首次向国内学界比较系统地介绍了国际科学史学科和理论的发展状况，特别是第一次介绍了思想史学派的领袖、俄裔法国科学史家柯瓦雷的思想。

从这个单卷本的译文集开始，过去十多年，我一直在促成科学思想史学派作品的译介活动。从 2003 年开始，我在北京大学出版社主编了一套"北大科技哲学丛书"（后来更名为"北大科技史与科技哲学丛书"），这个丛书收录出版了库恩的《哥白尼革命》（吴国盛等译）、柯瓦雷的《从封闭世界到无限宇宙》（张卜天译）、柯瓦雷的《牛顿研究》（张卜天译）、柯瓦雷的《伽利略研究》（刘胜利译）和伯特的《近代物理科学的形而上学基础》（徐向东译）。最近我的学生张卜天博士正在实施一个更加庞大的翻译计划，他将在湖南科技出版社的支持下，以每年数种的速度翻译出版西方科学思想史著作。

万：除了翻译和引介之外，在西方科学史的研究方面做了哪些工作？

吴：一开始，我的兴趣主要在自然科学的基本概念的历史，包括自然概念史、宇宙论思想史、空间概念史、时间观念史。写了一些论文，翻译了英国历史哲学家柯林武德的《自然的观念》（华夏出版社，1990），出版了《希腊空间概念的发展》（四川教育出版社，1994）和《时间的观念》（中国社会科学出版社，1996）两部研究性著作。

现在回头来看，虽说当时有开创意义，但由于学术积累不够，这些研究工作仍有待深入。如果说敝帚自珍的话，那我很愿意讲一讲《希腊空间概念的发展》这本书。这虽然是一本小书，并且由于问题比较专门，科技史界知道的不多，但我觉得在我所有的思想史工作中可能是最有意义的。这是一本文献考证型的观念史著作，主要澄清了一个问题，即希腊人并没有近代意义上被背景化和几何化的"空间"（space）概念，他们的 topos 应译成"处所"（place）而不是"空间"；早期原子论者的虚空（kenon）应该理解成原子与原子之间的空隙（diastema），将这个词译成"体积"是错误的；在欧几里得的《几何原本》中，只有几何图形的概念尚无几何空间的概念。这些概念澄清对于理解柯瓦雷所谓的"从封闭世界到无限宇宙"的近代科学革命是非常关键的。

进入新世纪，我把自己的研究领域收缩到近代早期的科学思想史，首先计划做"哥白尼革命"。目前发表了几篇论文，还很不深入。我们的欠账太多，土壤太薄，只能一步步来。哥白尼是一个家喻户晓的科学史人物，但是多年来科学史研究的欠缺以及科学传播的脸谱化、意识形态化，使得围绕着他产生了一大堆误解。我提出他的巨著应该译成"天球运行论"而不能译成"天体运行论"，没有得到科学史同行的响应，更不要说科学界和科学传播界。我提出他的著作中的一个关键单词 equant 应该译成"偏心匀速点"，也没有得到科学史同行和翻译界的响应或者质疑。

万：您这些年在多个场合大力提倡中国科技史学科要走向西方科技史研究，您能否谈谈您的考虑？

吴：我在 2007 年科学史所 50 周年的学术讨论会上曾经讲过这个问题，现照录一段：

过去 50 年来，在中国，一说到"科学技术史"研究，指的往往就是"中国古代科学技术史"研究，但同行们都会承认，即使你是研究中国古代科技史的，你都有必要学习西方科技史。反之则不然：如果你是搞西方科技史的，则不一定要学习中国古代。这又是为什么呢？原因是，科学是一个来自西方的东西：我们今天搞的科学都是西方的科学，我们今天之所以重视中国古代科技史，也是因为我们今天在搞来自西方的科学造成的。西方的科学实际上是我们的潜在参照系，不管你是否意识到这一点。我们搞中国古代，或者是为了顺从，或者是为了对抗，或者是为了补充，总之，我们的潜意识里都是把西方科学作为参考系。为什么会这样呢？这是因为，西方文化特别是其中的西方科学，已经被现代中国人接受为"现代"的普遍标准，也就是说，西方科学不只是西方人的事情，也是我们"现代"中国人的事情。不了解西方科学，就不能真正理解"现代"中国社会的构成本质和"现代"中国人的存在方式。就此而言，研究西方科学史，不只是在研究"他们"的东西，也是在研究"我们"的东西。

万：在推动西方科技史研究方面，有些什么打算和计划？

吴：在走向西方科技史研究方面，可以有两个路线。一个路线是从研究 19、20 世纪入手，一个路线是从研究近代早期入手。从 19、20 世纪入手，实际上就是从专科史入手，这个符合我们现有的学科布局，实际上从 20 世纪 80 年代开始中科院科学史所的近现代研究走的就是这个路子。我本人倾向于优先选择第二个路线，原因是近代早期是西方科学史界在过去半个多世纪中取得成就最大的研究领域。这个所谓的"科学革命"时期，吸引了西方科学史界一批最杰出的科学史家，围绕这个时期，构建了几大最有影响力的编史纲领，产出了一批经典研究著作。因此，从研究西方近代早期开始，可以学到更多，可以直接进入前沿。当然，两个路线可以齐头并进。

我自己的计划包含个人研究和学生培养两个方面。个人研究仍然想指向哥白尼革命，做一个比较详尽的综合工作。学生培养方面，实际上从 1999 年回到北大之后，我就把科学思想史作为我招收博士生的两大方向之一。目前这个方向已经完成的博士论文有《钱伯斯与前达尔文进化思想研究》（杨海燕）、《海森堡事件及其背景研究》（邬波涛）、《亨利·摩尔的自然哲学》（田径）、《质的量化与运动的量化——14 世纪经院自然哲学的运动学初探》（张卜天）。近几年，我们的主攻方向逐渐向西方近代早期以及中世纪和古典希腊收缩。我们目前还在做另一件比较大的翻译工作，那就是负责正在陆续出版的八卷本《剑桥科学史》（大象出版社出版）的前三卷（古代卷、中世纪卷、近代早期卷）的翻译。这三卷正好是我们计划中的主攻方向。

万：谢谢您就如何开展科技史教学、科学通史教材编写以及推动西方科学思想史研究等问题，谈了很多经过长期思考后的一些想法，这对我们科技史界的学科建设、人才培养乃至学术研究都有很多启发。再次向您表示衷心地感谢。

原载《广西民族大学学报》（自然科学版）2009 年第 2 期

宗教学

　　有关宗教学研究的文献分为以下2辑：第1辑，分为两个方面，一是新中国宗教学研究的整体评述，二是马克思主义宗教观研究和宗教学理论研究中一些突出问题的评述。第2辑，反映宗教学的跨学科性质，所选4篇文章涉及西方神学家孔汉思提出"全球伦理"、儒学是否是宗教、宗教与国际关系、宗教与中国农民战争等问题，它们与伦理学、中国哲学、国际政治、历史学相联系。

中国现代宗教学术研究一百年的回顾与展望

吕大吉[*]

用现代意义的理论和方法对传统宗教进行理智性、学术性的研究，在我国大体上应该说是从戊戌变法之后，随着"西学东渐"的进程逐步发展起来的。至今已有一百年余的历史。我把这百余年来的现代宗教学术史划分为三个阶段：第一，从戊戌变法到民国时期："西学东渐"和现代意义的宗教学术研究的兴起；第二，1949—1976 年：马克思主义一元化指导下的宗教研究；第三，1976 年以后：理论和方法的多样化与当前宗教学术研究。回顾百余年宗教学术发展的历程将有助于我们更好地推动中国宗教学术研究在新世纪的进一步展开。

一

从 19 世纪末到 20 世纪上半世纪，中国社会经历了急剧的动荡和激烈的变革，相继出现了戊戌变法、辛亥革命、军阀混战、抗日救亡、国共内战，直到 1949 年中华人民共和国建立。从社会制度上看，这是中国从封建社会向现代社会的过渡和转变时期。反映在文化学术领域，则表现为西方文化影响下发展起来的"新文化"冲击"旧文化"，"新学"冲击"旧学"（传统儒学）。这种冲击更尖锐的形式出现在宗教领域，逐渐兴起了具有不同于传统宗教观念的具有现代意义的宗教学术研究。与此

---

* 吕大吉，1931— ，男，中国社会科学院世界宗教研究所研究员。

同时，各种宗教内部则出现了回应社会变动的宗教文化革新和学术活动。因此，我认为，从戊戌变法到民国时期，现代意义的宗教学术主要表现在三个方面：

（一）宗教启蒙思潮的发展

在中国宗教学术史上，具有和传统宗教观念决裂的现代宗教学术研究，其最初的表现形式是戊戌变法运动以来的启蒙宗教学说。

戊戌变法运动虽然以失败告终，但"西学东渐"之风却日盛一日，各种不同于传统儒学的"新学"得以兴起，一代又一代先进的中国人认识到，如欲救亡图存，必须变法图强；欲革封建君权，必革封建神权，批判传统的宗教天命论对"君权神授"的维护。因此之故，近现代的中国革命派和先进知识分子几乎都在不同程度上批判传统宗教，提出"革天""革神"的启蒙宗教观，发动启蒙教育运动。从戊戌变法运动的代表人物康有为、梁启超、谭嗣同、严复，到辛亥革命的思想家孙中山、陈天华、邹容、章炳麟，再到"五四"时期新文化运动的知识精英蔡元培、胡适，以及由此转向马克思主义的陈独秀、李大钊，尽管这些人活动在不同的历史阶段，政治信念并不相同，但他们都是政治上的革新派，在宗教问题上都是启蒙思想家，我把他们的宗教观看成是"现代"宗教学术研究的开端。这是因为他们对传统宗教的批判是理性主义的，完全区别于信仰主义的宗教神学；同时，他们的宗教观在理论形态上与传统儒学范畴的无神论宗教观也大不相同：第一，现代意义的启蒙宗教观具有反帝反封建的政治内容，属于资产阶级民主革命思潮，而传统的无神论思想在政治上是维护当时的封建君权和封建制度的。第二，现代意义的启蒙宗教观广泛引进并吸收了近代西方的自然科学和哲学，特别是达尔文生物进化论以及由此推演出的社会进化论，把它作为自己的启蒙宗教思想的科学根据。

严复是我国引进西学来冲击传统旧学以求变法维新的先驱。他通过翻译赫胥黎的《天演论》等西方学术名著，并加上"按语"，在中国最先宣传达尔文主义进化论。他把中国人对天命的崇信和对鬼神的迷信视为社会"进步之阻力"。救国之道在于发展科学、兴办教育、清除"宗教之流毒"。

辛亥革命时期，革命民主派从反对封建专制制度出发，深刻认识到批判传统宗教、开展启蒙教育的必要性，除孙中山，陈天华、邹容、章炳麟等革命思想家之外，还有一批无政府主义者以及一批报刊如：《杭州白话报》《大陆》《浙江潮》《国民日报》《觉民》《中国日报》《宁波白话报》《安徽俗话报》《民报》《竞业旬报》《新世纪》《滇话》等，都不断发表宣扬科学、民主和启蒙宗教观的文章，为辛亥革命作了思想准备。孙中山把传统宗教观与封建专制制度的关系说得非常清楚："帝制时代，以天下奉一人，皇帝之于国家，直视为自己之私产，且谓皇帝为天生者，如天子受命于天，及天睿聪明诸说皆假此欺人，以证皇帝之至尊无上，甚或托诸神话鬼语，坚人民之信仰。中国历史上，固多有之。"(《在桂林对滇赣粤军的演说》) 孙中山认为："神权、君权，都是过去的陈迹"，应在民权时代予以扫除。章炳麟的《无神论》也对宗教进行了类似的批判："惟神之说，崇奉一尊，则与平等绝远也。欲使众生平等，不得不先破神教。"章氏的宗教理论的一个特点就是他对宗教有神论的批判不限于政治上的揭露，而是利用近代自然科学和哲学，应用逻辑分析的手段，从理论上证明宗教有神论（上帝创世说、灵魂不灭说、神学目的论）和宗教教义的自相矛盾。就理论分析的深度而言，他超过当代和过去的启蒙宗教思想家。但他在否定有神论宗教的同时，却把佛教看成是某种"无神论的宗教"。他认为，佛教唯识法相宗主张"万法唯识"，把一切事物（包括神）视为心识的表现，故在佛教中，心为真实，神是虚幻。(《建立宗教论》) 因而佛教乃无神的宗教。他因此而独钟佛教，特别强调佛教所谓"一切众生平等""依自不依他""无私无畏""舍己救人"的社会意义，认为这些主张可以为社会、为革命者提供一种道德精神。章炳麟的这种观点在当时知识界具有一定的代表性（梁启超就有大致相同的佛教观），对佛教研究的方向也有一定的引导作用。

"五四"时期的新文化运动是中国启蒙运动的高峰，其中批判宗教神学和世俗迷信的启蒙宗教思潮却在其中占突出地位。在蔡元培的学术思想和教育思想中就贯穿着启蒙宗教观：为实现民主共和制度，必须反对君权和神权，开展启蒙教育："以人道主义去君权之专制，以科学知识去神权之迷信。"（《社会改良宣言》）他的可贵之处还在于他对宗教学的一切重要问题，如宗教的本质、起源、功用问题，以及宗教与科学、宗教与哲学、宗教与道德、宗教与美学，进行了学术性的探讨。这就把启蒙宗教学说对传统宗教的批判推向对宗教学理论问题的深入研究。他认为，宗教本质上与科学是对立的。随着科学理性的发展，宗教信仰必将衰败（《信教自由会之演说》）。社会应以对科学真理的"理信"取代对宗教的"迷信"。蔡氏用康德哲学来论证宗教与教育、政治与道德的分离。因为宗教信仰的对象属超时空、超因果律的本体界，而教育和政治事务属时空界中受因果律支配的现象界，两界厘然不同，故必须将宗教从教育和政治领域中驱逐出去。道德领域也是如此。道德是人在现象界的行为，是人的意志对自由、平等、博爱的追求，可宗教却排斥人在现实生活中的快乐和幸福，既不符合人性，也不利于道德的培养。在全面否定宗教在社会生活中的地位和作用之后，蔡元培主张以"美育代替宗教"。不管人们是否同意蔡氏引用的康德哲学，但他用哲学来论证其宗教观，大大深化了我们对宗教问题的理解，给宗教学术研究者以理论启发。

胡适在提倡科学和民主思想，推动当时中国正在开展的启蒙运动的同时，引进了他所谙熟的西方学术的理论和方法，开辟了对中国传统宗教的史学研究。胡适关于宗教的基本态度，我们似可以称之为崇奉科学的启蒙无神论。他站在科学的立场上，对宗教有神论持彻底否定的态度。在他看来，自然科学，特别是达尔文进化论提供的科学证据，已经打倒了两千年来备受尊敬的宗教。[1]他不仅否定基督教的基本教义，更谴责它所谓的平等和博爱不过是虚伪。对于影响中国人至深且久的佛教和道教，他更表反感，一是因为佛道二教教义中都"充满了惊人的迷信"；二是他认为和尚道士都弄虚作假、伪造经典。尤其值得注意的是，胡适一方面认为，佛教传入中国，是中国文化史上的一大不幸；[2]但另一方面，他又积极利用敦煌文献资料，运用历史考证的方法进行中国佛教史，特别是禅宗史的研究。他把禅宗的顿悟看成是一种"自然主义人生观"，是打

---

[1]　参见胡适《五十年来之世界哲学》，《胡适文存》2集，黄山书社，1996年，第243页。

[2]　参见《胡适的自传》，华东师范大学出版社，1981年，第263页。

倒佛教旧说的一种革命性的个性解放。(《白话文学史》)他的《荷泽大师神会传》通过对神会的研究来破除神会在禅宗史上所作的神秘主义的附会。尽管胡适的这些研究并未得到普遍的赞同，但他的方法还是有启发意义的。既应用了传统国学的考据方法，又不拘泥于传统考据学的一字一句之辨，而是从宏观上把握整个禅宗的历史发展问题，根本着眼点放在剥开蒙在禅宗史上的那一层神秘主义的外罩。他的道教研究主要表现在《陶弘景的真诰考》上。他认为，《真诰》中有 20 章之多是剽窃佛经《四十二章经》。不仅《真诰》如此，整部《道藏》大多如此。①

对于胡适的中国宗教史研究，有些专治佛教、道教史的学者认为其简单化，没有全面反映佛教、道教对中国文化的深刻影响。这种批评不无道理。但我们应当看到，"五四"时期是启蒙的时代，启蒙教育首先需要揭破宗教的神秘与欺骗，从某种意义上说，不打破对神圣宗教和神圣经典的迷信态度，就不能启迪民智，更不能对之进行学术性的研究。胡适对禅宗和道教的历史考证研究的价值就在这里。没有启蒙性的宗教理论和宗教研究方法，真正现代意义的中国宗教史学是难以建立和发展起来的。

"五四"时期最激进的陈独秀和李大钊后来发展为马克思主义者，他们除了一般地提倡民主反对封建专制主义，提供科学反对传统的宗教迷信之外，更进一步，用马克思主义的唯物史观和阶级斗争理论来分析和解决中国的宗教信仰问题。李大钊在这方面更为突出。他认为，宗教信仰具有排他性，反对真正的思想自由；宗教用神权保护历史上的特权阶级，行使阶级压迫的职能，宗教所谓的博爱和对压迫者的不抵抗主义，是要无产阶级放弃反抗资产阶级的斗争，在"五四"时期，这种马克思主义宗教理论确有其深刻性。随着中国共产党领导的斗争取得胜利，马克思主义在整个意识形态中取得指导地位，李大钊引进的马克思主义宗教观的理论和方法，也在宗教学术研究领域成了唯一的指导思想。

(二) 宗教史学的开创

随着宗教启蒙思潮的发展，一些学者逐渐不满足于对传统宗教进行

---

① 参见《胡适文存》4 集，黄山书社，1996 年，第 116—122 页。

一般性的批判，而着眼于对宗教的经典、教理进行哲学分析和宗教史的研究，由于佛、道二教影响中国文化至深且巨，中国学者对具体宗教的研究就自然地落实到这两大宗教上，从而开创了新佛学和以佛教史、道教史为中心的宗教史学。

戊戌变法以来的启蒙思想家在一般地清算传统的宗教和迷信时，有一个值得注目的现象是，其中有一些维新思想家却对佛教的思想推崇备至，甚至吸取某些佛教思想作为变法维新的精神武器。康有为的《大同书》中贯穿了佛教关于现世界是"苦"的判断和"极乐"世界的理想，援佛入儒，最后归结于孔教立国。谭嗣同著《仁学》，用佛教精神来解释儒家关于"仁"的观念。梁启超更是大加发挥，不仅从理论上论证佛教救国的主张，而且更进一步用他提倡的"近世科学方法"，从佛教的历史和经藏入手进行追本溯源的研究。

从纯学术看，梁启超的最可贵之处是他吸取日本佛学家的一些研究方法和研究成果，开拓了对佛教的历史和经典的学术研究。他写一系列有关中国佛教的论著，集为《佛学研究十八篇》，其中解答了中国佛教史的许多疑难问题，例如，他对《阿含经》的性质及其在佛教史的地位的见解就很有见地，认为它是佛教的早期经典，其中"所含佛语分量之多且纯非他经所及"，因此佛教之根本原理已备见于四部《阿含》之中。他把西方宗教心理学的方法引入佛学领域，把小乘《俱舍》所谓的"七十五法"，大乘《瑜伽》说的"百法"，以及"五蕴""十二因缘""十二处""十八界""八识"……都说成是佛教对人类心理现象的一种分析，因此整个佛教无非是一种佛教心理学。特别是他对《四十二章经》《理惑论》的辨伪，对《大乘起信论》所做的考证，对佛经翻译于中国语言文学的影响……，这些研究把中国佛学和佛教史的研究推进到新的水平。当代中国的佛教学者至今仍肯定地评价他的研究成果，认为他是现代佛学和中国佛教史研究的开拓者。

对于佛教的根本态度，梁启超和胡适可以说是站在对立的两极，但无论是梁启超的佛教救国，还是胡适的佛教误国，都是从自己的政治立场看佛教，他们对佛教的历史考证研究或多或少地服从于自己的政治信念。但他们用新的研究方法研究佛教史的开拓之功是不可没的。在梁、胡时代，还有一些学者从纯学术角度对中国佛教史进行专业性研究，其中取得优异成果的是陈寅恪、陈垣和汤用彤。

陈寅恪是我国最负盛名的史学大师。他学识渊博，通晓多种文字，尤精于梵文、突厥文、西夏文等古代文字。他以深厚的文史功底和语言特长，对一些重要的佛教经典的传译与义蕴，进行了精湛的研究，对中国佛、道二教历史上的一些重要问题，特别是佛、道与历代政治的关系，以及佛教传入对中国文化和思想的影响等问题作过深入的历史考证研究，达到了很高学术水平，至今为中外学术界所推崇。

史学家陈垣以他博通中外历史和文化的广阔视野从事多种宗教史的研究，写下了一系列宗教史的专著，涉及基督教、伊斯兰教、犹太教、祆教、摩尼教、佛教、道教等诸大宗教，其视野之广，为中国学人治宗教史者所仅见。他的《释氏疑年录》和《中国佛教史籍概论》作为佛学研究的工具书，对后来研究佛教史的学者提供了极大的便利。陈垣的宗教史著作，多为纯学术的历史考证之作，但其中一些重要著作实别有深意。《明季滇黔佛教考》旨在反映明末西南人民抗清斗争。《南宋初河北新道教考》的内在意图是表彰宋南渡江之后河北遗民"义不仕金"的民族气节和爱国斗争史。他通过史笔来歌颂历代人民反抗异族统治的斗争史，曲折地表达了自己的爱国情操和民族气节。陈垣不仅全面开拓了中国宗教史的学术研究，而且赋予它的一种"意义"，无论在学术上还是政治上都是难能可贵的。

对中国的宗教史学，陈寅恪以其考证之精深，陈垣以其视野之广阔，都做出了我们今日尚未达到的高水准，但他们的研究都没有超出局部范围而达到对佛教史、道教史和中国宗教史的整体把握。在这一点上汤用彤有其特殊的贡献。汤用彤的《汉魏两晋南北朝佛教史》和《隋唐佛教史》虽没有完成中国佛教通史。但它们却是对由汉到唐整个时代的中国佛教发展的系统把握，其中一些富有创见性的观点在我国佛教学术研究史上是具有开创性的。

在道教研究方面，1934 年，商务印书馆同时出版了许地山的《道教史》（上册）和傅勤家的《道教史概论》。1937 年，傅勤家又推出《中国道教史》。这部书篇幅不大，却是中国第一部关于中国道教的通史。该书虽然论说较简，但体例大体完备。对于道教经籍研究的重要成果首推陈国符的《道藏源流考》，此书至今仍然是研究道教和《道藏》的必备参考书。

综观 1949 年之前的宗教学术研究，我们看到的事实是：从戊戌变法到民国时期的半个多世纪中，从政治上的革新派到学术上的进步思想家以及著名学者，差不多都相当重视宗教问题，他们都表现为批判传统宗教的启蒙思想。然后逐渐从一般性的宗教批判转向对中国宗教史的历史考证研究，从宗教哲学转向宗教史学，从而开创了中国佛教史和中国道教史，打下了这两门宗教学分支学科的基础。但是，这些成果与中国历史遗留下来佛教文化和道教文化的丰富巨大的遗产相比是很不相称的。至于宗教学的基础理论研究和对基督教、伊斯兰教的研究则基本上尚未开展。

（三）宗教内部的文化革新和学术活动

由于帝国主义的侵略、封建政权的腐败、西方科学文化的传入以及宗教启蒙思潮和现代宗教学术研究的发展，中国社会性传统宗教和外来宗教均受到严重的冲击，都必须在这些挑战面前做出自己的反应，以适应历史的潮流和当前的形势。于是，各种宗教内部先后出现了一批宗教改革家，致力于宗教文化的革新，兴起了自己的宗教学术活动。佛教在清朝后期已日趋衰颓。民国之初，一批著名的佛僧和有学问的居士企图重振佛教，建立具有现代意义的佛学体系、现代形式的宗教组织和宗教教育系统。佛教现代化和新佛学的开创者是杨文会（1837—1911），他为重振佛教做了许多开创性的工作，如设立金陵刻经处，刻印发行大量佛经，对于近代佛教的传播产生了很大的影响。影响更大的是创办佛学研究会和佛教学堂"祇洹精舍"，并亲自授课。杨文会开风气之先，其后各地相继创办各种佛教学校。1936 年，中国佛教协会成立佛教研究所。这些佛学院和研究机构不仅提高了出家僧侣的文化素质，也为社会培养了佛学研究人才，把佛教文化和学术推向社会。这时，佛教内部成长了一批很有学识的佛学家，如太虚、圆瑛、弘一、欧阳渐、韩清静、杨度、吕澂等，他们的著作把中国佛教发展到新的水平。欧阳渐是杨文会的传人，他主持的支那内学造就了一批佛学大经，如梁启超、梁漱溟、熊十力等。吕澂是欧阳渐的高足和得力助手，通晓日、梵、巴利、藏、英等多种文字，在对教理的把握上造诣很高，有的学者赞为"首屈一指"。他对佛教典籍的辨伪和释义，对中印佛教之比较，对佛教因明和西藏佛教之研究，都有开创性贡献。吕澂与熊十力在佛学问题上思路不同，观点各异，但就企图通过人心的道德发行，以实现道德化的社会理想这一点而论，二人又是十分接近的。

清末民初道教衰颓之势尤盛于佛教。"五四"时期，启蒙思潮对道教的批判和打击最为激烈。剧烈的社会变革又冲击了道教的社会经济基础，整个道教面临生存危机。为此，一些有学识的道教人士开始从事道教的改革和创新，并提出一些新的道教思想，这就是陈樱宁的"新仙学"。陈樱宁幼习儒学，又精通中医。把近代科学精神引入道教养生术（内丹学），抛弃传统道教的术数、祀神、符之类迷信成分，力图把道教内丹术科学化为追求长生成仙之道。尽管陈樱宁仍不能摆脱传统道教关于长生成仙的妄想，但他把内丹养生术与医学科学结合起来，使之从神秘主义的秘而不宣走出来，这就有利于使道教得到社会大众的理解和承认。当代中国社会一再掀起的养生保健热在很大程度上是道教养生术走向社会的结果。

天主教、基督新教和伊斯兰教都兴起了各自的文化革新运动和学术活动，但其学术成就当时尚不能与佛教振兴运动相比。伊斯兰教在民国时期也兴起了"伊斯兰文化复兴运动"。民国二年，北京筹建"清真学会"，其宗旨为：联络学界伊斯兰人，讲求伊斯兰学问，并阐发之于社会之上。民国六年，北京正式成立"清真学社"。接下来，北京、上海、南京、甘肃、青海等地先后建立了现代形式的伊斯兰宗教组织，致力于经典翻译、学术著述、报刊宣传和出版事业，使伊斯兰学术研究得以发展起来。30年代，中国开始出版《古兰经》汉译本和一些诠释著作。以后，又出现了一些阐述伊斯兰教的教义、教理、教德、教史的书，涌现了一批有学识的伊斯兰学者。其中著名的有王宽、王静斋、哈德成、达浦生、马松亭、庞士谦、杨仲明、马坚、马邻翼、马自成、白寿彝等。他们或者创办新式的伊斯兰学校，或者翻译伊斯兰经典和阿拉伯世界的学术著作，或者从事学术研究。这些文化学术活动，推动了中国伊斯兰教的现代化和伊斯兰教学术的发展。

基督教在近代中国的传播，由于它确与帝国主义侵华活动有联系，故一直受到中国人民和中国主体文化的坚决抵制。为减少中国人民的敌视态度，基督教新旧两派在民国以来都采取了新的文化策略。1919年，罗马教皇本笃十五批准中国教团重新进行"天主教中国化"运动。新教则推行所谓"本色化"运动，其文化方面的内容主要是寻找基督教与儒学的共同点，于是就在中国出现了"儒化基督教"和"佛化基督教"的尝试。教会开办了各种文化福利事业来争取中国人的信仰，其中之最有意义者就是利用"庚子赔款"在中国兴办教育事业。据1914年统计，天主教会开办各类学校有8034所，学生总数达132 850人。基督教新教办4100所，在校学生有11.3万人，不管教会办学是何居心，但在客观上却为现代中国培养了大批人才，为基督教的学术研究积累了一批学术著作，打下了我国基督教学术研究的初步基础。现代中国一些基督教领袖人物和著名学者都是在这样的条件下培养和成长起来的。

二

1949年，中华人民共和国成立，中国从此进入社会主义革命和建设的新时期。在毛泽东时代，一切文化形式和学术研究活动都被列为党的事业的一部分，置于马克思主义、列宁主义和毛泽东思想的指导下，因而都具有党性。由此也决定了这一时期的宗教学术研究和整个文化学术活动的总的特点：一是指导思想的马克思主义一元化；二是学术研究的政治化。

马克思主义宗教观是人类思想史上最彻底的一种无神论。它认为是人创造了神，而不是神创造了人；是社会决定了宗教，而不是宗教决定社会。宗教作为一种"颠倒的世界观"乃是"颠倒的世界"的产物，其社会功能是为这个颠倒的世界提供神学的辩护，道德的准则和感情的慰藉；为苦难的现实社会罩上神圣的灵光圈，为套在苦难人民身上的锁链戴上虚幻的花朵，因此，宗教是毒害人民的鸦片。但是宗教作为一种社会异化现象，其深刻的根源是私有制所必然产生的劳动异化现象。所以，要想消灭宗教，使人从宗教鸦片的麻醉下解放出来，成为掌握自己命运的主人，首先必须消除劳动异化现象的根源——私有制。或者说，要想消灭"颠倒的世界观"，首先必须消灭"颠倒的世界"。这就意味着无产阶级进行的社会主义革命。在社会主义社会中，私有制将被消灭，支配人们生活的社会异己力量和劳动异化现象并将因此而消失，宗教也将随之而丧失其存在的社会基础，从而退出历史舞台。马克思阐述的这种宗教理论是毛泽东和中国共产党处理中国的宗教问题，制定宗教政策的理论基础，当然也是一切宗教学术研究必须遵循的指导原则。

毛泽东本人没有系统的宗教理论著作，但有一些论述。最集中表现他的宗教观的论述，见于 1927 年写的《湖南农民运动考察报告》。在那里，毛泽东把宗教神权视为代表"封建宗法的思想和制度""束缚中国人民特别是农民的四条极大的绳索"。

建国之后，在 1949 年的《共同纲领》和以后的宪法中都写进了宗教信仰自由的条款，并把宗教界爱国人士作为统一战线的团结对象。但是，毛泽东的统战政策只是团结拥护共产党领导、走社会主义道路的爱国宗教人士，并不取消和放弃马克思主义世界观反对宗教有神论的对立和斗争，而只是把这种斗争放在意识形态的范围之内。因此，大力开展马克思主义和科学的无神论的宣传教育、抵制宗教有神论对广大人民的影响，也是党在宗教战线的基本任务之一。宗教信仰者可以有信仰宗教的自由，但宗教学术研究作为党的事业的一部分，则必须接受马克思主义历史唯物论的思想指导，成为党对人民进行无神论教育的一种工具。这样，宗教学术研究在指导思想和研究方法上就结束了民国时期学者们自行其是的"多元化"状况，变成了马克思主义的一元化，纯学术的宗教学术研究被视为资产阶级的东西而被彻底否定了，宗教研究完全政治化了。

20 世纪 50 年代初期，毛泽东在知识分子中发动"思想改造"运动，一切非马克思主义的文化学术思想，包括世界观上的唯心论，都被当成与新社会格格不入的资产阶级的腐朽物，进行批判和清除。宗教学、社会学之类西方传来的人文学科首当其冲，被宣布为"伪科学"，从此绝迹于大学的讲坛和学术之林。马克思主义一元论指导下的宗教学术研究几乎完全变成了马克思主义哲学体系的附属物，或者作为一种与辩证唯物论相对立的"唯心论"，或者作为"社会意识形态"的一种，通过历史唯物主义原理给予解说。由于宗教问题被定位在马克思主义哲学体系中，这就决定了这一时期的宗教学术研究的性质和内容，必然是一种对宗教和有神论进行全面批判和否定的战斗无神论。一切有关宗教之理论和历史的研究都具有无神论宣传的性质。所以，从50年代到"文革"结束的70年代，宗教学术领域的基本情况是：大学中没有宗教学和宗教史的课程，学术界几乎没有研究宗教的专业学者，也没有一份专业性的宗教学术刊物。

实事求是地说，马克思、恩格斯对宗教的本质和功能、宗教的社会根源和消亡途径，共产党处理宗教问题的政策等，本来是有一套相当系统而且深刻的理论的，如能对之进行深入的研讨，是能求得正确的理论依据的。但奇怪的是，如此富有实际意义的宗教理论问题在"文革"之前几乎没有受到注意，得到认真的研究。倒是马恩列斯那些批判宗教的只言片语，诸如"鸦片烟""劣质酒""灵光圈""精神锁链""精神刽子手""牧师职能"之类，在涉及宗教问题的论文和文件中翻来覆去，用个不停，至于这些概念的真正内涵倒几乎未见深究。本来富有人性解放精神的人道主义的马克思主义宗教理论，逐渐变质为浅薄的政治口号，常常受到"左"的误解和歪曲，甚至成为要求消灭传统宗教的理论根据。

50—60年代对具体宗教和宗教史的研究也不例外，各种宗教都成了阶级斗争的政治战场，学术性的探讨几乎无法进行。道教研究基本上是一片空白。偌大一个中国，除了道教协会办了一个宗教性的《道教会刊》之外，没有学术性刊物。没有一个研究道教的学术性机构，也没有新的学术著作问世。只是重印了陈垣的《南宋初河北新道教考》（1962）和陈国符的《道藏源流考》（1963）这两部写于民国年间的书。基督教只是作为帝国主义侵华工具，在论及中国人民的反帝斗争时受到史学界的回眸一顾。伊斯兰教则只在史学家论及中外文化交流史或中国穆斯林反对封建王朝的起义斗争时写上几笔。相比之下，佛教研究的状况要好一些。这是因为佛教对中国思想文化有深刻影响，文史哲论著不能不涉及佛教。中国知识分子历来有谈佛说禅的传统，民国时代的佛学重振，又涌现了一批佛学大家。1949 年后，他们大都以欢迎新中国的姿态留在大陆，继续从事佛教事业和佛学研究。1950 年 9 月，中国佛教协会的知名佛学家还创办了刊物：《现代佛学》。陈枢铭任社长，吕澂任名誉社长，巨赞任主编。这三人均属于支那内学院系统。1955 年，中国佛教协会组织老一代专业佛教学者为英文版《佛教百科全书》撰写有关中国佛教的条目，后于 1980—1989 年以《中国佛教》为书名，分四册陆续出版。这套书体现了当时专业佛学家可能达到的高水准，至今仍是了解中国佛教的必读之书。

60 年代初，吕澂发扬支那内学院的传统，在南京开办佛教班，为国家培养了一批佛学研究人才。吕澂当时的讲课稿于 1978 年出版，书名为《印度佛学源流略讲》《中国佛学源流略讲》。吕澂的学术风格比过去有了很大的发展。实事求是地讲，在整个佛教研究（包括中国佛教研究）方面，日本一直处于领先地位。中国佛教学者往往从日本取经。早在 1925 年，吕澂编《印度佛教史略》；1929 年，蒋维乔撰《中国佛教史》；1940 年，黄忏华著《中国佛教史》，都在不同程度上利用了日本学者的成果，参考了他们的思路。吕澂的新著改变了这种依附日本的状况。他不再把佛教史看作单纯的宗派传承，而是侧重于分析佛教教理的演化，及其在不同国度、不同时代和不同教派之间的差别。他把佛教哲学的根本问题归纳为"真实"（物自体）和"所知"（认识物件）的关系，将"有部"体系定性为"唯实论"，般若中观定性为近乎"唯名论"，这些观点比海内外其他各种解说似更为准确和深刻。

第一个尝试应用马克思主义唯物史观去说明中国佛教在中国思想史上的地位和作用的，是侯外庐主编的《中国思想通史》。作者从唯物史观出发，从社会结构和思想结构的双层关系来审视魏晋南北朝隋唐佛教的特殊功能和哲学观念，重视阶级分析和思想批判，但这种批判是以相当充实的中国佛教史实为依据的，因而值得重视。例如，他根据唐代僧人道宣所述南北朝佛教的差别，进一步推论说：南方"对佛教的形式教条，粉饰上逻辑色彩"，而"逻辑是宗教的奴婢"，北方则坚持"宗教传统"，使佛学变成"戒律式的苦行口头禅"，而"道德便成了'宗教分泌物'"。天台宗提倡"定慧双开""禅义兼弘"，是反映了国家走向统一的趋势。禅宗之所以"在武周时被选拔为佛学的正宗"，是因为其传统的社会基础是"社会的中下层"，武则天之尊崇禅宗，同她在政治上启用庶族地主有关，反映了"封建的品极结构"的"再编制"，华严宗则被武周用来"调和矛盾"，以稳定这种品极结构的再编制。这些论断究竟在多大程度上反映了客观的历史事实，可以在学术上再商榷，但这种对佛教史的唯物史观的分析，确是别开生面，颇有新意。吕澂评其为"开荒"之作，是比较允当的。

"文革"前，用马克思主义研究佛教取得一定成果者是任继愈，从1955年起，他陆续发表了几篇文章，分别讨论天台宗、华严宗、禅宗、净土宗、法相宗等佛教宗派的哲学思想以及佛经翻译问题。任继愈的佛学论文，不纠缠于名相辨析的微义证解，而着眼于佛教哲学的宏观把握。他有自己的特点，一是应用马克思主义历史唯物论关于经济基础和上层建筑、阶级斗争理论和阶级分析方法分析各佛教宗派的经济基础（寺院经济）和阶级实质；二是应用马克思主义的哲学史观来分析佛教义理的哲学实质。在任继愈的这种社会分析和哲学分析下，玄奥晦涩的佛教哲理变得清晰和简明，易于为初学佛学者所理解。

1963年，毛泽东在一份党内文件中就宗教研究问题发出指示：第一，严厉批评《现代佛学》，说它不是马克思主义的；第二，肯定任继愈佛学的几篇文章是"凤毛麟角"；第三，认为宗教影响广大人口，宗教研究有重要意义。如果不批判神学，就写不好世界史、文学史、哲学史；第四，建立一个世界宗教研究所。[①]

毛泽东这一批示对中国宗教学术研究的发展立即产生了重大的作用。这个作用既有积极的方面，也有消极的方面。毛泽东事实上承认了宗教在历史上对社会和思想文化的巨大影响，离开了宗教，就不可能对文学史和哲学史有真正的了解。甚至不可能了解历史本身。由于这一批示，一个专业性的世界宗教研究所第一次在中国大陆建立起来了，它必将培养起宗教学术研究的专家学者，推动中国宗教学术研究的发展。但是，毛泽东批示严格规定一切宗教研究都必须以马克思主义为指导思想，即

---

① 参见中共中央文献研究室编《毛泽东年谱》第5卷，中央文献出版社，2013年，第298—299页。

使像《现代佛学》这样一本由中国佛教协会创办的宗教刊物，也因其不是马克思主义的而受到指责，学术思想的天地进一步缩小，佛教内部的佛学研究很难进行了。佛教的学术研究必须接受马克思主义，其他宗教又岂能例外。

在研究方法上，按毛泽东批示：要批判神学。对这个说法本可以作正面的理解。如果当时人们（特别是政治领导人）是用辩证法精神来理解作为学术研究方法的"批判"，把毛泽东所说的"批判神学"理解为对宗教进行理论的探讨、非独断的分析和辩证的扬弃，那么，毛泽东这一批示本可以成为对我国宗教学术事业的一次有力的推动，促使各人文学科深入研究宗教在历史上对学术、文化和社会生活的全面影响，考察宗教与文化、宗教与艺术、宗教与哲学、宗教与社会政治、宗教与人生……这就不仅可以大大推动宗教学术研究，而且可以促进哲学社会科学的全面发展。可是，在当时那种政治现实之下，这样来理解"批判"的含义是不可能的。从20世纪50年代后期到60年代，与传统观念实行决裂仍被视为毛泽东思想的天经地义，它随时都有可能转化为"消灭宗教"的政治运动。在这种政治气候下，毛泽东"批判神学"的指示，必然超出世界观上有神无神、唯心唯物的学术研讨的范围。学术上对宗教神学的批判势必演变为政治上的讨伐和打倒。历史没有第二条路可走。毛泽东批示之后不久，他就发动了"文化大革命"。阶级斗争的急风暴雨横扫中国大陆，宗教被列为"四旧"，成为必须扫除的东西。宗教信仰自由和宗教学术研究均被破坏无遗。

三

1976年"文革"结束后，中国历史上难得一见的思想解放年代终于到来。凡是经历过1958年反右派运动以来连续不断的"阶级斗争"，特别是十年"文革"的学界中人，大概都怀念邓小平关于"拨乱反正""实事求是"的号召给我们带来的思想解放。这道理性之光也照到了宗教学术研究领域。宗教研究者开始有了一些条件，有可能从过去那种宗教学术政治化的死胡同里走出来，以一种实事求是的理性态度，用属于自己的头脑去观察和思考宗教问题。

1976 年以来，宗教问题越来越受到社会的重视，出现了两种性质不同的"热"：一种是"宗教信仰热"，一种是"宗教学术热"。一方面，在"文革"年代被强力压制而一度销声匿迹的各种宗教信仰和崇拜活动，像《天方夜谭》中那个装进魔瓶的妖怪一样，被渔夫打开瓶盖，重新放回人间；另一方面，对宗教的学术研究也日益受到我国学术界的关注。宗教的神圣性使善男信女为之倾倒，而这一切则促使宗教学者对之进行理性的反思，这就促进宗教学术研究的深入和发展。

从 20 世纪 70 年代末到 90 年代中期，短短 15 年间，我国的宗教学术研究展现出朝气蓬勃、蒸蒸日上的气象，出现了真正的繁荣。这种繁荣来之不易，是思想解放的结果，人们痛切地认识到，如果不破除对所谓马克思主义一元化指导的极左理解，宗教学术政治化的局面就不可能结束。宗教学者开始用理性的态度来审视昔日被视为天经地义的马克思主义的宗教观，力求作出正确的理解和解释，使它不再像"文革"时期那样成了文化专制主义的怪物。一个时期，学者们利用报刊和学术研讨会，大力批判"文革"那种极左的宗教政策和宗教理论，认为它实际上是对马克思主义的"歪曲"。与此同时，一些学者对马、恩、列、斯有关宗教问题的论著着手进行真正的学术研究，发表了一批探讨马克思主义宗教观的理论与历史的学术论文。有些学者仍然主张马克思主义对宗教学术研究的指导，但坚决反对它持一种教条主义和信仰主义的态度。[①] 对于马克思主义的这种理解和态度，显然是这一时期宗教学者思想解放的一种表现。把马克思主义理解为一种"开放的系统"，这就意味着学者在解释和应用马克思主义的某一原理或论断时，可以本着自己的理性判断，而不必一定遵循某个权威的一己之见。这就有可能导致对马克思主义理论的不同理解，对非马克思主义持比较宽容的态度，有助于克服文化专制主义。正是这种宽容的开放态度，促进了学术思想的活跃，文化创作和学术研究的繁荣。

20 世纪 80 年代初，宗教学术界曾围绕着马克思"宗教是人民的鸦片"这一重要论断，展开不同意见的争论。列宁曾说："马克思的这一句

---

① 参见吕大吉主编《宗教学通论·导言》，中国社会科学出版社，1989 年。

名言是马克思主义在宗教问题上的全部世界观的基石。"[1] 现在，人们却对这种作为"基石"的"名言"出现了不同意见，这对宗教问题上的理论与实践的影响是可想而知的。双方论争的焦点是宗教是否是麻醉剂？一方面认为，如果把宗教称为鸦片（麻醉剂），则宗教界人士岂不是被视为"毒品贩子"，信教岂不成了"吸毒贩"，宗教岂不像"鸦片"一样应予消灭？故此方认为这个论断是过去极左的宗教路线的思想基础。另一方则坚持马克思主义这个论断的本来意义，认为宗教具有精神麻醉作用是不能否认的。但精神鸦片与物质鸦片有本质区别，不能由此导出像消灭鸦片一样消灭宗教的政治结论。极左宗教路线另有根源。论争的后一阶段有了变化，一方不再直接说宗教鸦片之说导致极左路线，而只是认为马克思写这句话时（1844 年），欧洲人当时尚把鸦片当作治病镇痛的良药，并无麻醉剂之意。不过由于中国人在中英鸦片战争中吃了败仗，便把怒气发到鸦片身上，于是产生了对马克思论断的误解。把作为镇痛良药的鸦片误解为麻醉剂；从而进一步误解了马克思这句名言。这种观点是通过重新解释"鸦片"的文化意义，用马克思的嘴否认宗教是麻醉剂。另一派不赞成这种解释，因为欧洲人早在两个世纪之前已认为鸦片是麻醉剂，并非只是鸦片战争后中国人的偏见。鸦片当然也是镇痛剂，但其所以镇痛，正在于它具有麻醉性能。宗教固然能麻醉信仰者的精神，但也能镇痛，给信仰者以精神安慰。在社会本身有缺陷，不能解决社会苦难的情况下，宗教给苦难人民的精神上镇痛或麻醉，是社会的需要，不能完全否定。

事过十余年之后的今天，回过头来看这场争论，否认宗教是麻醉剂的一方，其思想无疑更开放一些，对极左宗教路线的批判更尖锐一些，不仅得到宗教界的支持，也得到一些宗教学者的支援。但当时此方通过马克思的口说鸦片不是麻醉剂，在道理上难免牵强附会，既不符合马克思的原意，也不符合历史事实。争论的实际效果是积极的，因为尽管双方对马克思的这句话各有不同的解释，但都反对过去那种极左的理解，为宗教信仰自由，为全面理解宗教的社会功能提供了新的论证。这场论争，既是宗教学术领域思想解放的产物，也为思想的进一步解放做了准备。双方用不同

---

[1] 《列宁选集》第 2 卷，人民出版社，1972 年，第 375 页。

的方式和理由为宗教的社会必要性作了肯定的答案。宗教学者可以对宗教的社会功能和历史作用问题作更深入的探讨和更全面的评价了。

促进宗教学者思想解放，推动宗教学术繁荣的另一思想源泉是关于"宗教是文化""一个民族的宗教是构成其民族文化的重要内容"的认识。这并非什么新发现，但在过去那种宗教学术政治化的社会条件下，这种宗教文化观自然会被视为宗教张目的邪说。在"文革"之后，宗教学者重新发现它的意义和价值。既然宗教构成一个民族的文化传统，那我们显然不能像过去那样把宗教文化视为"四旧"，与反动政治简单地等同起来一棍子打死。学者们就必须研究宗教与各种文化形态的关系，通过宗教研究去了解民族的文化以及各民族之间的政治关系和文化关系。这种认识大大提高了宗教学术研究的价值与意义，拓宽了宗教学术的领域和宗教学者的视野。

回顾 1949 年以来宗教学术研究走过的道路，大概可以这样说，没有一种理论或观念，像"宗教即反动政治"那样束缚宗教学者的思想；也没有任何一种理论或观念，像"宗教是文化"那样对宗教学者起了那么大的解放作用。

四

回顾我国现代宗教学术研究走过的路，我们心中的感慨可能会有很多，应该得出的结论也难以尽说。我们经历过开创时期摸索的艰辛，也品味过学术政治化带来的学术衰落的痛苦……今日能有如此繁荣的局面实在来之不易，弥足珍贵。宗教研究和一切学术研究一样，它的兴旺发达需要许多条件，但当前最需要的东西仍然是学术上的开放精神。一切学术研究的进行都需要科学的理论作为指导，但科学的历史却告诉我们，各种真理的真理性、各种科学的科学性，都只有相对意义，谁也无权宣称他那一家之言就是"绝对真理"或"唯一科学"。在历史上，只要某一种理论被宣布为至高无上的真理，随之而来的便是信仰上和文化上的专制主义，思想就会僵化，文化就会枯萎，道德就走向虚伪，社会于是停滞以至倒退。一切宗教神学独占统治的时代和地区是这样，"罢黜百家，独尊儒术"后的中国封建社会是这样，"文化大革命"也是这样。对于马克思主义，我们必须持一种开放的态度，马、恩是创建共产主义思想体系的思想家和革命家，他们在共产主义体系中的权威是无可争议的，但他们不是专业的宗教学者，并没有建立完整系统的宗教理论体系，他们从没有像"极左时代"所做的那样把自己的宗教理论说成是至高无上的、唯一科学的。但是，一个实事求是的宗教学者也会承认他们的宗教理论确有合乎科学的成分，不应像有些人今天所做的那样对之盲目否定。正确的态度应该是：对于各种宗教学说，无论是马克思主义的，还是非马克思主义的，我们都应采取一种科学分析的态度，不搞绝对化，不搞宗派主义，既不盲目地视之为"唯一科学"的绝对真理，也不盲目地认其为异己之物而绝对排斥。学术发展到一定阶段时，最需要的东西常常不是别的，而是观念的革新，把宗教学术当成政治，这是一种观念，它造成了宗教学术研究的严重停滞，把宗教视为一种文化，又是一种观念，可它带来了宗教学者思想的解放，观念的更新，学术研究的繁荣。那么，我们今天是否可以满足于现在的成就，不再需要观念的更新和新的进步呢？我们的宗教学者应该对今天的学术成就有一个比较清醒的认识。面对"极左年代"，我们可以喜庆丰收，但面向世界和未来，难道我们还意识不到学术水平的差距吗？改革开放以来的二十多年间，我们确实向社会奉献了大量的宗教学术成果，其数量和质量都远超以往的任何年代，但平心而论，其中的很大部分是对宗教知识的一般介绍，即使一些属于宗教学术分支的开拓之作，也仍具有某种不成熟性。对于佛教、道教、基督教和伊斯兰教的研究，近年来成就突出者仍是历史的方面，我们有了大部头，多卷本的通史、专题史、断代史和宗教史，蔚为壮观，但这种宗教史的研究永远不会终结，它的进一步发展，必须有观念和方法论的创新。否则，写来写去，都只不过是卷数的多少，部头的大小和资料引证的繁简而已。治宗教史者必须走出传统的史学方法的旧领地，看一看外面的世界，认真借鉴近现代比较宗教学的理论与方法。西方的比较宗教学从 19 世纪 70 年代作为人文学科成立以来，出现了一批又一批的宗教学大家，他们各树一帜，推动这门学科不断向前发展，并逐渐分化出宗教人类学、宗教史学、宗教心理学、宗教社会学、宗教现象学等分支学科，至今仍在向纵深发展，方兴未艾。对于他们的理论和方法，我国学者过去基本无知，现在也知之不多，知之不深。我们今天有必要进一步发扬学术开放精神，了解他们，学习他们，借鉴他们具有科学意义的理论和方法。当然，我们同时也要避免西方各派宗教学可能有的片面性。一种理论和方法，当其高度系统化而形成"学派""体系"之后，往往就会被学派中人奉之为"高于一切"的"主义"，就会自觉或不自觉地难免具有排他性，变成某种宗派主义。这种违反"学术开放精神"的情况，在西方各派宗教学之间也有其表现。其实，宗教是一种非常复杂的社会文化现象，具有多层次性和多方面性，一个人可以从这个方面和此一层次去研究，另一个人也可以从另一个方面和彼一层次去研究。研究的角度和层次不同，得出的结论随之而异；但它们都是对同一对象各个方面、各个层次的认识，因而都可以具有一定的真理性。从认识的总体看，它们并不一定互相排斥，而是可以互要相容，彼此补充的。正是基于这种认识，我们主张发扬学术开放精神，博采众家之长，努力使各种理论和方法在一个开放的宗教学体系中各就各位、各展所长。马克思主义有自己的位置，各种非马克思主义宗教学也有自己的位置，只要它们都具有真理性。例如，在研究宗教时，我们既可以应用马克思主义的唯物史观分析它的社会经济基础和阶级实质，也可以用宗教人类学的理论和方法分析它作为一种文化现象究竟是如何形成和发展的；既可以从宗教心理学的角度探讨它们在宗教信仰者心中的心理根据，也可以用宗教社会学的理论和方法说明它们的社会功能，还可以用宗教哲学的原理去评判它们的价值。只要我们不混淆宗教所具有的不同层次和不同方面，这些理论和方法及其结论就不至于相互冲突。一个心胸狭窄的灵魂，总是把不同视为对立，将差异变成仇敌；而对于一个襟怀博大的精神来说，不同意味着多彩多姿，差异包含着统一与和谐。我相信，如果我们的宗教学者能了解整个宗教学发展的历史轨迹，熟悉各派宗教学说的理论和方法，并以一种开放精神来对待和处理它们，就会把我们的宗教学研究推向更加广阔的新天地。

原载《江苏社会科学》2002 年第 3 期

新中国成立 70 年来宗教学研究的创新发展

卓新平 *

　　新中国成立 70 年来，中国文化、学术也获得了巨大发展。回首这一段历史，我们看到了当代中国取得的各种成就，为我们的学术繁荣而感到骄傲。而在中国当代学术发展中，中国宗教学的研究及其成果意义独特。新中国的文化繁荣发展也从宗教学的从无到有、从弱到强上得到了充分的展示。虽然中国宗教学今天仍然属于发展中的学科，对其潜力还需不断发掘，对其意义也需加深认识，但其成果已经蜚声海外、蔚为大观，受到世界学术界的关注和欣赏。

　　反观宗教学的学术历史，在此之前的宗教学研究乃宗教界教内的事情，其特点是言教为了宣教，探究旨在认信，即走不出所谓"理解而后信仰""信仰方能理解"或"理解为了信仰""信仰帮助理解"的怪圈，囿于"内涵式"发展的窠臼而没有突破。而西方学者麦克斯·缪勒（F. Max Müller）于 1873 年发表《宗教学导论》，创立宗教学的目的就是要摆脱这种"在教言教""学为护教"的窘境，与传统宗教信仰中的学术分道扬镳。这种悬置信仰、客观研究、科学评价乃宗教学作为新兴学科来定位的基本要素。所以，宗教学从一开始就旨在建立一门超越宗教信仰、涵括多种学科的"跨学科"性或以"科际整合"为特点的人文社会科学。必须承认，宗教学创始时虽然立意很高，却步履维艰，一方面其在西方社会的宗教氛围中很难彻底摆脱宗教的影响，另一方面宗教学的"科学"意义亦被人怀疑，此后学界多用复数的"研究"（researches）或"学习"

---

*　卓新平，1955—　，男，中国社会科学院世界宗教研究所研究员。

（studies）来说明宗教学研究，而早期缪勒等人曾用的单数"科学"或"学科"（science）却没有获得共识。这种局限性也成为国际学术界宗教学发展的短板。

新中国成立后，中国宗教学的第一大特点就是其学界定位明确，突出其在学术教育界和科研机构中的归属。新中国最早的一批宗教学研究者如陈垣、汤用彤、陈寅恪等人基本上都就职于归属国家的高等院校或研究机构。因此，这种国际宗教学受宗教界强烈影响的缺陷和不足在中国社会并不明显，其得天独厚的社会及政治状态自然也影响到我国宗教学的学科定位，在新中国成立 70 年的历程中，中国宗教学基本上以学术界为优长，其独立发展几乎不受任何宗教信仰的直接影响，其学术独立性、学科中立性、学问科学性在整个世界学术界都比较典型、与众不同、引人注目。不过，在中国哲学社会科学的归类中，宗教学虽然已经有了其独立体系和建制，但在中国学术界却属于其哲学的附属学科，尤其是在高等教育的学科归类中仍被定为"哲学"之下的二级学科，这种归类虽有其特色，但也在一定程度上限制了其分支领域的开拓及独立发展，使宗教学在当代中国学术界尚未完全成为"显学"。一些著名学者最初乃分散于哲学、历史学、民俗学、文学等研究领域，未能体现出整体优势。当然，这也为中国宗教学的可持续发展，以及今后进一步发掘潜力埋下了重要伏笔。

新中国宗教学的第二大特点则是创立了独立于宗教界之外，由党和政府直接领导的专门研究宗教的国家研究机构。1964 年，在毛泽东主席的建议和周恩来总理的落实下，中国科学院世界宗教研究所成立，从而使中国宗教学获得了建制性发展，开始形成整合各个学科、真正体现其"跨学科"优势的中国宗教学学科特色。任继愈先生在建所时以"积累资料，培养人才"为抓手，并且根据毛主席的指示以佛教、伊斯兰教、基督教这三大世界宗教为研究重点。随着改革开放的春风，中国许多研究机构和高等院校也陆续建立起宗教学研究的专门院所、学系或中心，由此以一枝独秀而发展为百花齐放，给人春色满园的美感。中国当代建制性的宗教学研究已形成整体效应，其合作协调、取长补短、科学布局，以综合研究与地方特色相结合，用微观探索与宏观把握相呼应，体现出中国宗教学错落有致、有机共构的一盘大棋之全局观；与那种零散性、自发性的宗教学研究相比较，凸显出中国宗教学"风景这边独好"的景观。因此，建制性、学院性的宗教学研究布局体现出中国社会"集中力量办大事"的优点，展示了其后发优势，这种独有模式今后当然也应该保留和加强。

新中国宗教学发展的第三大特点，就是更加强调学以致用，理论联系实际、学问服务社会，有明确的问题意识，并积极提出解决问题的科学决策及有效办法。从中国社会的问题意识来看，宗教学不可能只是一种"纯学术"的清谈和"纯客观"的描述，不能局限于学术的象牙宝塔尖却"不识时务""不问苍生"，而是要与现实社会及其相关人群有着密切关联。

一方面，宗教学与其他学科不同，其研究者本身就有一个"信"与"不信"的价值判断和信仰取向问题，目前国际上大多数宗教学研究者都有自己的信仰背景和宗教归属，相比之下中国大陆的宗教学研究者则以"教外"的人文社会科学工作者为主，从而形成与国际宗教学界的明显区别。这样，中国宗教学不只是关注宗教信仰之内的关切，而更为强调宗教关切与广大社会的关联，其涉及的问题更广、接触的人群也更多，故而也更有其综合平衡、审时度势的可能。传统的教内研究为"内涵式"的自我称义或自我完善，而宗教学研究的性质则决定其为"外延式"的观察比较、分析综合。不过，国际上认信者的研究多少也会影响到我国宗教学界，由此使这一学科增加了其"敏感性"。受这种国际学术氛围的影响，国内学术界也有人对这门学科望而却步，不敢深入，反倒忘记了宗教学的本真应是客观、中立、科学、学术的研究。因此，面对社会各个阶层的人群时，中国宗教学研究会遇到更大的误解，也需要做更多的解释，这给研究者也带来了"忍辱负重"之感，要比哲学社会科学其他领域的学者有着更多的困难和窘迫，故也形成了中国宗教学的另一种特色。此外，宗教学研究必须面对信教群众、接触其教义理论，仅仅抽象地以"批判宗教""批判神学"为口号则不可能深入其科学研究。在此，"批判"既有学术含义，也有政治含义。学术批判作为一种学术意义的批评、判断、评断当然问题不大，但也需要深入观察、客观判断、科学结论，为此不能排除宗教学田野调研那种"参与性观察"、接触实际，以及对宗教信众的"同情性理解"，因为这也是做人的工作，是人与人的接触、心与心的碰撞，不能有"伤害信教群众感情"的莽撞。而政治批判则需回到马克思主义经典作家"批判宗教""批判神学"的初心，认清其上述批判的历史、社会意义。马克思以德国为例谈到对宗教的批判基本上已经"结束"，而且指明"对宗教的批判是其他一切批判的前提"，于此，"对天国的批判变成对尘世的批判，对宗教的批判变成对法的批判，对神学的批判变成对政治的批判"。[①]批判宗教与批判社会、批判神学与批判政治之密切关联，在马克思主义经典作家这里已经说得非常清楚，其中体现出历史唯物主义和辩证唯物主义的精髓。所以，新中国的宗教学尤其是改革开放以来的发展特别提醒并强调要于此"不忘初心，牢记使命"。于是，在新中国的宗教学研究更多提倡对宗教的积极引导，也特别理解和支持党和政府对爱国宗教团体"神学思想建设""中国化方向"的倡导和推动。这种宗教学研究在世界范围都是绝无仅有的，体现了中国宗教学的鲜明政治特色和社会属性，非常典型地说明了新中国宗教学的创新发展。

另一方面，宗教学研究的问题本身也具有"敏感性"，其研究对象触及许多"全局性、战略性、前瞻性"的理论和实践问题，其中既有宗教与政治的关联，亦有宗教与民族的交织，更有宗教与社会问题的共构，这当然会使中国宗教学有其"敏感性"，由此而导致宗教学研究"无小事"。从上述意义而言，宗教学有着与其他人文学科明显不同的复杂性和敏感性，而集中体现出社会科学研究里国际政治学、法学、社会学、民族学与现实处境的直接关联，但因此也说明了宗教学在当代中国的重要性、必要性，以及其可开拓性和广远前景。因此，中国宗教学的意蕴涵括更广，意义也更为重要，这种宏观把握的整体性、全局性，以及其前瞻、洞观，展示了新中国宗教学的不凡气势，彰显了其不拘泥于门户之见、学派之争而高屋建瓴、高瞻远瞩的气魄。

在回顾、总结新中国成立70年来宗教学的创新发展时，我们首先理应抓住上述最根本的特色，说清其最基本的要素，并对之有更多的反思和辨析。在具体研究及其观点上，不同学者对同一问题会从不同角度、不同定位及不同认识来展开讨论，各抒己见。这样，新中国宗教学发展也呈现出百家争鸣的学术讨论、商榷和批评，学界期望在这一过程中达

[①]《马克思恩格斯文集》第1卷，人民出版社，2009年，第4页。

到问题越辩越清、真理越争越明的理想效果。这说明学界虽有着共同的问题意识或现实关切，但各自的研究乃是独立的，所思所论也各不相同，起到百花齐放的效果和作用。这些观点虽然不尽相同甚至颇有分歧，却形成了意义深远的思想交流、交锋，在碰撞中更显出真实，离真理也就更近。在当代中国宗教学研究中，目前仍有许多问题没有得到澄清，许多争鸣没有得出结论，许多领域尚未被人开拓，这充分说明中国宗教学正处在现在进行时，其研究"正未有终期"，而表现出来的这些问题意识、尖锐分歧和敏锐眼光就显得格外重要、非常及时。在当今全球化的国际局势中，世界发展已经进入了一个新时代，其文化意识和文化战略的地位已越来越突出，而在文化发展、文化建设和文化交流中，宗教学研究是其最为重要的领域之一。所以，新中国的宗教学也越来越多地引起人们的关注和兴趣，而且还更紧密地与各种宏大叙述、史诗使命有机结合。在这一意义上，中国宗教学正在被更多的人所理解，其"脱敏"的进程即从"险学"中走出来，成为体现当今中国文化意识、文化沟通、文化理解及文化和谐的"显学"之发展。中国宗教学在新中国成立70周年这一伟大时刻，需要回顾总结过去，而这正是为了更好地走向未来，为了中华民族文化繁荣的福祉。其共识就在于认识到中国宗教学的进程是与我们的文化发展、社会进步密不可分的。

2016年5月17日，习近平总书记在全国哲学社会科学工作座谈会上发表重要讲话指出，要加快完善对哲学社会科学具有支撑作用的学科，如哲学、历史学、经济学、政治学、法学、社会学、民族学、新闻学、人口学、宗教学、心理学等，打造具有中国特色和普遍意义的学科体系。其中专门提到了宗教学，这表明了对宗教学研究的空前重视，也是对从事宗教学研究、致力于这一学科发展的工作者的充分肯定，为我们努力创建具有中国特色的宗教学指明了方向，提供了动力。

回顾新中国成立70年，特别是改革开放40年来中国宗教学的发展，我们欣喜地看到，中国宗教学研究已经全面展开，涉及的领域包括马克思主义宗教观研究，以此为我们中国宗教学研究的指导思想及科学方法；宗教学基本理论研究及其学科构建，如宗教哲学、宗教心理学、宗教社会学、宗教人类学、宗教史学等分支学科的发展；当代宗教研究，如改革开放以来宗教发展状况研究、宗教与社会主义社会相协调相适应研究、新兴宗教研究和网络宗教研究等；宗教与当代国际关系研究，如宗教对当代国际关系的冲击和影响，以及其与中国的关联等；佛教研究，如中国佛教史研究、中国佛教宗派研究、佛教文化及哲学研究、近现代佛教研究、南传佛教研究、藏传佛教研究和国外佛教研究等；道教研究，如道教史研究、道教音乐与科仪研究、道教典籍研究、道教现状与未来走向研究、道教生态思想研究、道教经书语言研究、国外道教研究评介及重要学术论著翻译、道教与民俗研究、中国道教考古研究、道教与佛儒关系研究、道教养生及道教书法、绘画等文化研究；伊斯兰教研究，如世界伊斯兰教和中国伊斯兰教的历史、哲学、语言文化等研究；基督宗教研究，如古代基督宗教思想文化背景及其历史影响研究、教会及其思想发展史研究、《圣经》等基督宗教经典及文献研究、中国基督宗教研究、基督宗教与跨文化对话研究，以及基督宗教现状与交叉学科比较研究等；中国民间宗教研究，如民间宗教概念的界定、民间宗教兼顾文献与田野的方法研究、宝卷研究、民间宗教与社会运动研究、民间宗教的传承与转化研究、民间宗教的斋醮仪式与民间文艺研究等；萨满教研究；犹太宗教与哲学研究；中国犹太教研究等。这些研究领域的展开及其学术成果的推出，极大丰富了当代中国的学术文化生活及精神文明建设。

　　对新中国成立 70 年来宗教学创新发展的历程及其成就加以回顾、梳理和总结，是当前我们宗教学学术界对习近平总书记重要讲话的积极响应，也是我们加快完善中国宗教学学科体系、学术体系和话语体系所必要的理论及学识准备。习近平总书记的重要讲话，对新中国宗教学的可持续发展具有里程碑的意义，为当代中国宗教学的今后发展指明了方向、提出了要求，这也是对我们进入新时代之后发展中国特色宗教学的动员及鞭策。回顾是为了前进，总结是为了提高，反思是为了升华。我们一定要积极响应习近平总书记的号召，继续努力，排除任何干扰、克服一切困难，披荆斩棘、乘风破浪，使中国宗教学的发展无愧于我们与时俱进的新时代，贡献于中华民族的伟大复兴。

原载《中国宗教》2019 年第 8 期

对建国以来我国马克思主义宗教观研究范式的回顾和反思

叔贵峰 *

新中国成立以来，马克思主义宗教理论、宗教思想或宗教观反映着中国人对于宗教的基本理解程度，也代表着中国目前对于宗教的普遍认知和一般看法。同时，马克思主义宗教观一直以来也代表党和政府指导我国宗教工作实践的基本理念、立场、原则和方法。因此，马克思主义宗教观的研究具有极为重要的理论意义和实践价值。改革开放以来，中国在各方面事业取得了飞速发展的同时，国内外的形势也发生了极大的变化，我们所面临的宗教"环境"也在改变。正如马克思所指出的那样，任何理论都要反映它的时代特质，是时代的理论精华。为此，本文对新中国成立以来中国宗教理论界的研究范式进行有意识的分析与反思，吐故纳新，以便让我们的研究紧跟时代的步伐，与时俱进，回应现实。

一、对建国以来马克思主义宗教观理论研究范式的回顾

新中国成立以来，我国理论界对于马克思主义宗教理论的研究取得了丰硕的成果，其中在专业期刊发表学术论文 1000 多篇，出版相关研究性学术专著 30 余部，近些年来，有近 40 篇硕士、博士学位论文也在此领域进行了深入的研究。综合这些研究成果来看，学者们的研究主题大体是围绕着以下几个方面展开的。一是对马克思主义宗教观的中国化问题研究。其中主要包括两个方面：一方面是马克思主义经典作家对于

---

*　叔贵峰，1970— ，男，辽宁大学哲学与公共管理学院教授。

马克思主义宗教观的理论贡献和"中国化"式的观点创新。另一方面是将马克思主义宗教观具体化为马克思主义宗教价值观、历史观、适应观、协调观以及安全观等方面的理论研究成果。二是对于在校大学生进行马克思主义宗教观教育问题研究。三是中国西部、少数民族等有宗教信仰地区的宗教实践问题研究。四是对于马克思主义宗教观基础理论研究。这些研究既包括对马克思、恩格斯以及列宁的宗教思想和文本研究，也包括建构马克思主义宗教观的理论体系研究。五是党的宗教政策和宗教事务管理方面的实践问题研究。主要是探讨党的宗教政策内容阐释、发展历程、实践创新以及运用党的宗教政策进行宗教事务管理等方面的研究成果。按照库恩的范式理论，任何一个学术共同体在进行理论研究上所取得的学术成就都会存在或体现一些研究者所共同接受和遵守的隐性思想前提和共同信念，由此构成研究过程中不自觉的理论前提和基本思维框架，即研究"范式"。这些"范式"不但会成为推动理论发展的潜在因素，而且也会成为制约理论创新的隐性瓶颈。只有突破前研究范式并建立新的研究范式，重大的理论创新才成为可能。于是，对以往的研究范式在理论上进行前提性批判与反思往往会成为理论研究创新的标志和风向标。"各种承诺——概念的、理论的、工具的和方法的——所形成的牢固网络的存在，是把常规与解谜联系起来的隐喻的主要源泉。"① 新中国成立以来我们在马克思主义宗教理论研究领域取得的成就同样表明存在着一些可通约的研究范式，而这些研究范式也是以隐匿的或无意识的方式存在着。因此，反思这些研究范式就成为当前研究马克思主义宗教观的一个十分迫切的任务。

总的看来，新中国成立以来关于马克思主义宗教理论的研究范式有以下几个方面。

1. 宗教世界观的唯物主义化

马克思主义是以唯物主义为理论基础的世界观和方法论，唯物主义也是我们看待一切社会问题的前提和基础。宗教作为社会意识形态的一种，长期以来我们对于它的认识和理论分析基于两种认识范式：

---

① 库恩：《科学革命的结构》，北京大学出版社，2003 年，第 38 页。

其一，将宗教视为精神信仰，而对于它的认识则是建立在物质决定精神的唯物主义认识论基础之上的；其二，将宗教视为一种世界观，对于它的认识则是建立在社会存在决定社会意识的唯物史观的基础之上的。因此，我们对于宗教的基本认识范式主要是：（1）宗教是对现实世界的歪曲的、颠倒的反映，是一种虚假的主观意识；（2）宗教是对人的精神的一种"麻醉剂"，是人民精神的"鸦片"；（3）宗教是人类较为低级阶段认知世界的模式，其愚昧程度相当于封建迷信；（4）将宗教信仰与无神论相对立，无神论是科学的、正确的世界观，宗教则是反科学的、错误的世界观；（5）将宗教与科学对立起来，视科学为消除宗教的武器和工具，并认为随着科学高度发展，宗教会最终走向消亡。

2. 宗教理论发展的中国实践化

马克思主义中国化是新中国成立以来重大的理论趋势，中国的社会主义革命和社会主义建设都是马克思主义与中国具体实际相结合的创新的产物。因此，"中国化"就成为"中国特色"社会主义理论的前提条件。马克思主义宗教理论的发展模式沿袭这种"中国化"模式，马克思主义宗教观的中国化成为马克思主义宗教理论发展的主流样态，也成为中国马克思主义宗教理论的主要研究范式。这方面的主要研究成果是中国共产党和国家领导人对于宗教理论发展做出的贡献，特别是毛泽东、邓小平、江泽民以及胡锦涛等的理论文献中关于宗教的相关论述，学者们将其与马克思、恩格斯及列宁的宗教观联系起来，既视为一脉相承的理论续写，又视为与时俱进的理论创新。这些中国化的理论创新的主要成果包括：（1）宗教信仰自由；（2）宗教将在社会主义社会长期存在；（3）积极引导宗教与社会主义社会相适应；（4）发挥宗教在促进社会和谐方面的积极作用。

3. 大学生宗教教育的意识形态化

新中国成立以来，我国的主流认识往往将宗教视为一种虚假的社会意识形态和歪曲的世界观，又将不接受"三自"原则的基督教组织视为一种有可能受外来势力支配的具有腐蚀功能的精神力量。因此，自觉抵制宗教的无序扩张就成为社会主义精神文明建设中不容忽视的重要任务。

大学校园是培养中国未来人才主要基地，树立科学的和正确的宗教观成了大学政治思想教育的重要内容，特别是对信教地区的大学生宗教观教育成为重中之重。于是，如何针对大学生进行宗教观的宣传和教育成为马克思主义宗教理论研究中一个重要组成部分。学者们就大学生宗教教育的方法、方式、途径等问题进行了较为广泛和深入的探讨，其研究方式包括实证性的统计调研、经验性的分析以及对策性的建议等。马克思主义宗教观教育内容定位在辩证唯物主义、历史唯物主义、科学世界观、人生观和无神论教育。其研究范式紧紧围绕着关于意识形态的正面宣传和教育，目的在于防范宗教的负面影响，以及抵御境外宗教势力的渗透，这成为高校马克思主义宗教理论研究的主要内容。

4. 宗教功能的政治化

"宗教渗透"在我国是非传统安全领域中防御的对象。"宗教渗透"一直以来作为马克思主义宗教研究的重要内容，主要是考察国外敌对势力对我国政权、社会制度以及和平统一进行颠覆和破坏性的各种活动。学者们针对外国势力利用宗教进行敌对活动方式、手段、途径、新的特征等方面进行了系统性的讨论。这些研究范式中存在着鲜明的政治立场，往往将宗教问题提升到政治性的高度去认识，带有明显的危机意识。其中如何"防御""抵制"是研究的主题，研究成果更多地体现在提出具体的、有针对性的建议和防御措施等方面。

二、对建国以来马克思主义宗教观理论研究范式的反思

马克思主义宗教观自然是以马克思的宗教思想作为其理论基石，马克思主义宗教理论的发展也是马克思的宗教思想与具体实践相结合的产物。因此，对于马克思主义宗教理论研究范式的反思首先应该回到马克思的宗教观立场上来。同时，宗教是西方文明历史发展中一度占主导地位的主流社会意识形态，马克思对于宗教的理解和认识离不开西方宗教思想的历史发展和演进过程，特别是基督教发展的历史时空。因此，结合马克思所处时代的宗教发展状况去理解马克思的宗教思想就成为反思我国宗教研究范式不可缺少的理论参照系。

1. 马克思的宗教观并非以旧唯物主义为理论基础

青年时代的马克思对于宗教进行过深刻的揭露和批判，特别是马克思曾深受当时青年黑格尔派思想的影响，而青年黑格尔派在当时德国掀起了长达十年之久的宗教批判运动。青年黑格尔派宗教批判最大的理论贡献就是他们继承了黑格尔辩证法的理论精髓，并以辩证法为工具开始对于基督教的福音书、教义以及教史进行了一种科学主义或历史主义的审视和批判。他们的批判较之以往的宗教批判更深刻、更尖锐、更彻底，更具辩证理性。这一批判对于西方宗教批判史的最大理论贡献就是实现了宗教批判由以往知性思维批判转向了黑格尔之后的辩证思维批判，最终在费尔巴哈的人本学中形成了"上帝是人本质的异化"观念，从而实现了近代以来西方哲学"上帝人本化"的理论任务。需要引起我们重视的是，费尔巴哈宗教异化观的哲学基础是其"人本学"，而且费尔巴哈多次宣称其"人本学"已经超越了近代以来所有唯物主义和唯心主义的对立，人本学本身包含着人的本质、异化然后再回归人的本质的辩证法思想，绝不是近代机械唯物主义的简单重复。为此，费尔巴哈曾专门对以唯物主义为基础的经验论进行过深刻的批判。"经验论认为我们的观念起源于感觉是完全正确的，只是经验论忘了人的最主要的，最基本的感觉对象乃是人本身，忘了意识和理智的光辉只有在人注视人的视线中才呈现出来。"① 马克思正是从费尔巴哈宗教异化理论出发，从宗教的批判转向社会现实的批判，从而将宗教批判的视域确立在以实践为基础的物质生产领域。因此，马克思已经站在了黑格尔辩证法和费尔巴哈人本学的思想基石之上，物质决定意识的 17、18 世纪的旧机械唯物主义已经远远地落后于马克思所处的那个时代。因此，我们将旧唯物主义对于宗教的理解强加于马克思，其结果只能是将马克思的宗教理解降低到了机械唯物主义的水平之上。因此，简单地用经验常识式的唯物主义当作理解和认知宗教理论工具，非但不能正确地认识西方的宗教观，而且也遮蔽马克思宗教批判的理论高度。结果导致我们以往的研究要么没有对准批判的靶子，将宗教降低或简单地等同于封建迷信；要么研究离开了西方宗教

---

① 《费尔巴哈哲学著作选集》上卷，商务印书馆，1984 年，第 77 页。

的历史与现实，导致对于宗教研究和理解上与西方宗教理论研究的不对称以致难以相互沟通的理论尴尬。

2. 马克思主义中国化的理论成果过于强调应用性和实践性

马克思主义中国化的理论成果与其说是与中国实际相结合的宗教理论观，倒不如说是解决中国宗教实践的方法论原则。"马克思主义宗教观的中国化，就是中国共产党把马克思主义宗教观的基本原理应用于中国革命和中国建设中的宗教问题的实际。"①这种中国化的理论进程主要体现在运用马克思主义的宗教理论解决中国在宗教实践中所遭遇的具体实际问题，而往往忽视了宗教自身的基础理论问题，其结果导致我们对于宗教的认识和理解没有达到应有的理论高度和认知水平。众所周知，基督教在西方经过2000多年传承与发展，它已经融入西方文化的内核之中，基督教文化成为西方文化的代名词。对此，恩格斯曾指出："对于一种征服罗马世界帝国、统治文明人类的绝大多数达1800年之久的宗教，简单地说它是骗子凑集而成的无稽之谈，是不能解决问题的。"②当前的中国已融入了全球化—体化的时代大潮之中，不深入地了解西方宗教历史、文化及其基础理论，一味地强调具体宗教管理实效的功利性研究，这种范式已经落后于现实人们的社会生活的时代发展，更不利于中国马克思主义宗教理论的未来发展。

3. 马克思主义宗教观教育要以"理"服人

大学生已经具备了一定程度的知识素养和独立判断事物的思维能力，以经验式的唯物主义和单纯性的科学无神论为工具对大学生进行马克思主义宗教观的教育方式显得过于简单和流于形式，特别是在信教地区的大学生群体这种教育的实际效果更是一般。原因在于宗教本身是一种复杂的文化存在样式，其中宗教与人的存在方式、宗教与信仰、宗教与道德以及宗教与文化都存在着内在的历史关联性。在西方，宗教与科学、信仰与理性的对抗与调和一直构成西方文明生成的内在动力。因此，对于大学生进行马克思主义宗教观宣传和教育不能仅仅停留在唯物主义世界观的改造和科学无神论的普及之上，更不能简单粗暴地只告之"不许

① 龚学增：《新中国马克思主义宗教观中国化60年》，《西北民族大学学报》2009年第4期。
② 《马克思恩格斯文集》第3卷，人民出版社，2009年，第592页。

信"，而没有告之以"为什么不许信"。要将宗教观教育提升到一个更高的、更为深刻的理性层面上来，面对宗教本身、面对宗教历史本身、面对宗教信仰本身。只要我们的理论更深刻、更彻底和更合"理"，就能真正地达到"以理服人"的教育目的。正如马克思指出的那样，"而理论只要彻底，就能说服人……所谓彻底，就是抓住事物的根本"。①

4. 在时刻警惕"宗教渗透"负面作用的同时，更要加强"与宗教长期共处"的理论研究

宗教作为一种信仰式的文化存在，其产生的认识根源、经济根源、阶级根源以及心理根源都在短时期内很难消除，这便决定了宗教在全世界范围内将长期存在。就我国而言，宗教不仅在社会主义初级阶段将长期存在，而且在中级、高级阶段乃至在人类历史发展没有真正地进入共产主义之前也将长期存在。正如江泽民同志所指出的那样，"由于我国生产力发展水平还不高，科学技术还不发达，人们的思想道德素质和科学文化素质也还不高，加上国际环境的影响，我国宗教存在的根源仍将长期存在"。②同时，在现阶段全世界人口中有宗教信仰的人口仍然占绝大多数的比重，西方发达国家普遍信仰基督教的现状在相当长的历史时期内也不会发生根本性的改变。因此，正在快速融入全球化进程的当下中国，在注重防范国内外反动势力利用"宗教渗透"进行破坏活动的同时，也要主动加强与西方宗教领域的沟通与合作，注重寻求西方宗教文化与中国传统文化，中国国内传统宗教文化与社会主义核心价值体系之间的共同价值取向，求同存异、共同发展，目的在于建构一个中国特色社会主义制度下与各宗教之间合作共生、和谐共存的良好局面。而这就要求我们及时调整我们的现有的"抵御式"的研究范式，才能更好地适应中国所面对的国内外宗教的新环境。

三、马克思主义宗教理论未来研究的指向

新的研究范式的形成需要一个历史周期，反思现存的研究范式并非

---

① 《马克思恩格斯选集》第 1 卷，人民出版社，1995 年，第 9 页。
② 《江泽民文选》第 3 卷，人民出版社，2006 年，第 379 页。

意味着新的研究范式已经生成。在今后的马克思主义宗教理论研究中，我们要有意识地克服旧有研究范式的缺陷，主动调整研究指向，深化研究内容，拓展研究范围，以促进研究范式的自我更新和变革。

1. 马克思主义宗教理论研究要面向中国现实问题

中国经过 30 多年的改革开放和市场经济的发展，综合国力迅速增强，国民生产总值已位居世界第二。但不可否认的是中国的精神文明发展程度却没有得到应有的同步提升，社会上拜金主义和享乐主义的人生观大行其道，精神焦虑、信仰缺失以及道德滑坡正在困扰着处于社会转型期的中国人的精神世界。可以说，当满足了人们物质生活需要之后如何去满足人们的精神文化需求成为当前中国所要面对的最为重要和迫切的社会现实问题。在西方发达国家中，人们在信仰和道德等精神层面的需求在很大程度上是依靠宗教的方式去解决。因此，面对着中国人精神需求的现实需要，马克思主义宗教的理论研究不能仅仅停留在思考宗教与无神论相对立、宗教信仰与马克思主义世界观相悖的狭隘视域中，而是要面对国内外的宗教现状来深入思考并回答现实中的宗教问题。诸如离开了宗教如何重塑中国人的精神信仰？缺少了信仰机制一个完善的社会道德体系如何建构？利用何种途径才能够破解人们对于金钱的崇拜而重拾当下中国人民精神世界中的形上追求？

2. 马克思主义宗教理论研究要面向宗教理论本身

西方宗教，特别是基督教在 2000 多年的西方文明的发展和演变中已经成为西方文明的有机组成部分，宗教与哲学、宗教与科学、宗教与政治之间都经历过由相互冲突到相互调和的历史过程。因此，一个完整的关于基督教的知识由两部分构成。一是基督教的《圣经》、教义和教史等宗教典籍；另外就是庞大而厚重的基督教神学，它不仅包含着关于宗教自身的最为基础的理论和原则，而且也包含着大量的关于宗教和上帝的理性逻辑论证。特别是基督教神学之中的目的论、宇宙论和本体论证明的论证过程是运用形式逻辑和经验理性完成的，道德神学、政治神学以及历史神学等理论也都极具研究价值。所以，只有深入到宗教基础理论研究之中，才能真正地认识宗教，也才能更准确地解释宗教。可以说，国内学界对于这些方面的理论研究才刚刚起步，还需要一个不断拓展和深化的研究过程。不可否认,中国未来马克思主义宗教理论的研究不应忽视这一宗教理论的重镇。

3. 马克思主义宗教理论研究要面向开放的世界

改革开放 30 多年的中国向世界开放的同时,世界也向中国开放,中国人对西方发达国家的社会现实了解得越来越多,西方的宗教信仰越来越多地被国人所了解和熟知。"认识中国当代宗教问题,必须从'全球'视野来看,不能囿于国内、局部或单一宗教。这种视角之新,视阈之开阔,乃新形势的要求。"[①] 这就要求我们马克思主义宗教理论回答:为什么世界上多数人口存在着宗教信仰?为什么西方经济和科技发达国家宗教信仰还很普遍?为什么西方有那么多的科学家都存在着宗教信仰?如果我们仅用"愚昧落后论""颠倒世界论""科学消亡论"以及"异化"论等传统解释原则来予以说明显然还不够,还不能产生应有的说服力。既然我们已经面对开放的世界,我们的宗教理论自身也必须强大起来,要经得起"开放"的反思与追问。

原载《马克思主义宗教观研究(2013)》,社会科学文献出版社,2015 年

---

① 卓新平:《当代中国社会变迁与宗教重构》,《当代中国民族宗教问题研究》第 3 集,中国社会科学出版社,2008 年,第 103 页。

中国宗教学理论研究回顾

何光沪 *

所谓宗教学理论研究，是指以理性的、客观的方法对宗教进行的学术研究。它不同于站在某一宗教立场上的以信仰的、传教的态度对该教的教义或内容所作的阐述和传扬，也不同于站在反对某一或所有宗教的立场上，以自己意识形态的先入的反教态度对宗教进行的抨击和压制，从这个意义来看中国的宗教学理论研究，它的产生正好是在 20 世纪开始之后。在 20 世纪以前，中国学术中关于宗教的论述主要有三大类：一是佛家学者站在佛教立场上，以佛教信仰和弘扬佛法的态度对佛教教义或内容所作的阐述和传扬；二是道教学者站在道教立场上，以道教信仰和追求长生或登仙的态度对道教教义或内容所作的阐释和探究；三是儒家学者站在"敬天法祖"（现在有一派学者称之为"儒教"）立场上，以儒家维护"道统"的态度对佛教、道教、基督教等进行的抨击，以及由此引起的其他宗教的学者为自己的宗教进行的辩护。所有这些，都不能称为现代意义上的宗教学。

现代意义上的宗教学，即理性的、客观的、多学科的宗教研究最先产生于西方，但这也只是 19 世纪中叶的事情。古希腊罗马时期对流行宗教采取理性批判态度的文人和哲人，本身亦非绝对的无神论者，而常常是以对至高一神的信仰来反对国家的或民众的多神崇拜；中世纪和文艺复兴以来西方学者和传教士对世界各地土著宗教的探索和研究，也多以了解土著文化、便于传播基督教福音为宗旨；只是在这些探索所积累的资料之基础上，在 17 到 18 世纪的启蒙运动和理性主义洗礼之后，在 19

* 何光沪，1950— ，男，中国人民大学宗教学系教授。

世纪中叶采用考古学、人类学、语言学和神话学等等科学方法进行研究的过程中，现代意义上的宗教学才开始以比较宗教学的形式，即理性的客观的形式出现在西方，并从英国学者缪勒（Max Mueller）在 1871 年的一次演讲中获得了一个独特的名称——宗教科学（science of religion）。这种理性的、客观的科学之产生，必须以现代的科学态度为条件。因为只有以这种态度去研究宗教，才能脱离信仰的或主观的，传教的或反教的立场，使宗教研究走向"宗教科学"。

而在中国，这种现代的科学态度在知识分子和学术研究中的广泛传播，大约是在 20 世纪之初，即从戊戌变法到辛亥革命前后的动荡时期。在此期间，以康有为、梁启超、严复、孙中山等人为代表的一大批先进分子醒悟到，为了挽救民族的危亡，必须向西方学习现代的科学，其中包括自然科学和人文社会科学；虽然他们并未直接从西方引进当时诞生不久的"宗教科学"，但是他们对中国长期衰败贫弱的深刻反思和上述主张，以及国门已经大开和西学东渐已成气候的历史环境，却在许多知识分子当中促成了现代的科学态度，其中包括摆脱传统宗教束缚、理性地对待宗教的态度。这就为现代意义上的宗教学研究的产生创造了思想上的条件。尽管由于社会动荡不安、政治条件严酷、环境非常特殊，后来这门学科的发展同中国学术的其他很多学科一样，命途多舛，很不正常，但它毕竟还是以某种特殊的方式在中国产生了。由于中国的学术，尤其是人文和社会科学，在其特有的历史环境下，受到社会政治变迁的影响至为巨大，以致其兴衰荣枯在时间上与社会政治的重大阶段完全一致。

如果回顾中国的宗教学研究，我们可以把它划分为以下三大阶段：一、本世纪初至 1949 年：启蒙思潮、西学东渐与宗教学的兴起；二、1949 年至 1976 年：政治运动、"文化革命"与宗教学的衰落；三、1976 年至本世纪末：改革开放、思想解放与宗教学的复苏。本文主要介绍第三个阶段。

一、改革开放与宗教学的复苏

毁灭文化和学术的"文革"随着 1976 年"四人帮"的倒台而结束。

在中国共产党十一届三中全会以后，拨乱反正和改革开放的政治路线终于得以确立。这使得宗教学的研究同其他学术研究一样重新获得了生机，并在相对不长的时间里获得了长足的发展。首先是由于拨乱反正方针包括重新落实宗教信仰自由的政策，纠正"文革"时期禁止宗教活动和迫害宗教信徒的做法。于是被压制已久的宗教活动迅速兴起，再加上十年动乱造成的价值混乱和相应的精神危机等复杂因素，从 80 年代开始兴起了所谓宗教热，即宗教活动和宗教信徒绝对数量的大增长。虽然从相对数字来看这在全国仍处于少数，但是其发展的速度和影响还是引起了政府和知识界的关注，这就对宗教学研究的复苏和发展提出了迫切的客观要求。

其次是由于学术界在社会氛围逐步开放和宽松的条件下，开始日益自觉地面对真实的事物并运用自己的头脑来进行思考、得出结论，这种实事求是的倾向造成了思想的逐步解放。就宗教学研究者而言，这意味着正视从古至今各种宗教的客观事实，并且不再对马克思主义宗教观作片面的和教条式的理解。这就为宗教学研究从 20 世纪 70 年代末到 80 年代中的复苏，以及从 20 世纪 80 年代末到 90 年代的发展，提供了基本的主观条件。1978 年，随着科研机构恢复工作和大专院校恢复招生，世界宗教研究所（已归属新成立的中国社会科学院）开始积极恢复研究工作，并通过中国社会科学院研究生院招收宗教研究专业的研究生，南京大学也成立了宗教研究所并开始招收研究生。这是 50 年代以来中国第一次开始的宗教研究专业人才的培养工作，为后来这一阶段宗教学研究的发展奠定了基本的人员基础。同时，作为一个松散的学术团体，中国宗教学会成立，使得分散在全国各不同部门和各大学中的专业和业余的研究人员有了更为明确的宗教学研究目标和某种学术联络的渠道。这两方面的工作再加上一南一北两个宗教研究所创办了各自的刊物《世界宗教研究》《世界宗教资料》和《宗教》，这三件大事成为中国宗教学研究复苏的标志，而且也为中国宗教学研究以后的发展树立了良好的榜样。尽管由于种种外部原因，以后的招生和人才培养受到极大的限制而时断时续，名额过少，致使人才"青黄不接"；又由于种种内部和外部原因，中国宗教学会的活动也时断时续，名存实亡，直至 1996 年才出现"中兴"气象，但是无论如何，在中国的宗教学研究刚刚复苏之际，就进行了培养人才、成立学会、创办学刊这三件工作，这确实是一个极好的开端。以后，从80年代到90年代，北京大学先是在哲学系内开设了宗教学专业，后又创立了宗教系，上海社会科学院和四川大学创建了宗教研究所，另外还有新疆、甘肃、宁夏、云南、河南、陕西等省区的社会科学院设立了宗教研究所，中国人民大学、中央民族大学、复旦大学、武汉大学、杭州大学、上海教育学院、陕西师范大学等高等院校相继建立了宗教研究方面的教研室、研究所或研究中心，大大扩充了宗教学研究的队伍和机构，同时创办了更多的宗教学学术刊物，培养了更多的研究人才。

二、从"鸦片"论争到"文化"思潮

宗教学研究的复苏和发展，从社会政治环境来说，是改革开放的结果，而从思想意识条件来说，则是思想解放的结果。这种解放在80年代早期的条件下首先表现为，越来越多的学者逐步摆脱了对马克思主义宗教观的片面和教条式的理解，意识到学术政治化对于学术发展的巨大危害。一些学者批判了"文革"时期极左的宗教政策和宗教理论，指出那是对马克思主义宗教观的歪曲；还有一些学者则采用理性的或学术的态度，重新开始实事求是和全面系统地研究马克思主义宗教观。在这种思想解放的背景下，学者可以凭自己的理性去理解马克思主义宗教观的这个或那个论断，也可以就不同的理解进行平等的、说理的论争。当时在这方面的一个重要例证，是宗教学术界围绕马克思关于"宗教是人民的鸦片"这一论断发生的学术论战。以南方一些学者为首的一派（也有北京学者）认为，不能把马克思这句话理解为其主要观点，也不应理解为对宗教绝对的否定，因为只把宗教视为"鸦片"，只把鸦片视为毒品，容易导致把宗教界人士视为"毒品贩子"，把宗教信徒视为"吸毒犯"，从而得出应该消灭宗教的结论，而这正是过去在宗教问题上的极左做法的思想基础。这一派还认为，马克思在同一时期的其他很多论断，表明他是从同情信教群众的立场出发的，"鸦片"说并不全是否定意义，因为马克思之前的不少宗教人士也曾用"鸦片"比喻宗教，而且当时的欧洲人把鸦片视为镇痛治病的良药，这同经过"鸦片战争"的中国人对之的厌恶态度是不一样的。以北方（主要是世界宗教研究所）的一些学者为首的一派则主张，马克思的确认为宗教具有"鸦片"似的精神麻醉作用，但精神鸦片与物质鸦片有本质区别，不能由此导出像消灭鸦片一样消灭宗教的政治结论，以前的极左做法是另有根源的。这一派还认为，鸦片当然也是镇痛剂，但其所以镇痛，正在于具有麻醉功能，宗教固能麻醉信仰者的精神，也能镇痛，给信徒以精神安慰。在社会本身有缺陷，不能解决社会苦难的情况下，宗教给苦难的人民以精神上的镇痛或麻醉，是社会的需要，不能完全否定。这场论争的效果是积极的。因为尽管双方对马克思的这句话各有不同的理解和解释，但是都反对过去那种极左的理解，从而有助于宗教信仰自由政策的落实，有助于更加全面地理解宗教的社会功能。

这场论争也反映出，在 20 世纪 80 年代早期和中期，宗教学理论方面的探讨主要还是在马克思主义宗教观的范围内进行。但它已显示出宗教学术界的思想解放的成果，显示出宗教研究者对马克思主义宗教观更开放的认识程度。在这方面，论战的参与者吕大吉在后来所作的总结很有代表性："马克思主义世界观和宗教观可以为我们的宗教研究提供认识论和方法论的指导。但是我们决不能把马克思主义这个观点或那个理论当成现成的结论或永恒不变的教条，更不能把马克思、恩格斯、列宁的个别论断当成证明的工具。……马克思主义应该是一个开放的系统，既要敢于随时抛弃已被实践证明为错误的东西，更要不断研究新的问题，吸收新的营养，使自身得到发展。……马克思、恩格斯、列宁并不曾建立一个完整的宗教学体系，他们的宗教理论并没有穷尽宗教问题的各个方面，也不是绝对真理。对待马克思主义的宗教理论，我们不能持宗教徒式的迷信态度，不能用经典作家的语录去代替对宗教的具体分析。"①

80 年代后期，宗教学界在"研究新的问题，吸收新的营养，使自身得到发展"方面有了长足的进步。这种开展受到了学术界"文化研究"热潮的影响，又在思想上集中表现为"宗教文化"思潮。

---

① 吕大吉主编：《宗教学通论》，中国社会科学出版社，1989 年，第 33 页。

这种思潮以"宗教是文化""一个民族的宗教是构成其民族文化的重要内容"等等说法为代表。这些说法本身不是什么新的创见，但是在中国特有的社会环境下，这种观点突破了以往只把宗教与反动政治相联系，从而只作片面评价的观点，有助于使人从更广阔的角度去看待和评价宗教，因此对于进一步解放思想，推动宗教学研究的繁荣，发挥了非常巨大的作用。方立天在《中国佛教与传统文化》（上海人民出版社，1988年）的"前言"中写道："宗教现象是和人类的文化现象紧密联系着的。"吕大吉在其主编的《宗教学通论》的"导言"中也说："宗教是人类历史上一种古老而又普遍的社会文化现象。"何光沪在"宗教与世界"丛书（四川人民出版社，1988年开始出版）的"总序"中则说："在构成世界上各种文明的物质生产、组织制度和思想观念三个层面中，宗教同第一个层面相互影响，同第二个层面相互影响又相互重叠，同第三个层面既相互影响相互重叠，而且在其中还往往居于深层和核心的地位。"这些说法以及这一领域众多著名学者以至宗教界著名领袖的类似说法，都强调要认识人类的文化现象，就必须研究宗教，这就大大提高了宗教学研究的重要性，使之受到了社会各界尤其是学术界和文化界更多的重视。

宗教是一种文化的观点还大大拓宽了宗教研究的范围，增添了宗教研究的角度。因为广义的文化不但包含文学、艺术、音乐等等，也包括哲学、科学、道德等等，而且还包括政治、经济、法律等等不同的领域，内容无穷丰富，层次千差万别，而这一切都确实与宗教有着纷繁多样的关系，值得宗教学者去进行探究。于是从 20 世纪 80 年代后期到 90 年代，从不同角度不同领域介绍或论述各种宗教与各种文化之关系的通俗书籍、学术论著和翻译著作大量涌现，形成了前所未有的繁荣局面。举其大者，就有"宗教文化通俗丛书"（包括《佛教文化面面观》《基督教文化面面观》《伊斯兰教文化面面观》等）、王志远主编的"宗教文化丛书"（包括各种宗教"文化百问"等）、方立天的《中国佛教与传统文化》、葛兆光的《道教与中国文化》、丁光训、杨慧林等编的《基督教文化百科全书》、何光沪编的"宗教与世界"丛书（包括宗教与文学、宗教与政治、宗教与科学、宗教与哲学、宗教与文化等方面的译著多种）等等。世界宗教研究所的《世界宗教资料》杂志于 1995 年改名为《世界宗教文化》，以及《基督教文化评论》《宗教文化》和《佛教文化》杂志的出现，也可算是这方面的鲜明表征。总之，正如吕大吉所说："回顾1949年以来宗教学术研究走过的道路，大概可以这样说，没有一种理论或观念，像'宗教即反动政治'那样束缚宗教学者的思想；也没有任何一种理论或观念，像'宗教是文化'那样对宗教学者起了那么大的解放作用。"①当然，也有学者对"宗教即文化"这一表述提出了异议，如何光沪在《中国社会科学院院报》上撰文提出，宗教虽然从有形方面看构成了文化形式之一，但从无形方面看则构成了文化的内在精神而非文化本身。尽管如此，该作者也充分肯定了这一思潮对推动中国当代宗教学发展所起的巨大的积极作用。

三、近期宗教学研究概说

从20世纪80年代末到90年代中，中国宗教学研究取得了引人注目的成果，在此仅就狭义的宗教学，即综合性或理论性的宗教学研究的情况，作一个简略的回顾。又由于此一阶段宗教学方面的出版物相当纷纭繁富，笔者只能就其所见举其要者作一点十分粗略的概说。

前曾提及，80年代以后，一些地方的社会科学院和大学先后开始招收宗教研究专业的研究生和本科生，这就对这一学科的综合理论性教材产生了需求。同时，随着宗教学研究的发展，一些学者也有意识地把基础性的理论建设列为自己的工作项目。1989年出版的陈麟书的《宗教学原理》，1989年出版的吕大吉主编的《宗教学通论》，以及1992年出版的罗竹风、陈泽民主编的《宗教学概论》可说是这方面的代表性成果。《宗教学原理》大体上是马克思主义的无神论的体系，对宗教有神论进行了理论上和政治上的批判，对宗教现象的具体分析则相对薄弱。《宗教学概论》与之完全不同，它主张采用客观的研究方法建立"科学的宗教学"，因此宗教信仰和无神论都不应进入宗教学理论。用西方宗教学术语来说，《宗教学原理》采用的是所谓"规范性方法"或"主观性态度"，

---

① 吕大吉：《中国现代宗教学术研究的百年回顾与展望》，《宗教与民族》2002年第1期。

《宗教学概论》采用的是所谓"描述性方法"或"客观性态度"。至于《宗教学通论》，则一方面主张对宗教本质作出分析判断，不排斥宗教哲学即规范性宗教学的地位，另一方面又主张对宗教现象作客观研究，吸收宗教心理学、宗教社会学、宗教现象学等描述性宗教学的长处。该书以全面理解的历史唯物主义为指导，吸收西方宗教学的一些成果，提出了"宗教四要素"之说，体系宏大，内容丰富，引起了宗教学术界的广泛重视，多次再版被作为研究生教材或重要参考书。另外，吕大吉很早就对马克思主义宗教观的历史和理论进行了系统研究，并把这种研究置于整个西方宗教学说的宏大历史背景之中来进行。这样扩大研究的成果，表现于1994年出版的《西方宗教学说史》。这部以"启蒙宗教观"为线索，把上自古希腊哲学家，下迄20世纪早期宗教学家的极其纷繁的宗教思想素材贯穿起来，形成一部"启蒙思想史"，自成一家之言，再次引起了学术界的重视。这一"论"一"史"为中国的综合性、理论性的宗教学研究的发展做出了很大贡献。

在宗教学的理论研究方面，何光沪的工作也受到了广泛的重视。他的《多元化的上帝观》(1991年)一书作为中国研究现代西方宗教哲学的第一部著作，第一次提出了宗教哲学的性质是"哲学与宗教学之根本性的分支学科"，又是"哲学与宗教学之非边缘的交叉学科"，主题是"上帝观"，结构是由哲学基本问题与宗教根本问题相结合而成的双重结构，并在此框架内综述了20世纪西方思想家的宗教思想及其发展线索。他不但进行中国宗教与社会文化、西方宗教神学和宗教哲学等方面的研究和写作，而且重视译介西方重要著作；不但自己翻译了一些比较宗教学、宗教哲学、神学和宗教思想史等方面的著作，而且组织翻译出版"宗教与世界"丛书，其中包括宗教与文化以及宗教人类学、宗教心理学、宗教社会学和宗教现象等方面的著作多种，有助于中国宗教学研究扩展视野，开拓思路。在介绍西方宗教学方面，卓新平也是十分突出的一位，除研究基督教之外，其《世界宗教与宗教学》一书中有部分文章专门介绍西方宗教学。他还写了《西方宗教学研究导引》一书，分科介绍了宗教学各个分支学科的概况以及相关的著作目录，属于国内第一次完备的介绍，对宗教学的研究真正具有"导引"功用。此外，张志刚在其"宗教文化学"的研究课题下，也大量评介了西方著名思想家的宗教理论。

就宗教哲学而言，值得提到的译著除《宗教哲学》之外，还有刘小枫主编的《20世纪西方宗教哲学文选》。在著述方面，除了杜继文和方立天在佛教哲学、卿希泰和卢国龙在道教哲学、金宜久和秦惠彬在伊斯兰教哲学、赵敦华和尹大贻在基督教哲学以及何光沪在西方宗教哲学等方面的著述之外，综合性的宗教哲学研究则可以提到何光沪为"全球宗教哲学"所作的论述。

在宗教社会学方面，20世纪80年代早期有郑也夫对杜尔凯姆（E. Durkheim）和韦伯（Max Weber）的比较研究，中期有苏国勋对韦伯的专题研究，后期有高师宁对贝格尔（Peter Berger）的研究和介绍。这些都是中国在宗教社会学方面具有开拓性的引进工作。高师宁除撰文评介之外，并翻译出版了贝格尔的《神圣的帷幕——宗教社会学理论之要素》和《天使的传言——现代社会与超自然的再发现》两书。在此领域为数不多的译著中，韦伯的《儒教与道教》、奥戴（Thomas F.O'Dea）的《宗教社会学》、约翰斯通（R.L. Johnstone）的《社会中的宗教》和贝格尔的《神圣的帷幕》引起了较多的注意。在为数更少的专著中，陈麟书和袁亚愚主编的《宗教社会学通论》涉及该学科的方方面面，而戴康生主编的《宗教社会学》则更注重于中国的宗教社会学问题。戴康生还主持了关于新兴宗教研究的国家课题，并与彭耀合著了《社会主义与中国宗教》，分别着重于国外和国内的现实宗教问题的研究。

在宗教人类学方面，最系统的翻译有金泽、宋立道、徐大建等合译的《20世纪西方宗教人类学文选》。另外，宗教学创始人缪勒的《宗教的起源与发展》和《宗教学导论》已由金泽和陈观胜等译出。此外一些经典著作如《原始文化》《原始思维》《金枝》《野性的思维》也已有了很好的中译本。在这方面，文化人类学和民族学方面的学者对我国宗教人类学的发展做出了很大贡献。在著述方面，除金泽的《宗教禁忌研究》等著作之外，最值得提到的是吕大吉和何耀华主编的《中国各民族原始宗教资料集成》。这部多卷本资料集由全国各地区各民族上百位学者合作完成，汇集了中国各民族原始宗教中迄今发现的资料，包括实地调查记录、文献记载、考古发现和学术论著中有资料价值的材料等等，为中国宗教人类学的进一步发展提供了丰富的素材。该书每一民族分卷均有"前言"，概述该民族原始宗教的性质、特点、内容、发展演变以及同其他宗教之间的关系等，而全书的"总序"则可视为此一阶段中国宗教人类学研究的总结和此一分支学科的一篇代表作。

宗教史学可以说是中国宗教学研究成果最丰的领域，其数量也许超过其他分支学科的总和许多倍。但是由于沿袭下来的人员分布和知识结构等原因，中国的宗教史学实质上只是各种不同宗教各自的历史研究之总汇。事实上，各种不同宗教的研究也大多集中于历史的研究。仅就综合性的或不分教别的宗教史研究而言，这一阶段的开始时期主要翻译了苏联的《宗教史》和《世界各民族历史上的宗教》等书，撰写了《世界三大宗教》等小册子，后来则有黄心川主编的《世界十大宗教》和罗竹风、陈泽民主编的《宗教通史简编》。后期的宗教史写法比前期有了极大的进步，观点平稳而材料翔实，但也只是把不同宗教的简史集中在一册书中而已，还谈不上把宗教作为一个整体来探讨其历史发展，并作出理论总结或提出某种历史理论模式。

宗教心理学和宗教现象学是中国宗教学研究中最薄弱的分支学科。关于前者，这一阶段翻译了弗洛伊德的《摩西与一神教》（威廉·詹姆士的《宗教经验之种种》是第一阶段即 1949 年以前译出的）以及荣格和弗洛姆等著名宗教心理学家的一些非宗教著作。至于宗教心理学专著则只有梅多（M. Meadow）与卡霍（R. Kahoe）的《宗教心理学》和几本苏联著作的译本问世。关于后者，这一阶段更只翻译了奥托（R. Otto）的《论神圣》和范德莱乌（Van der Leeuw）的《宗教现象学》。对这两门重要分支学科，除了宗教所杂志上有一些简略的介绍之外，尚未见到认真、系统的研究专著出现。

最后应该提到的是，这一时期还出现了许多普及读物以及百科全书和工具书，其中大多数是有关各具体宗教的知识介绍，故在此略而不提。但也有极少数属于综合性的或理论性的读物，如涉及宗教学知识的《方方面面说宗教》、涉及宗教哲学的《神圣的根》，以及《宗教词典》和继起的《宗教大辞典》《中国大百科全书·宗教》和继起的《简明中国大百科全书》等。后两种书实际上是这一阶段首次客观介绍宗教的综合类工具书（它们的新版本即《宗教大辞典》和《中国大百科全书（简明版）》都增补了宗教学内容），为后来解放思想和实事求是的宗教学研究提供了良好的范例，并通过向社会各界普及宗教知识，而促进了这一阶段宗教学研究的发展。

四、宗教学研究的问题与展望

随着 20 世纪的开始而产生的中国的宗教学研究，经过了特别艰难的凤凰涅槃一般的历程，终于走到了 21 世纪的门槛边上。尽管它现在相当兴旺，但是曾亲历过学术事业大萧条年代的人们不应该认为，它的继续兴旺和发展是一件自然而然的、不需要努力的事情。尽管我们可以把过去的萧条或繁荣归因于外界社会的政治环境的不利或有利，但是，我们也不能否认，学术界的内部因素也发挥着重大的作用。而且，即便是外部环境的形成，也同包括学者在内的每一个人的观念和行动有关。

在此，我们当然可以从宗教学百年史得出关于外部环境的经验教训和主要结论，即：学术发展需要改革开放，需要解放思想，需要多元并存和宽松的环境，而相反的情况则造成学术的衰落，所以，对学术负有责任的学者应该尽力帮助形成宽容开放和保护异议权利的环境。但在得出这一结论之后，我们也该把注意力转向宗教学研究本身，反思一下它所存在的问题，以便努力创造更加繁荣的未来。按照我的观察，现在中国的宗教学研究至少存在以下问题：

（1）研究人才严重缺乏。20 世纪 90 年代以来，宗教专业研究人才的培养人数以及研究生毕业后从事专业研究者的人数，相对于研究机构的增加来说是在下降，换言之，各研究机构、各大学和全社会从事这项学术研究的年轻人大大少于中年人（40—55 岁），这就造成了所谓人才"青黄不接"现象。在研究人员年龄结构的"倒金字塔"，以及培养人才方面本科生、硕士生和博士生人数的又一个"倒金字塔"这两座"危塔"的威胁之下，宗教学研究前景堪忧。

（2）学科设置畸轻畸重。长期以来我国的宗教学研究一直偏向"史学"，更由于研究人员素质参差不齐，以致某些宗教史方面的著作只满足于材料的铺排和故事的重述。这种偏向还造成了两个方面的不平衡，一是宗教学某些分支学科尚属"空白"却无人填补（如前述宗教心理学和宗教现象学），二是对当代的宗教状况和现实的宗教问题研究乏力，形成"厚古薄今"的局面。

（3）协调配合极其不够。人才培养和研究课题都缺少合理安排，过于随意，相互之间缺少协调配合。这种情况由于研究信息的缺乏和交流合作的困难而更加严重。

当然，这些问题也不是仅靠宗教学界自身就能解决的，其中一些涉及招生制度与人事制度甚至涉及资金投入和物质条件等问题。然而，有一些问题是可以从宗教学界自身转变观念来开始解决的，例如针对第二个问题，显然应该树立这样的观念：尽量投入人力，扩大研究领域，了解世界上已有的分支学科和研究方法，以开放的态度吸取有用的东西，来对我国现实的宗教问题作出回答，这应该成为包括宗教史学在内的宗教各项研究的方向。

原载曹中建主编《中国宗教研究年鉴（1997—1998）》，宗教文化出版社，2000 年

关于"宗教鸦片论"的"南北战争"及其学术贡献

段德智 *

1978 年在我国发展史上是一个极其重要的年份、一块耸立的界碑。对于哲学其他二级学科是如此,对于作为哲学一分支学科的宗教哲学尤其如此。现代意义上的宗教哲学的出现,在我国虽然是一件相对晚近的事情,但是,倘若从戊戌变法时期算起,也已经有了一百一十多年的历史。一个明显不过的事实是:在 1978 年前的八十多年间,从比较严格的现代意义上讲的宗教哲学专著仅仅出版了一本,这就是 1928 年由青年协会书局刊行的谢扶雅的《宗教哲学》。然而,1978 年以来的这三十年间,局势却发生了惊人的变化。据笔者不完全的统计,各种类型的宗教哲学专著竟然出版了二十多部,而且,其中也不乏能够与国际宗教哲学大体接轨、具有当代宗教哲学视野、对我国哲学界产生了广泛影响的力作。毫无疑问,我国宗教哲学近三十年来的发展与我国学术环境的改善密切相关,与我国宗教哲学界宽松、自由的学术争鸣密切相关,特别是与上个世纪 70 年代末开始的关于"宗教鸦片论"的"南北战争"密切相关。

关于"宗教鸦片论"的"南北战争"是我国自 1978 年改革开放以来宗教哲学领域爆发的第一场影响深广的宗教哲学争论。其所以被称作"南北战争",乃是因为这场争论虽然吸引了许多学者参加,但是,至少在其初期,争论主要是在上海社会科学院宗教研究所和上海宗教学会的罗竹风等人与中国社会科学院世界宗教研究所的张继安和吕大吉之间展开的。争论的直接导火索可以一直上溯到 1979 年春。1979 年 2 月,全

---

* 段德智,1945— ,男,武汉大学宗教学系教授。

国首次宗教学研究规划会议在昆明召开。当时担任全国宗教学科规划小组副组长的罗竹风和时任中华圣公会主教的郑建业会后深感在宗教研究或宗教哲学中有反对本本主义和教条主义、重新理解和解释马克思关于"宗教是人民的鸦片"这句语录的必要。1980 年 4 月,郑建业在《宗教》杂志上发表了《从宗教与鸦片谈起》一文。①上海宗教哲学界和宗教学界对马克思关于"宗教是人民的鸦片"这句名言展开了比较广泛的研究和争鸣。

1981 年,时为中国社会科学院世界宗教研究所马克思主义宗教学原理研究室副主任的张继安和时任中国社会科学院世界宗教研究所马克思主义宗教学原理研究室主任的吕大吉在《世界宗教研究》上发表文章予以回应。张继安文章的题目为《对"宗教是人民的鸦片"这个论断的初步理解》。张文的基本观点在于:马克思于 1844 年在《〈黑格尔法哲学批判〉导言》中提出来的"宗教是人民的鸦片"这个论断"揭示了宗教的最根本的属性,科学地阐明了宗教的本质和社会作用";列宁在《论工人政党对宗教的态度》一文中明确指出:"宗教是麻醉人民的鸦片——马克思的这一句名言是马克思主义在宗教问题上的全部世界观的基石。"②这就意味着马克思的这句"名言"是"马克思主义在宗教问题上的理论基础、理论核心,是我们研究宗教问题的根本立场和指导原则"。③张文针对"有人或者认为宗教不但反动统治阶级利用过,而且上升时期的资产阶级以及农民战争都利用过,宗教似乎成了某种中性的东西,不具有阶级性"的"不合适"立场,强调指出,这种立场的"不合适","从理论上讲"主要在于"混淆"了问题的"内容"和"形式",马克思和恩格斯把"新兴资产阶级和农民所利用的宗教"称为"宗教的外衣",即是一个明证。文章最后还提醒人们注意,"马列主义在宗教问题上也进行过两条路线的斗争,不但反对左的倾向,而且也反对右的倾向"。吕大吉的文章《正确认识宗教问题的科学指南:重读马克思〈黑格尔法哲学批判〉导言》,认

---

① 参见《上海社会科学志》编纂委员会编《上海社会科学志》第二编(哲学)第九章(宗教学)第一节(学科发展)第 1 部分(一般宗教理论研究),上海社会科学院出版社,2002 年。

② 《列宁选集》(第 2 卷),人民出版社,1972 年,第 375 页。

③ 张继安:《对"宗教是人民的鸦片"这个论断的初步理解》,《世界宗教研究》1981 年第2 期。

为在当前宗教研究中必须继续坚持马克思主义的理论指导，并且具体指出：马克思的《〈黑格尔法哲学批判〉导言》奠定了马克思主义宗教观的理论基础，是我们正确认识宗教问题的科学指南；"马克思关于'宗教批判是其他一切批判的前提'的论断""有普遍的意义"；"对马克思关于'宗教是人民的鸦片'的原理应作全面的理解，它至今仍是马克思主义在宗教问题上全部世界观的基石"。①

　　紧接着，吕大吉和张继安又在《世界宗教研究》1982 年第 4 期发表署名文章。吕大吉文章的题目是《试论宗教在历史上的作用》。该文试图根据马克思主义关于宗教问题的理论，结合中外历史上与宗教有关的社会运动的事实，分析论证了宗教在历史上的作用。作者认为，"宗教外衣论"是马克思主义分析在历史上的宗教社会运动的基本观念，在各种有关情况下都得到有力的证明。②该文的着重点在于强调"世界观的对错"与"政治上的正反"的区分，断言：把世界观的对错与政治上的正反等同起来，是宗教研究中形而上学思想方法的具体表现，必须否定。该文集中批评了"人民自己的宗教"的说法，强调指出："人民自己的宗教，不仅在历史上并不存在，而且在社会主义社会也不存在。"③该文的结论是："我们认为，马克思主义宗教观的'宗教外衣论'在各种情况下都得到了有力的证明；宗教是人民的鸦片，而不是人民的福音。"④张继安文章的题目是《学习马克思关于宗教的几个基本理论问题：纪念马克思逝世一百周年》。该文主要谈了三个问题："第一，论述了应该提倡以历史唯物主义作为我们研究宗教问题的科学指南"；"第二，论述了马克思关于宗教本质的论断，并初步考察了宗教的基本特征"；"第三，论述了马克思关于宗教社会作用的论断，并简要考察了我国社会主义时期宗教的特点"。文章强调马克思的"光辉思想""仍然是我们进行革命和建设的指导思想，而且还是我们从事科学研究的指南"，"是放之四海皆准的普遍真理"；"我们作为马克思主义宗教学的研究工作者，应该认真学习马克思

---

① 吕大吉：《正确认识宗教问题的科学指南：重读马克思〈〈黑格尔法哲学批判〉导言〉》，《世界宗教研究》1981 年第 3 期。
② 吕大吉：《试论宗教在历史上的作用》，《世界宗教研究》1982 年第 4 期。
③ 同上。
④ 同上。

关于宗教的基本理论，学会在我们具体的研究工作中运用马克思主义的立场、观点和方法"。该文特别强调了"马克思关于宗教本质的论断是真正科学的论断"这样一个思想；强调"马克思的著名论断'宗教是人民的鸦片'概括了宗教的本质，说明了宗教的社会作用"；断言马克思的这一论断与他的"宗教即颠倒了的世界观"的论断以及恩格斯的"宗教乃一种幻想的反映"的论断"揭示了宗教的本质，是对宗教的本质的确切的说明"。[①] 此外，该文在讨论宗教的本质和基本特征时，还特别突出地强调了宗教不仅是"一种意识形态"，而且还是"一种上层建筑"这样一个观点；并且继续坚持认为，马克思关于"宗教是人民的鸦片""这一论断的基本思想是说宗教如同鸦片一样是一种精神麻醉剂，它对于人民来说，归根到底是有害的东西"。[②]

针对上述观点，罗竹风、尹大贻、罗伟虹、赵复三、丁光训等学者则要求对"宗教鸦片论"作出更为全面、更为准确的理解和阐释。1983年，罗竹风在上海社会科学院宗教研究所和上海宗教学会合编的内部发行的学术刊物《宗教问题探索》（论文集）上发表了题为《关于我国社会主义时期宗教的几个问题》的论文；接着，在丁光训为所长的南京大学宗教研究所主办的内部理论刊物《宗教》上又发表了题为《建立具有中国特色的宗教学理论体系》的论文。罗竹风认为，马克思在《〈黑格尔法哲学批判〉导言》中说："宗教的苦难既是现实苦难的表现，又是对作为这种现实苦难的抗议，宗教是被压迫生灵的叹息。"马克思并未把"宗教是鸦片"作为"定义"来提。前边还有"抗议""叹息"相关联的话，不应断章取义，只见"鸦片"，而不及其余。他强调指出："不管是马克思或者列宁，都把宗教问题从属于现实斗争的需要，并坚决反对在信教与不信教的群众之间挑起争端。我们今天应当'就中国而言'，因为中国有自己的国情，和德国、俄国都不一样。……仅就汉民族而言，宗教就有自己的许多特点。"[③] 例如，中国历史上从来就没有所

---

① 张继安：《学习马克思关于宗教的几个基本理论问题：纪念马克思逝世一百周年》，《世界宗教研究》1982 年第 4 期。
② 同上。
③ 罗竹风：《建立具有中国特色的宗教学理论体系》，《宗教》1984 年第 3 期。

谓"国教"，没有政教合一制度，教权一直从属于政权。再如，中国的伦理道德观念很强，强调对现世道德的遵循，淡化对彼岸世界的追求。因此，学习马克思主义的有关宗教理论，应当从中国的实际出发，建立具有中国特色的宗教学理论体系。复旦大学哲学系的尹大贻也在《宗教问题探索》中发表了题为《青年马克思的宗教批判观点与费尔巴哈的宗教批判观点的区别》的署名文章。该文认为，马克思与费尔巴哈对宗教的批判观点不同之处在于，马克思认为必须更多地联系对政治状况的批判来批判宗教，而不是联系对宗教的批判来批判政治状况。马克思强调在认清宗教的本质以后，必须转到从政治的批判、现实斗争的开展来消除宗教产生的根源。而这是马克思"宗教是人民的鸦片"之说的依据。该文还认为，马克思说"宗教的苦难既是现实苦难的表现，又是对这种现实苦难的抗议"，强调了宗教是现实苦难的反映，是有其经济基础的。宗教的麻痹作用是因为社会政治而造成的，不解决社会政治问题，宗教问题就不能解决。上海社会科学院宗教研究所的罗伟虹也在《宗教问题探索》上发表了题为《试论马克思宗教理论的时代背景和发展过程》的署名文章。该文对马克思宗教理论的产生和发展作了历史的分析，认为马克思从一开始就不是一个单纯批判宗教的无神论者，而是一个革命民主主义者。马克思从政治斗争的角度看待宗教的斗争。他关心的是对社会、对国家问题的批判。作者认为应当用历史唯物主义的立场、观点、方法来考察分析现在的宗教现象和宗教问题，如果断章取义地把马克思早期批判宗教的个别无神论观点作为马克思宗教思想的精髓，作为研究当代宗教问题的出发点，既不符合马克思的本意，也束缚了自己的头脑。

1986 年，时为中国社会科学院副院长的赵复三在《中国社会科学》上发表长文《究竟怎样认识宗教的本质》，进一步突出地强调了实事求是和具体问题具体分析的方法论原则，强调"从我国社会主义社会的实际出发，重新认识宗教的本质"，断言："如何通过对我国当前宗教的认识来加深我们对宗教本质的理解，这是当前研究宗教问题的基本之点。"① 该

---

① 赵复三：《究竟怎样认识宗教的本质》，《中国社会科学》1986 年第 3 期。

文着重突出和强调了下述几点：（1）"'宗教是人民的鸦片'的说法在马克思以前的德国早已流传，马克思引用的原意并不是用来概括宗教的本质，传统理解不符合马克思的原意，尤其不能应用于我国当前的宗教实际。"（2）"马克思关于宗教是感到不能掌握自己命运的人的'自我意识和自我感觉'的说法，更触及宗教的本质。马克思之所以能揭示这一本质，正是由于从实践的唯物主义出发，重视人的能动作用，重视宗教徒的具体实践。"（3）"我国当前宗教工作中'左'的思想还没有完全克服，主要表现在忽视大多数宗教徒的具体实践方面，根源是囿于理论认识上的成见。"（4）"宗教在历史上对社会和人们认识的发展有其促进作用，很难用'麻醉作用'去概括其全部。以我国今日的实际而言，宗教与社会主义精神文明建设并不是完全抵触的，它们也有可以协调的方面。"（5）"对宗教，只有从理论与实际的结合中，加深对它的本质的认识，才能真正理解党在社会主义时期的宗教政策，团结国内和海外广大的各宗教信徒，以利于完成我们面前的改革、建设和统一祖国的伟大任务。"① 在具体解析"宗教是人民的鸦片"这个论断时，该文还强调指出，在马克思之前的许多非马克思主义者，如歌德、海涅、黑格尔、费尔巴哈等，都曾经说过类似的话，而且，马克思德文的原意是"鸦片是人民已有的"，列宁的俄文原义也没有"麻醉"二字。中文翻译的变化与当时社会文化背景有关，也与我们注重价值判断而不注重对事物本质的探讨的传统思维有关。该文还具体地分析了马克思谈这句话时的具体语境，指出："就十九世纪上半叶的欧洲来说，鸦片是药用的镇痛剂，医生对病人没有真正有效的疗法时，便以鸦片来缓解病人的痛苦。1985 年 5—6 月间，美国科学哲学家罗伯特·S. 科恩教授来华讲学时，也涉及这个问题。他解释说，在马克思写下这句话的时候，鸦片是一种贵重的止痛药，穷人用不起，穷人有苦痛就转向宗教，寻求解脱。这同后来视鸦片为毒品有一个时代的差距。"② 该文还特别强调了立足当前中国国情理解马克思这段语录的极端重要性："令人难以理解的是，当有人从社会主义立场出发，在今天仍然强

---

① 赵复三：《究竟怎样认识宗教的本质》，《中国社会科学》1986 年第 3 期。
② 同上。

调'宗教是麻醉人民的鸦片'的时候，为什么不和马克思这句话的上文联想一下？难道这不是等于宣称，我们的社会主义社会还和过去阶级剥削、阶级压迫的旧社会一样，以致全国各族几千万人民还是'被压迫的生灵'，不得不以宗教的形式来'叹息'吗？这不等于认为，我们的社会主义社会还是'无情世界'，还是'没有精神的制度'，以致几千万人民要到宗教这'鸦片'中去寻找感情和精神的支持吗？难道能抛开'宗教是人民的鸦片'这句话的阶级社会前提吗?!"①

　　时任中国基督教三自爱国运动委员会主席的丁光训也积极参与了这场争论。他主要是从反对本本主义的立场和高度来思考问题的。1985年，丁光训在与"教外友人"谈"鸦片问题"时，从"信教的公民也是正常的公民"的角度比较系统地阐述了自己对"鸦片问题"的看法。他强调指出："这句话的重要性被有些人提高到了很不恰当的地步。我指的是'宗教是人民的鸦片'这句话被有些人从上下文和马克思、恩格斯、列宁关于宗教的全部论述中孤立出来，把它说成为马克思对宗教所下的定义，指出了宗教的本质，是马克思的创见，是马克思主义宗教观的核心或精髓，如此等等。他们认为，用这一公式去理解、处理一切有关宗教的问题，可以万无一失。其实，马克思著作中提到宗教是鸦片只有一次，即一八四四年在《〈黑格尔法哲学批判〉导言》中提到的，在那里只是一带而过，而且那还是在他大谈异化问题的青年时期。"②他强调说，在马克思之先，霍尔巴赫、歌德、黑格尔、费尔巴哈、海涅、布鲁诺·鲍威尔、爱特迦·鲍威尔、摩西·海斯等当时知识界和宗教界的一些开明人士都发表过类似的观点，马克思"不过是"把他们"常说的一句话引用了一次"。既然如此，则"把这句话说成为马克思的首创和发明，马克思在天有知，会感到不好受的。说它一语指出了马克思主义宗教观的核心，这在理论工作者不仅是一个不幸的常识性错误，而且是把马克思主义宗教观降低到资产阶级知识界和宗教界开明学者早已达到的水平"③。他在1988年4月的一篇讲话中，明确区分了宗教研究的两种方法。他强调

① 赵复三：《究竟怎样认识宗教的本质》，《中国社会科学》1986年第3期
② 《丁光训文集》，译林出版社，1998年，第399、422页。
③ 同上。

说："我们不要把今天社会科学的宗教研究仍旧看成铁板一块。正由于思想活跃，出现了健康的多层次的分化。譬如说，在宗教研究人员中，很明显地存在着两种不同的方法论。一种只愿意看到一切宗教现象的共性，总只是在宗教与非宗教之间划界限，认为宗教就是宗教，是一整块铁板，是单一的，与非宗教没有或绝少共同语言。这一种不想细加区别的做法颇有胡须眉毛一把抓的味道，讲到末了就搬出'一切宗教总是鸦片'之类的话来定调子，这就难免令人有讨论深不下去的感觉。另一种则发现，对宗教现象不能一概而论，它们尽管都是宗教现象，其所起的历史作用、政治作用竟大不相同。这一种不热衷于或不急于为宗教找到一个总的定义，它深感对具体的宗教现象作具体分析的必要。有的作者无视各国文化的不同，无视所处时代的不同，无视有关宗教的特点，泛泛地、抽象地谈论宗教，好像他们的论点可以放在任何时代、任何国家、任何宗教而皆准似的。"①1989 年 6 月，他在与汪维藩联名发表的《近几年宗教研究上的若干突破》一文中进一步明确地提出了"摆脱本本主义，代之以实事求是的研究方法"的口号。他对宗教研究中的本本主义谴责道："在我国社会科学界，本本主义的影响是由来已久的，其根源可以追溯到苏联对我国学术界'左'的影响。在宗教研究问题上，'左'的影响可以说是更甚三分。甚至在十一届三中全会以后，少数从事宗教研究的权威，仍然抱着马克思的'宗教是鸦片'这一就阶级社会而言的断语，作为'放之四海而皆准'的永恒不变的真理，把宗教研究工作简化为'批判宗教神学'。他们的所谓研究工作，实际上是一种从概念到概念，只知书本不知宗教实际的'空对空'的闭门造车式的研究工作，而根本无视各国文化的不同，无视宗教所处时代所起作用的不同。"他们不问实际，对实际一无所知，"而是以一种几乎是'与生俱来'的对宗教的偏见和厌恶，以感情代替了实事求是的方法。"②

这次关于"宗教鸦片论"的"南北战争"，如果从在《宗教》上发表《从宗教与鸦片谈起》算起，大约历时十年左右。这场论争的根本意义在

---

① 《丁光训文集》，第 422—434 页。
② 同上。

于它开辟了或标志着我国宗教哲学发展的一个新时代的开始，即我国宗教研究和宗教哲学研究开始从根本上跳出了政治化和意识形态化的藩篱，开始驶入了学术化的发展轨道，从而为我国宗教哲学的崛起和发展奠定了良好的基础，营造了自由、宽松的学术氛围。在一定意义上，我们甚至可以说，没有这样一种学术论争，我国宗教哲学在近三十年的发展简直是不可想象的。

毋庸讳言，在这场论争之后，关于"宗教鸦片论"的学术讨论还在继续。1995 年，赵志毅在《世界宗教研究》第 4 期发表了题为《宗教本质新论》的署名文章；1996 年，周兆连在《中央社会主义学院学报》第 6 期发表了题为《正确理解"宗教是人民的鸦片"》的署名文章；1998 年，吕大吉在《世界宗教研究》第 2 期发表了题为《宗教是什么？——宗教的本质、基本要素及其逻辑结构》的署名文章；1999 年，龚学增在《中央民族大学学报》第 5 期上发表了题为《新中国马克思主义宗教问题理论发展五十年》的署名文章；2004 年，陈荣富在《马克思主义与现实》第 6 期上发表了题为《对"宗教是人民的鸦片"的再认识》的署名文章；2005 年，冯今源在《社会科学管理与评论》第 4 期上发表了题为《求真务实，继续深入开展中国当代宗教研究》的署名文章。此外，1994 年，上海社会科学院宗教研究所的萧志恬在上海社会科学院出版社出版了两部专著：《当代中国宗教问题的思考》和《再谈对"宗教是人民的鸦片"的认识》。所有这些论著都程度不同地涉及了"宗教鸦片论"问题，对于观点的表述更见系统也更有深度。但是，所有这些后来的讨论基本上都是在正常的、平和的、规范化的学术气氛和语境下进行的，而且所讨论的问题在读者看来只不过是诸多宗教哲学问题中的一个问题，而不再具有此前那个年代的争论所具有的事关宗教哲学研究方向和全局的意义，一种关乎中国宗教哲学何去何从的意义，一种那个时代所特有的拨乱反正的意义。丁光训曾经高度评价了这次论争，把通过争论人们"对宗教是人民的鸦片之说，有了恰如其分的理解和评论"看作是上个世纪 80 年代"宗教研究上"所取得的"一个重要突破"，并且断言："看来，这一场'鸦片战争'已经基本结束"，因为"在从事研究的学者中"虽然还有人在这方面继续"写文章"，但是，继续在宗教的"鸦片本质"上"做文章"的却"已经很少很少了"。①

我国宗教研究和宗教哲学研究工作的这样一种转轨定向立即使我国的宗教哲学研究工作出现了崭新的局面。这首先表现在"宗教文化论"的提出上面。我国宗教学界和宗教哲学界在"宗教鸦片论"的讨论中，逐步"面向事物本身"，面向宗教的本质本身，许多学者相继提出了"宗教是文化""宗教是一种社会文化现象""宗教是一种社会文化形式"和"宗教是一种社会文化体系"等观点。②在这种革新思潮的推动下，我国宗教学界和宗教哲学界很快掀起了一个研究宗教文化的小高潮。一批知名学者，如方立天、季羡林、楼宇烈、葛兆光、葛荣晋、张志刚等，先后编辑出版了一系列具有相当理论深度、影响较大的宗教文化方面的论著。这既是我国宗教学界和宗教哲学界思想解放的成就，也是我国宗教学界和宗教哲学界思想解放的标志。例如，我国著名的宗教学家和宗教哲学家吕大吉在 1989 年由社会科学出版社出版的《宗教学通论》中，第三编的标题为"宗教与其他社会意识形态"，而在其 1998 年出版的《宗教学通论新编》中则修订为"宗教与文化"。一如时为中共中央党校教授的龚学增在 2004 年发表的一篇评论文章中所指出的那样："这是吕大吉先生学术观念的重要改变。"③

"宗教鸦片论"的论争给中国宗教哲学界带来的第二个变化在于它把我国宗教哲学学者的注意力从"语录"的引证转移到宗教哲学问题本身的研究上，转移到当代宗教哲学热点问题的研究上，转移到对当代国际宗教哲学界优秀成果的引介、分析和吸收上，转移到本土宗教的研究上，转移到对中国佛教、中国道教、中国基督宗教和中国民间宗教的研究上，长期以来存在于宗教学研究和宗教哲学研究中的被人称之为"空对空"的研究定势受到了致命一击，"面向事物本身"、理论联系实际的研究方

① 《丁光训文集》，第 422—434 页。
② 参见方立天《中国佛教与传统文化》(上海人民出版社，1988 年)之"序"；吕大吉《宗教学通论》(中国社会科学出版社，1989 年)之"导言"；吕大吉《为什么说宗教是一种"社会文化体系"？宗教又如何作用于各种文化形式？——关于宗教与文化之关系的若干思考（之三）》，《浙江社会科学》2002 年第 4 期；吕大吉、张世辉《宗教是一种文化形式》，《科技文萃》2005 年第 9 期。
③ 龚学增：《当代中国宗教学理论发展管窥：从吕大吉的〈宗教学通论〉到〈宗教学纲要〉说起》，《中国宗教》2004 年第 5 期。

法开始成风。这一点不仅在上个世纪 80 年代末至本世纪初我国宗教哲学界开展的关于"儒学是否宗教"的争论中得到了充分的体现，而且在近几年我国宗教哲学界开始的关于"全球宗教哲学的本体论"之争中也得到了比较充分的体现。可以毫不夸张地说，近 30 年来我国宗教哲学所取得的一切成就在一定的意义上，都可以视为当初"宗教鸦片论"争论的一种结果。因为倘若没有那样一种思想解放运动，所有这些成就都是不可想象的。

原载《复旦学报》（社会科学版）2008 年第 5 期

儒家伦理与全球伦理

余敦康 *

1993 年 9 月，在芝加的召开的"世界宗教议会"上讨论并通过了《走向全球伦理宣言》。所谓全球伦理，指的是"对一些有约束性的价值观、一些不可取消的标准和人格态度的一种基本共识"，也就是植根于各民族已有的文化和宗教传统中的人类生存所需要的最低限度伦理。《宣言》认为，如果这种最低限度伦理能够得到全人类普遍的认同和遵守，就可以改善目前的道德沦丧的状况，消除人类所面临的苦难，建立一种更好的全球秩序。为了达到这个目的，孔汉思（《宣言》的起草者）建议不同宗教的学者围绕着以下三个问题进行深入的讨论：

1.《走向全球伦理宣言》如何有力地扎根于他们自己的传统之中；

2. 他们自己的传统在多大程度上与其他的伦理传统相呼应；

3. 他们自己的传统在多大程度上可以对这样一种伦理作出独特的、具体的和特别的贡献。[1]

1997 年 9 月，中国的学者在北京就这三个问题举办了一次小型的研讨会，虽然会后共同签署了一份代表某种共识的纪要，但是基本态度上的分歧已经明显地表现出来了。一种意见认为，《宣言》以"金规则"（己所不欲，勿施于人）作为全球伦理的基础，与儒家的传统完全符合，因而从中国儒家的观点可以认同全球伦理，而全球伦理也应该从中国的儒家伦理中汲取更多的资源。另一种意见针锋相对，认为《宣言》犯了

---

* 余敦康，1930—2019，男，中国社会科学院世界宗教研究所研究员。

[1] 参见孔汉思，库舍尔编《全球伦理——世界宗教议会宣言》，四川人民出版社，1997 年。

"西方中心论"的错误，此错误即是"以西方文化为人类共法"的错误，它所肯定的自由、平等、民主、人权是西方文化的产物与特质，而不是"人类价值"，与儒家的传统格格不入，当今之世不可能形成一种"全球伦理"，解决人类当前道德困境的出路是切实遵循各种文化中已有的"本土伦理"。[①]

　　1998 年第 10 期《读书》发表了陈来先生的《谁之责任？何种伦理？——从儒家伦理看世界伦理宣言》一文，把讨论引向了深入。陈来的文章对儒家的价值观与西方的价值观作了宏观的比较，认为西方价值观的中心原则是个人的权利优先，而儒家的价值观则是强调社会共同的善、社会责任、有益公益的美德，以责任为基础。"责任"与"权利"是两种不同的伦理学语言，反映着两种不同的伦理学立场。陈来接着对西方的价值观进行批评，认为权利观念是西方近代以来的自由主义哲学的核心，是近代市场经济和政治民主进程的产物。但由于把焦点集中在个人对社会的要求，集中在个人对自己权利的保护，因而忽视了个人对社会的责任，忽视了个人也具有尊重他人权利的责任。在伦理问题上，权利话语和权利思维是有局限的，是远远不够的，权利中心的思维的泛化甚至是当今众多问题的根源之一。关于"世界伦理宣言"，陈来认为，就其对基础伦理的肯定而言，这种最低限度的共同之处只是一种"空洞形式的伦理"，并不能保证和平共处，解决世界的冲突；就其为《人权宣言》提供支持而言，恰恰是站在以权利为基础的伦理立场，而不是以责任为基础，应该在立场上来一个根本的转换。最后，陈来得出结论，认为"亚洲价值"是一种优于西方的价值，可以用亚洲价值作为对《人权宣言》的补充和对权利话语的救正。所谓亚洲价值主要是指东亚受儒家文化影响的价值体系，是亚洲传统性与现代性的视界融合中所发展出来的价值态度和原则，也是新的、现代的儒家文明的价值观。这是一套非个人主义的价值观体系，其核心是，不是个人的自由权利优先，而是族群、社会的利益优先。虽然其中也吸收了西方文明尊重个人的新的价值，

[①]　参见"中国传统伦理与世界伦理"北京研讨会专栏，《基督教文化学刊》第 1 辑，东方出版社，1999 年。

但是由于这种价值态度要求个人具有对他人、公群的义务与责任心，在价值的结构、序列和重心上与现代西方的价值观有很大的不同。

1999 年第 2 期《读书》接着发表了何光沪先生的《我们的责任　起码的伦理》一文，直接针对着陈来先生的论点提出了相反的看法，把问题的讨论进一步展开了。何光沪首先批评了陈来对全球伦理运动所持的消极态度，认为这是一项当代人类急需却进展缓慢的事业，中国的知识分子应该积极回应，做出自己的贡献。关于《宣言》对基础伦理的肯定以及为《人权宣言》提供道德支持两个方面，何光沪针对着陈来的问难以论辩的方式作了正面的维护。何光沪认为，《宣言》所表述的基础伦理绝非空洞的形式，而是有着实质性的内容，当今之世比比皆是的不义和苦难正是由于这种起码的伦理之丧失，强调共同处有助于和平共处，强调差异则会助长冲突，《宣言》对这种最低限度的共同伦理的呼唤，是为了提醒我们文明和谐也有传统上的坚固基础。中国的知识分子不要误解《宣言》的善意，应该负起自己的责任，传扬起码的伦理。至于倡导全球伦理目的在于为《人权宣言》提供道德的支持，这是题中的应有之义。因为《人权宣言》所肯定的人的自由、尊严和权利，是对人来说远比生物性的生命更重要的东西，应该反复要求人们承诺，但是这种崇高的道德理念常常遭到忽略和粗暴破坏，所以需要从伦理责任的角度予以支持。如果说《人权宣言》着重于讲人的权利，那么伦理宣言和随后发展的责任宣言则是着重讲人的责任，而"责任"与"权利"相互关联，密不可分，都是同一伦理立场不可分割的两个侧面，完全可以彼此支持，形成互补，根本不是两种不同的伦理学语言，反映着两种不同的伦理学立场。所以，要求伦理宣言在二者之中只能择一，这既不合理也不可能；要求它在坚持《人权宣言》的同时又反对"权利话语"，这是匪夷所思、自相矛盾的。陈来把权利和责任对立起来，认为强调权利优先就会忽视个人对社会的责任，这种说法是对西方自由主义哲学的误解，也不符合西方社会的总体事实。关于陈来把"儒家价值"换成"亚洲价值"以与"西方价值"进行二元对比的论点，何光沪反驳说，首先，儒家不能代表亚洲，这两个概念一小一大，不能互换；其次，"亚洲价值"实际上根本不存在，因为亚洲的传统实在太多，在文化和宗教上包含着重要的差异和分歧，绝无可能把它简单地化约成一种与西方重心不同的"非个人主义"价值观体系。何光沪进一步指出，亚洲的许多地方与西方确实有一大不同，不是"原则"的不同，而是"现实"的不同，那就是，在亚洲，不少特权阶层在"要求人保持传统美德"的同时，自己却用不受监督不受惩罚的腐败、官商勾结和裙带关系践踏着"社会的普遍利益"；而在西方，这种丑恶现象却受到新闻自由和司法独立的强大抑制。基本的事实是，在确立了个人权利的地方，个人的义务和责任不但建立了起来而且还很明确，社会公益不但受重视而且有保障，反之，在个人权利未得确立的地方，个人的义务和责任不但不明确而且遭到抵制和逃避，社会的公益也受到忽视而且缺乏保障。因此，倡导全球伦理，包括基础伦理与体现在《人权宣言》中的中程伦理，建立权利与责任之间的平衡及其制度保障，乃是公正的社会秩序之根本。

何光沪和陈来围绕着儒家伦理与全球伦理的讨论，虽然意见分歧，但共同认为，此二者并不相悖，而是可以相融的。比如陈来明确宣称："我是赞成有一份世界伦理宣言的。""毫无疑问，我们必须坚持和守护《人权宣言》中的所有要求，并努力使之实现。"何光沪也指出："儒家伦理的总体精神，应该是与全球伦理运动相一致的，因为儒家的理想，正是天下一家和世界大同。"这么说来，他们之间意见分歧的实质究竟何在呢？我认为，关键在于他们看问题的角度不同，所持的立场不同，特别是对《人权宣言》的基本态度不同。《人权宣言》是一个西方的文件，反映着西方起草者的哲学与文化背景。陈来站在儒家的立场，一方面表示必须接受其中关于人权的所有要求，另一方面坚决拒绝它的权利优先、个人优先的西方的伦理学立场，主张用体现在"亚洲价值"中的强调责任和群体优先的儒家伦理来救正《人权宣言》的偏失，根据现代的儒家文明的价值观起草一份新的世界伦理宣言。何光沪则是站在全球价值的立场，认为《人权宣言》所肯定的人的权利是人类的普遍的价值，对个人权利的承诺同时意味着要求人的责任和对群体的义务，这是全球伦理运动的根本目的所在，也符合儒家伦理的总体精神，中国的知识分子应该认同这种全球价值，与西方的朋友携手同行，去积极响应《全球伦理宣言》的呼唤，努力推进这场全人类的共同事业。他们的这些分歧，概括说来，也就是亚洲价值论与全球价值论的分歧。这是当前世界范围内的热点问题，是一种世纪之交的争论，其实质就是在以西方文化为主导的全球化的浪潮中，包括中国在内的亚洲究竟是应该接受还是拒绝西方文化的价值观。争论的双方都有大量的支持者，站在不同的立场，彼此攻驳，互相指责。从亚洲价值论的角度看来，所谓全球价值只是西方的特殊价值而非人类的普遍价值，这种个人权利优先的价值观造成了很多弊病，亟须救正。从全球价值论的角度看来，所谓亚洲价值实际上根本不存在，而在亚洲的现实中，特权阶层常常利用这个虚假的概念来限制个人权利，维护自身的利益。如同中国先秦时期儒墨两家显学的争论一样，"是其所非而非其所是"，你所否定的，我非肯定不可，你所肯定的，我非否定不可，这就陷入了庄子所说的"是亦一无穷，非亦一无穷"的逻辑困境，很难在双方之间展开真诚的对话，达成基本的共识。

按照全球伦理运动的初衷，本来是期望在世界上各个宗教与文化传统之间展开真诚的对话，达成基本的共识，但是从中国学者的几次讨论的情况来看，却是事与愿违，分歧愈来愈扩大，矛盾愈来愈加深，陷入逻辑的困境而难以自拔，看不到解决问题的前景。这种逻辑的困境也就是所谓"二律背反"，每作出一个肯定必然会有一个否定与之形成对立，每作出一个否定也必然会有一个肯定与之形成对立。双方言之凿凿，各有理据，相持不下，互不相让，这种情况使得关心这项事业的人不能不感到极大的困惑。

究竟怎样才能摆脱困境，由对抗走向对话，消除分歧达成共识呢？照我看来，首先应该对全球伦理运动本身进行批判性的反思，重新明确讨论的问题；其次应该对自己所持的立场进行批判性的反思，重新明确自己的价值取向。这是讨论能否取得进展的前提。如果做到了这两条，就有可能在讨论的双方之间建立良性的互动关系，朝着解决问题的方向逐步逼近。

我在前面曾经指出，《宣言》对"全球伦理"的界定本身蕴含着矛盾，是一个误导性的概念，根据这个概念进行讨论，必然会导致基本态度上的分歧。就其对基础伦理的肯定而言，可以说与儒教传统是相融的，就其对西方价值观的肯定而言，说它与儒家传统相悖也未尝不可。因此，孔汉思建议大家讨论的三个问题，其中第一个问题：《走向全球伦理宣言》如何有力地扎根于他们自己的传统之中，就带有一种独断论的色彩，对西方的价值观缺乏批判性的反思，对其他非西方的伦理传统，则意味着是一种强加，问题的本身含有多重歧义，首先在提法上就难以成立。平心而论，《宣言》的作者并不是西方中心论者，他们对非西方的伦理传统表示了极度的尊重，在淡化自己的西方立场方面作了极大的努力，他们抱着悲天悯人的情怀，力图站在全人类的普遍主义的立场来倡导这场全球伦理运动，这种善良的动机无可否认，令人感佩。但是，他们并没有站在学理的高度妥善地解决基础伦理与中程伦理之间的关系，没有在各个伦理传统的古老的"金规则"与以西方文化为主导所开发出来的现代价值之间架起一道贯通的桥梁，却是一个不争的事实。由于此二者的关系没有在学理上得到妥善解决，依违两可，所以对现实的估计也就必然会发生混乱。比如当前现实中道德败坏的原因，《宣言》的作者一方面认为是底线伦理之丧失，另一方面又认为是西方的人权价值被接受得缓慢而令人痛苦。这么说来，为了改善道德状况，人们究竟是应该发扬传统的底线伦理，还是应该加快速度去接受西方的现代价值观呢？如果选择前者，就会使自己退回到孤立封闭的状态而与全球化的世界交往绝缘；如果选择后者，就会使自己在全盘西化的冲击下失去文化传统的个性。总之，无论作出何种选择，都是进退失据，左右为难。因此，全球伦理运动在学理的设定和现实的运作上于中西文化中的各种价值观都是针对着具体历史的生存困境的思考，以忧患之心思忧患之故，试图进行调整使之趋于合理，所以虽百虑而一致，这是其所同。另一方面，由于所遭遇的生存困境不同，主观设定的解决方案不同，立场和价值取向不同，所以虽同归而殊途，这是其所异。自其异者而观之，在世界上每一个民族文化传统中，并不是只有一种单一的价值观，而是多种价值观并存，绝无可能把它们简单化约成某种固定的模式。自其同者而观之，各种各样的价值观虽然彼此攻驳，纷争不已，也有其一致与同归的一面。如果我们只见其异而不见其同，立异以为高，自是而非人，这就形成了一种对抗性的思维，从而扩大了分歧，加深了矛盾。如果我们换一个角度，既见其异，又见其同，同中见异，异中见同，这就可以看出各种各样价值观的争论虽相反而实相成，从而把激烈的对抗转移到真诚的对话的轨道上来。至于究竟怎样才能由真诚的对话达成基本的共识，决定性的因素不在于两种不同价值观的折中妥协，忍让宽容，而在于对共同遭遇的生存困境的理性的把握和客观的认识。

关于儒家伦理与全球伦理的讨论目前正呈现一种方兴未艾的态势，参加的人是越来越多了，这是十分可喜的。① 由于全球化的浪潮使中国更深地卷入世界的事务之中，中国离不开世界，世界也离不开中国，如何改善世界范围内的道德状况，建构一种公正合理的全球秩序，是中国人义不容辞的责任，因而中国人有必要依据自己的文化传统与世界上其他各个文化传统展开对话，其中当然也包括与西方文化传统展开对话。实际上，解决全球伦理问题不仅是中国人的责任，也是西方人的责任，全人类的共同的责任。但是，所谓全球伦理问题是一个普遍性与特殊性结为一体的客观的事实，而且普遍性寓于特殊性之中，这也就是说，包括中国在内的世界上各个民族国家所面临的特殊的生存困境本身就具有普遍性的意义，并且直接等同于全球伦理问题。因此，为了履行人类责任，建构全球秩序，世界上各个民族国家都应该用一种全球眼光和全球意识来重新审视自己的伦理传统，致力于解决自己所面临的特殊的生存困境。如果我们中国人能够摆脱意识形态与权力异化的干扰，立足于现实，从对自己的生存困境的具体感受出发，通过真诚的对话加深对中国国情与世界大势的认识，找到了一种调整个体与群体失衡状态的有效的途径，使二者协调一致，同步发展，首先把中国人自己的事情办好，这就是履行了人类的责任，为建构公正合理的全球秩序做出了贡献。

原载何光沪、许志伟主编《对话二：儒释道与基督教》，社会科学文献出版社，2001 年

① 刘述先先生最近在《国际儒学研究》第 7 辑发表了《从当代新儒家观点看世界伦理》的文章，文章着重讨论了两个问题：（1）站在中国人的立场，我们为什么也要讲世界伦理？在我们的传统之中，究竟有哪些资源可以应用，哪些障碍必须克服，才能与世界其他传统对话？（2）我们要以怎样的方式讲世界伦理才能一方面与其他文化，特别是西方文化会通，却又在另一方面保持我们自己文化的特色，而不致沦于附庸的地位？

1978—2000年中国的儒教研究：学术回顾与思考

邢东田[*]

2001年9月底10月初，陈咏明先生与王健先生在孔子2000年网（http://www.con-fucius2000.com）分别刊文，批评李申先生的《中国儒教史》，李申先生予以回应。由此而引发学术界主要是中国哲学史界，关于儒教是否为宗教的新一轮争论，大大地活跃了学术气氛。笔者是同意儒教说的，但也主张学术争鸣。一方面，儒教说毕竟是一种新的学术观点，许多问题还有待于进一步深入研究；更重要的，争鸣是学术的生命，只要能够自圆其说，或部分自圆其说，都应当允许发言。在此，笔者不揣浅陋，希望能够为想了解有关情况的学人提供些有用的资料。不当之处，敬请指正。

一、逐渐成为热点的儒教研究

1978年年底，时任中国社会科学院世界宗教研究所所长的任继愈先生，推翻"五四"以来的定论，提出"儒教是宗教"的论断，由此引发激烈争论。由于关乎如何认识中国传统文化，对于"儒教（或儒学、儒家）是否宗教"的问题，尽管参加争论的学者并不很多，然而它确是20年来中国大陆学界最具挑战性，也是一个颇有争议并使诸多学者颇感困惑的问题。时至今日，20多年过去了，虽然学术界仍没有统一的认识，且大多数学者仍持否定或有条件的否定意见，但理解和支持者开始增多。

---

* 邢东田，1966—　，男，中国社会科学院办公厅调研处副研究员。

20 年来的儒教争论，可大致分为两个阶段：

第一阶段，自"儒教是教"说提出至 80 年代中期。

80 年代初，任继愈发表了《论儒教的形成》(《中国社会科学》1980 年第 1 期)、《儒家与儒教》(《中国哲学》第 3 辑，生活·读书·新知三联书店，1980 年)、《儒教的再评价》(《中国社会科学》1982 年第 2 期)、《朱熹与宗教》(《中国社会科学》1982 年第 5 期)等一系列文章，论证"儒教就是宗教"。对此，一些学者表示质疑，并纷纷撰文予以反驳。主要有李国权、何克让《儒教质疑》(《哲学研究》1981 年第 7 期)、张岱年《论宋明理学的基本性质》(《哲学研究》1981 年第 10 期)、冯友兰《略论道学的特点、名称和性质》(《社会科学战线》1982 年第 3 期)、崔大华《"儒教"辩》(《哲学研究》1982 年第 6 期)、林金水《儒教不是宗教——试论利玛窦对儒教的看法》(《福建师范大学学报》1983 年第 2 期)、李锦全《是吸收宗教的哲理，还是儒学的宗教化》(《中国社会科学》1983 年第 3 期)等。可以说，当时认为"儒教是教"说的学者，只有任继愈一人。就笔者初步统计，该阶段共发表文章十几篇。参加争论者几乎都是从事哲学研究的学者，争论焦点是"儒教（儒家、儒学）是不是宗教"。

第二阶段，自 20 世纪 80 年代末至 2000 年。

这一阶段比较重要的文章有：任继愈《具有中国民族形式的宗教——儒教》(《文史知识》1998 年第 6 期)、《论白鹿洞书院学规》(《任继愈学术论著自选集》，北京师范学院出版社，1991 年)、《从程门立雪看儒教》(《群言》1993 年第 2 期)、《朱熹的宗教感情》(《群言》1993 年第 8 期)、《从佛教到儒教——唐宋思潮的变迁》(《任继愈学术文化随笔》，中国青年出版社，1996 年)；周黎民、皮庆侯《儒学非宗教论——与任继愈先生商榷》(《湘潭大学学报》1988 年第 2 期)；何光沪《论中国历史上的政教合一》(署名"范艾"，《文化·中国与世界》，生活·读书·新知三联书店，1988 年)、《中国文化的根与花——谈儒学的"返本"与"开新"》(《原道》第 2 辑，团结出版社，1995 年)；朱春《儒教是社会化、世俗化的特殊宗教》(《西南民族学院学报》1989 年第 3 期)；牟钟鉴《中国宗法性宗教传统试探》(《世界宗教研究》1990 年第 1 期)；张践《儒学与宗法性传统宗教》(《世界宗教研究》1991 年第 1 期)；李泽厚

《再谈"实用理性"》（《原道》第 1 辑，中国社会科学出版社，1994 年）；邹昌林《儒学与宗教的关系》（《世界宗教资料》1994 年第 4 期）；李申《关于儒教的几个问题》（《世界宗教研究》1995 年第 2 期）、《儒教、儒学和儒者》（《中国社会科学院研究生院学报》1997 年第 1 期）、《朱熹的儒教新纲领》（中日韩儒释道三教关系讨论会，1997 年 8 月）、《儒教研究史料补》（《中国哲学史》1999 年第 1 期）；谢谦《儒教：中国历代王朝的国家宗教》（《传统文化与现代化》1997 年第 3 期）；姜广辉《儒学是一种意义的信仰》（《传统文化与现代化》1997 年第 3 期）；张岱年、季羡林、蔡尚思、郭齐勇、张立文、李申《"儒学是否宗教"笔谈》（《文史哲》1998 年第 3 期）；苗润田、陈燕《儒学：宗教与非宗教之争——一个学术史的检讨》（《中国哲学史》1999 年第 1 期）；卢钟锋《世纪之交的儒学泛宗教化问题》（《中华文化论坛》1999 年第 2 期）。

专著方面：李申《中国儒教史》上卷，上海人民出版社，1999 年；下卷，上海人民出版社，2000 年，国家社会科学基金资助项目，第一部站在"儒教是教"立场上完成的学术专著。作者通过对中国古代儒释道三教和哲学、科学的综合考察，确认并接受了任继愈的观点。在经过多年深入研究并撰写了一系列有创见的论文的基础上，终于在世纪之交推出了这部 150 万言的学术专著。该书以翔实的史料和严密的论证，正本溯源，阐明了中国儒教发生、发展和消亡的全部历史。牟钟鉴、张践《中国宗教通史》（上下）（社会科学文献出版社，2000 年），亦为作者多年潜心研究的成果，国家社会科学基金资助项目。全书近百万字，用了相当多的篇幅详细地描述了"宗法性国家宗教"的特征和发展情况，并认为该教与儒家哲学"相互补充，携手共进"，两者具有不可分割的密切关系。张荣明《权力的谎言——中国传统的政治宗教》（浙江人民出版社，2000 年）和杨阳《王权的图腾化——政教合一与中国社会》（浙江人民出版社，2000 年），则是从政治文化角度探讨儒教与中国古代政治关系的力作。

在这一阶段，值得注意的是大陆学界对海外学者的儒教观点的介绍。80 年代中后期，马克斯·韦伯宗教社会学的儒教研究影响较大；进入 90 年代，新儒家的儒学宗教性的论述受到一些学者的重视。海外学者的有关论著也在大陆发表。较重要的论介性文章有：周勤《儒学的超越性及其宗教向度——杜维明教授访谈》(《中国文化》第 12 期，1995 年秋季号)，郑家栋《儒家思想的宗教性问题》(上下)(《孔子研究》1996 年第 2、3 期)；郭齐勇《当代新儒家对儒学宗教性问题的反思》(《中国哲学史》1999 年第 1 期)；段德智《从存有的层次性看儒学的宗教性》(《哲学动态》1999 年第 7 期)；黄俊杰《试论儒学的宗教性内涵》(《原道》第 6 辑，贵州人民出版社，2000 年)；苗润田《牟宗三儒学宗教论研究》(《孔子研究》2000 年第 6 期) 等，以及诸多文集中的有关篇章。著作有：秦家懿、孔汉思《中国宗教与基督教》(生活·读书·新知三联书店，1990 年)，克里斯蒂安·乔基姆《中国的宗教精神》(中国华侨出版公司，1991 年)，马克斯·韦伯《儒教与道教》(江苏人民出版社，1993 年)，加地伸行《论儒教》(齐鲁书社，1993 年)，牟宗三《中国哲学的特质》(上海古籍出版社，1997 年) 和杜维明《论儒学的宗教性：对〈中庸〉的现代诠释》(武汉大学出版社，1999 年) 等。这些论著不仅丰富了儒教研究的内容，而且也进一步促使了大陆学界对儒教问题的关注和深入探讨。

另外，文化比较也开始摆脱"儒教非教"的立论模式。何光沪、许志伟主编的《对话：儒释道与基督教》(社会科学文献出版社，1998 年)，延请对儒教、佛教、道教和基督教哲学研究精深的专家共 24 位，分别撰稿，就这四大宗教关于认识论、本体论、神性论、世界观、人生观，以及社会、文化与历史观六大基本问题的基本观点予以论述，以便为各宗教的"真诚对话"提供"相互理解"的基本前提。尽管各撰稿人对儒教的理解有所不同，但该书从整体上将"儒教"视为宗教则是无疑的。这一阶段，还就儒教问题召开过若干次小型研讨会。2000 年 11 月，宗教文化出版社出版任继愈主编的《儒教问题争论集》，收录了 1978 年以来参加"儒教是教非教"争论的 28 位学者(48 人次)的有关文章 36 篇(其中有几篇是合著，有几篇是专著中的节选)。

总之，在第二阶段，特别是进入 20 世纪 90 年代后，儒教研究出现了新气象。大致可归纳为以下几点：其一，发表文章数十篇，还出版了有关的学术专著或译作多部。其二，学科扩大，从宗教学和哲学界扩展到历史学、文学界等①；参加讨论的人数大大增加，而且还有海外学者加入；出现了儒教与其他宗教（主要是基督教）的"对话"；说明儒教研究已经开始成为跨学科、国际性的热点问题。其三，争论呈现出多元化的趋势，各种观点层出不穷，如"准宗教""传统宗法性宗教""非学非教、亦学亦教""原生宗教""政治宗教"等。核心问题仍是"儒教是否宗教"，但随着对海外学者关于"儒教宗教性"观点的介绍以及受其影响，又出现了"儒教是否严格意义上的宗教"的争论。其四，"儒教是教"说在何光沪、李申等中青年学者加盟的情况下，取得了重大进展，构筑了理论体系。赞同的学者逐渐增多，尽管人数有限，但由于在学术界产生了相当的影响，形成了"儒教宗教论派"②。其五，有些学术论著尤其是中国史或中国传统文化方面的研究，尽管未直接参与争鸣，但以"儒教是教"为立论前提，说明这一观点已为这些学者所认可。

二、儒教是否宗教及在当代社会的意义

20 年来大陆学界的儒教研究，涉及很多问题，但争论最多分歧最大的是"儒教是否宗教"。这是目前儒教研究的核心问题。另外，"儒教在当代社会的意义"也是一些学者论及且应当引起注意问题，但目前尚未充分展开。其他诸如"儒教的特征""儒教的起止时间及分期""儒教政治、经济、文化的关系"等，也有探讨。限于篇幅，本文主要介绍前两个方面的研究情况。

（一）儒教是否宗教

一般认为，对儒教性质的认定主要有三种观点，"儒教是教""儒教

---

① 从事宗教学和历史学研究的学者似乎比哲学学者更容易认同"儒教是教"说（尽管有人并不用"儒教"一词），这或与他们的研究角度有关。
② 这是反对"儒教是教"说的苗润田、陈燕在《儒学：宗教与非宗教之争——一个学术史的检讨》（《中国哲学史》1999 年第 1 期）一文中首先提出的："这样，任先生……的这一思想得到其后学的认同和发挥，现已在学术界逐渐形成了一个'儒教宗教论派'。"李申认可了这一说法并做了订正："任先生的后学中，并不都是'儒教宗教论派'，不赞成者有之，反对者有之，公开著文对其批评者也有之。而'儒教宗教论派'中，……也有并非任先生后学者"（《儒教研究史料补》，《中国哲学史》1999 年第 1 期）。

非教"和"儒教具有宗教性"。但实际情况要复杂得多。首先，在赞同者中就有不同的看法，或认为是特殊的宗教，或认为制度化的宗教，或认为是精神化的宗教，或几种特征兼而有之。在反对者中也情况不一，或认为儒学与宗教完全无关，或认为密切相关但并非一事。至于"儒教具有宗教性"这一非常模糊的说法，其立论前提为"儒教不是宗教"，所以亦为"儒教非教"说之一种。

1. 有关儒教是教非教的几种观点

（1）"儒教是教"说

任继愈认为，以孔子为代表的儒学继承了商周时代的天命神学和祖宗崇拜思想，在历史发展中经过汉代和宋代两次大的改造，孔子被作为宗教教主，儒家学说被改造成了儒教。儒教以天地君亲师为崇拜对象，以六经为经典；它有祭天祀孔宗教礼仪，有儒家的道统论的传法世系；它不讲出世，但追求一个精神性的天国；它缺少一般宗教的外在特征，但具有宗教的一切本质属性。儒教的宗教组织即中央的国学及地方的州学、府学、县学，学官即儒教的专职神职人员。儒教没有入教的仪式，没有精确的教徒数目，但在中国社会的各阶层都有大量信徒。儒教把宗教社会化，使宗教生活渗入到每一个家庭。因此，中国古代并非没有宗教神权的统治，因为儒教本身就是宗教。它给中国历史带来了具有中国封建宗法社会的特点的宗教神权统治的灾难。在资本主义以前，人类还不能摆脱宗教思想的全面统治，中国古代也不例外。[①]

赞同任继愈或提出类似观点并从不同角度论述并证明了"儒教是教"说的，还有何光沪、李申、朱春、谢谦、张荣明、杨阳等人。

也有学者提出"儒学是精神化的宗教"的观点。认为宗教大体上说有两种形态：一是体制化的宗教，二是精神化的宗教。儒学既然有很深厚的天命的宗教根基，又具有终极关切和灵魂救济的内在超越的品格和功能，儒学自身已具备精神化宗教的性质（或称其为智慧型宗教）。只要对儒学或儒教极度地尊敬和崇拜，作为精神化宗教的儒教，便是教，如

---

① 参见任继愈《论儒教的形成》，《中国社会科学》1980 年第 1 期；《儒家与儒教》，《中国哲学》第 3 辑，生活·读书·新知三联书店，1980 年。

香港的"孔教学院"、新加坡的"孔教学会"，便以儒教为教。[1]

（2）"儒教非教"说

具体说来，"儒教非教"说实际上包括许多不同观点，其共同特点是都主张"儒学（儒家）不是宗教"。其中相当一些学者认为儒学与宗教没有关系或关系甚小。主要有李国权、何克让、张岱年、冯友兰、崔大华、林金水、周黎民、皮庆侯、卢钟峰等。如李国权、何克让提出：宗教宣扬彼岸世界，总是伴之以"三世论"（过去、现在和未来）进行的。而儒家自始至终反对"前世今世后世"说。理学虽然宣传"禁欲"，但并没有像宗教那样宣传不食人间烟火。大凡宗教都有其基本经典，主要记录宗教活动情况和教义、教规，不仅内容芜杂，而且非常粗俗。而"儒教"的基本经典是什么？儒家著作中哪一部宣传粗俗的信仰主义？我们不能简单地把"儒家六经"等同于宗教的经典、教义。在宗教经典中开宗明义宣布耶和华、穆罕默德、释迦牟尼受命于天，要教徒无条件地听从这些"独一"的神的摆布。在儒家著作中，哪个地方宣布了孔夫子受命于天训导人们超尘出世？宗教教主是享有无限权威的，孔子则要听历代君王的封赏，他的权威性在哪里呢？是的，作为一家学说的创始人来说，因其学说普遍流传，名气很高，甚至被捧上"至圣先师"的宝座。然而，他毕竟不是教主。历史上确有某些贱儒或政客，试图把儒家变成宗教，把孔子"推"为教主，但都失败了，其关键原因在于真正的儒家是反宗教的。宗教教徒都有比较严格的入教方式，宗教都有准确的教徒数字，宗教都有一定的神职人员管理教务。而"儒教"则根本没有什么"入教手续"或"仪式"，上下几千年读儒家著作的人无法统计，儒家学派更无什么组织形式，那就谈不上豢养着一批什么"神职人员"。一句话，因为儒家不是"儒教"（宗教）。[2]

另外一些学者，则认为中国古代有一个与儒学关系非常密切的正统的国家宗教，但两者不是一回事，所以不称"儒教"，而命之曰"宗法性国家宗教"或"中国原生宗教"等。如提出"宗法性国家宗教"说而又

---

[1]　张立文：《关于儒学是"学"还是"教"的思考》，《文史哲》1998年第3期。

[2]　李国权、何克让：《儒教质疑》，《哲学研究》1981年第7期。

认为"儒学不是宗教"的牟钟鉴，一方面承认"儒家经学中的礼学，有很大一部分就是研究祭礼和丧礼的，它是中国宗法性传统宗教的理论基础；一批儒家学者热心于宗教祭祀，不同程度地参与了祭丧之礼的修订和实行；儒学中的天命论和鬼神思想是传统宗教神学的重要内容"。一方面又认为"传统宗教有确定的典章制度，有独立的前后相继的历史传统，为官方所掌握，基本上不受儒学学派分化和儒学思潮起伏的影响。儒学有自己的学统，宗教有自己的教统，彼此影响却又保持着相对独立的地位"。"国家民族宗教有教而无学，儒家哲学有学而无教，两者并行不悖，又相互补充，携手共进，共同维系着中国人最正宗的信仰"。①

还有不少学者认为，儒学具有宗教性（宗教信仰成分或因素），不是纯粹的哲学，但由于强调入世，又缺乏宗教组织、仪式，所以也不是宗教，而是介乎两者之间的一种思想体系。比如，李泽厚认为，儒学所发挥的作用是一种准宗教的作用；虽然儒学不是宗教，但它却超越了伦理，达到与宗教经验相当的最高境界，即所谓"天人合一"，可称为审美境界，② 不是"宗教的信仰"；儒家祭祀活动虽然崇隆虔敬，其中并没有神学义理。③ 郭齐勇认为，儒学就是儒学，儒家就是儒家；它是入世的、人文的，又具有宗教性的品格；可以说它是"人文教"，此"教"含有"教化"和"宗教"两义。它虽有终极关怀，但又是世俗伦理。它毕竟不是宗教，也无须宗教化。④ 黄俊杰认为，儒学有强烈的"宗教性"和"宗教感"，并不是指西方传统定义下的具有严密组织的制度化宗教，而是指儒家价值的信仰者对于宇宙的超越的（transcendental）本体所兴起的一种向往与敬畏之心。⑤

加润国则从"儒教"一词发生学的角度，论证儒教既不是宗教也不是哲学：我们之所以称儒家为"学"或"教"，完全是因为以不同的文化传统做参照系造成的。中国文化传统之外，印度文化传统偏重于"教"，而希腊文化传统偏重于"学"。如果硬以之做参照系较，我们只能说儒

① 牟钟鉴：《中国宗法性传统宗教试探》，《世界宗教研究》1990 年第 1 期；《中国宗教通史》，社会科学文献出版社，2000 年，第 1211 页。
② 参见李泽厚《再谈"实用理性"》，《原道》第 1 辑，中国社会科学出版社，1994 年。
③ 姜广辉：《儒学是一种意义的信仰》，《传统文化与现代化》1997 年第 3 期。
④ 郭齐勇：《儒学：入世的人文的又具有宗教性品格的精神形态》，《文史哲》1998 年第 3 期。
⑤ 参见黄俊杰《试论儒学的宗教性内涵》，《原道》第 6 辑，贵州人民出版社，2000 年。

家是一种"非学非教、亦学亦教"的东西。中国古代属典型亚细亚生产方式，整个社会关系以宗法血缘为纽带建立起来的，师徒关系类似父子，不管什么性质的学问都称"家"。佛教从印度传入中国，汉语中始出现"宗教"一词，专指佛教。受其影响，儒家与佛教、道教一起，被称为主导中国传统文化的"三教"之一，儒家也就获得了"儒教"的称呼。后来，西学东渐，以源自希腊的西方文化传统为依据，我们又把儒家称为一种"学派"，而儒家的思想传统和学问也就被称为"儒学"。汉语中"儒家""儒教""儒学""孔家""孔教""孔学"等不同的名称，在英语中用同一个词来表达，就是在 Confucian（孔子的，后来又有"儒家"的意思）后面加上 -ism（主义），称为 Confucianism（孔家主义或儒家主义）。而 Confucian 则由 Confucius（孔子）更换后缀而来。在英语中儒家被称为一种"主义"，可能是比较恰当的。因此，儒家是一种研究和教导人们如何修身养性、齐家治国、协调关系、永享太平的大学问和大说教，其最基本的东西是人生哲学、社会学、政治学、历史学等，是一个包罗万象的体系，一种独特的东方的中国的孔家的"主义"。①

2."儒教是教"说的论证

就以上情况看，越来越多的学者开始承认儒学与宗教有关，但许多人不认为儒教是严格意义上的宗教。因此，"儒"与"教"的关系就成为了目前儒教争论的核心问题。围绕该问题，李申、何光沪等人在充分梳理史料和进一步研究的基础上，回答了各方面的质疑：

（1）儒者信不信鬼神

以昊天上帝为首的神灵系统、祖宗神灵系统和以孔子为首的神灵系统，就是儒教的神灵世界。长期以来，学界讨论孔子对鬼神的态度，主要依据《论语》。然而孔子自称"述而不作"，以诗书礼乐教人，六经所载的那些天命鬼神信仰，孔子对之持什么态度？再深入一下，自从独尊儒术之后，儒经乃是儒者识字、达理、做人的基本教材，那么，所有的儒者又是怎样对待儒经中那些天命、鬼神的文字呢？只要深入思考就会发现，儒经中那些上帝鬼神信仰，是所有儒者，包括孔子在内的思想和

---

① 参见加润国《"儒教"考释》，《中国儒教史话》，河北大学出版社，1999 年。

行为的基础，然而我们多年来的传统文化研究，却偏偏忽略了这个基础。即如《论语》而言，其"敬鬼神而远之"等几条言论是不少人认定孔子不信鬼神的基本根据。那么，什么叫作"敬鬼神而远之"呢？朱熹引二程道："人多信鬼神，惑也，而不信者又不能敬，能敬能远，可谓知（智）矣。"在"事人""事鬼""知生""知死"下朱熹注道："非诚敬足以事人，则必不能事神"，"幽明始终，初无二理"。程、朱的注，不仅揭示了孔子对鬼神的态度，也道出了他们及宋元明清所有儒者对鬼神的态度。①

（2）"天"是否人格神

"天帝"观念是有文字记载的最早的中国宗教的观念，是中国古人超越意识的最高表现。从甲骨文到书经诗经，这个观念曾以不同的名称和概念来予以表达。在以后的时代，"天"的另一种用法，即在"自然"意义上的用法逐渐增多，但是，具有明显的宗教意义的"天"，即表示"天帝"仍然是占主导地位的概念。国内学界中主张儒教非宗教者，常常以"天"不具有人格性为由，认为"天"同西方宗教中的"上帝"根本不相干。至少这个理由是站不住脚的。姑置不论西方人所说的"上帝"，实际上还具有"无限性""不可理解性""全然相异性""超人格性"，因而绝不是"人格神"一词所能概括的。由汉语中"天"字的用法之全部历史所体现的中国人集体无意识来看，"天"这一概念的至上主宰含义从未完全消失，并且与一般所谓"鬼神"有着本质区别。②（何光沪在该文中还指出：《论语》中孔子本人提到"天"的地方共九处，其中至少有"予所否者，天厌之"，"吾谁欺，欺天乎"，"天丧予"，"知我者，其天乎"，"天之未丧斯文也，匡人其如予何"和"获罪于天，无所祷也"等六处所说的"天"，若没有人格性〔包括知、情、意等等方面〕根本就说不通。另外两处即"天生德于予"和"巍巍乎唯天为大，唯尧则之"，则表明孔子认为天是至高无上的创生者。至于最后一条，即"天何言哉，四时行焉，百物生焉"，有人解此处的"天"为自然，冯友兰反驳说："此但谓天

---

① 参见李申《儒教、儒学和儒者》，《中国社会科学院研究生院学报》1997 年第 1 期；《儒教是宗教》，《文汇报》，1996 年 9 月 18 日。

② 参见何光沪《中国文化的根与花——谈儒学的"返本"与"开新"》，《原道》第 2 辑，团结出版社，1995 年。

'无为而治'耳，不必即以天为自然之天。且以天不言为一命题，即含有天能言而不言之意。否则此命题为无意义。如吾人不说石头不言，桌子不言，因石头桌子，本非能言之物也。"所以，冯友兰的结论是："孔子之所谓天，乃一有意志之上帝，乃一'主宰之天'也。"）

（3）孔子是人还是神

儒者们如何看待孔子，当求助于正史，特别是正史中的《礼志》。把孔子列入国家正式祀典，始于东汉，享受和社稷神同样的规格，那么，这是不是把孔子当成了神呢？从此以后，国家对孔子的祭祀就不再间断，其规格也不断上升，到清末，终于升为大祀，和天地同级。当然，孔子是人，祭祀的人们也知道孔子是人。但同样，老子、释迦也都是人。从宗教诞生以来，被当作神的，不仅有天地山川、虫鱼鸟兽，而且最重要的还是人。比如社稷神，社本来就是"共工氏之子句龙"，而稷神就是周人的始祖弃。把古代的名人祀为神，正是儒教的基本原则之一，也是其他宗教中常见的现象。[1]

（4）"君亲师"是不是神

依儒教的基本纲领，民众是天所降生的，至少是天所保佑的对象。天为民众选择、树立了君和师。君和师是天意的传达者（圣人），任务是协助上帝，治理好百姓，把上帝的恩惠送到四面八方。君主，是天子，即上帝的"宗子"。只有宗子可以祭祖，也就只有君主可以祭天。君主祭天，乃是宗法制度下祭祖的延伸。祭祖，是每个成人都必须履行的义务。据按照儒教说法，孔子以前的圣人，伏羲、神农、黄帝、尧、舜、禹、汤、文、武，都是集君师于一身的。从孔子开始，儒者们多只能满足于"师"的地位。而自从独尊儒术之后，师也就由儒者担任。依周礼，先师也享受如同神灵一样的祭祀。[2]

（5）儒经的性质

圣人之言既是天之言，那么，由圣人所阐发的儒教教义，也就是传

<hr>

[1]　参见李申《儒教是宗教》，《文汇报》1996 年 9 月 18 日。

[2]　参见李申《关于儒教的几个问题》，《世界宗教研究》1995 年第 2 期；《儒教、儒学和儒者》，《中国社会科学院研究生院学报》1997 年第 1 期；《朱熹的儒教新纲领》，《儒教问题争论集》，宗教文化出版社，2000 年。

达了天意。根据朱熹的说法，人君是受上帝之命来"治""教"百姓、使百姓恢复天生善性的。他将躬行实践中的经验向世人传授，这就是古代大学教育的基本内容。这些内容流传下来，被孔子整理成书，就是儒经。儒经是君和师治教百姓的经验总结。而这些经验，乃是上古君师躬行上帝指示的经验。上古的君师把自己躬行实践的经验教给人们，以致人们都能够知道自己本性固有的东西，从而安分地尽自己的职守，使治隆于上，俗美于下。[①]

（6）儒学、儒者与儒教

儒学是儒教的灵魂，儒教是儒学和传统的宗教信仰相结合的产物。汉武帝独尊儒术，标志着儒教的诞生。之后，传统宗教的信仰体系开始一步一步地严格地按照儒经的指示来安排。依儒经，儒者们确定了应该祭祀的神灵和祭祀的礼仪。为了说明儒经所说的儒教教义，历代儒者对儒经不断地进行注释或撰专论、专著，广泛探讨自然界和社会生活各个方面，建立了庞大的儒学体系。因此，所谓儒学，就是释经之学。从孔子开始，儒经就是儒者们的必读书。儒经中的思想，是儒者们思想的基础和出发点。不同时代的儒者对儒经的理解有所不同，因而使儒学呈现出不同的面貌，但无论哪一时代的儒者，都不否认其中的上帝、天命信仰。长期以来，学术界之所以认为儒者不信神，重要原因之一，就是忽略了儒学和儒经的关系。另外，儒者虽是知识的载体，但其目的是"行政教"，而不是专门生产知识。"独尊儒术"以后，从理论上说，国家官吏只能由儒者充任；儒者要行其政教，也只有出仕。出仕后不仅行政，而且也能更好地行教。不仅管理和教化民众，而且担负一定的宗教祭祀任务。儒教还建立了庞大的教育系统。学校的教员和管理者由儒者充任，被称为学官。学官也是国家官吏的组成部分。学官除教授学生和进行正常的祭孔任务外，在国家祭祀中，要充当赞相之类的任务。学生则是国家的后备官员。[②]

（7）儒教有没有组织

儒教不是没有自己的组织，而是没有在政权组织以外建立独立的组

---

① 参见李申《关于儒教的几个问题》，《世界宗教研究》1995 年第 2 期；《朱熹的儒教新纲领》，《儒教问题争论集》，宗教文化出版社，2000 年。

② 参见李申《儒教、儒学和儒者》，《中国社会科学院研究生院学报》1997 年第 1 期。

织，政权组织同时也就是儒教的宗教组织。在这个组织中任职的官员，同时也是一种教职，执行宗教的职能。君主不仅是国家元首，同时也是最高的教职，是天子，是"圣上"，在最隆重的祭天大典上，担任主祭。皇帝以下各级官员，依自己不同的品级，担任不同的祭祀任务。在朝廷任职的官员，还常常作为皇帝的使者，到京城之外去执行祭祀任务。各级地方主官代替了原来的诸侯，祭祀境内的名山大川，其中一项重要任务是祈雨。担任国家职务的官吏，同时也具有宗教职能，这是儒教的特点。在这一点上，儒教类似伊斯兰教，而和基督教世界的情况不同。基督教是从民间发展起来的，它不得不在国家政权组织之外建立自己的组织。由于具体的历史条件，在基督教世界形成了政、教两套独立的组织体系。伊斯兰教诞生不久，就用武力取得了许多地区的国家政权。这样，他就直接通过国家政权的组织系统去贯彻自己的教义，而无须另立组织。宗教是否在国家政权之外建立自己的组织要依具体情况而定，也不是教与非教的分水岭。[①]

（8）儒教之"教"与教化之"教"

教化之教和宗教之教并不矛盾，一切人为宗教，都是用来教育群众的。儒教是教化之教，佛道二教也是教化之教，其他人为宗教也是教化之教，没有发现过教化之外的宗教。至于说儒教不借助天命鬼神，那是不符合事实的。说儒教是教化之教，不是宗教之教，是把教化看作今天的教育。其实教育也有两种，世俗的教育是教育，宗教的教育也是教育。教化也有世俗的教化和宗教的教化，名词本身决定不了事物的性质，说儒教是教化之教并不能够说明儒教就不是宗教，问题要看是否在神的名义下进行教化。[②]

（9）"出世"与"入世"

"出世""入世"并不是宗教的标准。历史上还未见有哪一个宗教宣布过自己是不能够治国而只能是"出世"的，有些宗教之所以不得不"出世"，完全是情势所迫，而非出于自愿。以基督教而论，所谓基督，不过是像大卫那样的圣帝明王。他的任务，不是超度人们升入

---

① 参见李申《关于儒教的几个问题》，《世界宗教研究》1995 年第 2 期。
② 参见李申《儒教、儒学和儒者》，《中国社会科学院研究生院学报》1997 年第 1 期；《教化之教就是宗教之教》，《文史哲》1998 年第 3 期。

天国，而是秉承上帝的旨意，解救人们的苦难，让人们获得幸福。耶稣，就是人们盼望的这样一位救世主。但是，耶稣没有成功，他为世人流尽了自己的血。只是在这个时候，他才说，"我的国不在这个世上"。人们也才开始追随他，盼望升入天国。因此，儒教盼望一个圣帝明王，实现"治国平天下"的目标，同样是宗教的追求，因为这是在天或上帝的名下进行的。儒教是个"入世"的宗教，直到中国封建社会灭亡，它始终没有落到"出世"的地位。和一切宗教学说一样，儒学也不认为研究"修齐治平"之学是社会本身的需要，而认为这是秉承上帝的意志。①

（10）儒教的名称

世界上既有萨满教和喇嘛教等宗教名称，同理，儒教作为宗教名称并不显得突兀。"中国宗法性传统宗教"或"中国原生性宗教"，确实描述了这种宗教的某些特性。但是，这种宗教完全可能还有其他特性，其他宗教完全可能具有这些特性；因此，这类"名称"可以用于学术讨论，却无法成为一种实存宗教的指代性名称，正如我们不能采用"印度种姓制传统宗教"来取代"印度教"之名，也不能采用"日本原生性宗教"来取代"神道教"之名一样。另外，"儒教"之名在历史上通常指称儒学的教化成分或儒学的教化功能。但是第一，以现代才有的"宗教"与"哲学"概念来看那些成分，它是宗教与哲学兼而有之，而且既是"教化"而非"学术"，既称"儒教"的非"儒学"，则其宗教成分就多于哲学成分，则其宗教功能就大于哲学功能，这种宗教成分正是我所说的儒教的理论表现，而这种宗教功能也是同儒教的祭祀活动（祭天祭祖祭礼）和组织制度（家族宗法制度）分不开的。第二，"儒教"之名常与"释道"二教并用，既然用同样含有哲学和其他成分的"释道"在并用时被理解为宗教，则"儒"至少也是主要从宗教方面来理解的，若非如此，"儒释道"之并列就成了非同类事物之并列。第三，"儒教"之名是在历史上形成并长期习惯的。一种传统宗教的名称，只能是在历史中形成并

---

① 参见李申《关于儒教的几个问题》，《世界宗教研究》1995年第2期；《儒教、儒学和儒者》，《中国社会科学院研究生院学报》1997年第1期。

通用的俗名，而不是研究者为描述其特征创造的专名。①

以上论证，从诸多方面描绘出儒教与其他一些宗教如基督教不同的特征。② 最后的结论："儒教是一个从外在形式到内在本质都完全合格的宗教。"③

3. 儒学的宗教性

"儒学具有宗教性"的观点，当属"儒教非教"说，上面已经论及。不过，尽管该问题国内目前尚在介绍阶段，有关研究并不多；尽管其出发点是儒学如何救国或拯救世界（包括下面一些学者对"儒教在当代社会的意义"的观点），与当前社会思潮密切相关，而非纯学理之争；但作为儒教研究的一部分，有必要介绍一下大陆学者对此说的一些看法。

（1）有意义但需要进一步研究

郭齐勇认为，唐君毅、牟宗三等关于儒学宗教性问题的反思，深化、丰富了我们对儒家精神特质的认识，这本身已成为贡献给现代世界的、有价值的精神资源。在人的安身立命与终极关怀问题日益凸显而科技又无法替代的今天，这些论说就更加有意义。但是，还有一些尚待思考的问题需要进一步研究：（1）在学理上，当代新儒家主要关心的心性之学和知识精英士大夫的信仰，而礼乐伦教是传统社会的制度性生活，对儒教设施、组织、祭祀活动、政教关系，特别是历史上民间社会、民心深处的宗教性的问题却疏于探讨。（2）对儒学宗教性的负面效应，还要进行进一步的检讨与批判。（3）如何从宗教现象学、比较宗教学和儒学史的角度，解答超越性不足所带来的中国文化中的诸多问题。（4）在诠释儒学的宗教意涵上，需要并重经学资源与理学资源。目前特别要加强考古新发现的简帛中的先秦儒学资料的研究。（5）在比较康德与儒学时，充分注意康德的近代知识学与理性主义的背景，此与仁心良知的体验实

---

① 参见何光沪《中国文化的根与花——谈儒学的"返本"与"开新"》，《原道》第 2 辑，团结出版社，1995 年。

② 当然，这些只是为了证明"儒教是教"而提出的论证，而不是他们所认为的儒教特征的全部。另外，牟钟鉴、张践、张荣明、杨阳等学者按照自己的论述框架详细地描述了儒教（或曰"宗法性宗教"等）的特征，限于篇幅，就不一一列举了。

③ 李申：《二十年来的儒教研究》，《宗教与世界》1999 年第 3 期。如果说，任继愈在提出"儒教是教"说时，还在一定程度上强调其特殊性；那么，李申等则更加强调儒教的一般性，是一种与其他宗教无别的严格意义上的宗教。

践路数有着重大区别。(6)本心仁体、自由无限心及知体明觉活动的限制问题，即道德的主体性的限制问题，道德的主体性与个体性不能互相替代的问题，作为生命存在的个体全面发展的问题，具体的人作为特殊的人本身才是目的而不是手段的问题，尚需作进一步的梳理。(7)儒家、儒学、儒教之精义能否或在什么意义、什么层次上重返现实社会，并为当代人安身立命的现实可能性的问题，还需要从理论与实践的结合上进行探讨。①

（2）混淆了概念的质的规定性

卢钟锋从思想倾向角度提出批评：认为儒学是宗教，径直将儒学与宗教进行形式上的比附，强儒学以就宗教，在理论上的错误容易为人们所察觉。认为儒学具有宗教性，是一种折中说，情况就比较复杂，它模糊了儒学与宗教的本质，混淆了这两个概念的质的规定性，从而将宗教泛化成为涵盖儒学特性的泛宗教，儒学也随之泛宗教化。尽管肯定说与折中说的表现形式不同，但是，两者在曲解儒学与宗教的本质上则是一致的。由于儒学的泛宗教化问题往往与儒学的未来走向相联系，因此，就更显出问题的重要性。从儒学发展史来看，儒学是孔子在批判殷周以来的鬼神宗教思想的基础上创立的一种人文学说，它一开始就与宗教相对立。因此，所谓儒学泛宗教化决非儒学的发展方向。儒学的发展方向，不是将它神化、泛宗教化，而是将它进一步人化、理性化，发扬其人文精神和经世思想。任何将儒学泛宗教化的意图，不管是出于何种动机，都只能意味着儒学研究的倒退，因而是注定没有出路的。②

（3）新儒家对儒学的阐释是超时空的任意演绎

杨阳则对新儒家的论证方法提出了尖锐的批判：离开具体的历史运动，将中国传统文化抽象为一些主观预设的观念，并用其涵盖中国传统文化或中国文化精神是新儒家几十年来一以贯之的做法。既然新儒家"重建"儒家理性是出于对儒学的情感需要，那么，"重建"这一直接

---

① 郭齐勇：《当代新儒家对儒学宗教性问题的反思》，《中国哲学史》1999 年第 1 期。
② 卢钟锋：《世纪之交的儒学泛宗教化问题》，《中华文化论坛》1999 年第 2 期。

的目的也就使得新儒家对儒学的阐释变成了超时空的任意演绎，所回答的与其说是"儒学是什么"，还不如说是"儒学应该是什么"。中国传统文化精神到底是依照哪个儒学来定位呢？是依照那个几乎从产生伊始就被社会曲解并且在以后的两千多年里根本没有发挥作用的原始儒学，还是依照那个在汉代以后的中国文明史上发挥过巨大作用的异化了的儒学呢？既否认原始儒学在中国传统社会中发挥过其他思想体系没有发挥过的指导和支配作用，又试图将其所秉持的主要理念定位为中国传统文化的基本精神——这是完全不合逻辑的。由此确定的所谓"中国传统文化基本精神"，因完全虚悬于真实的历史存在之外，所以只具有玄学意义而绝对没有实践意义。①

（4）新儒学实际上并无宗教性

李泽厚认为，被称为当代新儒学的"儒学第三期"，②除了表层上的偏误和深层理论困难外，实践方面也有两大问题。第一，由于"三期说"大都是纯学院式的深玄妙理、高头讲章，至今未能跨出狭小学院门墙，与大众社会几毫无干系；因之，"三期说"虽然极力阐明、倡导儒学的宗教性，却在实际上并无宗教性可言，既无传教业绩足述，也对人们的信仰、行为毫不发生影响。这就成为一种悖论。第二，与此相连，是倡导者们本人的道德-宗教修养问题。高谈心性、大畅玄风的"现代新儒家"，在为人做事、生活实践中难以体现或代表儒学传统或儒家精神。不能正己，焉能正人？"三期说"有上述问题，所以尽管在近期被少数学者哄抬一时，却无论在理论上或实践上恐怕都不会有很好的发展前景。③

（二）儒教在当代社会的意义

儒教是中国传统文化的核心，但在当代社会，除了在少数国家或地

---

① 杨阳：《王权的图腾化——政教合一与中国社会》，浙江人民出版社，2000年，第7页、第18—19页。

② "三期说"和"四期说"是儒学发展分期的两种不同观点。"三期说"（牟宗三提出）以孔孟为第一期，宋明理学为第二期，熊十力传及牟宗三等人为第三期（当代新儒学）。"四期说"（李泽厚提出）以孔孟荀为第一期，汉儒为第二期，宋明理学为第三期，"现在或未来如要发展"者为第四期。

③ 参见李泽厚《说儒学四期》，《原道》第6辑，贵州人民出版社，2000年。

区，儒教并没有自己的组织形态，那么它在当代社会还有什么意义。尽管有关儒学与现代化的论著数不胜数，但从宗教角度谈此问题者却很少。以下介绍几位学者的看法。

（1）儒家传统可以回应后现代主义的挑战

杜维明提出，我既不能接受从工具理性的角度来宣扬儒家的所谓无神论，也不赞成以基督教或其他一元宗教的"超越外在"来补救儒家传统的"超越内在"的不足。前者将儒家思想作了很多的局限，遗弃了很多有生命力的资源；而后者则是一厢情愿地把一个特殊文化形态中的宗教性移植过来，其可能性有多大是值得怀疑的。大多数的宗教传统对凡俗是排斥性的，所以才有神圣性的开拓。而儒家的宗教性在世界各大宗教传统中不能说独一无二也是非常突出的：儒家的宗教性就是要在这个所谓凡俗的世界里面体现其神圣性，把它的限制转化成个人乃至群体超升的助源。目前，任何一个源远流长的轴心文明的传统都到了面对后现代主义的挑战的时候，都面临自身传统的多元和多义的考验，亦即是否可能通过各种不同的解释途径以及与各种不同文化形态接触和沟通。原教旨主义或唯我独尊的观点之所以不能在后现代论说中发挥很大的影响力，正是因为它在自己的传统中的包容性太小了。在这种情况下，特别是因为碰到后现代论说，儒家传统的智慧就显示了它的相合性和包容性。①

（2）改"天地君亲师"为"天地国亲师"

李泽厚认为，"天地君亲师"，政治、伦理、宗教三合一，是中国文化传统的特征。中国人拜的"天地"，包含有对养育、主宰自己的某种客观神圣力量、规律即所谓"天道""天命"的敬仰、畏惧与崇拜。他强调政治与宗教、政治与道德的区分，在道德层面上，应将"宗教性道德"（个体的安身、立命、终极关怀）和"社会性道德"（自由、平等、人权等现代生活和共同规范）区分开来，改"天地君亲师"为"天地国亲师"，"国"不能再是政体、政府、政治，而只是家园、乡土、故国；之所以强

① 参见周勤《儒学的超越性及其宗教向度——杜维明教授访谈》，《中国文化》第 12 期 1995 年秋季号。

调"宗教性道德"得由个人自由选择，群体（包括政府）不应干预；"社会性道德"则应由群体（包括政府）积极通过舆论、法律等尽速培养建立等，都是为了分析传统文化，解构原有的"政教合一"，以进行"转换性的创造"。以个体主义的现代生活为基础的"社会性道德"（公德）与注重个人修养、稠密人际关系的"宗教性道德"（私德）既相区别又可补充。特别是"宗教性道德"对"社会性道德"有一种指引、范导作用，中国传统在这方面可以做出贡献。①

（3）满足现代人文化需要的新型宗教

韩国学者黄秉泰提出，由于处在出世的宗教与入世的哲学两者之间，儒学既可以是一种哲学化的宗教，又可以是一种宗教化的哲学。因此，它既可以远离超世的宗教，也可以远离世俗的道德。科学知识的传播必然与宗教的象征主义发生冲突，从而引起导向康德所谓的进步性宗教革命，把宗教与伦理道德在现代人的心灵中统一起来，而既有出世又有入世观念的儒学则早已经历过宗教革命这种现代现象。由于现代科学实证主义逻辑的进一步发展及由此带来的宗教伦理化，给寻求精神安慰保留下来的地盘就只能是科学与宗教之间的中间地带了。而儒学既不过于超越以致完全脱离尘世，也不过于实证以致完全脱离象征性的意义，它完全可以作为一种新型的现代宗教来满足现代人在当今实证化的世界中在文化上的需要。没有受到科学运动冲击损害的儒学大概可能从它的沉寂状态中振作起来，不露声色但有效地对抗西方的宗教文化。②

（4）儒学需要"返本""开新"

何光沪认为，儒教是源，儒学是流；儒教是根，儒学是花。在中国文化的成形时期，已经形成了集中体现中国人超越意识的比较完备的上帝观念或天帝信仰。但是中国文化以后的发展特别是在精英文化中占主流地位的儒学的发展，却逐渐淡化了这种超越意识（在这方面，儒学"放弃"而基督教未曾放弃），疏远了原初的宗教精神。儒学必须"返本""开新"（开放）：在时间上须跨越宋明心学，返归先秦天帝观之根

---

① 参见李泽厚《再说"西体中用"》，《原道》第 3 辑，中国广播电视出版社，1996 年。
② 参见《儒学与现代化——中日韩儒学比较研究》，社会科学文献出版社，1995 年，第505 页。

本；在社会上应克服正统情结，返归民间宗教性之根本。从学理上说，要跨越哲学和社会伦理学，走向宗教学的研究，要克服等差有别的人伦关系，返归共同人性的超越根基。对外向基督教神学和西方传统思想开放，对内向民众心智和社会生活开放。当然，绝不是主张恢复祭天古礼，更不主张传布民间宗教。儒教改革应该"敬天而不祭祖拜物"，这正好符合孔子"敬鬼神而远之""未能事人，焉能事鬼""不语怪力乱神"的精神。①

（5）新文化的母体和资源

李申指出，中华民国成立后，随着帝制的崩溃，以及天地百神孔庙祭祀和读经的被废（不读经，也就没有了儒者），儒教也从此失去了物质载体。然而，儒教赖以存在的君主制国家不复存在，这个国家的臣民还在，儒教的许多思想和教义，比如天地鬼神信仰、等级尊卑观念、各种伦理道德原则，还存留在他的臣民之中，这些臣民，将会以各种方式，把儒教的观念世代传留下去。儒教还留下了它的经书，以及以经书为核心的史书、子书及各种诗文集。由于儒教在中国古代担负着指导整个社会生活的责任，这些著作也就涉及社会生活的方方面面，因而它涵盖了中国古代文化创造的主要部分，是后人了解古代文化和社会的基本依据。儒教的信仰，到中华民国成立时已经给画上了句号，但儒教中的这些文化创造，却是我们这个民族的宝贵财富。这些财富，是我们新文化的母体，也是我们新文化的资源。②

三、儒教研究中几个值得注意的问题

儒教研究尽管取得了重大成就，但也还存在着一些值得注意的问题。儒教是否宗教，主要涉及两个标准，一是什么是宗教，二是儒教是什么。但这两个问题在争鸣中并未得到应有的重视，争论者往往说的不是一回事或不完全是一回事。另外，由于儒教争论关系到如何定位中国传统文

---

① 参见何光沪《中国文化的根与花——谈儒学的"返本"与"开新"》，《原道》第2辑，团结出版社，1995年。
② 参见《中国儒教史》（下卷），上海人民出版社，2000年。

化，所以难免带有强烈的价值倾向，这也是争论难以深入的原因之一。而从儒教问题的重要性来看，目前学界的研究尤其是深入研究，显然很不够。以下分别说明。

1. 儒教概念混乱

在讨论中，首先是儒教概念的使用十分混乱。不同的学者根据自己的理解和需要，使用不同的术语如"儒教""儒学""儒家""儒术"等。即使同一个术语比如"儒教"，学者们所指往往也并不是同一事物。（其实在英文中也有类似的问题。何光沪指出，儒教、儒家〔儒生〕和儒学，在英文中常用一个词即 Confucianism 来表示，易在西方学界造成混淆。他建议把儒教译为 Confucian Religion，把儒教徒或儒生〔历史上不信奉这种宗教或"不信天"的人很难称为儒生〕，译为 Confucians，把儒家〔学派〕译为 Confucianist〔School〕，而把儒学译为 Confucianist Scholarship）① 有些学者的"儒教"（尽管他们更愿使用"儒学"一词）概念就是"非宗教意义的儒学"（比如，"儒教"的"教"是指世俗"教化"的"教"），而有些学者则用来指称"具有宗教超越性的儒学"（比如，具有宗教功能的"准宗教"），也有些学者认为"儒教"就是"一种完全意义上的宗教"。因此，在目前中国学术界，"儒教"一词至少在三个意义上使用：（1）非宗教的儒学（或儒术），（2）具有宗教性的儒学，（3）宗教。在这种情况下，不断地出现类似"儒学不是宗教"这样的似是而非的命题，也就不足为怪了。这类命题模棱两可②，即使按照"儒教是教"的观点，它也是不可以"成立"的，因为"学"与"教"就其内涵和外延来说，并不完全相同，也可以说"学"不是"教"。

李申指出："我们也不采用'儒学是不是宗教'的提法，正如不采用'佛学是不是佛教'的提法一样。我们也不是要把儒学说成儒教，而是实

---

① 参见何光沪《中国文化的根与花——谈儒学的"返本"与"开新"》，《原道》第 2 辑，团结出版社，1995 年。

② 郑家栋认为："儒家思想性的宗教"这一陈述本身就具有很大的模糊性。它可以是指儒家思想中包含了某些宗教性的因素或者说可以发挥某种宗教的功能，也可以是指儒家思想中包含了宗教的层面或确认儒家的思想教训形成了一独具特色的宗教传统，以至于认为儒道两家形成了不同于西方、印度的第三大"宗教河系"。（《儒家思想的宗教性问题》，《孔子研究》1996 年第 2 期）

事求是地肯定儒教的存在，并说明儒学在这个宗教中的地位和作用。"① 因此，"儒学不是宗教"这个命题说明不了什么。对一些学者来说，无非是在无法否认（或发现）儒学中有大量宗教内容（如何评价则不一定）的情况下，仍然顽固坚持成见的一种权宜之计。而对另一些学者来说，只不过是反映了一种试图将整体历史强行分割开来的愿望。按照这种愿望，或将儒学与中国历史上的国教分离，或将儒学当中大量宗教内容弃之不顾，然后说："儒学不是宗教。"或许我们可以同意，某个或某些思想家的儒学不是宗教，② 但就整个文化系统来说，儒学是绝对不可能与作为中国古代国家宗教的儒教分开的。③

确定概念的内涵是学术研究前提，"儒教是教"说的"儒教"是指"以天帝信仰为核心，包括'上帝'观念、'天命'体验、祭祀活动和相应制度，以儒生为社会中坚，以儒学理论表现的那么一种宗教体系"④，而不是其他。如果在这个范围内讨论儒学，问题就可以简单得多。

当然，我们也可以不从宗教角度而且多数情况下也的确是不从宗教角度来研究儒学、儒家的。但是，正如我们研究奥古斯丁、阿奎那的哲学思想和政治思想时，不能不了解他们的基督教信仰背景一样，我们研究儒学、儒家时，也不能割裂其与儒教的内在联系。其实，如果我们不是按照"是"或"不是"的逻辑思路，而是采取历史的方法⑤，或许可以避免一些概念上的不必要的争论。

2. 宗教标准不一

如果没有对传统的宗教定义的突破，就不可能提出"儒教是教"说。但多数反对者对此似乎并没有予以充分注意，仍囿于成见。标准不同，

---

① 参见李申《儒教、儒学和儒者》，《中国社会科学院研究生院学报》1997 年第 1 期。
② 李申经过研究得出结论："可以说，一个也没有"，诸如荀子、王充等著名的唯物主义思想家，都信上帝。（参见李申《关于儒教的几个问题》，《世界宗教研究》1995 年第 2 期。）
③ 如果没有与国家政权的紧密结合而创立了儒教，儒家作为纯粹的学派能否存续下来，都是非常值得怀疑的（比如墨家、法家），更不用说成为中国传统文化的核心了。
④ 参见何光沪《中国文化的根与花——谈儒学的"返本"与"开新"》，《原道》第 2 辑，团结出版社，1995 年。
⑤ 比如，何光沪就是用这种方法论证儒教的：先确定中国历史上在佛教和道教之外还有没有一个占统治地位或居主流地位的宗教，然后再考察其是否与"儒家"或"儒者"有关，是否足以称之为"儒教"。（参见何光沪《中国宗教改革论纲》，《东方》1994 年第 4 期。）

讨论难以深入进行。

由于我国宗教学研究多年来一直处于停滞甚至被"禁止"状态，更由于绝大多数学者并未进行过专门宗教研究，他们主要依据传统的如有无人格神、出世入世、有无独立的宗教组织等概念化了的基督教标准来判别儒教，结论可想而知——或说儒学不是宗教；或看到儒教中的宗教因素，就说既不是哲学又不是宗教[①]；即便赞同"儒教是教"说者，也往往将儒教视为一种"特殊的宗教"。

这样，自然就陷入了理论上的困惑：如果"特殊"是指与众不同，则每一个宗教都是特殊的；如果"特殊"是指不符合宗教一般，那么宗教一般又是什么？实际上，若都按照基督教的标准来画线，到底有多少宗教能称之为宗教或不"特殊"？从世界史的范围看，与其说儒教特殊，毋宁说基督教更特殊。[②] 我们不能因为人类在自然界中占有特殊地位，就认为其他动物不是动物；也不能因为某种文化能够控制更多的资源，发展出更为强大的生产力，就认为其他文化不是文化。同理，我们不能因为基督教在世界上居于主导地位（就信众之多和影响之大而言），就否认在人类历史上存在过并且有些在今天依然存在的各种形态不同的宗教，以及在当今宗教热的浪潮中涌现且不断涌现出来的新兴宗教是宗教。这不由使人想起中国传统文化中的"华夷之辨"：只有华夏有文化，而夷狄没有文化。然而，我们知道，任何一个民族，即使是原始部落，也有自己的文化。

世界上绝对没有完全相同的宗教（尽管可以大致归类），宗教的定义是从众多的宗教中抽象出来的，当我们的视野随着人类交往与科学进步而不断扩大时，我们就应当对历史资料重新加以审视，并修正或推翻我们已经显得有些陈旧的传统观点。在这里，逻辑的演绎往往苍白无力，

---

① 哲学未必是宗教，而宗教必然包含某种（未必系统的）哲学思想。

② 比如说，世界史上多神教远远多于一神教。我们一般所说的一神教，主要是犹太教、基督教、伊斯兰教或再加上琐罗亚斯德教和锡克教，而类似儒教这样的多神教则数不胜数。另外，在近代以前，教权与政权处于较大分离（称为"对立"似乎更恰当）状态的，只有基督教中的天主教（即使天主教，也不可一概而论，如教会诸侯在自己的领地上要政权即为政教合一），连东正教也不是如此。政教分离只是近现代才确立的政治原则，而像中国古代这样的政教合一形式在人类历史上却是一个非常普遍的现象。

资料的归纳也许更能解决问题。①

因此，说儒教不是宗教，或既不是哲学又不是宗教，或是一种特殊的宗教，结果只能使儒教无法归类，难以定性。这除了事实认定方面的问题外，更显现了旧有宗教理论模式的缺陷。

而那种无视儒教组织与政权组织二而为一的实际，将儒教说成是精神化的宗教，也是有一定问题的。没有组织就不是宗教②，这应当是个界线。如果我们把"不以基督教为标准"，理解为没有组织也可以成为宗教，就真的混淆了教与非教的界线了。

以上问题，不仅反映了我国许多学者对宗教理论以及一般宗教现象的把握十分薄弱，同时也说明宗教理论本身有待于进一步发展甚至突破。③

3. 价值倾向严重

说到儒教，人们往往将其与对宗教的评价联系起来。

五四以来，直到"文革"期间，宗教作为一种人类文化遗产，在我国（大陆）长期受到不公正的对待。整个社会将宗教视为封建迷信的同义语，粗俗的、赤裸裸的唯心主义，麻醉人民的"鸦片烟"。④在这种情况下，说"儒教是教"当然要冒很大风险，需要很大的勇气，因为容易引起误解，以为是要贬低甚至否定中国传统文化。"儒教是教"说遭到强烈反对，与此不无关联。

进入 20 世纪 90 年代，经过多年的努力，随着宗教政策的进一步落实，宗教学研究的长足发展，以及对外宗教文化方面交流的加强，人们看到了宗教的积极方面。这是我们学术界的一个进步，也是社会的一个

---

① 既然每一种宗教都有自己的不同于其他宗教之处，所以当我们描述一种宗教时，与其用"特殊"不如用"特征"一词，或许可以避免一些不必要的口舌之战。

② 比如当代的大众神秘文化，只是一种神秘文化思潮，只有当其具有了较为固定的组织形态时我们才称之为"新兴宗教"。

③ 正如张立文指出的："我们之所以把儒教看成是'学'，而不是'教'，究其思想障碍：1. 是以体制化的宗教如基督教、佛教等为标准来衡量儒教。2. 是受西方宗教与哲学二分思维方式、价值判断的影响，以为哲学与宗教总是相互排斥的。3. 是对精神化宗教缺乏深刻的探索和研究。4. 是对宗教的巨大的教化作用估计不足。"（参见张立文《关于儒学是"学"还是"教"的思考》，《文史哲》1998 年第 3 期。）这种状况在国内学术界目前依然普遍存在。

④ 如果联系历史上一直延续至今的"宗教裁判"和"宗教战争"来看，上述说法也不是没有道理。

进步。然而，一种倾向往往掩盖着另一种倾向，我们在肯定宗教的积极作用的同时，似乎又走到了另一个极端，在一片赞扬声中，宗教成了人类文化精品和未来希望。尤其是一些来自海外的新儒家和受其影响的国内学者，他们说儒学（儒家）具有宗教性是以对宗教和儒教的全面肯定为前提的。①

以上两种情况都是不正常的，或曰传统式态度，是好是坏，界线分明，不然就在政治路线上站错了队。因此，过去我们说儒教有问题，需要批判，就是否定了传统文化；现在我们说儒学有宗教性，是全人类的济世良方，就弘扬了传统文化。其实都未必。儒教有必须批判的地方，也有应当弘扬的地方，这与说其是否宗教没有必然的联系。（李申曾针对这一倾向提出：中国的许多学者认为儒教不是宗教，并以中国古代无宗教，没有"中世纪的千年黑暗"而感到自豪。其实，中国传统文化是否值得自豪，不在于儒学是不是宗教，而在于作出了什么样的文化创造。指出儒教是宗教并不会贬低中国传统文化的品位，也不会影响我们的民族自豪感。）② 儒教是否宗教及其所谓"好坏"，是根据事实进行判断的。可以说是，也可以说不是，关键看论证是否符合学术规范。至于如何评价，我以为，有值得弘扬之处需要弘扬；同理，有该批判之处也可以而且也必须批判。那种一边倒的学风，把异议视为"异端"甚至仇雠的态度不是现代人的态度，不符合现代精神，而是一种不正常的学风；不利于文化繁荣和学术进步，不利于社会的健康平衡发展。

当然，宗教也好，儒教也好，作为学者是人不是神，不能脱离具体的历史条件甚至个人经历来做学问，也就不可能没有价值倾向。这都是可以理解和应当理解甚至应当尊重的，没有必要那么敏感。这里还是要

---

① 和"五四"时期否定儒教相同的是，都与国际大背景即西方主流社会对宗教的价值判断密切相关。20世纪初，正是西方科学至上主义盛行，资本主义不可一世之时，被认为是旧势力代表的宗教成为罪恶的渊薮，是人人喊打的过街老鼠。一战特别是二战以来，情况发生了变化，科学技术给人类带来的负面影响日益显现，人们对科学万能的盲目崇拜不断遭到沉重打击，宗教一时间又成了济世良方，人类的希望。

② 《儒学与宗教性问题——成中英教授与中国社科院专家对谈纪要》，《现代传播——北京广播学院学报》1996年第6期。

看是否遵守学术规范。① 因此，如果是实事求是的全面的研究，而不是任意演绎，不管对研究客体如何评价，都是应当允许的。②

现在的中国学术界，主要的问题不是消除某种"错误"观点，而是要克服不成熟的心态。不是我们没有热情，而是我们缺乏宽容的精神。自己说话也要允许别人说话，要别人听自己在说什么，更要先听别人说的是什么。即使话不投机，也可以求同存异。历史的经验值得注意，千万不能再走老路。现代化道路上的中国更需要良好的学术环境。

4. 研究亟待加强

近代以来，随着西方列强的政治经济全面入侵，中国传统文化也遭到前所未有的挑战。中国传统文化尤其是作为其核心的儒教如何定位，一直是最引人关注的话题。这是一个不可回避的基础性课题，是所有文化讨论的前提。③ 不管我们对其如何评价，不搞清楚这个问题，其他问题的研究是不可能深入下去的，而且还有可能走入歧途。事实上，简单地否定儒教是教，尽管在历史上有其不得已之处，也起到了积极的作用。然而，代价也是沉重的。④ 由于多年以来，我们一直以"儒教不是宗教"为研究中国问题的出发点，不但对儒教问题几乎没有什么实质性的研究，而且也阻碍了我们对中国传统文化的深入认识，并由此带来十分严重的后果。

---

① 杨阳指出："学理的探讨并不一定非采取'价值中立'的立场，而且中国传统文化与中国社会现代化的关系……首先就内含着一个无法回避的价值抉择。""问题的关键是，对传统文化作出价值选择有一个基本前提，那就是必须建立起有关中国传统文化的真实的知识系统。价值判断只有建立在可靠的事实判断的基础上，才有可能是一种正确的选择。"（《王权的图腾化——政教合一与中国社会》，浙江人民出版社，2000 年，第 4—5 页。）

② 我们对新儒家对儒学的宗教性超越性的探讨，似乎也可以持平和之心。尽管其具有强烈的价值倾向，不是严格意义上的学术研究，但作为一种社会思潮，一种信仰和主张，在提高民族自信心以及对人类未来生存方式积极探索方面，也是有积极意义的。其实，按照现实需要重新解读传统文化，是历史发展中一种积极态度和有效的手段（比如文艺复兴、宗教改革等）。而且儒教问题能够引起国内外学术界甚至社会上如此广泛的关注，与海外新儒家多年的努力也不无关系。当然，我们在引用评价他们的成果时，要有一个清醒的认识。而且，也不是不可以提出理式的批评。

③ 李申在《中国儒教史》"后记"中写道："虽然我等待着来自各方的批评，但是现在，我可以更加坚定地说：只有承认儒教是教，才能正确理解中国的传统文化。"

④ 新文化运动以法国大革命为蓝本，以民主与科学为旗帜，不仅儒教，对所有宗教都持彻底否定态度。因此，陈独秀认为中国是古代世界独一无二的不以宗教为指导的"非宗教国"，也就不足为怪了。

改革开放以来，对中国传统文化的重新认识，成为我国学术界的热点问题。但令人遗憾的是，在 20 世纪 80 年代的中国文化与现代化的大讨论中，中国大多数学者罕言宗教①，因为"儒教非教"说是其立论前提。即使在宗教学界，似乎更关注的是宗教性质等问题的讨论以及佛教史、基督教史等专著的撰述，儒教的问题尽管已经提出并有所争论，但也只限于少数几个中国哲学史学者之间，而且是一片反对之声。儒教问题基本上被搁置了！这是极不正常的现象，尤其是在"文革"中的现代造神运动和"文革"后大众神秘文化泛滥的背景下。

当然，由于关涉对中国国情的基本认识以及中国的现代化，关涉中国文化在世界文化中的定位，在 20 世纪 90 年代的"国学热"中，儒教问题开始引起不少学者的关注（遗憾的是，许多人只是关注，并未深入研究），并成为学术界的一个不大不小的热点问题。随着研究的深入发展，以及对历史和现实种种问题的反思，甚至海外学者的影响，一部分学者已经认识到，那种认为儒学与宗教无关的看法是不符合事实、没有说服力的。这是一个可喜的转变。然而，即使在这些人中，绝大多数也只承认儒学有宗教性或具有宗教的功能，或者只强调儒学中宗教因素的积极方面。

但真正的问题并不在此，对于"儒教是教"说，承认，不承认，或半承认，都不是最重要的，最重要的是要从宗教的角度对中国传统文化进行研究。诚如李申在谈及"儒教"这个概念是否成立时所指出的："不容否认的是，中国古代，在佛、道二教之外，国家政权还保持着'敬天法祖'的正统信仰。这个信仰渗透到中国古代社会生活的各个领域，也是中国古代最大多数人的信仰"。"对于现实，名称总是第二位的，这样一个宗教值得研究则是无疑的"。② 对于中国古代最大多数人信仰的渗透到社会生活各个领域而又深刻影响着我们当代社会的儒教，就其重要性

---

① 比如，中国人民大学出版社 1987 年 8 月出版的张立文等学者主编的论文集《传统文化与现代化》，共收录论文 23 篇，只有两篇即《佛教和中国传统文化的冲突与融合》《中国传统哲学与儒释道的融合统一》谈宗教问题；而所有 23 篇凡涉及"儒"时，都称"儒家""儒学"，而非"儒教"。书后辑录了 1983—1986 年发表的 151 篇有关论文的目录，从标题看，涉及宗教问题的一篇也没有。

② 李申：《儒教史与儒教》，《世界宗教研究》1994 年第 4 期。

来说，我们投入的研究力量不是太多而是太少了——在汗牛充栋的有关传统文化的论著中，探讨儒教问题者可谓寥若晨星！

另一方面，就已发表的论著看，各种观点层出不穷，令人眼花缭乱，这无疑是思想活跃的体现。但真正研究者寡，泛泛议论者众，扎实深入的成果并不多，占有大量史料的高质量研究更是凤毛麟角。对海外学者关于儒教的观点，也还缺乏全面系统的评介。这种状况也不能不令人担忧。

尽管如此，回顾 20 年来儒教研究的历程，我们有理由相信，随着人们对中国传统文化以及宗教现象认识的深入，儒教研究必将成为中国文化讨论的核心问题之一，必将有更多的学者投入到儒教研究中来。

原载《学术界》2003 年第 2 期

21 世纪以来宗教与国际关系研究的发展

——徐以骅教授访谈

涂怡超　徐以骅 *

一、宗教对当代国际关系的冲击

涂怡超（以下简称"涂"）：您如何看"全球宗教复兴"及其对当代国际关系的冲击？

徐以骅（以下简称"徐"）：目前，学界对所谓"全球宗教复兴"现象有许多说法，其中比较准确的还是研究宗教与国际关系的学者乔纳森·福克斯（Jonathan Fox）的界定，即"全球宗教复兴指宗教日益具有显要性和说服力，如在个人和公共生活中日见重要的宗教信念、实践和话语，宗教或与宗教有关的人物、非国家团体、政党、社区和组织在国内政治中日益增长的作用，以及这一复兴正以对国际政治具有重大影响的方式发生"[①]。从该界定来看，"全球宗教复兴"包含以下三个要素，即全球性的宗教增长、非疆域和跨国性宗教行为体的政治参与或宗教政治化，以及宗教复兴对国际关系产生了重要影响。

学术研究和学科发展通常是对某一运动和现象的滞后反应，宗教与国际关系研究也不例外。宗教研究和国际关系研究均为学术研究的"大户"，但过去两者及与两者有关的分支研究，如宗教与美国外交很少交

---

* 涂怡超，1969—　，女，《国际政治研究》特约记者；徐以骅，1955—　，男，复旦大学关系与公共事务学院教授。

① *The Global Resurgence of Religion and the Transformation of International Relations: Struggle for the Soul of the Twenty-First Century*, Palgrave MaCmillan, 2005, pp.28-32.

集，被称为"两股道上跑的车"。宗教在威斯特伐利亚国际关系体系中没有地位，宗教研究在当代国际关系研究中自然也没有地位。①

然而，宣称"放逐宗教"的威斯特伐利亚国际关系体系"拖泥带水"。尽管罗马教廷或罗马天主教被逐下神坛，退出了国际舞台，但因宗教改革运动所确立的"教随国定"原则而在欧洲一些国家取得国教或"国有化"地位。此后，宗教（主要是基督宗教）在欧美地位每况愈下，今不如昔，在世俗化、现代化、城市化和工业化等浪潮的多重夹击下，逐渐淡出公域而退居私域，而17世纪以来帝国主义和殖民主义的扩张，将主权至上的民族国家体系扩展至世界其余地区。于是，现代化和世俗化并驾齐驱，互为表里，席卷全球。"世界除魅""上帝已死""后世俗时代"等在20世纪60年代成为风靡一时的时代标签。

此种"宗教私人化"趋势尤以欧洲为甚，但即使在被视为世俗化"法外之地"的美国，基督教在美国的人口比例、社会影响和政治地位也在逐步下降，对其地位的描述从新中国成立之初的"圣经共和国"、19世纪20年代的"第二次宗教非确立"、60年代的"三大宗教模式"（即基督教、天主教、犹太教三元熔炉，或犹太-基督教传统），一直到现在的"后基督教时代"，其所谓"瓦斯普"（白人-盎格鲁·撒克逊-新教，WASP）传统文化根基发生了根本性的动摇。当然，断言基督教在美国已日薄西山，成强弩之末，仍为时过早。30多年来，美国基督教福音派和宗教右翼的大规模崛起和"政治觉醒"，就是对上述趋势的强势反弹。

上述宗教"国际化—国有化—私人化"发展趋势，主要还是适用于欧美，在许多非西方国家和宗教传统中，甚至在一些西方国家里，现代化并未导致宗教的边缘化和私人化。正如南非圣公会黑人荣休大主教图图（Desmond Tutu）所说，世俗主义如此充斥西方，令西方传媒和社会科学对非洲和其他发展中地区所习以为常的宗教视而不见。已故美国宗教社会学家贝格尔（Peter Berger）曾称，当代不可理喻的不是信守宗教激进主义的伊朗的毛拉，而是死抱世俗化教条不放的美国大学教

① 关于宗教与国际关系研究的现状，参见徐以骅《导论：当代国际关系的"宗教回归"》，《宗教与当代国际关系》，上海人民出版社，2012年，第1—28页；徐以骅《全球化时代的宗教与国际关系》，《世界经济与政治》2011年第9期，第4—18页。

371

授。① 由此可见，忽视宗教的倾向主要还是"西方现象"，植根于社会科学的"西方中心主义"，而国际关系学在许多方面又是社会科学领域最以西方为中心的学科，因此，国际关系学可说是"宗教无用论"的重灾区。

打破上述忽视宗教的"西方现象"的是 20 世纪 70 年代以来全球性的宗教复兴运动及宗教对国际关系中心舞台的"回归"。此次全球性宗教复兴尽管是不分地域和宗教的，但主要发生于亚伯拉罕诸教的"三大跨国宗教运动"即伊斯兰教、基督教福音派和罗马天主教，而且主要发生于发展中国家。20 世纪下半叶的全球宗教复兴源远流长，但如要确定一个标志性年份的话，那就非 1979 年莫属，该年发生的伊朗伊斯兰革命、阿富汗"圣战"运动、麦加大清真寺被占、波兰籍教宗首次回祖国访问、美国宗教（或基督教）新右翼崛起等一系列由宗教驱动和引发的重大事件，对 20 世纪后期以来的国际宗教乃至政治格局产生了深远影响，也对世界各大国和各地区在宗教领域的治理能力形成重大考验。②

涂：如果说 1979 年是宗教影响国际关系的标志性年份的话，那么，该年发生的运动和事件对当代国际关系具体产生了何种影响？

徐：首先，1979 年所发生的种种涉及宗教的事件和运动，标志着宗教对国际关系中心舞台的回归。在威斯特伐利亚国际关系体系形成后，主权至上取代了神权至上成为国际关系的准则。然而，1979 年发生的宗教运动及具有全球性的宗教政治化趋势，部分颠覆了威斯特伐利亚国际关系体系形成以来宗教在国际关系中的传统定位，使长期以来"沉默的宗教"变成了"反叛的宗教"，而频繁发生的暴力恐怖活动更是把反宗教极端主义提上国际治理和各国国家安全的主要议程。

其次，20 世纪 60、70 年代，全球范围的宗教复兴在某种程度上意味着意识形态或者更准确地说世俗政治意识形态控制力的下降和宗教认同影响力的上升，这便使许多国家和政权开始从宗教传统中寻找合法性

① 转引自徐以骅《当前国际关系的"宗教回归"（代序）》，《宗教与美国社会》第四辑（上），时事出版社，2007 年，第 15—16 页。
② 关于 1979 年所发生的重大宗教性国际事件及其影响，可参见 *Strange Rebels: 1979 and the Birth of the 21st Century*, Basic Books, 2013；另参见该书中文译本，《历史的反叛：一九七九年的奇异变革及其阴影》，八旗文化出版社，2014 年；徐以骅《宗教在一九七九》，《宗教与美国社会》第十三辑，时事出版社，2016 年，第 3—15 页。

依据和社会整合的资源，也使不少地区的广大民众放弃传统忠诚而转向宗教信仰。与 1789 年的法国大革命和 1917 年俄国布尔什维克革命等世俗政治革命不同，1879 年伊朗伊斯兰革命虽然有其经济和政治动因，但就主导意识形态、革命组织和领袖人物而言，这场革命是一场宗教革命。无论是革命前伊朗王室及其宗教反对派各自祭出居鲁士波斯帝国和第四任哈里发阿里的旗号、波兰关于其民族身份认同是基于天主教传统信仰还是依附政治意识形态的两军对垒，还是美国政治和宗教左右两翼之间关于如何界定美国社会性质和未来发展方向的"文化战争"，1979 年的宗教事件和运动都预示着全球范围"认同冲突"甚至"认同战争"时代的到来。在当前多元复合的认同结构下，宗教认同由于其作为具有广泛性、草根性、跨国性的强认同，有可能与国家认同产生对冲，从而成为各种国内和国际冲突的根源。在某种意义上，1979 年的涉教运动和事件所改变的全球地缘政治版图时至今日还大致存在。

再次，1979 年的涉教事件和运动催生了各种非传统国际关系行为体，打破了向来主导国际关系体系的国家行为体的一统天下。美国未来学家阿尔温·托夫勒（Alvin Toffler）曾将霍梅尼领导的以伊朗为代表的国际宗教势力与跨国公司、贩毒集团（可卡因帝国）等新型国际组织并列，称之为"全球角斗士"。这些新型国际关系行为体"向全世界宣告，民族国家已不再是世界舞台上唯一的，甚至不再是最重要的角色了"[1]。除罗马教廷和伊斯兰革命后的伊朗，其他宗教非政府组织或以信仰为基础的组织自 20 世纪 70 年代末以来日益增长，俨然成为当前国际社会的一大组织景观。与各种国际经济组织一样，这些跨国宗教行为体也具有多元性，不仅包括国家间和政府组织，也包括各种非政府组织、传教组织甚至恐怖主义组织。它们在国家、地区和国际舞台上纵横捭阖，或具有助推"颜色革命"的能量，扮演着西方国家外交政策非正式执行者的角色；或在环保、发展、救援、健康等民生领域成为全球治理的重要力量；或因其道德权威、中立地位、国际联系、丰富经验和动员能力而构成世界维和力量，在各国对外关系中被作为"遗失的治国术"重新启用。

---

① 阿尔温·托夫勒:《权力变移》，四川人民出版社，1991 年，第 414 页。

宗教和宗教团体作为公共外交载体的作用，在 20 世纪 70 年代末就已经初露端倪，目前，宗教公共外交早已成为各国外交工具箱中的必备工具之一。

最后，1979 年以来的国际关系史再次告诉我们，在当前的国际关系背景下，各国尤其是地区性和全球性大国，需要具有驾驭世界性宗教事务和妥善处理涉及宗教的国际性治理问题的能力。用美国前国务卿奥尔布赖特（Madeleine Albright）的话来说："宗教是一种强大的力量，但其作用则完全取决于它激励人们所做的事。对决策者的挑战就是如何来利用宗教信仰团结的潜力，同时又限制其分裂的能量。"[①] 在处理国际性宗教问题上，尤其在应付宗教极端主义势力的兴起问题上，美苏两个超级大国均进退无据、举措失当，结果深陷战争泥潭，始乱终弃，在很大程度上造成了当今中东地区的乱局及自食宗教极端主义和国际恐怖主义坐大的苦果。

二、宗教与当代国际关系研究

涂：毫无疑问，全球宗教复兴对国际关系研究产生了重要影响，您如何理解国际关系研究的"宗教转折"？

徐：全球宗教复兴及伊朗革命、东欧剧变尤其是震惊世界的"9·11"事件，给予忽视宗教的国际关系理论当头棒喝。1979 年后，国际社会已经无法漠视宗教和宗教冲突给国际秩序带来的冲击，或坐视宗教极端势力的肆虐蔓延，而国际关系学界也开始对宗教"刮目相看"，摘下理性主义和启蒙主义的有色眼镜重新聚焦宗教。西方学术界如新自由制度主义罗伯特·基欧汉及乔纳森·福克斯等便称"9·11"事件对宗教与国际关系研究来说就像是开闸放水，从此宗教与国际关系便结下了学术上的不解之缘。[②]

在西方，宗教与国际关系的研究虽非始于当下，但长期以来，宗教

---

① *The Mighty & Almighty, Reflection on America, God, and World Affairs*, Harper Perennial, 2007, p.66.

② 徐以骅：《全球化时代的宗教与国际关系》，《世界经济与政治》2011 年第 9 期。

一直在社会、文化和认同等框架下，或作为现代国际关系的起源及对国际关系研究奠基性人物如莱因霍尔德·尼布尔（Reinhold Niebuhr）等的思想启迪被加以讨论和研究，无论在作为上级学科的政治学专业还是在国际关系研究本专业领域均处于相当边缘的地位。2006 年，两位研究美国政治和宗教的学者在对《美国政治学评论》（*American Political Science Review*）研究后指出，除经济学和地理学外，人们还很难找到比政治学更不关注宗教的一门社会科学。[①] 亨利·基辛格在其 1994 年出版的《外交学》一书中[②]，竟没有"宗教"一词的索引，被指为国际关系研究中"宗教无用论"的经典例证。

率先打破这一忽视宗教现象的，是哈佛学者塞缪尔·亨廷顿 1993 年《文明的冲突？》一文的发表。[③] 该文虽未直面宗教，但把宗教作为理解国际关系要素的文明之基础，被视为国际关系研究非实证主义的"文化转向"的开端。1998 年 5 月 27 日，伦敦经济学院的两位博士研究生 F. 佩蒂多（Fabio Petito）和 P. 哈兹波罗（Pavlos Hatzopoulos）在该院举办题为"宗教与国际关系"的研讨会。五年后的 2003 年两人还将有关论文结集为《国际关系中的宗教：从流放中归来》一书[④]，作为帕尔格雷夫·麦克米伦出版社推出的"国际关系中的文化与宗教系列丛书"之一出版。该书从国际政治神学、多元文化主义、宗教信仰对国际冲突的影响等视角来讨论国际宗教问题，再度把宗教问题提上国际关系的研究议程，可说是开启了国际关系研究"宗教转折"的先河。

在缓慢地起步后，目前，西方学界对宗教与国际关系的研究已走上快车道，专门致力于该领域研究的有关论文、著作、期刊专号、系列论丛、学术会议、研究机构可说是层出不穷。前几年的有关数据就表明，"9·11"事件发生后，出版的有关伊斯兰教和战争的著作就超过以往任何时期的总和。2011 年的统计表明，有关宗教与国际事务的著作从 20 世

---

① Kenneth D. Wald and Clyde Wilcox. "Getting Religion: Has Political Science Rediscovered the Faith Factor?", *American Political Science Review*, 2006, Vol.100, No.4.

② *Diplomacy*, Simon & Schuster, 1994.

③ Samuel Huntington. "Clash of Civilization?", *Foreign Affairs*, Summer 1993.

④ *Religion in International Relations: The Return from Exile*, Palgrave MacMillan, 2003；另参见《国际关系中的宗教》，浙江大学出版社，2009 年。

纪 70 年代至 90 年代的平均一年一本上升至 2002 年以来的平均一年六本，在主要国际关系期刊上发表的有关宗教的论文也从 "9·11" 事件之前的每年 15 篇增至之后的每年 60 篇。[①] 学术界的一些著名学者如贝格尔、哈贝马斯（Jürgen Habermas）、威廉·康诺利（William Connolly）、查尔斯·泰勒（Charles Taylor）、何塞·卡萨诺瓦（José Casanva）等也纷纷介入，助推或者引导国际关系研究的 "宗教转折" 及相关论辩。

涂：目前，国外学者关于国际关系研究的 "宗教转折" 有哪些主要成果，还存在哪些问题？

徐：关于宗教与国际关系的关联性，西方学者尤其是国际关系学者的分析虽不尽相同但大致接近。一般认为，宗教主要通过宗教世界观、合法性来源、机构和领袖、群体认同、外交软实力、跨国宗教运动等路径作用于各国对外政策和国际关系。宗教问题国际化的表现形式各异，交互重叠，宗教往往也并非单独发挥作用。目前，宗教在国际关系学界已登堂入室，通常被作为与恐怖主义和文明等世俗现象相关联的次类范畴或因变量来加以处理的议题，开始成为一个相对独立的研究范畴。

宗教学和国际关系学都是各种学科均可染指的门槛较低的学科，宗教与国际关系研究因此具有鲜明的跨学科研究特色。对于当前国外学界对宗教与国际关系全方位、多形态的研究，以及所产生的问题，可从以下几方面来加以归纳：

首先，正如有学者指出，国际关系研究的 "宗教转折" 是多重的，[②] 涉及各个不同的学科、理论、流派、路径，并且不分地域和宗教。此种 "宗教转折" 还是双向或多向的，其不仅促进了国际关系对宗教的研究，同时也推动了宗教学和其他相关学科对国际关系的介入。然而，目前的宗教与国际关系研究主要还是偏重于亚伯拉罕宗教，而且以西方国家学者的研究居多。因此，虽然国际关系的 "宗教转折" 因其与全球性冲突和暴力事件有关，而引起比此前国际关系研究的其他学术转折更大的关注，但此一转折远非充分，对其他全球性宗教如佛教、道教、印度教、

---

① 徐以骅：《全球化时代的宗教与国际关系》，《世界经济与政治》2011 年第 9 期。
② Vendulka Kubalkova. "The 'Turn to Religion' in International Relations Theory", Dec.3, 2013, http://www.e-ir.info/2013/11/03/the-turn-to-religion-in-internationa-theory/,2017-08-08.

锡克教、摩尔门教、巴哈伊教等的"国际关系回归"尚留有大片研究空白，更不用说遍及世界各地尤其是发展中国家的民间宗教和信仰了。

其次，如何将宗教融入国际关系理论的框架是宗教与国际关系研究的一大难题。国际关系理论的三大主流范式即现实主义、自由主义、建构主义及"英国学派"，尽管多少都能与宗教扯上点关系，但并不能为此种融入提供明确无误的指引，故诸多学者为促成此种融入而煞费苦心，甚至主张重起炉灶。哥伦比亚大学的国际关系学者杰克·辛德（Jack Snyder）在其所编撰的《宗教与国际关系理论》一书的"导言"中，归纳了国际关系理论界对宗教的四种研究进路或态度：（1）在传统范式内讨论宗教对国际体系等的作用，可称为守旧派；（2）宗教应取代现有范式而成为透视国际关系的主要棱镜，可称为改造派；（3）主张因宗教而调整看待世界的基本观点，同时吸纳传统范式的见解，可称为折中派或修正派；（4）回避范式问题而研究宗教为其中自变或因变量的较有针对性的假设，可称为实用派。① 改造派与其余三派的分歧，在于是借宗教因素而"重建学科"（即把宗教作为重新界定和改造国际关系学科的非实证主义导向，如建立国际政治神学等改造方案），还是国际关系应"正视"和"收编"宗教（即把宗教作为重要的研究对象，并使其在国际关系研究中"主流化"）。不过目前无论是"打补丁""收编""改造"还是"重建"，都还是说得多做得少，浅尝辄止，往往沦为空头支票，而国际关系学界我行我素，不承认宗教挑战或贬低宗教作用的仍大有人在。有学者就尖锐地质疑把宗教这种极为不同的观念融入国际关系理论的可行性，称如果一个理论什么都想管，结果将是什么也管不了。② 因此，在有关学者宣布宗教已回归国际关系的 10 多年后，国际关系研究的"宗教转折"仍步履蹒跚，宗教作为当代国际关系中的自变量，以及宗教与国际关系研究作为主流国际关系研究的重要分支的地位远未确立。

再次，我曾指出，宗教与国际关系研究可有狭义和广义之分：狭义

---

① *Religion and International Relations Theory*, Columbia University Press, 2011, pp.2–3；另参见 Eva Bellin. "Faith in Politics, New Trends in the Study of Religion and Politics," *World Politics*, 2008, Vol.60, No.2, pp.313–347.

② Aminul Hassan. "Book Reviews," *Political Studies Review*, Vol.14, Issue 2, May 2016, p.260.

的宗教与国际关系研究可单指基于国际关系或政治学学科对国际宗教问题的研究；而广义的宗教与国际关系研究则泛指国际关系学科与其他学科如神／哲学、宗教学、社会学、历史学、语言学等学科共享的甚至由其他学科居主导地位的研究，或可称为宗教与国际问题研究。就议题而言，宗教与国际关系研究还可有"主议题"与"共议题"之分。"主议题"即狭义的宗教与国际关系研究包括宗教与当代国际制度、国际体系、国家／国际安全、各国外交、地缘政治等议题；"共议题"即广义的宗教与国际关系研究如宗教与全球治理、国际组织、全球化、互联网、后世俗化、国际法、国际冲突和对话等议题。做此类区分有武断成分，却有助于了解宗教与国际问题研究的现状和前景。[①] 总的来说，在西方目前上述狭义和广义两类研究可说是旗鼓相当，或者说后者还略胜一筹，事实上，许多有关论著是此两类研究的共同结晶。目前，西方两大出版社推出的宗教类系列学术论丛，即上述帕尔格雷夫・麦克米伦出版社的"国际关系中的文化与宗教系列丛书"，以及剑桥大学出版社的"剑桥社会理论、宗教与政治研究系列丛书"，也是上述两类研究的综合。

狭义的宗教与国际关系研究有助于推动国际关系理论的"范式转移"，但因理论储备不足且缺乏深入细致的个案研究而流于空泛，被称为宽泛路线（broad route）；广义的宗教与国际问题研究尽管对某一宗教运动或某一区域性宗教有详尽考察或个案研究，但未能举一反三，提出具有普适性和规律性的理论，被称为深窄路线（deep route）。鉴于上述情形，有政治学学者如罗恩・E.哈斯纳（Ron E. Hassner）便倡导折中路线即所谓厚实路线（thick route），意指在充分注重宗教个案研究的基础上归纳提炼出解释国际关系现象的较广泛理论，[②] 而伊娃・贝林（Eva Bellin）等则主张注重问题驱动的研究和中层理论的积累，来实现国际关系研究的"宗教转折"。[③]

最后，某一学科或研究领域的成熟度往往是由标志性研究成果来代

---

① 徐以骅：《全球化时代的宗教与国际关系》，《世界经济与政治》2011 年第 9 期。

② Ron E. Hassner. "Religion and International Affairs: The State of the Art," in Patrick James, ed., *Religion, Identity, and Global Governance: Idea, Evidence, and Practice,* University of Toronto Press, 2011, pp.43–51.

③ Eva Bellin. "Faith in Politics, New Trends in the Study of Religion and Politics," pp.317–318.

表的。就此而言，目前宗教与国际关系领域虽成果甚众，但一致公认的精品佳作却凤毛麟角，如果不是完全付之阙如的话。在狭义的宗教与国际关系领域，除上述《国际关系中的宗教：从流放中归来》《宗教全球复兴与国际关系的转型：争夺 21 世纪灵魂》《宗教与国际关系理论》《宗教、认同与全球治理：理念、案例和实践》等论著外，近十多年来陆续出版的值得关注的著作类成果主要有《宗教与国际关系》《把宗教带入国际关系》《宗教与国际关系导论》《当前国际体系中的宗教与政治》《上帝的世纪：宗教复兴与全球政治》《国际关系理论中的宗教：互动与可能性》《现代世界中的宗教与政治变迁》等。[1] 这些论著对国际关系"宗教回归"及国际关系研究"宗教转折"的意义、路径、模式、方法、趋势和议题等作了开拓性和基础性的探讨，但也招致诸如编著多专著少、缺乏系统理论、实证性个案较弱及对策目的过于明显等批评。如上述《宗教与国际关系理论》一书尽管扛起了宗教与国际关系理论研究的大旗，但其大部分内容却被专门从事宗教与国际关系研究的同行学者所批评，认为其既不涉及国际关系又与国际关系理论无关，[2] 颇令诸编著者尴尬。因此，西方有论者指出，目前在国际关系研究领域的主要问题"并不在宗教议题被忽视，而在于宗教议题缺乏理论"。[3]

三、中国的宗教与国际关系研究

涂：我国宗教与国际关系研究是如何开展起来的？

徐：在我国，从 1949 年后到"文革"结束前近 30 年的时间内，宗

---

[1] *Religion and International Relations*, Basingstoke, Palgrave, 2000; *Brining Religion into International Relations*, Palgrave MacMillan, 2004; *An Introduction to International Relations and Religion*, Pearson Education Limited, 2007; *Religion and Politics in the International System Today*, Cambridge University Press, 2006; Monica Duffy Toft, Daniel Philpott, and Timothy Shah. *God's Century: Resurgent Religion and Global Politics*, W. W. Norton & Co., 2011: *Religion in International Relations Theory: Interactions and Possibilities*, Routledge, 2013; *Religion and Political Change in the Modern World*, Routledge, 2014.

[2] Jeffrey Haynes. "Book Reviews," *Politics, Religion & Ideology*, 2012, Vol.13, Sept, pp.400–402.

[3] Eva Bellin. "Faith in Politics, New Trends in the Study of Religion and Politics," p.340.

教学术研究基本陷于瘫痪局面。在只有宗教批判而无宗教研究的时代背景下，意识形态化的宗教策论便占据宗教出版领域的主导地位。自 20 世纪 70 年代末和 80 年代初以来，国内的宗教研究逐步复苏并呈现较强劲的发展势头和极清晰的学术转向。不过，与其他学科如哲学、历史学、宗教学、社会学等领域相比，国内的国际关系学界对宗教议题的研究相对滞后，一些对国际宗教问题较全面的介绍，如《世界宗教问题大聚焦》《当代世界民族宗教》《当代世界宗教问题》①等论著是到 21 世纪初才陆续问世的，并且主要还不是出自国际关系学者之手。

在上述全球宗教复兴、国际关系的"宗教回归"、西方国际关系学界的宗教转向尤其是非传统安全研究趋热的影响下，国内的国际关系学界已开始关注宗教与国际关系/政治问题，各种有关非传统安全的研究机构和研究项目应运而生，宗教和文化作为非传统安全问题被列入研究议程。21 世纪以来，随着我国海外利益的全球化，尤其是"一带一路"倡议的实施，文化和宗教在中国国家外交和安全战略中的作用和影响进一步进入学界视野，宗教与国际关系研究获得新的推动力。这表现在有关论著的出版、国家社科基金及有关部委和省市社科项目的立项、有关研究机构和宗教类智库的建立、有关学术会议的召开，以及全国高校和社科院系统宗教与国际关系课程的开设等。在上述研究机构、项目、会议、成果、课程的推动下，国内对宗教与国际关系议题的关注进入学术化的新阶段。

涂：我国的宗教与国际关系研究所关注的议题有哪些，取得了哪些成果？

徐：就广义的宗教与国际问题研究而言，国内相关研究的重点领域或议题分别为宗教与全球化、世界民族与宗教、国际宗教热点问题、宗教与国际和地区冲突、各国各地区宗教现状、国际宗教运动、比较宗教研究、国际宗教对话、宗教与国际法、新兴宗教、国际伊斯兰研究、文化与国际关系、宗教与外交、宗教与"一带一路"、宗教对外交流和公共

---

① 《世界宗教问题大聚焦》，时事出版社，2002 年；《当代世界民族宗教》，中共中央党校出版社，2003 年；《当代世界宗教问题》，宗教文化出版社，2007 年。

外交、宗教与国家安全、反宗教极端主义及反恐怖主义等。除专业学术
期刊如中国社会科学院世界宗教研究所主办的《世界宗教研究》和《世
界宗教文化》等外，相关系列论丛和期刊多数归在诸如地区研究和战略
研究的名下，如上海外国语大学中东研究所主办的《当代中东研究系列
丛书》、上海高校智库复旦大学宗教与中国国家安全研究中心主办的《宗
教与中国国家安全和对外战略论丛》，以及该中心与复旦大学美国研究中
心合办的学术集刊《宗教与美国社会》等。上述领域的研究不胜枚举①，
其中著作类的包括《"全球化"的宗教与当代中国》《美国与伊斯兰世界》
《国际政治关系中的宗教问题研究》，以及《全球化背景下的宗教与政
治》等。②

　　相对而言，狭义宗教与国际关系研究的成果要少得多。2004年5月
复旦大学国际关系与公共事务学院成立宗教与国际关系研究中心，并于
2010年推出由上海人民出版社出版的《宗教与当代国际关系研究论丛》，
目前已出版十辑，包括《宗教与当代国际关系》《美国基督教福音派及其
对国际关系的影响：以葛培理为中心的考察》《国际社会中的国际宗教非
政府组织》《宗教功能单位与地区暴力冲突：以科索沃冲突中的德卡尼修
道院和希南帕夏清真寺为个案》《后冷战时期的宗教与美国政治和外交》
《爱德华·萨伊德与中东政治》等③，目前尚有多辑待出版。与其他相关论
著相比，章远所著《宗教功能单位与地区暴力冲突》及刘骞所著《后冷
战时代的宗教文明与国家安全》等较具国际关系研究气象④，这与著者的
国际关系学科背景有关，其他相关论著仍可归入宗教与国际问题研究或

---

① 有关成果参见徐以骅《导论：当代国际关系的"宗教回归"》，《宗教与当代国际关系》，上
　　海人民出版社，2012年，第20—26页。
② 《"全球化"的宗教与当代中国》，社会科学文献出版社，2008年；《美国与伊斯兰世界》，
　　时事出版社，2004年；《国际政治关系中的宗教问题研究》，中国社会科学院出版社，2009
　　年；《全球化背景下的宗教与政治》，上海大学出版社，2011年。
③ 《宗教与当代国际关系》，上海人民出版社，2012年；《美国基督教福音派及其对国际关系
　　的影响：以葛培理为中心的考察》，上海人民出版社，2010年；《国际社会中的国际宗教非
　　政府组织》，上海人民出版社，2013年；《宗教功能单位与地区暴力冲突：以科索沃冲突中
　　的德卡尼修道院和希南帕夏清真寺为个案》，上海人民出版社，2014年；《后冷战时期的宗
　　教与美国政治和外交》，上海人民出版社，2014年；《爱德华·萨伊德与中东政治》，上海
　　人民出版社，2015年。
④ 《后冷战时代的宗教文明与国家安全》，中国社会科学出版社，2017年。

介于狭义和广义宗教与国际关系研究之间。国内国际关系研究权威期刊《世界经济与政治》在 2011 年第 9 期特设 "宗教与国际关系研究" 专栏，刊发了《全球化时代的宗教与国际关系》《科索沃冲突中的宗教因素解读》《当代基督宗教传教运动与认同政治》《互联网、宗教与国际关系：基于结构化理论的资源动员论观点》《后冷战时期宗教与国家安全的关联性讨论》等五篇文章[①]，可说是宗教与国际关系研究进入国内主流国际关系研究的 "入门仪式"。宗教与中国对外文化战略、安全战略和公共外交是目前我国宗教与国际关系研究的重点议题[②]，本人及其研究团队还先后提出了 "信仰中国" "信仰周边" "地缘宗教" "大国宗教" "后传教时代" "宗教与中国公共外交" 等理念和分析框架对之加以阐述。[③] 但目前无论就成果还是就影响而言，国内的国际关系研究只能说有某种 "宗教关注"，还谈不上 "宗教转折"。

涂：我国的宗教与国际关系研究有哪些问题，有哪些努力方向？

徐：目前国内学术化的宗教与国际关系研究，似具有以下特点及问题：

第一，"重文化轻宗教" 及 "还圣为俗"。即把宗教现象作为文化的一部分来加以讨论，这固然反映了国内宗教研究的滞后，也折射出国内学界在一般宗教研究问题上仍未摆脱把宗教解释为某种社会存在（如政治、经济、种族等）的附带现象的传统研究套路、较为边缘化的学科处境，发表难、出版难、经费少是宗教研究领域的较普遍现象。

第二，"受宗教对国家安全威胁的驱动"。目前，对一些特定议题的专门研究相对发达，对各种宗教极端主义、民族分裂主义和国际恐怖主

---

① 参见徐以骅《全球化时代的宗教与国际关系》，《世界经济与政治》2011 年第 9 期；章远《科索沃冲突中的宗教因素解读》，《世界经济与政治》2011 年第 9 期；涂怡超《当代基督宗教传教运动与认同政治》，《世界经济与政治》2011 年第 9 期；黄平《互联网、宗教与国际关系：基于结构化理论的资源动员论观点》，《世界经济与政治》2011 年第 9 期；刘骞《后冷战时期宗教与国家安全的关联性讨论》，《世界经济与政治》2011 年第 9 期。

② 有关研究可参见卓新平《中国宗教与文化战略》，社会科学文献出版社，2013 年；《宗教与中国对外战略》，上海人民出版社，2013 年；《中国宗教走出去战略论集》，宗教文化出版社，2015 年。

③ 有关研究可参见徐以骅等《宗教与中国国家安全研究》，时事出版社，2016 年；徐以骅《从 "信仰中国" 到 "信仰周边"：中国与周边国家的宗教互动》，《宗教与美国社会》第十五辑，时事出版社，2017 年，第 1—7 页。

义，尤其是对由宗教驱动的恐怖活动、宗教冲突和民族宗教问题这些议题，成为反境外宗教渗透和反宗教极端主义研究的一个组成部分，这自然与我国国家安全的现实处境有关。不过，在西方学界也有相同的"主要通过安全的棱镜来看待宗教"的情况。①宗教不能与恐怖主义画等号，但宗教和宗教组织往往为暴力、干涉和分裂活动提供合法性依据和活动载体。宗教作为合法性途径具有多重性，它既可用来为国际调停及民族和解服务，但宗教教义也被认为是种族清洗和恐怖主义的"最通常的合法性依据之一"。②目前，西方的宗教与国际关系研究，虽然也提出"以信仰为基础的外交"等强调宗教维和、促和及调解冲突功能的理论和操作模式，但对宗教在国际舞台上的负面作用的研究还是要超过对其正面作用的研究，这被认为是国际关系研究"宗教转折"的主要偏差之一，而此种情况在我国的相关研究中不仅存在，而且更为明显。"多元融通、和合共生"是中国宗教思想和实践的优质资产。因此，研究如何发挥宗教尤其是我国宗教及宗教团体在促进国际和平方面的正面功能以及可操作性，应成为我国宗教与国际关系研究的主要任务之一。

第三，理论和实证研究的瓶颈。我国宗教与国际关系的研究目前还存在一系列问题，如缺乏地区乃至全球范围的大规模实地调查和资料收集工作、未充分具备建设数据库和处理数据的能力、专业课程开设不足和专业研究机构缺失、国际关系学界对宗教议题的普遍忽视，以及缺乏国际宗教对话的实际经验和相关人才等，这是制约我国开展相关研究的软硬件瓶颈。而对跨国宗教和宗教现象（如宗教与地区和暴力冲突）的数据处理、量化分析和实证考察，恰恰是目前西方有关研究的特点和强项。此外，国内学界对国外相关研究的现状和动态不够掌握，缺乏对国外有关成果较全面介绍、翻译尤其批评的机制，也阻碍了该领域的学术进展，而这种机制在目前国内国际关系研究的其他领域已相当成熟。

第四，对策研究与学术研究的平衡问题。目前，国内对宗教与国际

---

① "Editor's Forward," *Journal of International Affairs*, Fall/Winter 2007, pp.v-vi.
② *Bringing Religion into International Relations*, Palgrave MacMilan, 2004, p.38；另参见徐以骅、章远《试论宗教影响中国国家安全的路径和范式》，《复旦学报》（社会科学版）2009 年第 4 期。

关系研究的重点议题包括宗教与中国公共外交、宗教与中国外交和安全战略、宗教与"一带一路"尤其是"一带一路"合作伙伴的宗教风险等，宗教问题日益被视为增进我国对外战略的完整性以及提升我国国际形象的重要因素。这种现实的智库性研究取向固然有助于提升我国宗教研究的地位，扩大宗教研究的空间，并且有可能较快取得成果，但宗教研究的"安全化"和"战略化"取向，也有使宗教与国际关系研究降至"短、平、快"时事报道和分析水准的隐忧。因此，我国的宗教与国际关系研究要处理好对策和学术研究之间的关系，在提升对当前国际宗教动态分析能力的同时，形成对全球宗教发展长期趋势的研究能力，以及对国际关系研究"宗教转折"的原创性和统摄性理论，超越涉华议题、安全议题和描述性个案研究的局限，使宗教研究对国际关系研究产生学科性的贡献。①

　　总之，除涉华课题外，目前就整体而言，国内的宗教与国际关系研究还处于介绍、积累和起步的阶段。不过，近年来国内的宗教学研究和国际关系研究已经出现相互结合和相互转向的端倪。假以时日，我国的宗教与国际关系研究将会有更充分的发展。

原载《国际政治研究》2017 年第 4 期

---

① 徐以骅：《导论：当代国际关系的"宗教回归"》，《宗教与当代国际关系》，上海人民出版社，2012 年，第 20—26 页。

宗教与农民战争

刘仲宇　李卫朝 *

二十世纪对宗教与农民战争的讨论始于建国后。对于历史上的某些农民战争中的具体事件与宗教的关系,二十世纪前半期的史家和文人也留下了一些资料和评论,如陈寅恪的《天师道与滨海地域之关系》(原刊《中央研究院语言研究所集刊》第三本第四分册)就列有《黄巾米贼之起源》和《孙恩之乱》两个标题,讨论了这两个历史事件与道教的关系。但是陈先生并没有将两者看成是历史上的农民战争。"农民战争"的提法显而易见与用阶级斗争观点研究历史有关。到了新中国成立后才把农民战争问题突出来研究,于是无可避免地涉及它们与具体宗教的关系,建国以后,普遍提倡以阶级、阶级斗争的观点研究历史,农民战争问题一度成为热点。于是,汉末黄巾起义与道教经典《太平经》的关系等问题从 20 世纪 50 年代起便浮上学术争鸣的论坛。进入 20 世纪 80 年代以后,原来对农民战争的盲目歌颂遭到质疑和反思,对某些农民战争及相关的宗教因素又重加思考和评价,由此又引发了关于宗教与农民战争的相互关系的讨论、争鸣,其中较为突出的是对太平天国与拜上帝教关系的讨论。

一、道教及其经典《太平经》与汉末农民战争

关于道教问题的讨论中,在对《太平经》的看法上是最有分歧的,从 50 年代提出以来,迄今仍未取得一致。这种不一致,很大程度上是由

---

* 刘仲宇,1946— ,男,华东师范大学哲学系教授;李卫朝,1974— ,男,山西农业大学马克思主义学院副教授。

对它与汉末农民战争的关系问题引发的。首先一个问题是：《太平经》反映哪个阶级的要求？

一种意见认为，《太平经》是"我国第一部农民革命的理论著作"，其中有一个农民的"太平社会理想"。① 卿希泰认为《太平经》中有部分思想反映了当时农民群众的愿望和要求，使之成为农民起义的思想武器。具体说来就是乌托邦思想，主张天地的一切财物，都是"天地和气"所产生，应该属于社会公有，大家共同享受。主张"各自衣食其力"，反对不劳而获、"强取人物"，主张"劳动致富"，认为各人只要辛勤劳动，就能够聚集财富，而反对那种自己有劳动力而不从事劳动，反而一贯凭自己的勇气去伤害和专取别人财物的人；它还主张人与人之间要实行互助互爱。它强调实行人人平等而又公平的平均主义原则。②

另一种意见则否认《太平经》反映了农民的愿望与要求。刘琳认为《太平经》作者理想的"太平"世界，实质上不过是一个比较清明、和平、安定的封建王国的幻影罢了。《太平经》代表的是地主阶级中下层的利益和要求。它一方面极力维护封建制度和封建秩序，反对农民革命，另一方面又对宦官、外戚集团的腐朽统治表示不满，主张经济改良，这就是《太平经》在政治上的"两面性"。③ 还有人则认为《太平经》是后汉安、顺帝时期寒门素族阶层思想言论之一种，从它的社会政治的基本观点来考察，多接近民间，对现状不满，揭露一些社会政治黑暗的情况，也反映农民自食其力的主张和反对残酷剥削的意识，具有一定的进步性。但全书的重点是幻想太平、调和矛盾，主要是改良主义的性质。

其次，《太平经》、太平道与黄巾起义是什么关系？杨宽认为《道藏》中的《太平经》，就是太平道的经典《太平清领书》，张角所领导的黄巾起义，在理论上就是依据《太平经》的，张角正是依据《太平经》而创立自己的教派的，属于于吉、宫崇这一个系统的人。

钟肇鹏则反对这一说法，认为不能光凭《后汉书·襄楷传》说的

---

① 杨宽：《论太平经——我国第一部农民革命的理论著作》，《学术月刊》1959 年第 9 期。
② 卿希泰：《试论〈太平经〉的乌托邦理想》，《社会科学研究》1980 年第 2 期。
③ 刘琳：《论〈太平经〉的政治倾向——兼与卿希泰同志商榷》，《社会科学研究》1981 年第 4 期。

"张角颇有其书"，就断言张角"利用《太平经》创立太平道，发动农民起义"，太平道所传的《太平经》是很简单的，绝不是百七十卷浩瀚的《太平经》，很可能是少量的具有"平均""平等"思想的部分，而把全书中大量封建的东西舍弃了。[①]

还有人认为《太平经》与太平道无关。《太平经》的作者虽然也对王朝的腐朽统治表示不满，主张改良，但它的基本立场仍是维护封建统治，反对农民起义。特别值得注意的是，《太平经》公开地指斥农民利用道教发动起义，说他们是被"邪神"迷了心窍。[②]熊德基具体对比了黄巾与《太平经》的差别，认为：（1）黄巾信奉的是"黄老道"，是以"善道"教化，从来未称太平道，而《太平经》则宣传的是太平之道，是"助其君致太平"的理论，前者是面向百姓，后者是面向"大德"之君。（2）黄巾所崇奉的神是"中黄太乙"；《太平经》中则有"天君""大神""真人""神人"等等，绝未见"中黄太乙"。（3）黄巾曾肯定曹操"毁坏神坛"，可见他们是不祠祀的——而《太平经》卷一百十四"不可不祀决"等处则力主祠祀。（4）黄巾治病是为"符祝教病人叩头首过，因以符水饮之，得病或日浅而愈者，则曰此人信道，其或不愈则曰不信道"，主要是心理治疗——《太平经》中对治病更注重"良药方""仙方""奇方"，如"神术方""生物方""灸刺"等，虽然也有神祝（咒）"丹书吞字"等类似黄巾的方法。（5）黄巾在一定程度上受统治阶级"五行"思想的影响，如说"汉行将尽"，但在他们起义时提出"苍天已死，黄天当立"的动员口号与传统的"五德终始说"是绝不相同的；而太平经则有一套完整的五行学说。（6）黄巾起义后所提的是黄天的太平，也即是认定只有"苍天已死，黄天当立"，天下才能"大吉"之意，是反映革命者取得政权后的理想；而《太平经》中的太平，如前所述，只是统治阶级伪善的"公平""公正"。[③]

认为太平道与黄巾起义是以《太平经》为指导的学者认为，"太平

① 钟肇鹏：《论〈太平经〉和太平道》，《文史哲》1981年第2期。
② 刘琳：《再谈〈太平经〉的政治倾向》，《社会科学研究》1982年第2期。
③ 熊德基：《〈太平经〉的作者和思想及其与黄巾和天师道的关系》，《历史研究》1962年第4期。

道所信奉的《太平经》，其中不少思想也正好代表了当时人民群众的要求和愿望，反映了人民群众的利益，因此，太平道就受到了人民群众的广泛支持和热烈欢迎。十余年间，信徒便达到了数十万"。[1] 杨宽认为当时农民所迫切要求的，就是彻底解决他们贫病交迫和流离失所的问题，《太平经》的"太平社会理想"就是要使大家"竟其天年，各得其所"，并认为解决问题的唯一办法就是"大平均"，这是基于当时小农的平均主义思想的。

钟肇鹏指出，将《太平经》与太平道说成风马牛不相及和说《太平经》是农民革命的理论著作都是不正确的。《太平经》的内容就其整个思想体系来说，是一部维护封建地主阶级利益的道书，并没有什么革命意义。但是后来张角得到这部书，却创立了农民革命的神学"异端"太平道，具体说来：（1）太平道利用了原始道教《太平经》中一些宗教仪式来宣传、组织、团结群众。张角的这套宗教仪式与符水治病的方法是从《太平经》里来的。太平道的首领张角、于吉都是利用巫医传教的。（2）《太平经》里大量的是封建思想，但也包含少量的平均、平等、自足的思想。（3）太平道扬弃了《太平经》里的封建性的内容，利用了其中某些词语和思想资料。

二、拜上帝教与太平天国

太平天国以宗教起家，以宗教立国，而后又因宗教而亡。因此，研究太平天国不能撇开宗教。但由于历史的原因，真正对太平天国宗教的研究是 20 世纪 70 年代末才开始的，讨论的焦点集中在两个问题：

首先引起讨论的是：拜上帝教对太平天国革命起什么作用？

宗教对太平天国革命运动具有积极和消极两方面的作用已是学界的共识，但拜上帝教在运动过程中具体起到什么样的作用，还存在着不同的意见。一种意见认为，拜上帝教早期是代表农民阶级利益的，给了农民以现世的理想。人们盼望"皇上帝"所恩赐的大福，就是在封建统治下农民群众梦寐以求的没有剥削、没有压迫、没有饥寒的平均主义生活，

---

[1]　卿希泰：《中国道教思想史纲》第 1 卷，四川人民出版社，1980 年，第 155 页。

"皇上帝"成了农民群众战斗的旗帜。而且拜上帝教在宗教生活、严明纪律方面，鼓舞了农民的斗争，巩固了革命队伍的组织。但由于宗教本身的虚幻性和狭隘性，后期随着太平天国领袖的思想行为逐步背离群众，"皇上帝"也就日益成为少数人扩充特权的工具，已经失去农民反封建斗争的意义，因而导致革命的失败。① 有人认为拜上帝教利用宗教神学观点解释战争失败的原因，预言革命发展的前景，估计敌我力量的对比，回答前进中所碰到的一切难题。它把一切都归于上帝的安排，完全抹杀了人的主观能动作用②，也有人认为，拜上帝教"一神论"教义的排他性，违背了当时人们传统的文化心理习惯，既不利于太平天国的内部统一，更无助于团结更为广泛的阶层加入反封建斗争的行列。③ 还有人认为拜上帝教强烈的革命暴力意识是发动群众的思想武器，但拜上帝教的本质，只能反映当时人们现实的苦难及心理渴望，而不可能解决人们现实的苦难和实现人们的心理渴望。④

另一种意见，则从拜上帝教在太平军和民间的传播来分析宗教对太平天国运动的作用，夏春涛认为拜上帝教在太平军中起到了"鼓动宣传""安抚众心""发布军令""思想动员"的作用，"太平军既是一个军事组织，同时又是一个宗教团体，每一位成员都无一例外地是上帝教教徒"，对他们来讲，"信仰上帝既是权利又是义务，上帝信仰是激励广大官兵杀尽妖魔、创建人间天堂的精神渊源"。正是借助于威怒杀伐、权能无比的独一真神信仰。拜上帝教得以有效地约束封建农民的散漫、懦弱、守旧等弱点，将他们组织成一支纪律严明、勇猛善战的起义大军，给太平天国带来了一连串的胜利。虽然洪秀全等领导人后期又用自己的行为逐渐损害了他们殚精竭虑地在人们心目中树立的公正严明、权能无限的上帝形象，但拜上帝教前期在太平军中确实起到了鼓舞作用。而在民间，拜上帝教所强制推行的社会改革措施与民俗的冲突过于激烈，具体表现为独尊上帝与民间多神崇拜、孔子崇拜、祖先崇拜习俗的冲突，新的生

---

① 祁龙威：《"拜上帝"解》，《太平天国学刊》第 1 辑，中华书局，1983 年。
② 王戎笙：《太平天国的上帝教》，《太平天国学刊》第 2 辑，中华书局，1985 年。
③ 陈志勇：《简论宗教在太平天国的作用》，《学术界》1992 年第 6 期。
④ 蒋玲：《略论上帝教与太平天国革命的始终》，《广东社会科学》1997 年第 4 期。

活方式与民间旧有习俗的冲突。其中，排斥佛、道的做法挫伤了下层民众的情感，焚禁古书的举动引起了士大夫们的反感，至于取缔祖先崇拜和棺葬习俗的禁令，则遭到了全社会各阶层人的反对，因而导致了太平天国失败后，拜上帝教便烟消云散了。①

　　其次，拜上帝教的性质是什么？

　　一种意见认为，虽然拜上帝教在教义上、宗教内容上和行动方面采用了一些基督教的宗教内容，但和基督教有根本性的区别，"拜上帝会和基督教在名义上同是崇拜上帝、服从圣经，归根结底，两者却是两种宗教、两种工具"②。朱东安认为拜上帝教从内容到形式都与西方基督教有很大不同，它具有：（1）独立性，虽然信奉上帝，却并未照搬基督教教义；（2）现实性，教义不仅具有虚幻性，而且具有现实性，即为了建立现世的天国；（3）革命性，以推翻现存社会秩序为前提，追求生前的温饱，从而进行农民战争；（4）政治性，教义的形成和发展完全出于斗争的需要；（5）依附性，完全依附于各级政府和军队，没有独立的组织，也没有专门的活动场所和神职人员。因此，它不是一般宗教，而是具有明显现实性和革命性的宗教。③夏春涛在《太平天国宗教》中指出，拜上帝教前期主要是由基督教和儒家文化糅合而成，而洪秀全反清后的拜上帝教主要由太平天国政治思想、基督教、儒家文化和中国民间宗教组合而成。因此，拜上帝教是一个中西合璧的宗教，而且具有政教结合的鲜明特征。最近几年兴起的一种意见认为，拜上帝教不仅受基督教的影响，而且受到中国道教的影响，吸收道教的章奏、戒律模式作为拜上帝教的宗教内容，仿"四禅"进行封王建制等。④而且"他们所理解的上帝实际上就是能解决一切问题、满足人们世俗需求的中国式的神灵，而作《圣经》中所言的上帝，即帮助信众死后进入天堂的神，这种神灵观念与道教法术紧密结合，彰显出太平天国宗教信仰的道教本性"，因此，拜上帝教仅仅是利用了基督教的术语，其实质则是道教的鬼神崇拜。⑤

---

①　参见夏春涛《太平天国宗教》，南京大学出版社，1992 年。
②　徐绪典：《论太平天国的拜上帝会与基督教的关系》，《文史哲》1963 年第 5 期。
③　朱东安：《太平天国"推行神权政治"说质疑》，《历史研究》1990 年第 5 期。
④　蒋承桂、黄培棋：《论太平天国的道教文化》，《学术论坛》2001 年第 1 期。
⑤　闵丽：《道教——太平天国宗教信仰的内核》，《四川大学学报》2001 年第 5 期。

拜上帝教是否邪教是近年来争论的一个热点问题。潘旭澜认为拜上帝教的"一套教义、教规、戒律，不但从精神到物质严厉地控制着参加的造反者，而且断绝了一切可能的退路。它们的指归，在于洪秀全个人占有天下，建立他个人的'地上王国'。这种洪氏宗教，披着基督教外衣，拿着天父上帝的幌子，以中国奴隶主和封建帝王的腐朽思想、条规，对他控制下的军民实行极其残酷的剥夺与统治，实际上是一种极端利己主义的政治性邪教"[①]。还有一种意见援引当今评判"邪教"的标准来与太平天国相对照，认为拜上帝教"常以世界末日来吓人，并许诺信教可以逃避灾祸，进入天国"；"装神弄鬼，特别是教主能知天意，能与天神沟通"等都符合"邪教"的标准，是不折不扣的"邪教"[②]。另外一种意见持否定态度，认为无论从社会功能和历史作用来看，拜上帝教与清代的邪教都是不同的。太平天国的拜上帝教不是邪教。原因在于："（1）邪教崇拜的多为现世的活人，而拜上帝教是引进的基督教，崇拜的中心是上帝；（2）邪教一般只关心本人、本教的利益，而拜上帝教则是一个关心大众命运的宗教；（3）邪教具有反人类的特征，而拜上帝教从来没有让信徒危害自己的生命，太平天国努力追求的是建立一个平等祥和幸福的人间天堂；（4）邪教极端强调本教利益及个人利益，为此不惜抛弃人伦亲情，而拜上帝教则遵从人类既定的人伦常理；（5）邪教鼓动信徒不惜牺牲今生的生命去换得所谓来世的幸福，而拜上帝教则正确地处理了现世与来世的关系"。所以否定太平天国，认为太平天国宗教是邪教的观点值得史学界关注和反思。[③]陈蕴茜还有一种意见认为，"邪教"历来是政治层面上的概念，而不是宗教意义上的概念，其内涵与外延随着时代的变化会有所不同。宗教本身有雅俗之别，而无正邪之分。应当分清传统与当代"邪教"概念在具体定义上的本质区别，而不能沿用封建社会的正统观念，将"邪教"视为民间秘密宗教的代名词。拜上帝教是中西合璧的产物，从本质上讲，是一种民间秘密宗教，但同时又具有与以往不同的一些特点，标志着在西方基督教的渗透下，近代民间秘密宗教所

---

① 《太平杂说》，百花文艺出版社，2000年，第59页。
② 史式：《让太平天国恢复本来面目》，《开放时代》2001年第1期。
③ 陈蕴茜：《太平天国的上帝教是邪教吗？》，《广西师范大学学报》2002年第1期。

发生的新与旧的代谢，从而彻底否定了拜上帝教是"邪教"的观点。①

　　冯友兰认为太平天国要推行神权政治，"假如太平天国统一了中国，那么中国的历史将倒退到黑暗时期"。"曾国藩和太平天国的斗争是中西两种文化、两种宗教的斗争，即有西方宗教斗争中所谓'圣战'的意义"。他认为太平天国建立的政权是封建政权，所信奉的拜上帝教是基督教，西方基督教和封建政权结合为一就是"西方中世纪的神权政治"②。朱东安提出反对意见，认为"拜上帝教不是一般宗教，而是明显具有现实性和革命性的宗教。它的存在和发展，完全是服务于农民战争、依附于农民军队的。所以它是宗教，又不是完全意义上的宗教，只能说是采用了宗教的外壳、宗教的词语和术语，实质内容则是农民的政治要求"。而且太平天国还具有反封建和反侵略的以及向西方学习的进步意义③。另一种意见认为神权政治的本质特征是宗教权力凌驾于政治权力之上，虽然太平天国前期政体与神权政治之间呈现出复杂关系，从形式上看，表现出神权政治的特点，就实质而言又不是神权政治；而太平天国后期则完全表现为非神权政治的特点。因此，从总体上说，太平天国不是神权政治④。这方面的争论断断续续，不过与当年围绕《太平经》与农民战争关系的争论相比，各家都显得较为平和。

　　原载王雷泉等主编《二十世纪中国社会科学·宗教卷》，上海人民出版社，2005年

---

① 夏春涛：《太平天国宗教"邪教"辨正》，《山西大学学报》2002年第4期。
② 《中国哲学史新编·第六册》，人民出版社，1989年，第75页。
③ 朱东安：《太平天国"推行神权政治"说质疑》，《历史研究》1990年第5期。
④ 王国平：《太平天国政体与神权"政治"》，《史林》2002年第4期。